Dicionário do
MUNDO MISTERIOSO

GILBERTO SCHOEREDER

Dicionário do MUNDO MISTERIOSO

ESOTERISMO, OCULTISMO, PARANORMALIDADE E UFOLOGIA

NOVA ERA

Rio de Janeiro
2002

CIP-Brasil. Catalogação-na-fonte
Sindicato Nacional dos Editores de Livros, RJ.

Schoereder, Gilberto
S39d Dicionário do mundo misterioso: esoterismo, ocultismo, paranormalidade e ufologia / Gilberto Schoereder. – Rio de Janeiro: Record: Nova Era, 2002.

ISBN 85-01-06256-1

1. Ciências ocultas – Dicionários. I. Título.

CDD – 133.03
02-0437 CDU – 133(038)

Ilustrações: Thais Linhares

Direitos exclusivos desta edição reservados pela
DISTRIBUIDORA RECORD DE SERVIÇOS DE IMPRENSA S.A.
Rua Argentina 171 – Rio de Janeiro, RJ – 20921-380 – Tel.: 2585-2000

Impresso no Brasil

ISBN 85-01-06256-1

PEDIDOS PELO REEMBOLSO POSTAL
Caixa Postal 23.052
Rio de Janeiro, RJ – 20922-970

Agradecimentos

A Jeferson Gondim, Ubiratan Schulz, Pablo Villarrubia Mauso, Alex Alprim e Helcio de Carvalho, pela ajuda nas pesquisas, por fornecer informações adicionais e pelas conversas e discussões sobre os temas tratados no livro.

Introdução

Desde que Charles Fort começou a compilar dados sobre os estranhos acontecimentos que se verificam no planeta – dados publicados em *O livro dos danados* –, uma série de pesquisadores têm seguido nessa mesma direção. Louis Pauwels e Jacques Bergier causaram sensação com seu *O despertar dos mágicos*, e Erich Von Däniken pode ser considerado o responsável pela maior onda de interesse no assunto em todos os tempos, quando lançou seu livro *Eram os deuses astronautas?*, em 1968.

Depois disso, centenas, talvez milhares, de pesquisadores, alguns cientistas, outros jornalistas e outros ainda simples curiosos dedicaram-se a falar sobre o tema, procurando levantar a maior quantidade de fatos insólitos relacionados à história do planeta, que vão desde a suposta intervenção de seres extraterrestres no passado remoto da civilização terrestre, até a atuação, em nosso mundo, de energias ou entidades provenientes de outros planos de existência; da descoberta de objetos que não têm uma função conhecida e devidamente explicada na história da civilização às suposições de utilização de técnicas fantásticas para a elaboração de obras de arquitetura soberbas; de poderes mentais ainda não totalmente explorados, e menos ainda explicados, às manifestações dos espíritos dos mortos; das descrições de seres lendários ao surgimento dos OVNIs; da suposição da existência de dimensões paralelas, à noção de que, em épocas muito distantes da história, teria existido uma ou mesmo várias grandes civilizações, das quais restam ainda alguns sinais nítidos, mas que raramente são interpretadas pela ciência como tais. E ainda mais. Os tópicos explorados pelos pesquisadores vão do absolutamente paranóico à loucura total com a mesma facilidade com que se deslocam do realmente estranho e inexplicado ao que já foi totalmente comprovado, mas que ainda permanece no campo das "coisas estranhas e sem explicação adequada", como é o caso dos OVNIs e de muitos fenômenos paranormais.

Este é um livro de um jornalista e curioso. Não pretende ser mais um a levantar acontecimentos estranhos, a tentar encontrar "novos insólitos" ou a procurar novas explicações para o que já foi relatado. Ele tem a proposta de reunir, de forma sintetizada, o maior número possível de informações obtidas a partir das pesquisas já realizadas na área do insólito, poderes mentais, acontecimentos inexplicáveis, paranormalidade, civilizações perdidas, extraterrestres e OVNIs, paranóias ou não, apresentando-as na forma de uma pequena enciclopédia, ou talvez mais propriamente de um dicionário. Para tal, foi realizada uma pesquisa extensa nas principais obras do gênero, cujos temas levantados são apresentados em forma de verbetes que trazem as explicações e discussões já existentes para cada um dos assuntos, procurando, na medida do possível, relacioná-los a partir de citações cruzadas. Parte das informações foi obtida também ao longo de três anos como editor-chefe da revista *Sexto Sentido*, o que me permitiu uma proximidade maior com os temas e com personalidades que estão direta ou indiretamente relacionados aos assuntos.

Acredito que o livro pode ser uma forma de se entrar em contato com as principais idéias referentes a cada tópico, facilitando a pesquisa e abrindo caminho para pesquisas mais extensas e profundas. Muitos dos tópicos abordados, no entanto, levam inevitavelmente à leitura de um ou de vários outros, muitas vezes estabelecendo ligações que, aparentemente, não existiam, entrecruzando assuntos e levando o leitor a outras investigações.

Não é um livro que pretenda esgotar os assuntos apresentados, mesmo porque eles parecem ser inesgotáveis. O leitor irá encontrar tópicos mais extensos ou mais curtos, de acordo com a importância dada pelos pesquisadores ao assunto em questão, e de acordo com a quantidade de informações obtidas.

Gilberto Schoroeder

ABARIS
Ver anjos

ABDUÇÕES
Acontecimentos diretamente ligados ao fenômeno **OVNI**. Trata-se do suposto rapto de pessoas por parte dos seres ocupantes de OVNIs, com finalidades ainda não muito bem determinadas. As abduções encontram-se entre as atividades mais comentadas da ufologia nos últimos tempos, envolvendo pesquisas por parte de centenas de organizações independentes que se dedicam ao estudo do fenômeno OVNI e já chamando a atenção dos cientistas. Diz-se que os casos registrados em todo o mundo chegam a milhões. Ao que tudo indica, a grande maioria, se não a totalidade desses casos, segue um padrão, independentemente da região do planeta em que ele ocorra. É comum que uma pessoa ou um grupo de pessoas tenha passado por uma experiência de contato com OVNI, e que nessa experiência tenha ocorrido o que se chama de lapso de tempo, ou seja, apesar das pessoas não terem a menor idéia de como isso poderia ter acontecido, elas percebem que "perderam" algumas horas de sua vida, um período do qual elas não têm a menor lembrança, como se tivesse sido apagado de sua memória. São conhecidos casos de pessoas que estavam dirigindo seu carro por uma rua ou estrada quando viram luzes no céu, que podem ser identificadas

como as luzes presentes nos avistamentos de OVNI. A lembrança delas vai até o ponto em que essas luzes se aproximaram. Posteriormente, elas voltam à consciência, notando então que se passaram algumas horas e que elas se encontram a alguns quilômetros do local onde estavam anteriormente. É comum também que esses acontecimentos sejam relegados a segundo plano pelas testemunhas, até o momento em que certas lembranças e imagens desconexas comecem a surgir em suas mentes, alterando sua vida diária, às vezes a ponto de causar um desconforto e uma mudança de atitude de tal ordem que elas chegam a perder seus empregos ou têm dificuldades de se concentrar em suas atividades. Muitas vezes, surgem imagens estranhas durante os sonhos, quando então se vêem deitadas numa espécie de cama hospitalar, num ambiente desconhecido. Também é comum que durante esses sonhos elas vejam uma figura humanóide que se aproxima delas, ou mesmo várias figuras que realizam testes ou operações cirúrgicas, muitas vezes causando dores e desconfortos variados.

As descrições desses humanóides são, geralmente, muito semelhantes: seres de estatura menor do que a humana, com cabeças grandes e grandes olhos puxados, com pele sem traços de pêlos. Em alguns casos, esses seres menores são auxiliados por outros de maior estatura. Pode acontecer que tais experiências durante os sonhos se tornem dolorosas, como pesadelos extremamente vívidos. Os casos de abdução começaram a ser mais bem estudados quando essas pessoas passaram a ser submetidas a processos de hipnose regressiva, durante os quais conseguiam reviver as experiências, às vezes em detalhes minuciosos, descrevendo como tinham sido levadas a bordo de naves espaciais alienígenas e submetidas a tipos variados de experiências e cirurgias. Entende-se que o primeiro caso devidamente registrado foi o do casal Betty e Barney Hill, em 1961, seguindo mais ou menos os mesmos parâmetros dos casos verificados anteriormente; ou seja, eles apenas se lembraram totalmente dos acontecimentos quando foram submetidos à hipnose, à qual recorreram como forma de resolver os problemas que vinham enfrentando e, até então, não tinham lembrança de terem sido levadas a bordo de um OVNI. São muitos os casos em que as pessoas não se lembram sequer de terem presenciado a aparição do OVNI, como se qualquer lembrança tivesse sido apagada de suas mentes; em alguns casos os psiquiatras identificaram a presença de um trauma de tal natureza que levou o paciente em questão a apagar o incidente. Em todo o caso, essas testemunhas, ou vítimas, terminam pedindo ajuda profissional uma vez que os pesadelos assumem tamanha proporção que impedem que a pessoa tenha uma noite normal de sono, alterando seu comportamento. Segundo a maioria dos pesquisadores, um dos maiores problemas envolvendo a questão consiste no fato de que o número de psiquiatras que percebe o que está acontecendo ainda é muito pequeno, e as pessoas que sofrem com esses problemas podem ser facilmente estigmatizadas pela sociedade, e mesmo pelos amigos mais próximos ou parentes, que não aceitam o fato e acham que se trata de algum problema mental. Em alguns casos de regressão hipnótica, descobriu-se que pessoas haviam sido abduzidas ainda quando crianças, tendo apagado completamente os acontecimentos de suas mentes até o momento em que, já adultas, começaram a ter os pesadelos. Alguns pesquisadores dizem que encontraram evidências de pessoas que estiveram juntas numa espaçonave, sendo submetidas aos testes ou experiências realizadas por seres extraterrestres, e que anos mais tarde voltaram a se encontrar, como se tivessem sido levadas por um determinado caminho na vida que as fizesse entrar em contato uma com a outra, sentindo uma empatia total desde o primeiro encontro. Existem igualmente registros de pessoas que, tendo sido abduzidas quando ainda crianças, voltaram a ser levadas a naves espaciais alienígenas em idade adulta, apenas descobrindo o que tinha acontecido quando submetidas à hipnose. Para grande número de organizações que investigam o fenômeno OVNI, os casos de abduções atingiram proporções alarmantes e deveriam ser estudados com mais cuidado pelas autoridades. Grande número de psiquiatras entende que as sessões de hipnose regressiva não podem ser consideradas absolutamente isentas, entendendo que o hipnotizador pode induzir a pessoa a contar determinadas histórias, criando-se assim o mito da abdução extraterrestre. Outros cientistas trabalhando em áreas diversas, como a neurofisiologia, realizaram experiências em que conseguiram reproduzir em laboratório situações nas quais os pacientes vivem uma experiência semelhante à da abdução a partir de estímulos elétricos nos lobos temporais, fornecendo relatos muito próximos aos dos supostamente abduzidos. Esse posicionamento supõe que o indivíduo que vive a experiência, na vida real, poderia ser induzido por um conhecimento prévio sobre o fenômeno pela intensa veiculação pelos meios de comunicação. Em outras palavras, ele já estaria predisposto a acreditar no fenômeno OVNI e abdução e, a partir da observação de um fenômeno natural, poderia viver uma experiência de estimulação elétrica dos lobos temporais. Para se chegar a esse ponto, supõe-se que ocorra na natureza um fenômeno de produção de energia e de luminosidade a partir da movimentação da crosta terrestre. Para alguns pesquisadores, as experiências realizadas em laboratório partem de um pressuposto ainda não comprovado na natureza e que, ainda que o fosse, as condições em que muitas das abduções ocorrem vão contra essa suposição, como é o caso das raras abduções com várias testemunhas. Como sempre ocorre com tudo o que se refere aos OVNIs, muitas pessoas entendem que a maioria dos governos sabe o que está acontecendo e está investigando secretamente, possuindo mais informações que não deseja revelar por uma razão ou por outra. Os especialistas independentes se debruçam sobre a questão, tentando elaborar uma teoria a respeito do motivo pelo qual essas pessoas são levadas e examinadas, ou mesmo submetidas a operações de natureza desconhecida. Para uns esses seres estariam estudando o sistema reprodutor humano, tentando eliminar algumas falhas em seu próprio sistema de reprodução, que estaria em vias de colapso. Para outros, estariam realizando experiências de natureza genética, com finalidade desconhecida para nós. Existem relatos – que muitos consideram exagerados – de que as mulheres estariam servindo como hospedeiras ou incubadoras de crianças alienígenas, uma vez que os extraterrestres estariam incapacitados de se reproduzir. Também existem relatos razoavelmente pormenorizados de mulheres que inclusive afirmam terem visto as crianças que foram geradas a partir da utilização de seres humanos, uma espécie de seres híbridos extraterrestre/terrestre. Também tem circulado cada vez mais a noção de que os extraterrestres se encontram na Terra há muito mais tempo do que se imagina, e de que as abduções e alterações genéticas ocorrem desde o início de nossa história, quando os seres chegaram à Terra e criaram vários tipos de seres humanos, alguns deles sendo utilizados como escravos. Essa teoria também apresenta extraterrestres do bem e do mal, uns tentando nos ajudar e outros querendo dominar o planeta. Fala-se ainda dos implantes que estariam sendo introduzidos numa série de abduzidos, uma espécie de aparelho minúsculo colocado sob a pele, geralmente introduzido através do nariz ou na região atrás da cabeça.

Alguns ufólogos afirmam que esses implantes já foram detectados mais de uma vez e possuem até mesmo fotografias deles. A natureza desses contatos, geralmente dolorosos e traumáticos para os terrestres supostamente levados a bordo das naves alienígenas, levou muitos pesquisadores a duvidar das propostas benéficas dos extraterrestres, que era o ponto de vista mais aceito nos últimos anos, entendendo que podem existir vários tipos de seres agindo na Terra, e alguns deles realmente não se importariam muito com os problemas que poderíamos enfrentar quando submetidos a esse tipo de ação violenta. Mais que isso, alguns ex-funcionários do governo, inclusive pessoas que participaram de organizações consideradas supersecretas, afirmam categoricamente que o governo dos EUA, especialmente por essas agências secretas, sabe do que está acontecendo e teria um acordo com os extraterrestres segundo o qual eles teriam inteira liberdade para agir em nosso planeta e, em troca, forneceriam informações científicas e tecnológicas para o governo. De certa forma, estariam realizando as operações e experiências conjuntamente. Para outros pesquisadores, esse tipo de idéia centra-se na teoria da conspiração, um tipo de paranóia comum desde a guerra fria e que não tem qualquer embasamento real. Seja como for, as abduções surgem cada vez mais como um dos fatos comprovados a respeito do fenômeno OVNI, aumentando ainda mais o interesse e o véu de mistério que cerca o assunto.

ABERTURA ESPLÊNDIDA
Ver **Manco Capac**

ABOMINÁVEL HOMEM DAS NEVES
Ver **yeti**

ACAMBARA
Localidade no México, citada em algumas fontes como Acambaro, onde foram encontradas – num sítio arqueológico, em julho de 1945 – cerca de 30 mil peças de cerâmica e barro, com representações aparentes de dinossauros e plesiossauros, animais extintos há dezenas de milhões de anos. Outro grupo de peças apresentava animais extintos no continente americano há cerca de 10 mil anos, como camelos, elefantes e rinocerontes lanudos.
Alguns pesquisadores informam que as peças já seriam conhecidas desde 1925, mas só foram estudadas mais tarde, principalmente pelos especialistas Charles Hapgood e Ivan T. Sanderson, que tiveram dificuldades em explicar o fato. Foi levantada a possibilidade de fraude, uma vez que as antigas populações do México não poderiam conhecer esses animais, mas as datações com carbono-14 e termoluminescência chegaram a épocas que se situavam entre 1110 e 4530 a.C. Algumas fontes chegam a citar a data de 6000 a.C. como origem dos objetos. Como sempre, a controvérsia em torno da falsidade ou veracidade dos objetos centrou-se no "fato" de que não poderiam ser reais uma vez que esses animais não existiam nessa época,

e os habitantes locais – astecas ou povos anteriores a eles – não poderiam ter informações a esse respeito.

Aparentemente, ninguém relacionou esse achado com as gravações das **Pedras de Ica** e da região de **Morona-Santiago**, no Equador, que também apresentam, entre outras, gravações semelhantes, além daquelas vistas em **Marcahuasi**, em **Monte Alban** e descobertas semelhantes na Venezuela. A questão está relacionada com as propostas da existência de civilizações com elevado grau de desenvolvimento tecnológico no passado remoto do planeta e, até certo ponto, com a idéia da interferência de **extraterrestres** no desenvolvimento das sociedades da antiguidade terrestre. Relaciona-se até mesmo com as propostas da existência da **Atlântida**, que supostamente possuiria esse conhecimento avançado.

Segundo alguns pontos de vista, a existência dos objetos não significa necessariamente que a civilização em questão existiu na mesma época que esses animais, mas apenas que eles possuiriam um desenvolvimento científico, especificamente no campo da arqueologia e paleontologia, equivalente ao conhecimento da civilização atual, que também não conviveu com esses animais, mas possui inúmeras informações a respeito das épocas mais recuadas do planeta.

Outros cientistas e pesquisadores também propuseram que, em alguns pontos do continente americano, alguns animais teriam existido até idades mais recentes, propiciando um convívio com seres humanos.

ADAMSKI, GEORGE (1891-1965)

Adamski foi protagonista de um dos casos mais discutidos e conhecidos de avistamentos de **OVNI**, em 1952, no deserto da Califórnia. Ele afirmou ter mantido um contato íntimo com seres **extraterrestres** de **Vênus**. O contato teria sido provocado por eles, fotografias teriam sido tiradas e uma longa conversa, mantida, onde foram revelados vários segredos do nosso mundo, assim como foram feitas várias advertências quanto ao perigo que a Terra atravessa devido aos avanços tecnológicos sem controle. Posteriormente, Adamski afirmou que se encontrou com seres de **Marte** e Saturno, conhecidos como Firkon e Ramu e, juntamente com Orthon, de Vênus, foi levado a bordo de uma nave-mãe e conversou com um mestre cósmico. Num encontro posterior, numa nave saturniana, observou a Lua e percebeu que era habitada.

Em 1953, ele publicou o livro *Os discos voadores aterrissaram*, juntamente com Desmond Leslie. As idéias professadas por Adamski, bem como a forma pela qual teria ocorrido o contato, são consideradas por alguns estudiosos como um marco inicial na formação de uma série de cultos ufológicos que proliferaram no planeta nos últimos anos e que vêem os extraterrestres como os salvadores da Terra e da humanidade, chegando até nós para resolver todas as questões que nós não conseguimos resolver.

Adamski permanece como uma figura polêmica, adorado por uns e tido como um grande embusteiro por outros, que afirmam não haver qualquer novidade nos "segredos" que revelou e uma absoluta falta de lógica e mesmo de provas quanto aos acontecimentos citados. De fato, as mensagens fornecidas pelos supostos extraterrestres não traziam qualquer novidade e, até certo ponto, evidenciavam uma certa ingenuidade. Como sempre ocorre nesses casos, as maiores dúvidas levantadas consistem na razão pela qual os extraterrestres entrariam em contato com uma pessoa que, em hipótese alguma, teria condições de realizar qualquer tipo de ação mais efetiva, uma vez que não tem qualquer ligação com o governo ou qualquer influência política ou econômica.

Os estudos de OVNI que pretendem alcançar uma maior exatidão científica têm tendência a rejeitar o "caso Adamski" como pura mistificação ou, mesmo quando não entendem dessa forma, levantam a possibilidade de que tenha ocorrido um exagero, ou ainda que o contato tenha de fato acontecido, mas que tenha sido deturpado por Adamski, mesmo que isso tenha ocorrido sem qualquer intenção mistificadora e sim devido a uma interpretação errônea dos fatos. Muitos dos atuais grupos ufológicos mais voltados para o lado místico entendem que esse tipo de contato – realizado nas primeiras fases de contatos de seres extraterrestres com terrestres – tinha como objetivo difundir uma idéia, e que jamais houve o interesse dos extraterrestres em se relacionar com os governos do planeta ou com as autoridades políticas e científicas, mas apenas preparar a humanidade para novos tempos.

ADIVINHAÇÃO
Ver **precognição, psicometria**

ADLIDEN
Conhecido também como Adlivun, e ainda Takánakapsaluk. Local mítico dos esquimós, situado no fundo do oceano. É a residência de Sedna, a mãe dos animais, e também o local onde as almas deverão cumprir suas penas. Dizia-se que os feiticeiros ou xamãs das tribos esquimós podiam, em determinadas ocasiões e sob certas circunstâncias, visitar o local e apresentar seus pedidos a Sedna. Menos conhecido do que a maioria dos locais lendários, ele apresenta semelhanças com inúmeros relatos a respeito de cidades

subterrâneas ou submersas em épocas distantes, como ocorre com as histórias sobre a **Atlântida** e várias localidades parecidas na América do Sul, das quais se diz que existem em vários níveis, em diferentes dimensões, como no caso de **Aurora**, **Erks** e **Miz Tli Tlan**, por sua vez relacionadas com as histórias sobre a presença de **extraterrestres** no passado remoto de nosso planeta.

AGADIR

Ver **gigantes**

AGARTHA

Uma cidade ou um reino subterrâneo, conhecido nas lendas da região do Tibete. Segundo se diz, pode-se chegar a Agartha através de entradas secretas existentes em todos os continentes. O reino é tido como muito antigo e, às vezes, como tendo sido fundado por seres de outro planeta que teriam chegado à Terra em épocas remotas, ou ainda como tendo servido de refúgio para os sobreviventes de uma catástrofe no planeta, no caso, os habitantes das lendárias **Lemúria** e **Atlântida**. Uma narrativa sobre Agartha foi feita por Saint-Yves d'Alveydre, com informações que ele disse terem surgido por meio de um sonho ou de um contato com um faquir, não se sabe ao certo. De qualquer forma, dizia que Agartha é "a grande universidade iniciática da Ásia". Seu chefe ou governante é chamado de Rei do Mundo, ou soberano pontífice universal, planejando o futuro da humanidade com a ajuda de dois reis-sacerdotes.

Em Agartha, existiria o conhecimento científico capaz de fazer o planeta explodir e, no campo da ciência psíquica, não estaria menos evoluída. O seu centro fica no Himalaia desde 1880 a.C., antes disso tendo sido em Ayodhya, a Cidade Solar, e em Ram. Lá viveriam 20 milhões de almas, e suas bibliotecas conteriam o conhecimento acumulado em 55.700 anos de história. Todo esse poderio e conhecimento só será dado a conhecer ao resto do mundo no momento em que as promessas de Moisés e de Jesus forem mantidas pelo cristãos, com a anarquia do mundo dando lugar à sinarquia. Qualquer tentativa em descobrir o local de Agartha ou revelar informações que levem às suas entradas secretas pode ser punida com a morte. Ainda recentemente, surgiram pessoas que visitaram a Europa dizendo-se portadores do segredo de Agartha, seus representantes legítimos e, até mesmo, seus regentes, como o príncipe Cherenzii Lind, o Maha Chohan. Ainda que discordando dos exageros e dos aproveitadores, muitos estudiosos acreditam que a lenda possa ter um fundo de verdade e estar ligada às noções da existência de seres **extraterrestres** em tempos remotos de nossa história. Da mesma forma, outros ligam a existência de uma cidade ou nação subterrânea à série de histórias sobre seres que viveriam embaixo da terra, e que se espalham por várias regiões do planeta, como os **anões** e **gnomos**.

Não são poucos os místicos e esotéricos que, hoje, citam Agartha como provável fonte de conhecimentos mais profundos, quando não estão dizendo terem eles mesmos travado contato com os seres que habitam o local. O acesso aos subterrâneos estaria vetado através da utilização de "barreiras magnéticas", construídas com o conhecimento secreto do uso de energias e forças invisíveis.

Alguns autores propõem que Agartha existiria num universo ou dimensão paralela à nossa, o que dificultaria o acesso de pessoas despreparadas e facilitaria a vinda de pessoas desse universo ao nosso, o que se diz que ocorre em determinadas ocasiões, através de **passagens dimensionais**.

Ultimamente, uma série de relatos a respeito de outras cidades, como **Miz Tli Tlan**, **Aurora**, **Erks**, **Cidade dos Sete Planetas**, tem surgido, especialmente no Brasil, localizadas em solo brasileiro ou nos países vizinhos, de onde partiriam muitos dos **OVNIs** que são vistos em todo o planeta.

Para alguns pesquisadores, essas notícias a respeito de outras cidades subterrâneas como morada de extraterrestres ou seres interdimensionais coexistindo em nosso planeta e na quarta dimensão, são apenas adaptações modernas das lendas a respeito de Agartha, que por sua vez é um resquício de uma civilização global muito mais antiga.

No entanto, grupos religiosos originários da Índia e do Tibete negam a existência de Agartha, afirmando existir uma confusão quanto aos nomes, ainda que confirmem a existência de cidades especiais no planeta, desconhecidas e proibidas à maioria das pessoas. Já se disse que Agartha é um dos nomes pelos quais é conhecida a cidade de **Shamballah**, assim como também se fala que as duas cidades eram inimigas e travaram uma guerra total, numa época indeterminada, uma representando as forças do bem e a outra, as forças do mal.

AGOBARD, BISPO

Ver **Magonia**

AHNENERBE

Sociedade nazista que compreende o aspecto teológico do movimento alemão, uma espécie de sociedade para estudar os antepassados. Foi fundada por Frederico Hielscher e administrada por Wolfram Sievers, coronel da SS condenado à forca em Nurenberg. Himmler tornou a Ahnenerbe uma organização oficial em 1935, ligada à Ordem Negra e, em 1939, já estava incorporada à SS. Louis Pauwels cita (*O despertar dos mágicos*) os objetivos da sociedade: "Investigar a localização, o espírito, os atos, a herança da raça indo-germânica e comunicar ao povo, sob uma forma interessante, os resultados dessas investigações. A execução dessa missão deve fazer-se empregando métodos de precisão científica."

Segundo se diz, as investigações implicaram um gasto maior de que a primeira bomba atômica dos EUA. Envolviam estudos ocultistas por meio de uma seção criada por Himmler, experiências humanas nos campos de concentração e até propostas de uma expedição para roubar o Santo Graal. Apenas uma elite pertencia à Ordem Negra e a Ahnenerbe, seguindo seu culto repleto de orações desconhecidas, até mesmo na hora de sua morte. As atividades dos nazistas nessas operações estavam relacionadas com o suposto conhecimento a respeito da **Terra Oca** e na existência de civilizações muito desenvolvidas no passado remoto do planeta, como a **Hiperbórea**.

AKAHIM

Ver Pirâmides do Amazonas

AKAKOR

Ver Pirâmides do Amazonas

AKANIS

Ver Pirâmides do Amazonas

AKASHA

A palavra vem do sânscrito e, no hinduísmo, significa um meio universal, algo que se assemelha ao éter do século XIX, uma luz astral que conteria todos os conhecimentos, de todas as coisas; acontecimentos, pensamentos e sentimentos de todos os tempos. Seria algo muito parecido com um grande computador não-físico, um registro impressionante de tudo quanto existe ou existiu e ao qual, segundo se diz, algumas pessoas iluminadas ou videntes conseguem ter acesso, descobrindo assim fatos não revelados da história, obtendo as versões "ocultas". Várias observações e narrações de uma história alternativa da Terra surgiram a partir de visões que algumas pessoas afirmaram ter sido obtidas desse plano astral.

Claro que é um campo amplo para controvérsias uma vez que aqueles que afirmam terem acesso a essas informações não têm como comprovar, ao mesmo tempo que refutam qualquer outro tipo de abordagem. E abre espaço para todo tipo de falsos **profetas**, com as informações mais nebulosas, confusas e conflitantes possíveis.

Carl Gustav Jung elaborou uma teoria que apresenta alguma semelhança com essa idéia, que é a do inconsciente coletivo, uma espécie de supermente que pertence a toda a humanidade, à qual algumas pessoas poderiam ter acesso em determinados momentos e sob certas circunstâncias. Isso explicaria, por exemplo, o surgimento de idéias exatamente iguais, em pontos totalmente distantes do planeta, ao mesmo tempo. Colin Wilson também desenvolveu uma idéia parecida ao formular sua teoria da **Faculdade X**, um reservatório de energia pertencente a todos os seres humanos, mas ao qual apenas alguns conseguiriam ter acesso. De certa forma, alguns **médiuns** também poderiam reivindicar o acesso a uma fonte oculta de conhecimento, como nos casos daqueles que elaboraram descrições detalhadas de civilizações desaparecidas, como a **Atlântida**, a partir de visões que tiveram quando em estado alterado de consciência.

AKPALOS

Uma raça da qual pouco se sabe, citada em lendas ligadas à história da Suméria e às suas origens desconhecidas. O mistério envolvendo os sumerianos e os akpalos já foi citado por Pauwels e Bergier, por Shklovski e Carl Sagan. Este último, estudando as lendas e mitos dos sumerianos, relata histórias de criaturas estranhas que os visitavam, ensinando-lhes ciências e ofícios que desconheciam. Sagan referiu-se a uma evolução não apenas súbita como brilhante na civilização sumeriana no campo da arquitetura, matemática, agricultura.

Também René Alleau se referiu aos sumerianos como uma raça que vivia em jangadas, no mar, até que receberam a visita de **extraterrestres**. Outras versões afirmam que os extraterrestres chegaram ao planeta e se estabeleceram primeiramente na região da Suméria, não apenas influenciando os habitantes locais como realizando experiências genéticas que deram origem às raças humanas como elas são hoje. As histórias referentes aos akpalos vêm de textos antiqüíssimos, citados por Beroso, sacerdote de Bel-Marduk, na Babilônia. Em suas narrações, diz que os textos possuem cerca de 15 mil anos de idade e se referem ao surgimento de um "animal dotado de razão", **oannes**, que veio do mar para ensinar aos homens.

Posteriormente, outros "animais" semelhantes surgiram. Esses seres tinham a aparência de um peixe, e uma segunda cabeça sob a cabeça de peixe, o que levou os intérpretes modernos a imaginarem seres vestidos de escafandros, surgindo do mar. Os assírios também representaram os akpalos como seres carregando um aparelho nas costas e acompanhados de golfinhos. Outros pesquisadores citam o nome como sendo *apkallu*, que significaria "aquele que sabe", ou um homem sábio, de modo que Oannes teria sido o primeiro de uma série de sábios surgidos na civilização sumeriana. Como tudo o que se refere à região da Mesopotâmia em épocas tão recuadas no tempo, é difícil encontrar concordância nos pontos de vista dos vários pesquisadores. No que se refere ao insólito e à possível presença de seres extraterrestres influenciando civilizações da antiguidade, também na África, entre os **dogons**, é citada a presença de seres ligados à vida marítima, os **nomos**, que teriam chegado de **Sírius**.

ALBION
Ver **gigantes**

ALCMENE
Ver **Hércules**

ALFHEIM
Ver **duendes**

ALGON
Um herói mítico dos índios *chippeways*, da América do Norte. A lenda diz que ele teve um encontro com um carro de vime com 12 donzelas dentro. O carro elevou-se aos céus quando ele tentou se aproximar de uma das moças. Ela retornou, eles casaram e tiveram um filho, mas ela levou seu filho para as estrelas após construir um cesto e entoar uma canção mágica. Anos depois, ela e o filho retornaram e levaram Algon com eles para seu lar nas estrelas.
Segundo alguns pesquisadores, a lenda pode ser relacionada às histórias a respeito da interferência de seres **extraterrestres** no passado da Terra, especialmente às histórias citadas na *Bíblia* envolvendo **Ezequiel**, **Enoch** e uma série de **anjos** que levavam-nos a viajar pelo espaço. O carro de vime citado na lenda poderia ser, então, um **OVNI**, atuando em nosso planeta com objetivos desconhecidos.

ALMA
A parte imortal do ser humano, o espírito que sobrevive após a morte do corpo físico. A noção da alma é central em praticamente todas as religiões e doutrinas, ainda que com denominações variadas, entendendo que existe um tipo de continuação da existência após o término da existência física na Terra, num local que varia bastante de acordo com a crença que a ele se refere.
Para os que crêem na **reencarnação** – como no caso do **espiritismo** – a alma apenas realiza uma jornada num nível astral mais elevado, para depois retornar à vida na Terra em outro corpo físico, cumprindo seu **karma**; ou os **espíritos** podem permanecer algum tempo vivendo numa espécie de limbo, que cada vez mais é entendido pelos estudiosos modernos como um plano espiritual diferenciado, uma dimensão diferente da nossa onde a individualidade pode ser mantida, ainda que as leis físicas que operam nessa dimensão sejam diferentes das leis da nossa dimensão terrestre, material.
Para as religiões cristãs, as almas aguardam o julgamento final, e seu destino tanto pode ser o **paraíso** quanto o inferno, ou uma passagem pelo purgatório, dependendo dos

pecados que carregarem da vida terrena. Para os espiritualistas modernos, a alma ou espírito emana de uma entidade maior e seu percurso no universo visa ao retorno a essa origem, de modo que não se deve considerar a possibilidade de ter o inferno como destino. Da mesma forma, alguns estudiosos do fenômeno **OVNI**, especialmente os que seguem a chamada linha da ufologia mística, entendem que a alma, a parte imortal dos seres humanos, é **extraterrestre**, ou seja, não tem origem na Terra, mas para cá veio em épocas passadas para cumprir uma determinada missão, simplesmente ocupando o corpo físico mais apropriado para viver nesse ambiente. Assim, muitos dos seres extraterrestres que estariam visitando a Terra, com funções variadas, seriam na verdade espíritos, ou almas puras, de estado avançado, pouco tendo a ver com o que entendemos como sendo matéria.

ALMASTY

Ver **yeti**

ALTERNATIVA 3

Um livro publicado em 1978, de autoria de Leslie Watkins, David Ambrose e Christopher Miles, e também o nome de um programa de televisão, apresentado em 1977 na Inglaterra, na série conhecida como *Informe Científico*. As opiniões sobre as informações apresentadas em *Alternativa 3* variam: uma fraude fantástica; um erro de enormes proporções causado por uma paranóia poucas vezes vista; ou então uma das maiores conspirações mundiais de que se tem notícia. Segundo os autores, em 1957 foi realizada a Conferência de Huntsville, no Alabama, EUA, da qual participaram vários cientistas. Eles consideravam o futuro da humanidade em vista dos crescentes problemas envolvendo a destruição da natureza, poluição e escassez de alimentos.

Foram propostas três alternativas de solução dos problemas. As duas primeiras foram descartadas por serem consideradas falhas ou arriscadas. Surge então a noção da *Alternativa 3*, segundo a qual os EUA e a então URSS estariam transformando pessoas comuns em espécies de zumbis, por meio de operações e uso de drogas especiais, e enviando-os ao planeta **Marte**, onde trabalhariam como escravos construindo cidades. Essas cidades seriam o local para onde seriam enviadas, posteriormente, as pessoas "escolhidas" por sua inteligência, capacidade física, artística. Elas seriam o início de uma raça superior. As "remessas" passariam por um estágio numa base na Lua, a Base Arquimedes. Segundo os autores do livro, essa base teria sido destruída quando três do "eleitos" que lá trabalhavam tentaram salvar alguns dos "escravos".

Diziam que, em Arquimedes, mesmo os cientistas eram condicionados a receber os trabalhadores como uma raça inferior. O programa de televisão apresentou uma série de entrevistas com cientistas, e tentava também desvendar uma espécie de "onda" de desaparecimentos de cientistas, geralmente contratados para trabalhar em grandes projetos, mas que jamais podiam ser encontrados. O Dr. Carl Gerstein, um dos responsáveis pela difusão das idéias relativas ao tenebroso futuro da Terra, foi quem relatou aos produtores do programa de TV as alternativas propostas na reunião de 1957. Entrevistando um astronauta, ouviram-no dizer que não precisavam deles, astronautas, para nada a não ser justificar tudo o que eles estavam mandando para o espaço. Os astronautas e suas missões seriam um disfarce diante do público. O programa também apresentou uma gravação em fita, feita pelo radioastrônomo William Ballantine (que morreu num acidente estranho durante a produção do programa), que pode ser entendida pelo uso de um decodificador retirado da NASA por Harry Carmell (ex-funcionário da NASA, desaparecido após dar entrevista à equipe de TV). A fita trazia gravadas vozes americanas e soviéticas, e se podia identificar a fala: "22 de maio de 1962. Estamos no planeta Marte... e temos ar!" As investigações dos autores do livro prosseguiram quando a equipe de TV foi proibida de continuar a pesquisa. Não se tem notícia de que o livro tenha sido publicado no Brasil, mas foi um sucesso relativo no exterior, provocando muitas discussões.

Essa noção apresentada em *Alternativa 3* pode ser considerada entre os insólitos mais recentes da Terra, geralmente carregados de uma aura de paranóia e fanatismo que impede qualquer observação lógica do que realmente esteja ocorrendo. As notícias sobre possíveis conspirações e atividades secretas envolvendo, inevitavelmente, o governo dos EUA, têm sido uma constante nos últimos anos, ainda que geralmente referindo-se à presença de **OVNIs** e seres **extraterrestres** entre nós. A maior dificuldade na observação dessas "notícias" pode residir no fato de que, cada vez mais, um número maior de pessoas parece querer ganhar notoriedade ou algum tipo de vantagem na divulgação desses "fatos". De qualquer modo, muitos acontecimentos ligados às questões permanecem um mistério absoluto, e mereceriam maior atenção e investigação. Ultimamente, entre os estudiosos do fenômeno OVNI têm circulado, por exemplo, muitas notícias a respeito de um possível acordo entre alguns alienígenas que estariam visitando nosso planeta e as autoridades norte-americanas, de modo que estas últimas facilitariam a ação dos extraterrestres não investigando os casos de **abdução**, enquanto os alienígenas forneceriam informações científicas e tecnológicas avançadas. Para muitos, esse contato já está estabelecido desde o final dos anos 40 ou início dos anos 50, de modo que o possível projeto relatado em *Alternativa 3* poderia estar dentro dos parâmetros tecnológicos possíveis, caso se tivesse acesso ao conhecimento extraterrestre. Recentemente, a revista *Fortean Times*, especializada em assuntos insólitos e que segue a linha de investigação de **Charles Fort**, publicou uma matéria extensa sobre *Alternativa 3*, com entrevistas de alguns dos envolvidos que garantem que tudo não passou de uma imensa brincadeira. Seja como for, o fato é que um acontecimento como esse mostra o poder da falsa informação e como a paranóia realmente tomou conta de alguns setores da sociedade, atingindo tamanhas proporções que se torna virtualmente impossível separar a realidade dos boatos.

AMAZONAS

Um dos mitos mais difundidos entre os povos do mundo é o das mulheres guerreiras. Segundo os estudiosos que preferem não levantar a possibilidade real da existência de civilizações semelhantes no passado do planeta, a lenda diz respeito à lembrança de tempos em que a base da sociedade era matriarcal. Diz-se que as amazonas constituíam uma sociedade totalmente feminina e voltada para a guerra, eram bastante violentas e tinham o costume de cortar o seio direito para melhor manejar o arco e a flecha.

Um dos locais citados como sua origem é a atual América do Sul, na região aproximada onde hoje se encontra o estado brasileiro do Amazonas. Conta-se que empreenderam uma viagem de conquistas, percorrendo várias partes do mundo. Atacaram e dominaram o continente da **Atlântida**, situado no meio do oceano. Um exército de 50 mil mulheres era dirigido por sua rainha Myrina. Atacavam com selvageria, e existem histórias segundo as quais todos os homens das cidades eram mortos e as crianças, feitas prisioneiras. Platão contou que elas avançaram até a Grécia, onde foram obrigadas a recuar.

Outros autores entendem que as amazonas citadas pelos gregos apareceram pela primeira vez na *Ilíada* de Homero, quando o troiano Glokos conta a Diomedes como Belerofonte venceu as amazonas quando elas invadiram a Lícia. Viviam junto ao rio Thermodon, na cidade de Themiskyra, na Ásia Menor. Na mitologia grega, **Hércules**, ou Héracles, também as combateu. O nono trabalho de Hércules era procurar o

Cinturão de Hipólita, rainha das amazonas da Ásia Menor. A palavra em si, em grego, significa "que não tem seio". Na África do Norte, também surgiram descrições de amazonas, governadas pela rainha Myrina, que conquistaram os *atlantici* e as górgonas. As lendas sul-americanas tiveram origem, ao que se sabe, nos relatos da viagem de Francisco de Orellana, em 1541 ou 1542, quando navegou o rio Amazonas com uma expedição. O escrivão do grupo era o padre dominicano Gaspar de Carvajal, que escreveu em seu diário sobre os ataques sofridos por mulheres guerreiras na foz do rio Jamundá. Em seus relatos, dizia que elas eram altas e brancas, e sua rainha chamava-se Conhori. Muitos autores repudiam as narrações de Carvajal, mas vários historiadores e arqueólogos confirmam a veracidade dos relatos, referindo-se a uma série de símbolos inscritos em pedras e encontrados por toda a região. Na verdade, até mesmo Cristóvão Colombo fez referências à existência das amazonas.

Alguns estudiosos modernos entendem que essas amazonas brasileiras não cortavam o seio, pois não existe nenhuma referência a esse detalhe nas descrições de Carvajal e nas descrições de viajantes que tiveram contatos posteriores. As notas de Carvajal diziam que elas mantinham relações com os homens de tribos vizinhas de tempos em tempos, com fins de procriação, mantendo consigo apenas as mulheres que nasciam, e devolvendo os filhos homens.

Outros relatos, provavelmente captados entre as tribos locais, afirmam que na região as amazonas eram conhecidas pelo nome de *Icamiabas*, que significaria "as sem marido", indicando que as mulheres da tribo que se separavam do grupo acabavam formando uma tribo apenas de mulheres, competindo com os homens em absolutamente tudo. Houve uma época em que surgiram alguns livros que trataram do assunto, insistindo em que as amazonas se reproduziriam por partenogênese; portanto, sem interferência dos homens, mas foram trabalhos considerados neuroticamente feministas e sem qualquer base científica ou mesmo sem base nos relatos lendários. Alguns pesquisadores da história do continente americano em seu período pré-colombiano levantam a possibilidade de que as amazonas tenham sido uma das inúmeras tribos trazidas para a região por colonizadores fenícios, que se teriam instalado no Brasil mais de mil anos a.C. Essas teorias estão ligadas ao trabalho de **Peregrino Vidal** e à noção da existência de uma grande civilização amazônica, às vezes chamada de **Mairubi**.

AMENTI

Local mítico que surge nas narrações do *Livro dos Mortos* do Egito. Osíris refere-se a Amenti como um país situado a oeste, interpretado por alguns pesquisadores como uma região no além, outras vezes como uma região na própria Terra. Seria dividido em duas regiões: Sekht-Hotep (os campos da paz divina) e Sekht-Iamru (os campos de junco). Sua capital era Sekhem, onde Hórus travou várias batalhas para vingar seu pai Osíris. Sekhem teria sido destruída, segundo o *Livro dos Mortos*, numa noite em que ocorreram tempestades e inundações. Segundo os historiadores clássicos, Amenti e sua capital Sekhem eram apenas representações, no além, de cidades reais do Egito. Por outro lado, os historiadores e pesquisadores não-ortodoxos vêem em Amenti um local real, uma vez que as descrições são bem nítidas, inclusive com indicações de como se chegar a esse local seguindo a constelação da Grande Ursa. Em alguns textos egípcios, existem referências às regiões administrativas, ou regiões insulares de Amenti. As descrições levaram alguns pesquisadores a acreditar que Amenti era real, uns entendendo que se situava na região atual das Bahamas – o que nos leva a pensar em **Bimini** – outros entendendo que se tratava da própria **Atlântida**, em algum local no meio do oceano Atlântico, de onde os egípcios teriam partido em direção à África.

ANJOS

Historicamente, os anjos têm sido vistos como entidades espirituais ligadas ao Bem, contrabalançando as entidades espirituais do Mal. São mais comuns nas religiões cristãs, mas aparecem em outras religiões e doutrinas. Já na religião elaborada por Zoroastro, Ahura Mazda ou Ormuzd era cercado de anjos, encarados como emanações da divindade. O ocultista Sepharial apresenta-os como a "incorporação expressa dos atributos Divinos", ainda que, quando não revelados a nós, sejam apenas a concepção humana do Ser Divino. Geralmente são divididos em nove ordens: Querubins, Serafins, Tronos, Dominações (ou Domínios), Poderes (ou Potência), Virtudes, Principados, Arcanjos e Anjos. Alguns pesquisadores citam os serafins como a primeira ordem, anterior aos querubins, afirmando que ambos derivaram dos gênios babilônicos. Os serafins teriam como missão purificar o pecado, consumi-lo através do fogo. Às vezes são representados possuindo seis asas repletas de olhos. Os querubins teriam quatro asas e estavam colocados sobre a **Arca da Aliança**.

Segundo os cabalistas, as ordens também são conhecidas pelas designações Metratton (aqueles que circundam o Trono), Ophanim (Rodas da Vida) e Sete Espíritos Planetários (arcanjos e anjos subordinados). Os Arcanjos das Sete Esferas, segundo os cabalistas, são: Miguel – relacionado com o Sol e cujo nome significaria "Aquele que é como Deus" –, Gabriel, Kamiel, Raphael, Zadkiel, Uriel e Zophkiel. Representam o Poder, a Graça, o Zelo, o Poder Salvador, a Justiça, o Esplendor e o Mistério de Deus. Gabriel e Miguel teriam sido introduzidos na hierarquia pelo profeta Daniel, e Tobias teria introduzido Rafael, que se diz ser o mesmo anjo Surjan relatado por **Enoch**.

O Avesta, o livro sagrado do zoroastrismo, estabelece sete arcanjos, três masculinos, três femininos e o próprio Deus, ele também um arcanjo. Estariam num plano superior ao previsto pela religião cristã, ainda que estudiosos dêem importância ao fato de seus nomes terminarem em *El* que significa Deus. Hoje em dia, é mais comum considerar os anjos como entidades protetoras mais simples, do cotidiano das pessoas, de modo que cada ser vivente teria o seu próprio "anjo da guarda". Essa noção de proteção pessoal dos anjos deu origem a uma onda enorme de interesse pelo assunto no Brasil, ao final dos anos 90, ainda que em grande parte isso se deva a um trabalho de marketing muito bem elaborado. Dezenas, se não centenas, de livros foram publicados e os especialistas em anjos surgiram em cada canto, apresentando novos nomes de anjos e regras de convivência com eles que, segundo os historiadores da religião, surgiram de uma imaginação fértil. De qualquer forma, nos estudos dos ocultistas é dada muita importância aos anjos. Uma visão um tanto diferenciada entende que os anjos em nada diferem dos demais **espíritos**, podendo ser almas desencarnadas que assumem uma identidade falsa para poder melhor se comunicar com os vivos, os encarnados. E mais, na visão de grande parte dos pesquisadores que propõem uma história alternativa para o passado distante do planeta, os anjos nada mais eram do que seres **extraterrestres**, confundidos com seres celestiais pelas populações ainda sem grande avanço cultural e tecnológico, incapazes de compreender exatamente quem eram. Seu poder seria, então, proveniente pura e simplesmente de um desenvolvimento tecnológico muito acima do existente na Terra naquela época. Uma extensão desse pensamento pode ser verificada hoje em dia nos contatos estabelecidos com os extraterrestres através da **telepatia** – ou os chamados contatos espirituais, astrais ou canalizações – realizados por sensitivos ou **médiuns**. Nas comunicações obtidas através desses meios, e que são rejeitados por grande parte dos pesquisadores do fenômeno **OVNI**, muitos extraterrestres assumem nomes que foram atribuídos aos anjos pelas religiões terrestres, em algumas ocasiões declarando abertamente que teriam participado de atividades no passado distante do planeta. Ainda que os contatos tenham uma característica eminentemente espiritual, os anjos assumem um aspecto completamente diferente, sendo vistos como extraterrestres, ainda que habitantes de níveis ou dimensões muito superiores ao nosso.

ANJOS DE MONS

Episódio fantástico da Primeira Guerra Mundial, ocorrido durante a retirada de Mons, a 28 de setembro de 1914. O jornal inglês *The Evening Post* publicou, no dia 29 de setembro, uma história do escritor Arthur Machen – um dos influenciadores de H. P. Lovecraft – onde imaginava São Jorge combatendo à frente de um exército de anjos, ajudando o exército britânico. Dezenas de soldados escreveram ao jornal testemunhando que fora exatamente isso que ocorrera no momento dos combates, jurando terem visto anjos infiltrando-se entre os combatentes. Segundo se diz, Machen, um excepcional escritor do fantástico, admirou-se com esta história até o fim de sua vida. Para alguns pesquisadores o episódio está ligado a uma série de situações semelhantes já registradas em outros momentos, e diz respeito ao fenômeno dos **fantasmas** e aparições – estudado tanto pela **parapsicologia** quanto pelo **espiritismo** – ou mesmo ao fenômeno das **passagens dimensionais**, que implicam numa possível alteração da natureza do tempo, ainda que em regiões restritas.

ANÕES

Os anões surgem em inúmeras lendas em todo o mundo, muitas vezes associados às histórias sobre **duendes, elfos** e **gnomos**, como seres que pertenciam a um passado remoto da Terra. Viveriam embaixo da terra e teriam, como os demais seres citados e juntamente com as **fadas** e outros elementais, desaparecido da face do planeta, talvez para seu interior, segundo algumas versões, talvez para uma dimensão paralela, onde permanecem vivendo como sempre, ainda que sem manter o contato com os humanos, a não ser em raras ocasiões, quando se utilizariam de **passagens dimensionais** para atingir nosso mundo. Diz-se que, segundo a tradição da mitologia germânica, eles teriam nascido dos vermes que comeram o cadáver do gigante Ymir. Outra versão afirma que teriam nascido dos ossos de outro **gigante**. A visão mais característica apresenta-os como peritos nos trabalhos de forja e de tudo o que se refere a minérios.

Algumas descrições apresentam-nos como sendo da mesma família dos elfos, ainda que estes sempre tenham descrições muito diferentes. Os anões seriam mais grosseiros em suas feições, usando barbas compridas. No entanto, outras versões falam a respeito de anões que viviam nos bosques e que possuíam o corpo peludo, como se fosse musgo, com a pele assemelhando-se à casca das árvores.

Muitos autores se referiram a uma verdadeira hierarquia de reis e príncipes anões, com uma genealogia que remonta a milhares de anos, e existe mesmo um livro que se dedica exclusivamente ao levantamento dos nomes desses reis e anões de importância na história. Um dos mais conhecidos é Alberich, que guardava o tesouro do Rei Nibelungo, que foi apropriado pelo herói Siegfried.

ANTEVISÃO

Ver **precognição**

ANTICÍTERA

Ou Antikythera. Nome de uma pequena ilha grega no Mediterrâneo, situada entre a ilha de Creta e o Peloponeso onde, em 1901, foi encontrado um dos objetos "improváveis" da história dos insólitos. O objeto foi retirado do mar por mergulhadores, pescadores de esponjas, juntamente com restos de vasos.

Quando examinado por especialistas e retirado de seu revestimento de coral e calcário, descobriu-se que se tratava de uma espécie de relógio ou, mais precisamente, um relógio astronômico, com um conjunto muito bem elaborado de engrenagens e escalas para cálculos, mostrando as posições do zodíaco, movimentos de marés, revoluções dos planetas, o ano, mês e dias.

O mais surpreendente é que o objeto foi datado de 82 ou 65 a.C., época em que não se tem qualquer conhecimento da existência de máquinas semelhantes. Não foi encontrada explicação para o fato, mas alguns historiadores do insólito entendem que o objeto pode estar relacionado a conhecimentos ainda mais antigos, deixados por civilizações extremamente desenvolvidas e que teriam desaparecido da face do planeta, tal como a **Atlântida**.

ANTINÉA

Lendária rainha da **Atlântida**, a última da linhagem, com sua corte situada no maciço de Hoggar, no Saara, para onde se teriam dirigido os últimos remanescentes do continente desaparecido. Para se chegar ao seu reino, era preciso encontrar a entrada secreta. Da linda e terrível rainha contavam-se histórias fantásticas, de como tinha o costume de mandar mumificar seus amantes após servir-se deles, colocando os corpos em exposição numa galeria. Em 1919, o escritor Pierre Benoit publicou a história de Antinéa, no romance *L'Atlantide*, também levado ao cinema.

APARIÇÕES
Ver fantasmas

APOCALIPSE
Na *Bíblia*, representa a revelação sobre o final dos tempos, quando se dará a batalha final entre as forças do Bem e do Mal. Simbolicamente, afirma-se que significa a chegada de uma nova era e de um homem purificado. É no Apocalipse de São João – e também em **Ezequiel** – que são citados os nomes de Gog e Magog, como a nação e rei a serem combatidos no final dos tempos, uma espécie de metáfora para o inimigo final. No Apocalipse, são as nações a serem seduzidas pelo Anticristo, quando este for solto de seus mil anos de prisão.
A noção de um final dos tempos tem acompanhado uma série de religiões e seitas ao longo da história, e ultimamente faz parte de mensagens que estariam sendo obtidas por alguns sensitivos, transmitidas por seres **extraterrestres** que estariam prestes a nos ajudar nos momentos difíceis pelos quais o planeta deverá passar. Fala-se de um arrebatamento, como na *Bíblia*, entendendo-se que os extraterrestres levarão da Terra alguns escolhidos e que o julgamento já estaria sendo feito. Como tem sido comum nos últimos anos, os **anjos** são vistos, entre esses grupos modernos, como seres de outros planetas ou planos dimensionais, e relacionados às narrativas bíblicas como aqueles que vêm à Terra avisar-nos e dar início aos tempos finais.

APOLO
Filho de Zeus e Leto, irmão gêmeo de Artêmis, e representado como um arqueiro profético, ainda que sua composição seja mais complexa do que isso. Preside a cura de doenças, a adivinhação e a música, mas também a propagação das doenças. É o mais belo dos deuses gregos, muitas vezes tomado como modelo de perfeição física masculina. Teve muitos amores, mas nem sempre correspondidos. Nasceu na ilha de Delos e os cisnes levaram-no às margens do Oceano, retornando depois à Grécia, onde sua chegada era celebrada todos os anos em Delfos. Diodoro de Sicília, conhecido historiador, cita Apolo como o deus que descia na ilha **Hiperbórea** a cada 19 anos. A lenda diz que Apolo ofereceu ao mago Abaris, o hiperbóreo, uma flecha sobre a qual ele podia viajar pelo ar. Outras versões citam Abaris como o Apolo da lendária Hiperbórea. Alguns pesquisadores do ocultismo e do insólito entendem que Apolo não foi um mito, mas uma figura real, um iniciador vindo do norte e que tinha a capacidade de se locomover pelo ar.
Para outros pesquisadores do insólito, esses relatos ligariam a figura de Apolo a tantas outras do passado remoto do planeta, indicando a provável presença de seres **extraterrestres** atuando na Terra, cujas lembranças foram transformadas em lendas e cujas máquinas voadoras

incompreensíveis foram relatadas da forma como era possível ao conhecimento da época, e que também surgem nas lendas da Índia com o nome de **vimanas**.

APOLO (Naves)

As naves americanas das missões Apolo estão envolvidas – como outras antes e depois – numa série de histórias ligadas ao surgimento de **OVNIs** e à possível presença de seres **extraterrestres** na Terra e nas imediações do planeta. Assim foi com a Apolo 7, um dos acontecimentos mais comentados de todos. Quando sobrevoava a Austrália, o astronauta Cunningham teria relatado que corpos voadores não identificados passavam próximos de sua cápsula espacial, notícia divulgada pela Agência Reuter, direto de Cabo Kennedy, em 11 de outubro de 1968.

Da Apolo 8 também se conta uma história estranha, ocorrida no dia de Natal de 1968, quando a nave gravitava em torno da Lua. Após seis minutos de silêncio absoluto, sem contato com Houston, o astronauta James Lovell afirmou que acabava de avistar Papai Noel. Em terra, os controles telemétricos indicavam uma aceleração fora do comum em seus batimentos cardíacos. Diz-se que a Apolo 11 também teria encontrado algo de muito estranho na superfície lunar. O astronauta Michael Collins nunca mais voou e, segundo alguns, recebeu tratamento psiquiátrico. Sobre a Apolo 11, manifestou-se o Dr. Seaborg, presidente da Comissão Americana de Energia Atômica, declarando em Moscou, em 1969, que a tripulação teria descoberto na face oculta traços que lembravam os sinais deixados pelas rodas de um carro.

Fala-se também que, quando a primeira cápsula Gemini girava em torno da Terra, em 1964, quatro OVNIs seguiram-na durante uma órbita completa, cercando-a por cima e por baixo. Lovell, antes de ver Papai Noel na Lua na missão Apolo 8, já teria participado de um encontro com OVNI, na missão Gemini 7, em dezembro de 1965. Junto com Frank Borman, completaram 206 órbitas terrestres.

Na segunda órbita, Borman avisou ao controle de terra que estava avistando um objeto metálico seguindo a nave. Um dos encontros mais comentados talvez tenha sido o da Gemini 11, em setembro de 1966, com os astronautas Charles Conrad e Richard Gordon. Levavam câmeras especiais para fotografias, como parte de sua missão, e foi com uma delas que Gordon fotografou o objeto que se aproximou da nave, enquanto ele estava em pé sobre o casco da nave. Gordon confirmou a história quando esteve no Brasil.

Os relatos mais fantásticos a respeito das naves Apolo dizem que todos os vôos entre a Terra e a Lua teriam sido acompanhados de perto por objetos não identificados, relatos que são negados ainda por muitos especialistas. Seja como for, há pouco tempo a NASA divulgou para o mundo um trecho de um filme em que uma nave especial terrestre é acompanhada por um grupo de luzes, descritas como objetos não identificados. Imagens de naves em órbita da Terra também foram obtidas por grupos de estudos ufológicos, e mostram centenas de objetos circulando em torno do planeta, realizando manobras impossíveis para veículos humanos. A NASA continua negando que as imagens representem OVNIs.

APORTE

Conhecido e estranho fenômeno estudado pela **parapsicologia** e freqüente nas sessões do **espiritismo**. Também já foi chamado de transporte, materialização e teleaporte e, segundo alguns cientistas, pode estar ligado ao fenômeno da **telecinese** ou da telergia. Seria o equivalente àquilo que, na literatura de ficção científica, se convencionou chamar de teleporte ou teleportação, que é o transporte de um objeto ou ser vivo de um ponto a outro do espaço, sem a utilização de meios físicos visíveis. No caso, com a utilização de meios psíquicos ou paranormais, ou ainda, segundo a visão dos cientistas que seguem a idéia da telergia, com a utilização de um campo de energia que se cria em torno do ser humano e que pode ser dirigido para várias funções por força da vontade, do pensamento. O que o cientista do filme *A Mosca* fez, utilizando-se de vasta aparelhagem e conhecimentos científicos e tecnológicos, diz-se que alguns paranormais realizam através de uma força ainda desconhecida e de forma igualmente impossível de ser detectada, pelo menos no atual estágio dos estudos.

Já foram realizadas várias experiências nesse sentido, mas a única coisa que se conseguiu foi provar a existência indiscutível do fenômeno, ainda que existam dúvidas também quanto a isso. Por diversas vezes, durante sessões preparadas com essa finalidade, objetos surgiram repentinamente no aposento onde se encontravam as pessoas envolvidas no processo, vindas de aposentos vizinhos e aparentemente atravessando outros objetos sólidos como paredes, portas ou mesas, ou vindas de locais ainda mais distantes e às vezes sequer localizados.

Já foram documentados casos de objetos que, colocados sobre uma superfície sólida e sem qualquer tipo de abertura, atravessaram-na e caíram ao chão, como se toda a estrutura molecular dos dois objetos em questão fosse reagrupada por alguns instantes, permitindo a passagem. Em alguns casos, sabe-se que os objetos que apareceram repentinamente no aposento onde se realizava a experiência, vinham de lugares até três quilômetros distantes. Um dos **médiuns** que participou das experiências foi Henry Slade, com resultados impressionantes. Ele fez com que uma mesa se movimentasse por um quarto e, ao passar por baixo de uma mesa maior, ela desapareceu completamente, voltando a reaparecer cinco minutos depois a uma altura de um metro e meio, caindo de forma brusca ao chão. Com moedas colocadas dentro de uma caixa selada, ele conseguiu fazer com que elas atravessassem a caixa e a mesa onde se encontrava, caindo ao chão. Alguns cientistas trabalharam em torno da noção de materialização e desmaterialização, o que implicaria um processo de reagrupamento molecular para o qual não existe explicação válida conhecida. O cientista Ernesto Bozzano realizou uma experiência nesse sentido com um médium bastante capacitado, pedindo a ele que trouxesse para o local da experiência um bloco de pirita que se encontrava em cima de sua mesa de trabalho, a dois quilômetros de distância. O médium trabalhou com a luz diminuída e, após algum esforço, afirmou que não conseguira realizar o aporte. Quando as luzes foram acesas, percebeu-se que todas as pessoas presentes estavam cobertas com um pó fino que, depois de submetido a análises, se verificou ser pirita. No bloco original, Bozzano percebeu que faltava um pedaço, concluindo que o médium na verdade havia conseguido retirar um pedaço do material, mas não havia conseguido reagrupá-lo corretamente.

A explicação dos espíritas é que os **espíritos** realizam a operação, desmaterializando os objetos no local onde se encontram e materializando-os em novo local, utilizando as energias do perispírito, ou seja, agindo materialmente a partir do mundo imaterial dos espíritos, utilizando a vontade. Os cientistas do paranormal, é claro, recusam essa possibilidade, ainda que não tenham explicações satisfatórias para o fenômeno.

Quando envolve seres vivos, o evento é geralmente chamado de teleporte, ou teleportação. Existem alguns casos registrados nesse sentido, com o surgimento de peixes e, até mesmo, a teleportação de pessoas de um local para outro, ainda que estes últimos sejam raríssimos e muito contestados. Como em quase todos os casos envolvendo fenômenos paranormais, é comum a fraude, mas também são inúmeros os casos registrados como verdadeiros.

APSARA

Nas lendas da Índia, as apsaras surgem como espécies de **fadas**, **ninfas** das águas e dançarinas da corte celestial de Indra, dotadas de certos conhecimentos mágicos e freqüentemente surgindo na história dos homens. Alguns autores citam as apsaras como ninfas das "águas do espaço", sendo representadas pelos poetas no céu, sorrindo para seus amados na Terra, o que levou alguns pesquisadores a relacioná-las com a possível presença de seres **extraterrestres** no passado remoto do planeta, sempre interferindo nas civilizações de diferentes partes do mundo. Para outros pesquisadores a imagem é um tanto forçada e não é possível se ver extraterrestres em todo relato em que surgem referências ao espaço.

ARCA DA ALIANÇA

Um dos objetos mais comentados entre os insólitos, ainda não teve sua função devidamente estabelecida, mesmo segundo os critérios mais conservadores. Alguns supõem que continha as Tábuas da Lei, a Vara de Aaron e o lendário **maná** do deserto. Outros, que se tratava de um aparelho capaz de produzir eletricidade em descargas poderosas (fala-se em 500 a 700 volts) que, de certa forma, a protegeriam de violações e impediriam que se descobrisse sua verdadeira natureza.

O certo é que a Arca da Aliança do Senhor era tida como o símbolo maior da presença de Deus na Terra. Na *Bíblia*, diz-se que foi encomendada segundo uma forma específica, com medidas exatas, a mando do Senhor, obra executada por Moisés.

Em Êxodo, 25, está escrito que a arca deverá ser feita de madeira de acácia, com comprimento de dois côvados e meio, largura de um côvado e meio e altura de um e meio, recoberta de ouro por dentro e com uma bordadura de ouro por fora, em volta. As especificações continuam, para as argolas que a sustentarão, os varais, a tampa.

Alguns estudiosos do assunto garantem que a Arca assim construída, de acordo com as instruções, apresenta o mesmo princípio dos condensadores elétricos, gerando um campo magnético em seu interior seco. Podia ser transportada sem perigo através das varas enfiadas nas argolas exteriores. Segundo as narrações, se alguém a tocasse corria sério perigo, e várias vezes viam-se faíscas à sua volta. Quando Davi foi transportá-la para seu palácio, tirando-a da casa de Abinadab, o filho deste, Oza, caiu fulminado ao tocá-la. Por várias vezes, os textos sagrados citam casos de pessoas que ficaram "contaminadas" e doentes ao se aproximarem da Arca, assim como falam de mortes instantâneas. A ela eram atribuídos poderes simplesmente inacreditáveis, como o de nivelar montanhas, espalhar doenças e exterminar exércitos inteiros. A Arca aparece no centro dos acontecimentos durante a campanha de Josué para tomar Jericó. Apenas aqueles que sabiam como utilizá-la podiam aproximar-se sem perigo. Os hebreus carregaram a Arca consigo pelo deserto por centenas de anos, até que o Rei Davi resolveu construir um templo, no século XI a.C. Não pôde cumprir a tarefa, que foi terminada por seu filho Salomão, que reinou de 970 a 931 a.C.

O jornalista Erich Von Däniken e outros pesquisadores propuseram a possibilidade da Arca ser uma espécie de intercomunicador, uma vez que o Senhor disse a Moisés que lhe falaria do interior dela. Outras propostas, consideradas às vezes bastante ousadas, encararam a Arca da Aliança como uma máquina bastante complicada. Seguindo uma descrição do objeto fornecida no Livro Zohar, dos cabalistas, dois especialistas procuraram reconstruir a máquina, transpondo para nossos dias as informações "técnicas" contidas nos textos, e chegaram à conclusão de que a Arca, em si, era um invólucro de um objeto sofisticadíssimo cujo objetivo era a fabricação de alimentos, mais especificamente, a fonte do chamado maná que alimentou o povo israelita durante suas jornadas pelo deserto.

Essa idéia da Arca como uma máquina sofisticada está, obviamente, ligada às noções da influência de civilizações **extraterrestres** em nosso passado distante, às vezes interferindo diretamente e fornecendo determinadas máquinas ou aparelhos tecnológicos sofisticados, cuja explicação teria passado à história como provas do poder divino.

A Arca da Aliança jamais foi encontrada, ainda que não faltem as suposições de que se encontra num dos muitos museus secretos do mundo. Alguns pesquisadores entendem que a Arca foi levada do palácio de Salomão e colocada no tabernáculo. Sabe-se que o palácio foi saqueado várias vezes, mas não existem registros ou crônicas que falem a respeito do roubo da Arca. Uma das pistas se refere ao profeta Jeremias, que teria recebido ordens divinas para retirar a Arca do tabernáculo e escondê-la, visto que se aproximava uma invasão dos babilônios, e Deus não desejava que a Arca caísse em suas mãos. Dessa forma, a Arca estaria escondida numa caverna próxima de Jerusalém. No entanto, as pesquisas arqueológicas já realizadas não conseguiram localizar qualquer indício nesse sentido. Para alguns estudiosos, ela poderia de fato ter sido levada pelos babilônios em 586 a.C., quando o exército de Nabucodonosor tomou Jerusalém, destruiu o Templo de Salomão e exilou os judeus. Quando eles retornaram a

Jerusalém, em 538 a.C., e iniciaram a construção do segundo Templo, a Arca já não estava mais com eles, e não é mais mencionada no Velho Testamento. No entanto, nas listas referentes aos objetos levados do Templo, não constava a Arca. Também se fala da provável invasão do faraó Shishak, no século X a.C., que teria levado a Arca para a cidade de Tânis, então capital do Egito. Essa teoria, foi a que inspirou o famoso filme de Steven Spielberg. No entanto, alguns historiadores afirmam que o exército de Shishak jamais invadiu Jerusalém, uma vez que lhe era pago um tributo adequado, onde não estaria incluída a Arca. Como se pode perceber, existem inúmeras dúvidas quanto à data exata do desaparecimento da Arca.

Outras referências são encontradas no livro chamado ***Kebra Negest*** (ou *Kebra Nagast*), de origem antíope, no qual é narrada a visita do filho do rei **Salomão** com a rainha **Makeda**, Baina-lehkem. Este teria levado a Arca como presente, sem que o povo soubesse que estava sendo retirada, de modo que a Arca se encontraria na Etiópia, na cidade de Axum. No livro também constam descrições detalhadas da Arca e de seus efeitos sobre as pessoas.

Vários pesquisadores já notaram a existência, na Etiópia, de um culto muito forte envolvendo a presença da Arca da Aliança. Lá se acredita de fato que a Arca se encontra numa pequena capela anexa à igreja de Santa Maria de Sion, na cidade de Axum, e as milhares de igrejas espalhadas pelo país possuem uma réplica da Arca, que tem parte importante nos cultos, assim como sua presença também é reverenciada pelo judeus da Etiópia. O jornalista inglês Graham Hancock realizou pesquisas após sua passagem pela Etiópia como correspondente, interessando-se pelo assunto, e disse ter chegado à conclusão de que a Arca teria sido levada para lá havia cerca de mil anos, mas não da forma fantástica como é narrada no *Kebra Negest*. Segundo suas pesquisas, a Arca teria desaparecido do Templo em Jerusalém entre os anos de 701 e 626 a.C., mais provavelmente em 650 a.C., época aproximada em que o rei Manassés assumiu o poder e transformou o Templo num templo pagão. Os sacerdotes fiéis às velhas leis teriam então retirado a Arca para que não fosse contaminada com os pecados. Ocorre que, na mesma época, foi instalada uma colônia judaica na ilha de Elefantina, no Egito, em frente à atual cidade de Assuã, no rio Nilo. Na ilha foi construído um templo, para onde a Arca teria então sido levada. Diz ele que os judeus não construíam templos fora de Jerusalém, mantendo o Templo de Salomão como o único existente, com sua função de abrigar a Arca da Aliança. A construção de um templo no Egito levantaria suspeitas.

Durante o período em que a colônia permaneceu em Elefantina, Jerusalém foi invadida pelos babilônios e o povo judeu, exilado. Quando retornaram, sua fé já havia mudado, e a presença da Arca já não era necessária. Depois de centenas de anos vivendo na ilha, os judeus teriam partido por volta de 410 a.C., seguindo para o lago Tana, na Etiópia, onde se estabeleceram na ilha de Tanakirkos. Portanto, quando a Etiópia se converteu ao cristianismo, um rei cristão retirou a Arca da ilha e levou-a para a cidade de Axum, onde estaria desde então. Na pequena capela, ninguém pode entrar senão um monge especialmente escolhido devido à sua pureza de sentimentos. Ela jamais foi fotografada e não se tem notícia de qualquer pessoa que a tenha visto, de modo que o mistério continua.

ARCA DE NOÉ

A arca construída por Noé segundo as especificações do Senhor, para que ele, sua família e uma quantidade de animais fossem salvos do **Dilúvio** e repovoassem a Terra, é um dos momentos marcantes das narrações bíblicas. Alguns encaram-no como um símbolo da necessidade e desejo de preservação das coisas vivas; outros, como um relato verdadeiro de um momento fundamental na história da humanidade, narrado em todas as culturas do planeta.

Muitos pesquisadores entendem que não se trata apenas de uma passagem informativa de um período, ou simbólica, mas que a Arca realmente foi construída, e várias expedições já foram realizadas no sentido de que fossem encontrados os restos da arca, que se dizia ter encalhado no alto do Monte Ararat. Outros textos antigos da região narram a mesma história, entre os sumérios, por exemplo, ou entre os hindus, alterando apenas o nome do construtor da Arca, como no caso de **Uta-Napistim**, citado na epopéia de **Gilgamés**.

Para um número considerável de estudiosos, o texto da *Bíblia* deriva de textos ainda mais antigos, com nomes e lugares sendo adaptados. A procura pelos restos da Arca de Noé prossegue até nossos dias, desviando-se do Monte Ararat e passando para outras regiões, porém existem poucas explicações para o fato da história ser repetida com tanta freqüência, mesmo entre os povos da América pré-colombiana, sempre com pequenas variações, mas ainda assim facilmente identificável.

O Monte Ararat também é conhecido como Agri Dagi, e tem mais de 5.000 metros de altura, localizado na Turquia, próximo às fronteiras do Irã e da Armênia. Relatos fornecidos pelo sacerdote e estudioso Beroso, no século III a.C., falavam que a população que residia próximo à montanha costumava subir para pegar pedaços da arca para fazer

amuletos, mas nunca foi possível confirmar se realmente se tratava do barco construído por Noé.
O primeiro registro de uma expedição científica ao local data de 1829, dirigida pelo professor alemão Friedrich Parrot, que apenas encontrou uma cruz que teria sido construída com madeira da arca. Outra expedição foi realizada em 1833, sem encontrar coisa alguma, e outra em 1876, quando o historiador James Bryce chegou ao cume do Ararat. Num ponto acima da linha das árvores, ele encontrou um pedaço de madeira cortado com ferramenta, e mais nada. Em 1892, o clérigo dr. Nouri afirmou ter encontrado no local os restos de um navio preso ao gelo. Posteriormente, durante a Primeira Guerra Mundial, um piloto russo também afirmou ter avistado a arca ao sobrevoar a região, e o czar Nicolau II enviou uma expedição que, segundo se diz, obteve fotografias do navio, desaparecidas durante a revolução soviética. Na Segunda Guerra Mundial, mais uma vez pilotos afirmaram terem visto a arca, um soviético e quatro norte-americanos. Em 1951, o historiador americano Aaron Smith realizou nova expedição infrutífera e, em 1952, o explorador francês Jean de Riquer nada encontrou. Outras pesquisas foram realizadas no Monte Djudi, 300 quilômetros ao sul do Ararat, uma vez que o monte é citado no *Corão* como tendo sido o local onde a arca encalhou. Em 1910, a arqueóloga inglesa Gertrude Bell encontrou uma estrutura de pedra no alto do Djudi, com uma forma semelhante à de uma embarcação. O governo da Turquia declarou a área como de interesse arqueológico e, em 1995, encontrou-se uma formação com 170 metros de comprimento e 45 de largura. Utilizando-se de aparelhagem moderna que permite ver através do gelo, alguns pesquisadores chegaram à conclusão de que poderia tratar-se de uma construção humana, possivelmente com mais de 5.000 anos de idade. E novas expedições e estudos sobre a estrutura e pesquisas na região estavam agendadas para o início do século XXI, apesar das dificuldades causadas pela presença dos rebeldes curdos na região.

ARCANJOS
Ver anjos

AREA 51
Ver **extraterrestres**, **Operação Majestic 12**, **OVNI**, **Roswell**

ARETUSA
Ver Hespérides

ARIGÓ, JOSÉ (1918-1971)
Provavelmente o mais conhecido dos chamados curadores brasileiros, um **médium** que afirmava realizar suas operações dirigido pelo espírito do Dr. Adolf Fritz, um médico alemão morto em 1918. Arigó

era o pseudônimo de José Pedro de Freitas, que realizava operações delicadas e às vezes tidas como impossíveis, sem qualquer preocupação com relação a anestesia ou assepsia, além de utilizar os instrumentos mais rudimentares, obtendo resultados muitas vezes considerados surpreendentes. Chegou a ser condenado à prisão em 1957 e 1964, por prática de medicina ilegal, mas, nas duas vezes, acabou sendo solto.

Muitos pesquisadores da **parapsicologia** jamais aceitaram as realizações de Arigó e, segundo se diz, alguns conseguiram descobrir fraudes. No entanto, cada vez mais esse tipo de cirurgia realizada por médiuns torna-se conhecida no mundo, como um fenômeno real. Calcula-se que, no tempo em que esteve recebendo pessoas na cidade de Congonhas do Campo, em Minas Gerais, Arigó tenha curado cerca de meio milhão de pacientes. O mesmo Dr. Fritz voltou a manifestar-se em outros médiuns após a morte de Arigó, e a polêmica com relação aos métodos de cura e mesmo quanto aos resultados permanece, com muitos pesquisadores entendendo que deveria ser feito um acompanhamento dos resultados para que se comprovasse a eficácia.

ARJUNA

Um dos personagens citados no *Maabárata*. Ajudou Yudhisthir na guerra contra seu primo Duryodhana, utilizando-se de armas com poderes impressionantes, além de carros voadores. Entre as armas citadas está uma que lhe fornecia invisibilidade e outras capazes de destruir países inteiros. Também são citados os **vimanas**, mostras de tecnologia superior, impossíveis de existir na época a que se refere o texto, e que levaram vários pesquisadores a supor a intervenção de seres **extraterrestres** no passado da Terra.

ARMAGEDDON

Ou Har-Magedon, o local onde, segundo o **Apocalipse**, se dará a batalha e derrota final dos exércitos do Mal, reunidos naquele local pelo falso profeta. É um monte ou cidade, aos pés das colinas do Carmelo.

ARQA

Segundo algumas traduções cabalísticas de um versículo de Jeremias, Arqa é um planeta habitado. Em Jeremias X, 11, lemos: "Dir-lhe-eis, portanto: Os deuses que não fizeram o céu e a terra desaparecerão da terra e de sob os céus" (Editora Ave Maria, 18ª edição, 1971). Alguns pesquisadores afirmam que esta é uma inserção posterior, escrita em língua caldaica ou aramaica, e não em hebraico como o restante. O cabalista A. D. Grad propôs outra tradução, que resultaria na seguinte frase: "Os Elohim que não fizeram o Céu nem Arqa serão exterminados da Terra e perecerão sob o Céu. Isto." A Cabala também se manifesta sobre Arqa.

No livro *Sohar* (ou *Zohar*), escrito pelo rabino Simon Bar Yochai, existe uma história de um encontro entre ele e um habitante do planeta Arqa que lhe contou que, em seu mundo, as estações são diferentes das nossas. Disse ainda que os habitantes desse mundo visitam todos os outros mundos e falam suas línguas. Está diretamente relacionada com a noção da interferência de seres **extraterrestres** nas civilizações mais antigas da Terra.

ARRUOCA

Local na serra de São Tomé das Letras onde foram encontradas algumas inscrições rupestres que foram relacionadas, por estudiosos como Peregrino **Vidal**, à existência de uma antiga sociedade americana formada por colonizadores vindos da Suméria e Fenícia, mais de mil anos antes de Cristo.

ARZAWA

Um dos sete "berços da humanidade" ao lado de **Marae**, **Avari**, **Tule**, **Tholo**, **Yoni** e **Ophir**, segundo os ensinamentos da Ordem do Graal. Estaria situada na região da Mesopotâmia e Caldéia, onde hoje é uma região desértica. Era, como todos os demais "berços", repleto de animais, água em abundância, frutas e árvores de todo o tipo. Os seres humanos que ali viviam eram de estatura média, muito fortes, com pele cor de bronze. Ali também viveriam os **babais**.

ASHTAR SHERAN

Nome pelo qual é conhecido um ser extraterrestre que estaria mantendo comunicação com uma série de **médiuns** e sensitivos terrestres ao longo dos anos. Suas mensagens, enviadas através de **telepatia**, canalização ou durante o processo de projeção do **corpo astral**, vêm sendo registradas desde os anos 50. Às vezes ele é chamado de Comandante da Frota Suprema Intergaláctica. Outras vezes é identificado como uma Hierarquia, ou uma união de energias ou **espíritos**, **extraterrestres** atuando em nosso planeta com o objetivo de ampliar nossos sentidos e melhorar nosso relacionamento com o universo e entre nós mesmos, preparando o momento em que deverá ocorrer uma evacuação planetária.
Diz-se que as manifestações de Ashtar Sheran no passado foram tidas como manifestações do Arcanjo Miguel. Está diretamente ligado ao que se costuma chamar de **ufologia mística** ou avançada, que propõe uma forma diferenciada de estudo do fenômeno **OVNI** e extraterrestres. Alguns entendem que Ashtar é, na verdade, o Comando Galáctico Ashtar, uma legião com milhares de entidades, e o Senhor Ashtar seria o seu comandante. Chegam a propor a data de 18 de julho de 1952 para o momento em que ele teria entrado no sistema solar, pois nessa época os cientistas estavam pensando em

detonar o átomo de hidrogênio, atividade que vai contra as leis de um suposto Tribunal Galáctico e da Confederação Galáctica, composta por seres de inúmeros planetas da galáxia.

Para muitos estudiosos do fenômeno OVNI, existem duas explicações mais viáveis para o surgimento de Ashtar Sheran nas comunicações. Uma, a mais simples e facilmente identificada, é a do mero embuste. Algumas pessoas estariam aproveitando-se da credulidade de outras para obter vantagens dizendo estar em contato com um ser extraterrestre, sem que nada possa ser provado nesse sentido. Qualquer entrevista realizada com a pessoa que diz estar em contato com essa entidade pode pôr a fraude a descoberto. Outra explicação defende a idéia de que existe a possibilidade de que as pessoas que estão recebendo as mensagens, verdadeiramente médiuns e sensitivos, podem estar simplesmente deturpando as informações recebidas, interpretando-as de acordo com suas crenças ou de acordo com informações prévias que possuam sobre o assunto. Os mais céticos entendem que está ocorrendo a formação de uma nova religião no planeta, com os extraterrestres assumindo o lugar dos **anjos** e outros seres espirituais. Segundo esse ponto de vista, o único fenômeno em ação nesse caso é um fenômeno social e cultural. Outras linhas de investigação preferem abordar a questão com mais cuidado e reticências, uma vez que as chamadas canalizações de mensagens extraterrestres e espirituais têm aumentado numa proporção assombrosa. Mesmo eliminando-se as fraudes, às vezes grosseiras, os casos de doenças mentais e as interpretações erradas, ainda resta uma quantidade razoável de pessoas equilibradas que têm recebido mensagens e estabelecido contatos que não podem explicar e que, freqüentemente, sequer desejavam.

Os ufólogos que seguem a linha chamada científica de investigação têm a tendência a ignorar ou rejeitar esse tipo de contato, mas cada vez mais pesquisadores têm se interessado pelos casos, entendendo que é impossível ignorá-los. Entre as mensagens enviadas por Ashtar Sheran, encontram-se muitos avisos com relação ao que a humanidade está fazendo com o planeta, destruindo-o no aspecto físico e espiritual. Ele e outros seres estariam envolvidos no que chamam de "Missão Terra", procurando estimular a expansão da consciência que nos leve a encontrar um sentido maior para a vida. Ao contrário daqueles que afirmam que ele teria entrado em nosso sistema nos anos 50, outros grupos dizem que ele e outros seres como ele já se encontram na Terra há milhares de anos.

Outra linha de pesquisa também entende que Ashtar e seus comandados estão no planeta há milhares de anos, mas relacionam sua presença com a intervenção não pacífica de extraterrestres em nossa história, inclusive construindo e alterando geneticamente os seres humanos para servirem como seus escravos. Ashtar seria, então, a deusa Ishtar que surge no Oriente Médio, uma de muitos representantes extraterrestres que modificaram o rumo de nossa história de forma violenta, provocando guerras e destruições em massa, introduzindo artefatos tecnologicamente muito adiante do estágio em que se encontrava a civilização, inclusive armas de destruição de poder incalculável.

ASSOMBRAÇÕES
Ver **fantasmas**

ASTRO X
Nas profecias com relação ao futuro do planeta e, especificamente, naquelas que falam do **apocalipse** e do final dos tempos, é comum surgir como fator de perturbação física um planeta ainda desconhecido no sistema solar, o astro X, ou o décimo planeta. Durante algum tempo, muitos astrônomos procuraram por esse planeta e ainda hoje estudiosos entendem que é muito possível sua existência, ainda que recentemente alguns astrônomos e físicos tenham anunciado que a busca cessou, acreditando terem determinado que não existe nenhum décimo planeta.
A aproximação de um grande planeta, sem dúvida, traria grandes problemas para a Terra, com alterações drásticas, de onde certamente surgiram as previsões de terras sendo inundadas e continentes inteiros desaparecendo.
Alguns locais foram indicados nas previsões como aqueles que não submergiriam, entre eles vários pontos do planalto central brasileiro, onde se encontram atualmente comunidades de pessoas que acreditam nessas previsões e mensagens, freqüentemente recebidas por **médiuns** ou sensitivos em suas comunicações com seres **extraterrestres,** que estariam preparando algumas pessoas para o momento em que ocorresse a catástrofe.

ASVINS
Ver **vimana**

ATLAN
Ver **gigantes**

ATLÂNTIDA
A lenda da Atlântida é, ao que tudo indica, a mais persistente e misteriosa entre os povos do mundo, já há muitos séculos. Milhares de obras foram dedicadas ao estudo da Atlântida, cuja existência, hoje em dia, nem sempre é considerada apenas uma lenda, mas uma realidade. Os vestígios de relatos sobre um continente ou ilha gigantesca, situada em algum local do oceano, e que

desapareceu numa catástrofe, são encontrados em povos do mundo inteiro, sob diferentes versões que mantêm entre si semelhanças assombrosas. No entanto, o relato mais conhecido sobre a Atlântida e o que surgiu pela primeira vez na literatura apareceu no *Timeu e* no *Crítias,* de Platão, aproximadamente em 380 a.C., no qual a sociedade atlante é relatada com detalhes tanto quanto à localização, quanto à forma de governo e sociedade, situando-a cerca de 9 mil anos antes de sua época. Via-se a Atlântida como uma civilização poderosa e com imensos conhecimentos filosóficos e científicos, um império que estendeu sua influência a todo o planeta e cujo fim trágico teria causado um grande choque. Estaria localizada no oceano Atlântico, entre o que hoje é a América do Norte e a Europa, a nordeste da América do Sul e a noroeste da África.

James Churchward, um pesquisador que durante cinqüenta anos perseguiu as provas da existência do continente da **Lemúria**, fala da existência da Atlântida como sendo muito mais antiga do que Platão contava. Diz-se que Henry Schliemann, o célebre arqueólogo descobridor de Tróia, teria encontrado um dos papiros mais antigos do mundo, onde está escrito que o faraó Sent enviou uma expedição à procura de vestígios da Atlântida, de onde seus ancestrais teriam vindo, trazendo seus conhecimentos. Essa informação foi dada por Paul Schliemann, neto do arqueólogo, em 1912, quando teve acesso a uma série de trabalhos inacabados do avô. Ele não apenas havia descoberto peças onde se lia, em hieróglifos fenícios, uma inscrição referindo-se à Atlântida, como estabeleceu uma relação entre estas peças e fragmentos encontrados em **Tiahuanaco**, na América do Sul.

Os objetos foram analisados e sua composição mostrou que provinham do mesmo lugar. Henry Schliemann teria descoberto o papiro no Museu de São Petersburgo, o mesmo local onde também teria encontrado outro papiro, de autoria do historiador egípcio Maneton, que situava o reino da Atlântida num período aproximado de 16 mil a.C. Muitos pesquisadores parecem concordar com a hipótese de que a Atlântida poderia ter sido um grande centro, do qual emigraram povos em todas as direções. As semelhanças encontradas entre as civilizações dos egípcios e dos maias, em lados opostos do oceano, são impressionantes, chegando a ponto de possuírem diversas palavras em comum na pronúncia e significado, além de uma arquitetura muito próxima, especialmente no que se refere à construção das **pirâmides**. É comum referir-se também à escolha de Platão pelo nome Atlantis, que não é grego. Por outro lado, a palavra tolteca *atlan* significa "no meio da água". As lendas maias e incas referem-se a uma grande nação ou império que desapareceu no fundo das águas.

A suposta antiguidade da Atlântida está de acordo também com algumas propostas mais recentes para a antiguidade de Tiahuanaco, no lago Titicaca. Lá, uma civilização desaparecida e desconhecida, anterior aos incas, teria vivido num período entre cerca de 10 e 20 mil anos. Algumas pessoas, exageradamente ou não, situam o auge da civilização atlante há um milhão de anos, quando se estenderia da Islândia até a América do Sul. Esse continente imenso se teria dividido devido a dois cataclismos vulcânicos, em 800 mil a.C. e em 200 mil a.C., separando Atlântida em duas ilhas: **Ruta** e **Dayta**. Um terceiro cataclismo teria deixado apenas uma parte de Ruta, chamada **Poseidônia** (ou Poseidonis). Outros ainda se referem a um conhecimento superior que os atlantes possuiriam na utilização de **cristais** como fonte de energia, e que, apesar da catástrofe, um desses cristais ainda estaria operando no fundo do oceano, causando a quem se aproximasse do local um efeito de deslocação dimensional, formando assim uma **passagem dimensional** no local conhecido como **Triângulo das Bermudas**. Esse tipo de idéia parece ter se ampliado após a descoberta das ruínas na região de **Bimini**, nas Bahamas, dentro da região do Triângulo das Bermudas. Além dos relatos de Platão, mais recentemente surgiu uma série de relatos de visionários, como o conhecido **Edgar Cayce**, e as narrativas provenientes da Sociedade Teosófica, elaborada por Helena Blavatsky. Fala-se, em termos de doutrinas ocultas, dos grandes conhecimentos psíquicos que os atlantes possuiriam, descendentes de seres do céu, ou os Senhores da Chama de **Vênus**, que já haviam trazido a civilização para a Lemúria anteriormente. Alguns pesquisadores se referem aos Senhores da Chama como seres **extraterrestres** vindos de um planeta mais evoluído, há 18 milhões de anos, trazendo os conhecimentos para a Terra. Os sacerdotes da Atlântida praticariam o psiquismo, aperfeiçoando-o como ciência, sendo capazes de prever o futuro em certas ocasiões e realizar curas. Uma civilização baseada não no material, como temos hoje em dia, mas no mental.

Segundo a teoria ocultista, o final da Atlântida começou com uma terrível batalha entre os magos brancos e os negros, os últimos desviando-se para o lado negro da natureza e conjurando os elementais e formas de pensamento demoníacas. Algumas teorias, como a do alemão Jurgen Spanuth, propõem que, na realidade, a Atlântida lendária estaria localizada na Europa do Norte, nos países nórdicos, e que de lá teriam saído para suas conquistas, atingindo até o Egito. Essa Atlântida seria a origem dos povos arianos e a teoria foi muito criticada como uma simples versão das idéias nazistas, uma vez que ele propõe, no fundo, que o povo ariano seria o "povo original" (urvolk) pretendido pelos nazistas, superior aos demais povos da Terra.

AURA

A existência da aura é uma concepção antiga na humanidade, e encarada como uma espécie de emanação do **corpo astral**, da **alma**, ou das energias existentes em cada corpo.

Nas representações mais antigas, falava-se na aura sempre relacionada com o corpo humano. Dessa forma, é possível ver-se em pinturas e esculturas as figuras, geralmente de santos, com um halo de luz em torno da cabeça. Não se sabe muito bem em que época ou em que região possa ter surgido essa noção, mas parece estar espalhada por todo o mundo e por épocas diferentes, desde os tempos mais remotos.

A partir do século XIX, começou-se a falar em emissão de radiações, não apenas por parte de seres humanos, mas de qualquer ser vivo e mesmo de cristais. Com o surgimento dos médiuns e das experiências da metapsíquica e **parapsicologia**, assim como do **espiritismo**, muitos pesquisadores notaram que os **médiuns** eram capazes de perceber a existência de diferentes tipos de auras nas pessoas, e também de detectar variações na luminosidade e na coloração dessas auras, de acordo com o estado físico e mental de cada um.

A partir de 1958, surgiu a chamada fotografia Kirlian, método de fotografar a aura inventado pelo russo **Semyon Kirlian**, convertendo propriedades não elétricas de um corpo em propriedades elétricas, e registrando-as em película fotográfica. Os resultados foram impressionantes, coincidindo com uma série de conhecimentos ancestrais, entre os quais os chamados "pontos" da acupuntura. A fotografia Kirlian ainda é combatida hoje em dia, mas o número de cientistas que comprovam sua eficácia é cada vez maior.

Atestada a veracidade da existência da aura, torna-se mais insólito que os antigos pudessem ter conhecimento desse fato, sem ajuda de qualquer tipo de aparelhagem.

A suposição aceita como a mais correta, e talvez mesmo evidente, é que todas as noções a esse respeito e as representações gráficas realizadas tenham sido feitas a partir dos testemunhos de pessoas com capacidades paranormais extremamente desenvolvidas, ainda que grande número de pesquisadores adicione também esse conhecimento à enorme série de conhecimentos tecnológicos impossíveis de existir em épocas tão recuadas, relacionando-os com a atuação de seres **extraterrestres** no passado da Terra ou – em outras linhas de pesquisa –, com a existência de uma supercivilização de um passado distante.

AURORA

Segundo alguns sensitivos brasileiros, como José **Trigueirinho** Netto, Aurora é o nome de uma cidade subterrânea que existiria na região de Salto, no Uruguai, e um dos pontos a partir dos quais seres intraterrenos e **extraterrestres** atuam com o objetivo de ajudar o planeta Terra nos momentos difíceis pelos quais deverá passar. Aurora seria um centro de auxílio aos homens, procurando integrá-los ao mundo e à dimensão extraterrestre. Traz ao planeta vibrações de cura, estimulando e criando harmonia e saúde, mas agindo onde exista a fé. Juntamente com as cidades de **Erks** e **Miz Tli Tlan**, seria um dos três Espelhos Maiores em atividade na Terra, entendendo-se como Espelhos um sistema de comunicação entre a Terra, as bases intraterrenas, as naves espaciais – ou **OVNIs** – e as galáxias de onde elas provêm. De certa forma, essas cidades não estariam inteiramente em nosso mundo, mas numa dimensão paralela, ou numa quarta dimensão, à qual algumas pessoas podem ter acesso, em ocasiões especiais, através de **passagens dimensionais** ou por suas próprias capacidades mentais e espirituais. Para muitos ufólogos, esse tipo de posicionamento é absolutamente inaceitável, estando ligado à chamada **ufologia mística**, desenvolvendo-se de forma a criar uma nova religião, em que deuses e anjos são substituídos por extraterrestres, como no caso de **Ashtar Sheran**.

AVALON

Uma ilha mágica, parte das lendas da Bretanha ligadas à existência do rei Artur, de Merlin o mago e da fada Morgana. Avalon estaria escondida do mundo em que vivemos através de artes mágicas, como um local existente numa outra dimensão, o que a relacionaria com uma série de locais que somente poderiam ser atingidos através de **passagens dimensionais**. Segundo a lenda, Merlin se teria retirado para lá após o término de sua obra junto ao rei Artur, ou teria sido levado por sua irmã Morgana após a batalha de Camlann. Apenas poderiam atingir a ilha de Avalon pessoas com poderes excepcionais e em determinadas condições. Avalon também é vista como uma das ilhas míticas do Outro Mundo dos celtas, as ilhas do norte, ligadas às lendas da **Hiperbórea**, como um local de iniciação. Avalon era chamada também de Ilha Afortunada, com comida e bebida inesgotáveis, vegetação luxuriante. Morgana seria a mais bela das nove irmãs que governariam a ilha. Também era conhecida pelos nomes Aballo, Afallach, Emain Ablach.

AVARI
Um dos sete "berços da humanidade", onde habitavam também os **babais**, segundo a Ordem do Graal na Terra. Estaria situada na região do Havaí, o que confunde definitivamente a visão que a Ordem do Graal apresenta sobre continentes e países desaparecidos, uma vez que, nessa mesma região, as demais lendas situam o continente da **Lemúria**, ou Mu. A descrição do local é a mesma que aquela apresentada para os demais "berços", ou seja, um local paradisíaco onde nada faltava. Os humanos de Avari tinham a pele cor de bronze escuro com olhos esverdeados. Os demais "berços" seriam **Marae**, **Tule**, **Arzawa**, **Yoni**, **Tholo** e **Ophir**.

AZTLAN
Um local mítico dos astecas, às vezes apresentado como sendo a própria **Atlântida**. Alguns pesquisadores dizem que os astecas costumavam afirmar serem provenientes originalmente de Aztlan, cuja tradução é apresentada como "país da cor branca". O próprio nome asteca significaria então "gente de Aztlan". Segundo algumas de suas lendas, seus antepassados vieram do Leste, de uma ilha que se localiza em meio ao oceano Atlântico, local que tiveram de abandonar precipitadamente. Essa lenda levou muitos pesquisadores a relacionar esse local no oceano com a Atlântida e, mais recentemente, com as ruínas encontradas em **Bimini**, nas Bahamas.

AYODHYA
Ver **Agartha**

BA
Ver ka

BAALBEK
Cidade situada na região que hoje corresponde ao Líbano, repleta de ruínas de construções de idade ainda não muito bem definidas, às quais os historiadores da linha alternativa atribuem características bastante incomuns. Geralmente são citadas como pertencendo ao ciclo de construções ciclópicas existentes em todo o mundo, como em **Tiahuanaco** ou as **pirâmides** do Egito e da América do Sul. Às vezes, as ruínas são chamadas de terraços, constituídos de gigantescos blocos de pedra que atingem até 20 metros de comprimento e cerca de 2 mil toneladas. Alguns cálculos realizados a respeito dos métodos de construção dos terraços entendiam que eram necessários 40 mil homens para transportar cada bloco até o local, o que levou alguns pesquisadores a levantar o que hoje se conhece como "hipótese extraterrestre". Ao que tudo indica, o primeiro a falar sobre o assunto foi o professor russo Agrest, que entendia que o terraço era uma pista de decolagem de naves **extraterrestres**. Os blocos serviriam para proteger a população local de radiações emitidas pelas naves. Existem algumas controvérsias com relação tanto à data de construção, como quanto sobre a origem da cidade.
Alguns historiadores afirmam que Baalbek quer dizer "cidade de Baal",

sendo Baal um deus local antigo. Outros afirmam que baal era um nome genérico utilizado para designar cada deus, e cada cidade possuía o seu. De qualquer forma, diz-se que o templo original construído no local era consagrado a Haddad, o deus aramaico dos raios, trovões e terremotos. Outros, ainda, insistem em que as construções devem ser atribuídas aos romanos, da época em que dominaram a região, mas geralmente considera-se essa proposta pouco provável uma vez que os romanos não possuíam técnicas capazes de construir e transportar pedras de tamanhas proporções. Jacques Bergier citou também escritos antigos que se referiam a **pedras negras** sagradas que existiriam em Baalbek, semelhantes à pedra negra da Caaba.

BABAIS

Segundo a organização conhecida como Ordem do Graal na Terra, os babais eram habitantes primitivos da Terra, animais parecidos com seres humanos, grandes e ágeis, com pele dourada. Teria sido nos babais que as almas humanas encarnaram quando eles atingiram um estágio mais elevado de desenvolvimento.

A noção procura ir contra a idéia da evolução do ser humano a partir dos macacos, ou primatas, encontrando um ser intermediário. Habitavam algumas regiões bem específicas do planeta, chamadas de "berços da humanidade", em número de sete: **Marae**, **Tule** (ou Thule), **Arzawa**, **Yoni**, **Avari**, **Tholo** e **Ophir**. Essas regiões são apresentadas como paradisíacas, onde os babais e os seres humanos que posteriormente as habitaram podiam encontrar de tudo para seu sustento.

A forma como a transição de babais para humanos ocorreu é um tanto misteriosa. As almas teriam encarnado neles e, aos poucos, em vez de nascerem babais, nasciam humanos, uma vez que o tempo dos babais e sua função no planeta estariam terminados. Os babais não teriam simplesmente desaparecido, mas retornado à sua pátria, o Olimpo.

BACON, ROGER (1214 – 1294)

Frade franciscano, filósofo e erudito inglês que se dedicou a estudos e experiências relacionadas às artes mágicas, matemática e química. Realizou também algumas previsões e antecipações entre as quais são descritas as imagens de navios modernos, bem como dos automóveis, aviões e submarinos. Com relação a este último invento, ele chegou a afirmar que Alexandre Magno utilizou-o, assim como escreveu que esses veículos fantásticos, com exceção das máquinas de voar, eram construídos havia muito tempo. Rejeitava a arte negra, a magia que levava ao mal, e relacionava a alquimia com a física, acreditando na possibilidade de se fabricar ouro a partir dos conhecimentos dessa arte. Em seus estudos, Bacon partia do princípio de que todo o saber humano depende da matemática, acreditando que a astrologia era sua ramificação mais nobre, com sua capacidade de prognosticar o futuro. Tinha como ponto fundamental de atuação a experimentação, o único teste capaz de fornecer certeza científica.

Para alguns estudiosos, as antecipações de Bacon poderiam ser classificadas como visões do futuro, ou o fenômeno conhecido na **parapsicologia** como **precognição**. Para outros, seus relatos que afirmavam que essas máquinas já existiriam havia muito consistiam em mais uma prova da existência, no passado do planeta, de conhecimentos científicos muito mais avançados do que seria de se esperar, como no caso dos chamados **brinquedos mecânicos**, das **pilhas de Bagdá**, e tantos outros.

BAIAN KARA ULA

Montanhas na região entre a China e o Tibete onde, em 1938, foram realizados importantes achados arqueológicos, que alguns pesquisadores relacionam ao insólito. O arqueólogo chinês Tchi Pu Tei encontrou sepulcros que continham esqueletos de seres com corpo pequeno e crânio grande. Nas paredes existiam pinturas de seres que usavam supostos capacetes redondos, além de pinturas das estrelas, do Sol e da Lua ligados por linhas pontilhadas. Também foram encontrados mais de setecentos pratos ou discos de granito, com 2 centímetros de espessura, com um furo central e inscrições que partiam do furo em espirais, em direção das bordas. Segundo informações, em 1962, Tsum Um Nui, da Academia de Pré-história de Pequim, conseguiu provar que os pratos contêm alto teor de cobalto e que apresentam alto teor de vibração, o que significa que estiveram expostos a correntes elétricas de alta freqüência. A tradução das inscrições foi publicada em 1963, e conta a história de um povo que, 12 mil anos atrás, ficou perdido no terceiro planeta deste sistema quando seus aparelhos não mais conseguiram a força para levantar vôo. Existe um relato do relacionamento tenso entre esses seres **extraterrestres** e os habitantes do local, os Ham e os Dropa, que os caçavam e matavam. Segundo outras versões, os seres que aqui chegaram, de pequena estatura, foram massacrados pelos habitantes locais, enquanto os sobreviventes teriam acasalado com os habitantes locais, dando origem aos Ham e Dropa. Algumas lendas chinesas se referem a Baian Kara Ula, falando do local como morada de **anões** magros e amarelos que vieram das nuvens, o que estaria de acordo com os achados dos arqueólogos. De certa forma, esses relatos reforçam as teorias levantadas a respeito das civilizações subterrâneas como a de **Agartha**, que teria sido construída por seres vindos de outros planetas em épocas remotas.

BAINA-IEHKEM

Ver **Arca da Aliança**, ***Kebra Negest***

BALÉ DOS GIGANTES

Ver **Stonehenge**

BAMIYAN

Bamiyan é uma cidade do Afeganistão, a nordeste de Cabul, onde existe a antiga cidade de Djuldjul, com 12 mil casas cavadas na rocha, e que foi destruída por Gengis Khan em 1221. Diz-se que nas cavernas da região habitaram por muito tempo monges budistas, que reuniam informações provenientes de tempos ainda mais distantes. As "pedras" de Bamiyan são três estátuas gigantescas, esculpidas na rocha, a maior delas com 53 metros de altura. As informações dos ocultistas e pesquisadores do insólito dizem que essas estátuas são testemunhos da doutrina secreta deixada pelos habitantes da **Atlântida**, referindo-se aos conhecimentos e tecnologia que teriam obtido.

Alguns pesquisadores e adeptos da teoria das doutrinas secretas chegam a citar cinco estátuas, considerando-as anteriores ao budismo. As três primeiras possuem longas orelhas e teriam sido esculpidas após o **Dilúvio** pelos sobreviventes da chamada Quarta Era do planeta, com a finalidade de mostrar a evolução das raças humanas.

Segundo alguns pesquisadores, estariam relacionadas com a civilização dos **gigantes**, que teria habitado a Terra em eras distantes. Vários estudiosos também relacionam as estátuas e as possíveis informações que conteriam com a presença de seres **extraterrestres** no passado distante de nosso planeta.

BANSHEE

É uma espécie de **fantasma** sonoro, anunciando a morte próxima de alguém da família, com um grito aterrorizante ou um gemido igualmente temível. Parece que a *banshee* só existe na Escócia, Gales e Bretanha, e só é ouvida por aqueles que têm sangue celta.

BARDO THODOL

Também conhecido como o *Livro dos Mortos Tibetano*, possivelmente uma compilação de conhecimentos budistas anteriores ao século VII, quando se acredita que foi escrito pela primeira vez. Apresenta rituais baseados na yoga e é visto como um estudo da morte e da vida pós-morte, assim como do renascimento ou **reencarnação**, o chamado ciclo da "existência samsárica", que ocorre no período entre a morte e o renascimento, com descrição dos diferentes estados de existência e dos seres que vivem nesses estados e regiões, o que pode ligar esses conhecimentos à existência dos **espíritos**, estudada pelo **espiritismo** e por outras religiões e doutrinas.

BEP-KOROROTI

Herói pertencente à mitologia dos índios caiapó, do Brasil. As lendas dizem que Bep-Kororoti surgiu um dia numa aldeia trajando uma roupa que o cobria da cabeça aos pés, carregando uma "borduna trovejante". Alguns guerreiros combateram o recém-chegado, mas suas armas transformavam-se em pó ao tocarem na roupa de Bep-Kororoti. Quando apontava sua borduna em direção a uma árvore ou pedra, destruía-as completamente, mas não atacou os índios, que acabaram se acostumando com sua presença, até que ele passou a fazer parte da vida na aldeia. Quando deixou de usar a roupa estranha e passou a usar uma mais justa, perceberam que tinha a pele muito branca. Casou-se com uma moça da aldeia e teve filhos, ensinando os caiapós a viver de forma melhor. Mas um dia ele resolveu ir embora em direção à serra de Pukatoti, de onde subiu aos céus entre nuvens e trovões que abalaram a região. Nos dias atuais, os indígenas realizam cerimônias nas quais reproduzem com vestes de palha o que teria sido a roupa do herói, com uma cabeça redonda completamente fechada, cerimônia na qual alguns dos pesquisadores que seguem a linha da intervenção de **extraterrestres** em nosso planeta vêem uma reprodução bem clara de um traje de astronauta.

Os investigadores que seguem a linha da atuação de extraterrestres no passado remoto do planeta, deixando traços em várias culturas, apresentam o pensamento de que, antes de atingirmos a era espacial, não poderíamos estabelecer essas relações, como ocorreu com o desenho encontrado em **Palenque**, por exemplo, e que as lendas e informações já disponíveis deveriam então ser revistas sob esse novo ângulo, proposta rejeitada firmemente pelos arqueólogos tradicionais, que entendem ser esse ponto de vista um exagero sem sentido.

BE-RA-ZIL

Segundo alguns estudiosos, como Peregrino **Vidal**, Be-ra-zil seria o nome verdadeiro de onde se teria originado o nome **Brasil**, e significaria "o domínio dos cantores escuros", o que seria uma das comprovações de que houve uma colonização suméria na região, e igualmente relacionado às lendas sobre a existência da **Atlântida**. O Brasil teria sido colonizado na segunda onda imigratória realizada pelas tribos hamitas lideradas pelos heróis Xaba e Dedan. A noção está diretamente ligada às propostas da existência de civilizações extremamente desenvolvidas na região da América do Sul, em épocas anteriores à chegada dos europeus, como no caso do reino de **Mairubi**, e encontra ecos nas narrativas de ***O Livro de Mórmon*** e do ***Popol Vuh***.

BILKIS

Ver **Makeda**

BILOCAÇÃO

Ver **duplo**

BIMINI

Ilha do arquipélago das Bahamas, situada a cerca de 150 quilômetros do litoral da Flórida, na altura de Miami. Foi descoberta por Ponce de León em 1512. Ali foi encontrado um sítio arqueológico em 1968. Alguns dizem que foi por intermédio de Dimitri Rebikoff, engenheiro especializado em fotografia submarina, enquanto outros autores citam o Dr. Manson Valentine. As construções estão submersas, e a primeira estrutura encontrada tem cerca de 70 metros de comprimento por 10 de largura, construída em grandes blocos de pedras que chegam a atingir 5 toneladas. Por baixo dessa camada de pedras, existe uma segunda, descoberta anos mais tarde, e as investigações realizadas indicam a possibilidade de se tratar de um porto, que teria sido construído quando o local ainda não estava submerso, uma vez que os blocos estão dispostos sobre pilastras. Os pesquisadores calculam uma idade entre oito e dez mil anos para a estrutura, o que iria contra a história conhecida da civilização na região.

Próximo a Bimini, na ilha de Andros, também foi descoberto um muro, recoberto pelas águas numa região em que o mar é pouco profundo. Também em Bimini foram descobertas mais estruturas, uma delas com forma pentagonal. Sabe-se que os blocos que formam a primeira estrutura encontrada não fazem parte das formações naturais da região. As construções, tidas como evidente obra humana e não da natureza, teriam sido elaboradas por uma civilização ainda desconhecida na região. Não são poucos os pesquisadores que entendem poder se tratar dos restos da civilização da **Atlântida**, tão procurada nos últimos anos, ainda que outros prefiram a suposição de que se tratava de uma civilização diferente, ainda desconhecida, e outros, ainda, proponham que a civilização maia seria muito mais antiga do que se supõe.

Algumas investigações se referiram à existência de **pirâmides** submersas na região das Antilhas, ou Caribe, e contam com o testemunho de algumas pessoas que já estiveram no local, aumentando ainda mais as especulações a respeito da região conhecida como **Triângulo das Bermudas**, relacionando-a não apenas com a existência de ruínas de uma civilização cuja origem se perde no tempo, mas também com a presença de **extraterrestres** no passado da Terra, bem como a existência de bases submarinas de **OVNIs** na região. Os relatos a respeito da descoberta de pirâmides submersas nem sempre são bem recebidos pelos arqueólogos e historiadores, especialmente porque as expedições a esses locais foram feitas por particulares. Diz-se que numa dessas expedições a pirâmide chegou a ser filmada, e que possuía duas aberturas laterais por onde a água entrava e saía, carregada do que parecia ser eletricidade. Pessoas que voavam pela região em época de intensa atividade marítima afirmaram ter visto uma pirâmide surgir repentinamente no fundo do mar, que se movimentava à sua volta em alta velocidade.

Existem relatos mais ou menos bem documentados a respeito de um submarino francês que, ao realizar manobras e pesquisas na plataforma continental das Bahamas, teria colidido com degraus constituídos por pedras gigantescas, numa profundidade de 4.200 metros. A noção de que ali existia uma grande cidade é reforçada, segundo alguns investigadores, pelo fato de que as ruínas se estendem ao longo da parte menos profunda do mar, e desaparecem repentinamente quando o fundo do mar desce a profundidades maiores. Os pesquisadores encontram dificuldades para determinar o que poderia ter ocorrido na região. Sabe-se que as construções maias no litoral do Iucatã se estendiam mar adentro, indicando que aquela região teria sido submersa em algum ponto da história. Mais recentemente, novas descobertas no mar do Caribe aumentaram as especulações em torno da existência de uma grande civilização na região. Pesquisas com sonar realizadas no mar de Cuba detectaram a existência de um platô a cerca de 800 metros de profundidade, com imagens nítidas de construções urbanas com formatos semelhantes a pirâmides, estradas e prédios.

BIOELETROGRAFIA

Ver **Semyon Davidovich Kirlian**

BLAVATSKY, HELENA PETROVNA (1831-1891)

Nascida na Rússia, Madame Blavatsky é considerada a mais importante personalidade do ocultismo de sua época e ainda hoje muito respeitada como uma das pessoas mais inteligentes do ocultismo mundial, capaz de grande agilidade mental e literária. Blavatsky fez uma viagem pela Ásia Menor, Grécia e Egito, após um casamento sem sucesso. No Egito, conheceu um mago, Paulo Metamón, de quem conheceu segredos das ciências ocultas. Passou muitos anos estudando as filosofias orientais e, em sua passagem pelo Tibete, teve contato com as mais antigas tradições e ensinamentos. Diz-se que seus estudos deram-lhe ainda uma capacidade incrível de controle de seus poderes psíquicos. Foi para os Estados Unidos em 1873, após tentar fundar uma sociedade ocultista na França. Em Nova York, demonstrou seus poderes psíquicos ou mediúnicos, tornando-se bem conhecida, e entrou em contato com o coronel, engenheiro agrônomo e jornalista Henry S. Olcott, que se tornou seu colaborador e com quem fundou a **Sociedade Teosófica**, em 1875. Blavatsky dizia possuir um espírito-guia chamado John King, seu **anjo** da guarda e, por meio de seus poderes mentais, afirmava estar em contato com seres espirituais que procuravam tomar conta da humanidade e que viviam em algum lugar no Tibete, e a quem chamava de mestres. Sua obra mais conhecida e conceituada é *A doutrina secreta*, tremendamente influenciada pelas filosofias e tradições ocultistas religiosas orientais e ocidentais, as quais procura unificar num modo de pensar coerente. Ainda que tenha despertado críticas ferrenhas, Blavastky reuniu um número imenso de admiradores em todo o mundo. Diz-se que entre as fontes secretas do conhecimento de Blavatsky se encontraria o lendário *Livro de Dzyan*, que conteria os conhecimentos mais antigos do mundo, vindos da Índia e do Tibete. Hoje, fala-se mais abertamente a respeito de algumas das idéias de Blavatsky e da teosofia, relacionando-as com a chegada de **extraterrestres** ao nosso planeta, a colonização da **Lemúria** e da **Atlântida**, contatos com seres de **Vênus**, que teriam trazido seu conhecimento para a Terra há cerca de 18 milhões de anos. Para alguns pesquisadores, pode estar nessas fontes a origem da chamada ufologia mística atual.

BOLA DE CRISTAL

Talvez a mais popular forma de adivinhação do futuro seja a utilização de uma bola de cristal. Segundo alguns especialistas, a popularização da utilização trouxe alguns problemas, como o grande número de fraudes realizadas e, inevitavelmente, a associação da bola de cristal com os falsos místicos. No entanto, acredita-se que a bola de cristal – assim como o **espelho mágico** e uma série de outros **cristais** utilizados na **cristalomancia** –, sirvam efetivamente como um ponto de concentração que permite ao **médium** ou sensitivo – pessoas com capacidades paranormais desenvolvidas – concentrar-se ou chegar a um estado alterado da mente que lhe permita ter visões referentes aos assuntos que lhes são propostos. Outros estudiosos do assunto entendem que mesmo os "amadores", ou seja, aqueles que não são videntes ou que não demonstraram capacidades paranormais mais desenvolvidas, podem se utilizar da bola de cristal com sucesso. Assim, costumava-se dizer que, se a pessoa enxergar dentro da bola nuvens ou reflexos verdes ou azuis, isso significaria uma alegria próxima; reflexos vermelhos ou amarelos indicam problemas; brancos ou prateados indicam paz e acontecimentos bons; e as manchas negras e escuras, é claro, dizem respeito ao mal. Uns dizem que é possível ver cenas dentro da bola, enquanto outros entendem que isso não é um fenômeno objetivo, mas subjetivo, ocorrendo dentro da mente do sensitivo.

Diz-se ainda que o tamanho perfeito para a bola de cristal é o de uma laranja, ao contrário do que normalmente se vê nos filmes que exploram o assunto, em que quase sempre elas têm o tamanho de globos de luz, imensos. As mulheres também são tidas como as mais hábeis para utilizar esses objetos. Apesar de existirem inúmeros defensores da tese de que as imagens realmente se formam na bola de cristal – ou que pelo menos a formação das imagens tem início na bola, podendo expandir-se até se tornarem muito maiores, em alguns casos até mesmo ocupando todo o ângulo de visão do sensitivo –, a maioria dos estudiosos da **parapsicologia** entende que o fenômeno não é muito diferente dos fenômenos da **telepatia**, **clarividência**, **precognição** e outros estudados pela ciência, e que a bola funciona realmente como um ponto de concentração, tão válido quanto qualquer outro, de modo que as histórias referentes aos possíveis poderes das bolas de cristal seriam apenas interpretações errôneas do fenômeno, surgidas numa época em que o estudo científico das capacidades mentais ainda não era realizado.

BOZHICH, SERGEI PETROVICH

Matemático e astrofísico soviético que afirmou, durante entrevista concedida em 1979, que não havia dúvida de que uma nave espacial extraterrestre teria explodido na órbita da Terra, em dezembro de 1955. A data é significativa, uma vez que somente quase dois anos depois é que seria lançado o primeiro satélite terrestre (Sputnik, outubro de 1957). Bozhich afirmou que os cientistas soviéticos passaram anos estudando os fragmentos encontrados em órbita da Terra, através de telescópios.

Os cálculos das órbitas dos fragmentos foram realizados por computador, chegando-se então a esta conclusão. Bozhich afirmava que, provavelmente, os corpos dos **extraterrestres** mortos na explosão ainda poderiam estar a bordo, e que seria necessária uma operação conjunta dos EUA e Rússia para enviar uma missão ao espaço.

Para os cientistas soviéticos que realizaram os estudos, não seria possível tratar-se de meteoritos, uma vez que estes não possuem órbita terrestre. Sabe-se que o astrônomo americano John P. Bagby publicou, em 1969, um estudo sobre o desvio ocorrido nas trajetórias de satélites terrestres, entendendo haver um fator que causava esse desvio. Bagby localizou dez corpos, microluas e, com cálculos por computador, chegou à mesma conclusão, ou seja, de que no dia 18 de dezembro de 1955 eles formavam um único corpo, que se desintegrou por algum fator desconhecido. Só que ele entendia se tratar de fragmentos naturais, e não de uma espaçonave extraterrestre. Os cálculos apontaram que o objeto deveria ter entre 70 e 80 metros de diâmetro e, mais, que seria oco. Nenhuma missão espacial, que se saiba, foi enviada ao espaço para estudar esses objetos de perto. Em outros momentos das pesquisas independentes sobre o fenômeno **OVNI**, surgiram muitos relatos de naves alienígenas que apresentaram problemas e caíram na Terra.

BRASIL

Ou Breasail. Uma ilha das lendas irlandesas, que estaria povoada de mulheres jovens e belas e à qual apenas alguns poucos privilegiados conseguiam chegar. Primeiramente, a ilha era situada nas costas da Irlanda; depois, passou a ser registrada mais a oeste e chegou a figurar em muitos mapas dos séculos XIV e XV. Diz-se que as costas irlandesas eram férteis em miragens, daí ter surgido a idéia desse paraíso. Os pesquisadores dizem que o nome original era Breasail, que significava "ilha da beatitude", tendo sido transformado em Brasil devido à palavra latina *brasile*, que identificava a cor vermelha forte. Sabe-se que entre 1480 e 1497 várias expedições marítimas partiram em busca da ilha, que jamais foi vista por alguém. Algumas vezes a lenda evoluiu, entendendo-se que a ilha era parte de uma civilização onde nada faltava e tudo era perfeito. A lenda está ligada a várias outras sobre ilhas misteriosas que aparecem e desaparecem no oceano, assim como a existência da **Atlântida** em meio ao oceano Atlântico.

BRINQUEDOS MECÂNICOS

O pesquisador Robert Charroux se referiu em seus livros a uma série de artefatos aparentemente mecânicos, construídos em épocas em que seriam impossíveis de existir. Geralmente, são apresentados como brinquedos, como a mosca de metal de Regiomontanus, que voava com um zumbido, sem se chocar contra qualquer objeto ou pessoa, retornando ao seu proprietário. Outro objeto foi apresentado ao imperador Maximiliano I e se tratava de uma águia mecânica, capaz de voar das muralhas da cidade até uma longa distância, batendo as asas, e então retornar. Também os relatos de bonecos, ou andróides, com capacidades fantásticas, inclusive a fala, já foram verificados em vários pontos do planeta em épocas recuadas, como o que teria pertencido a **Silvestre II**. Ainda que a maioria dos pesquisadores negue a existência de mecanismos tão perfeitos, atribuindo suas características ao exagero das narrativas históricas, muitos entendem que há poucas dúvidas a respeito de sua existência, assim como dos aparelhos citados por **Roger Bacon**, e que o desenvolvimento científico das civilizações existentes no planeta, à época, seria insuficiente para explicá-los. Dessa forma, foram encaixados nas teorias que se referem à existência de civilizações adiantadas num passado remoto, que transferiram parte de seus conhecimentos para a civilização moderna, ou mesmo às teorias a respeito da presença de seres **extraterrestres** atuando ao longo de nossa história e fornecendo alguns conhecimentos.

BROWNIES

Uma variação dos **gnomos** ou **duendes**, que levam esse nome por terem a cor um pouco escura. São conhecidos na Escócia, e têm como atividade principal ajudar as pessoas nas tarefas. Jorge Luis Borges disse que o escritor Robert Louis Stevenson havia treinado *brownies* para ajudarem na criação literária, sugerindo temas enquanto ele dormia.

CANDELABRO DOS ANDES

Também conhecido como o Tridente dos Andes. Trata-se de um desenho gravado na rocha, na baía de Pisco, no Peru, um pouco ao sul de Lima. Alguns pesquisadores entendem que pode estar relacionado de alguma forma com os desenhos em **Nazca**, que remontam a um tempo ainda não determinado, realizado por uma civilização anterior à dos incas. O nome vem do formato do desenho escavado na falésia, semelhante a um tridente ou candelabro, com cerca de 250 metros de altura, e que pode ser percebido a mais de 20 quilômetros.

As hipóteses a respeito do significado do candelabro variam. Pensaram que poderia ser um calculador de marés, mas a posição em que se encontra, acima do oceano Pacífico, não é apropriada. O historiador Beltrán Garcia dizia que, na coluna central, existia uma corda muito comprida que servia de pêndulo vertical, com pêndulos horizontais passando pelos braços exteriores, o que o levou a pensar que se tratava de um sismógrafo capaz de registrar abalos sísmicos provenientes de todo o planeta.

Alguns arqueólogos entendem que o candelabro/tridente tenha servido como um marco para a navegação, mas também essa hipótese foi rebatida, uma vez que as ilhas próximas serviriam melhor à finalidade. Erich Von Däniken, que visitou o local quando da elaboração de

suas idéias, levantou a questão de que o tridente está apontado em direção ao céu, e que existem ilhas fora da baía que serviriam muito melhor como ponto de referência para a navegação.
Durante algum tempo considerou-se curiosa a orientação do tridente. Traçando uma linha reta, e seguindo por 160 quilômetros, chegar-se-ia exatamente à planície de Nazca, com seus desenhos ainda não decifrados traçados no chão. Seguindo a idéia de que, em tempos remotos, uma raça de seres **extraterrestres** chegou ao planeta, se poderia estabelecer o tridente como uma marcação de vôo, indicando as "pistas" de Nazca, onde existem mais marcações que só podem ser vistas do alto. Algumas pessoas também procuraram relacionar o traçado do candelabro com o do "signo caracterial hebraico" que, segundo se diz, representa a constelação Canis Minor. Teria sido realizado numa época em que a estrela Procyon se encontrava na vertical da baía de Pisco. No entanto, algumas pesquisas posteriores indicaram que o candelabro não apontava, absolutamente, na direção de Nazca, mas que, seguindo uma linha reta, se chegaria ao interior do continente, distante de Nazca. Também se levantou a idéia de que, se existem locais mais apropriados para servirem como guia para a navegação, da mesma forma naves espaciais extraterrestres evoluídas o suficiente para atravessar o espaço e chegar à Terra não teriam necessidade de indicação do rumo a seguir.

CARDANO, GEROLAMO (1501-1570/76)

Matemático, astrônomo, filósofo e médico italiano, com conhecimentos de química, física e línguas. Esteve aprisionado em 1570, acusado de heresia. Foi professor em universidades, e a ele é atribuída a divulgação da fórmula de resolução das equações cúbicas, além de ter inventado instrumentos mecânicos conhecidos e usados até hoje. Postumamente (1643), teve publicada a autobiografia *De Vita Propria*, onde relata uma série de visões e comunicações que se supõem relacionadas à **telepatia**, e uma série de fenômenos que, nos dias de hoje, estariam ligados aos estudos da **parapsicologia**. Na biografia, é relatado um acontecimento ocorrido em Veneza, em 1531, quando viu três sóis brilhando no céu, e uma chuva de pedras ocorrida em 1512, em Bergamo, o que liga o fato aos acontecimentos insólitos coletados por **Charles Fort**. Mas o acontecimento mais estranho relacionado à sua vida é relatado por ele em *De Sublitate Rerum* e teria ocorrido com seu pai. Ao anoitecer, Fazio Cardano viu aparecerem sete homens em seu quarto, vestidos em roupas de seda, com armadura e por baixo um traje púrpura. Esses seres disseram a ele que vinham do Éter e desapareceram repentinamente. Não são poucos os pesquisadores que vêem nesse ocorrido um contato de terceiro grau com **extraterrestres**.

CARROS VOADORES

Ver **Arjuna**, ***Kebra Negest***, **vimana**

CASAS ASSOMBRADAS

Durante muito tempo, as casas e, principalmente, os castelos assombrados foram motivo de muitas histórias de terror. Hoje em dia, os fenômenos verificados nesses locais são estudados pela **parapsicologia** e enquadrados dentro dos fenômenos paranormais conhecidos. Costumam-se identificar quatro tipos de fenômenos principais que levam as pessoas que visitam ou moram nesses locais a sentir-se desconfortáveis ou assustadas: fenômenos auditivos, como todo tipo de ruídos, gritos, lamentações, sussurros, gemidos, barulho de móveis sendo arrastados e outros, o que nos remete à idéia clássica do fantasma arrastando correntes pelo castelo; fenômenos visuais, que vão desde luzes que acendem e apagam sem razão aparente, até objetos que mudam de lugar sem que ninguém os tenha tocado; fenômenos sensoriais, como odores sentidos em determinados pontos da casa, agradáveis ou não, assim como certos locais que apresentam alteração nítida de temperatura, mais quente ou mais fria; e os fenômenos mais diretamente relacionados com o que se acostumou chamar de **fantasmas**, que é a materialização de figuras de seres humanos ou animais. Todos esses fenômenos já foram devidamente registrados em pesquisas feitas em locais tidos como assombrados, registrados em fitas de áudio e vídeo. As explicações para a existência desses fenômenos são as mais variadas, baseadas em teorias ainda impossíveis de serem comprovadas. Em alguns casos, deve-se levar em consideração a possibilidade de alucinações causadas pela própria estrutura da casa. Em algumas pesquisas realizadas nos EUA, descobriu-se a possibilidade de que uma arquitetura que apresente alterações sutis nos enquadramentos e ângulos das construções pode levar as pessoas a sofrerem problemas de alucinação e dificuldade de localização espacial. Já foi dito, inclusive, que uma casa totalmente "torta" foi propositadamente construída, nos EUA, e durante anos teve fama de ser mal-assombrada, o que implicou a publicação de livros de terror. As portas ou não fechavam direito ou jamais permaneciam abertas, com ligeiras inclinações; as paredes não completavam ângulos de 90 graus com o chão e o teto; os degraus das escadas possuíam tamanhos e inclinações variados, tudo contribuindo para deixar as pessoas que passassem algum tempo no local bastante desnorteadas, a ponto de causar alucinações. Nas casas onde os fenômenos comprovadamente ocorrem, alguns pesquisadores consideram, em muitos casos, a atuação de um agente, uma pessoa presente na casa, que possua capacidades paranormais desenvolvidas e que seja a responsável, consciente ou inconsciente, pelos fenômenos, inclusive pelas materializações. No entanto, muitos estudiosos entendem que apenas médiuns realmente poderosos são capazes de criar essas materializações, e eles não são tão facilmente encontrados. Em muitos desses locais assombrados, os fenômenos ocorrem seguidamente, com a presença de pessoas de tipos variados, e seria demais se supor que, em cada grupo de pessoa que presencia os fenômenos, existisse pelo menos um **médium** capaz de provocá-los. Por outro lado, alguns pesquisadores acreditam que as capacidades paranormais estão amplamente difundidas entre a população, e que qualquer pessoa poderia provocar os fenômenos, mesmo inconscientemente. Alguns pesquisadores entendem que os fenômenos poderiam ser verificados na mente de uma determinada pessoa que, por intermédio de **telepatia**, faria com que todas as pessoas presentes também o sentissem. No entanto, a telepatia não seria suficiente para explicar como máquinas fotográficas poderiam registrar materializações, ou como gravadores registrariam sons e os termômetros, as alterações bruscas de temperatura dentro da casa em questão. Outras teorias levantam a possibilidade de que as imagens e ruídos presenciados no local podem ter sido impressos nos objetos e na própria estrutura da casa, como uma gravação, feita na época em que os "fantasmas" ainda estavam vivos, e que essas gravações seriam acionadas – de alguma forma ainda não determinada pela ciência – pela presença de outras pessoas no local, ou mesmo sem a presença de pessoas.

Durante algum tempo, essa teoria da impressão dos objetos foi bastante combatida e considerada excessivamente delirante e absurda, mas de uns tempos para cá ganhou força, mesmo entre alguns cientistas considerados de linha ortodoxa. O mais comum é imaginar-se que um acontecimento de grande impacto emocional tivesse ocorrido no local, e que a reação das pessoas a esse acontecimento seria capaz, de alguma maneira desconhecida, de imprimir uma espécie de registro no local, em móveis, objetos, paredes, ou na própria estrutura da casa. Já se falou, por exemplo, que as materializações surgem e executam sempre atividades iguais, sem dar qualquer importância às pessoas que estiverem presentes, como se não as vissem, ou como se fosse um filme sendo reprisado sempre e sempre. Não existiria interação entre os fenômenos e as pessoas presentes, indicando que não se trata de seres propriamente ditos, mas apenas de imagens que se repetem. Outras teorias seguem a linha da sobrevivência dos **espíritos** num determinado local. Evidentemente, o **espiritismo** privilegia essa hipótese em detrimento das demais. Segundo esse pensamento, os espíritos ficariam presos a um determinado local, ou por terem experimentado momentos de grande felicidade ou grande infelicidade, repetindo ações iguais, sem perceber que já deixaram o plano terreno e, ao mesmo tempo, sem perceber que não se encontram totalmente num plano superior, espiritual. O fato de eles não interagirem ou reagirem à presença dos vivos é explicado justamente por não terem conhecimento de já terem morrido.

Os casos mais conhecidos de casas assombradas foram registrados em castelos da Grã-Bretanha, mas, quando o fenômeno começou a ser divulgado e mais bem entendido, os pesquisadores perceberam que ele é universal, e não se restringe a castelos ou casas muito antigas. Atualmente, outra teoria científica tem sido bastante divulgada e relaciona-se ao eletromagnetismo. Segundo os pesquisadores, campos magnéticos muito intensos criam correntes elétricas no cérebro, fazendo com que as pessoas tenham experiências estranhas como a sensação de que existe uma presença próxima a elas. Assim, atualmente uma das primeiras coisas que os investigadores fazem ao chegar a um local supostamente assombrado é medir a intensidade dos campos eletromagnéticos existentes no local. Diz-se também que estruturas construídas em granito – o que é mais comum em casas mais antigas – poderiam produzir esses campos, uma vez que se trata de material naturalmente radioativo. Esse tipo de teoria é bastante parecida com aquela proposta pelo Dr. Persinger para os casos de **abduções**. No entanto, alguns pesquisadores entendem que a questão não é tão simples e, mesmo reconhecendo que os campos eletromagnéticos de fato têm uma atuação decisiva no cérebro humano, eles não causam alucinações ou sensações de presença, mas têm a capacidade de fazer com que a mente humana estabeleça uma conexão com outra dimensão, de certa forma abrindo **passagens dimensionais** e estabelecendo um contato verdadeiro com outros planos de existência.

CAVALEIRO BRANCO

Segundo levantamento feito por Jacques Bergier, o Cavaleiro Branco teria sido um homem com poderes mágicos que combateu o nazismo por volta de 1944, opondo-se aos poderes da **Ahnenerbe** e da Ordem Negra, as duas organizações que comporiam os aspectos religiosos e místicos do poder nazista. Segundo Bergier, esse Cavaleiro Branco seria uma manifestação de uma crença muito mais antiga a respeito de um suposto protetor da humanidade que intervém em momentos específicos, como catástrofes. Bergier relaciona esse protetor com uma série de mitos, em diferentes épocas e lugares do planeta, como o do civilizador das Américas, **Sumé**, que para alguns estudiosos nada mais é do que **Hércules**. O primeiro desses protetores teria sido **Gilgamés**, herói com origem provavelmente suméria ou ainda mais antiga; ou ele seria a origem da lenda, uma vez que Gilgamés teria obtido a imortalidade após comer os frutos da árvore indicada por **Uta-Napistim**, o sobrevivente do **Dilúvio**. Também se relaciona com a lenda do rei do mundo e de **Agartha**, uma vez que se imagina que esse protetor deveria ter uma espécie de central de força, de energia, que poderia estar relacionada com as cidades escondidas do planeta. Para Bergier, é possível que uma série de ordens secretas tenha sido estabelecida em torno da noção da existência de um protetor. Cita como exemplo a Ordem do Graal, existente na Inglaterra e que, em 1940, quando havia a possibilidade de invasão do país, mandou transferir para o Canadá uma série de objetos a ela pertencentes, para que não caíssem nas mãos dos nazistas. Diz-se que a Ahnenerbe tinha um plano de invasão por pára-quedistas que deveriam, antes de tudo, capturar esses objetos, fato que foi relatado durante o julgamento de Nurenberg.

CAVALEIRO NEGRO

Nome dado a um corpo que estaria em órbita da Terra, provavelmente um satélite de origem desconhecida. Algumas fontes afirmam que desde 26 de novembro de 1958 os astrônomos americanos, russos, italianos e franceses sabem da existência do satélite. Outras citam o ano de 1961 como o da descoberta do Cavaleiro Negro pelo pesquisador e astrônomo francês Jacques Valée, também muito conhecido por seus estudos sobre o fenômeno **OVNI**. Ele avistou a nave quando trabalhava no Observatório de Paris com a missão principal de localizar satélites, e percebeu que não se tratava de um satélite comum, pois "voava para trás", na direção oposta à de todos os corpos em órbita, o que é apenas uma impressão. Segundo explicou, isso significa que o objeto está se movendo a uma velocidade de 40 mil quilômetros por hora, ou seja, avança em sintonia com a rotação terrestre. Como está numa altitude elevada, dá a impressão de estar andando para trás.

Na época em que o satélite misterioso foi localizado, não havia na Terra a possibilidade de se lançar um satélite àquela velocidade e na órbita que atinge, o que os americanos só fizeram em 1981. O nome parece ter surgido por influência dos jornais que relataram o fato, uma vez que não há evidências de que o objeto seja negro.

Na verdade, segundo Valée, o Cavaleiro Negro é luminoso, o que aumenta as possibilidades de que seja um objeto de metal. Algumas teorias foram elaboradas em torno dessa presença, mas a que mais mexeu com cientistas e pesquisadores parece ter sido a do astrônomo soviético Alexander Kazantsev. Para ele, as características já conhecidas do objeto não deixam dúvidas quanto a se tratar de um objeto extraterrestre, possivelmente construído pelos habitantes do planeta Phaeton, ou **Faetonte**, imaginado por Alexander Zavaritskij, especialista soviético em meteoritos. Esse planeta existiria entre a Terra e **Marte** e teria sido destruído, de modo que alguns sobreviventes chegaram à Terra, onde degeneraram e perderam as características de sua civilização.

O Cavaleiro Negro seria um remanescente dessa civilização outrora próspera e, segundo Kazantsev, poderia conter importantes mensagens sobre esse passado. Ele levantou a possibilidade de que se trate de uma pequena nave, sem equipagem, abandonada há milhares de anos por uma gigantesca nave-mãe, que teria partido para longe com sua tripulação. Kazantsev propunha que fosse lançada uma expedição em direção ao objeto, mas não se tem qualquer notícia sobre o assunto e, se ela já ocorreu, poucos foram os que ficaram sabendo. Jacques Valée já se referira a uma espécie de conspiração do silêncio em torno do tema e, ao que tudo indica, a última observação do objeto foi realizada em 1981, no Observatório de Pulkov, em Leningrado. Kazantsev disse que é muito difícil observá-lo, uma vez que é pequeno e se encontra em órbita elevada. É mais um elemento misterioso na história da possível participação de **extraterrestres** na história da Terra.

CAYCE, EDGAR (1877-1945)

Um dos mais famosos **médiuns** de todos os tempos, com uma sensibilidade especial para diagnosticar doenças e para previsões. Era chamado de "o homem do mistério", "o profeta adormecido" ou simplesmente "o maior visionário da América". Sua estranha capacidade parece ter sido despertada quando ainda era criança, quando ficou doente e entrou em estado de coma, sem que ninguém soubesse o que fazer para curá-lo. O jovem começou então a falar, explicando que sofrera uma lesão na coluna vertebral durante um jogo de *baseball*, e que era necessário preparar um cataplasma segundo instruções que forneceu aos médicos. As instruções foram seguidas e logo ele estava recuperado, recobrando a consciência, sem se lembrar de coisa alguma do que dissera. A partir daí, inicia uma "carreira", muito a contragosto, e diz-se que curou mais de 15 mil pessoas.

Na época – quando os poderes parapsicológicos ainda não eram muito comentados e muito pouco aceitos entre cientistas, apesar de a **parapsicologia** já estar se desenvolvendo – as curas foram descritas como milagrosas. Suas consultas foram acompanhadas pelo Sindicato dos Médicos dos EUA que, após comprovarem a eficácia dos remédios recomendados, autorizou-o oficialmente a continuar suas consultas psíquicas. Ainda mais impressionante, chegou a prescrever remédios para doentes que somente apareceriam 48 horas depois. Recomendou um remédio de nome Codiron, fornecendo o endereço do laboratório, no qual se ficou sabendo que o referido remédio havia sido recém-desenvolvido e ainda não estava à venda. Quando lhe perguntaram, em estado de sono ou transe, como conseguia descobrir as doenças, disse que conseguia entrar em contato com qualquer cérebro humano vivo, utilizando as informações necessárias. Entre suas previsões costuma-se citar a da Primeira e Segunda Guerra Mundial, e a queda da bolsa de Nova York. Como já havia manifestado a capacidade de **precognição**, as previsões estão dentro do possível.

Instigado por Arthur Lanmers, um impressor do estado de Ohio, EUA, Cayce iniciou o que se chamou de "leituras de vida", que nada têm que ver com a leitura das doenças, mas que pretendem responder perguntas acerca da origem do homem e do significado da vida. Foi assim que surgiram as leituras sobre a lendária **Atlântida**, cerca de 2.500, narrando com precisão de detalhes a civilização perdida, com todas as suas atividades e costumes. Essas leituras também estão, de certa forma, associadas à noção de **reencarnação**, uma vez que Cayce afirmava que muitas pessoas já viveram uma ou duas vidas na Atlântida antes de reencarnar em sua época.

Cayce morreu no dia 3 de janeiro de 1945, segundo se diz, como já havia previsto.

CERRO CORÁ

Ver **Ybypyte**

CHATAL HUYUK

Ou Çatal Huyuk. Os restos de uma civilização perdida localizada por James Melaart nos planaltos da Anatólia, a cerca de 300 quilômetros de Ancara, na Turquia. No sítio arqueológico, foram descobertas 12 cidades superpostas. A mais antiga foi datada em cerca de 7000 a.C., construída em tijolos e sem portas, com aberturas nos tetos. Os muros eram pintados com afrescos variados, e nas escavações foram encontradas várias esculturas e objetos rituais. As cidades eram construídas em forma de colméia, formando uma fortaleza. A cultura bastante desenvolvida de Chatal Huyuk não encontra muitas explicações na história e arqueologia da região. Não existem sinais de uma escrita, mas vários artefatos são muito desenvolvidos. Não se tem idéia da origem desse povo e nem muita certeza de como teriam desaparecido, mas alguns dos pesquisadores do insólito a relacionam juntamente com uma série de outras civilizações desenvolvidas existentes num passado distante, como a **Atlântida** ou a **Lemúria**, ou mesmo que os habitantes de Chatal Huyuk descendiam dessas civilizações.

CHAVIN DE HUÁNTAR

Para a arqueologia tradicional ou ortodoxa do Peru, Chavin de Huántar é um conjunto de ruínas que representa a mais elaborada forma de arte encontrada no continente, com datação girando em torno de 1000 e 500 a.C., e anterior ao período de **Tiahuanaco** e Inca, sendo visto pela totalidade de arqueólogos como um centro religioso, possivelmente um local de peregrinação. Outras fontes menos ortodoxas situam a civilização Chavin por volta de 3000 a.C., e outras chegam a propor uma data próxima a 10000 a.C., na época aproximada do **dilúvio** universal. Muitos arqueólogos entendem que a cultura representada pelas construções encontradas no local, próximo à nascente do rio Marañon/Amazonas, não tem semelhante na região, e muitos entendem que teria aparecido repentinamente, sem que nenhum conhecimento anterior justificasse seu surgimento.

Para os investigadores do insólito, as ligações que podem ser estabelecidas entre o templo ou templos de Chavin de Huántar e outros povos vão bem mais longe. Foi proposto que ali teria sido construída uma réplica do Templo de **Salomão**, pelos colonos que atravessaram os mares para se estabelecer na região e dar início a uma nova cultura, e cuja viagem e posterior vida no continente estariam narradas no ***Popol Vuh*** e também podem ser encontradas nos trechos de ***O Livro de Mórmon***. Esse templo seria o mesmo que o profeta **Ezequiel** viu quando os deuses o levaram para uma viagem pelos ares.

Alguns historiadores procuram relacionar a cultura Chavin com a cultura olmeca do México, que se teria desenvolvido na mesma época e com a qual a Chavin teria uma série de correspondências, tanto arquitetônicas e artísticas em geral, quanto religiosas. A noção de que teria ocorrido uma migração do norte para o sul das Américas também fez com que muitos pesquisadores utilizassem o exemplo para confirmar a tese de que ocorreu no continente americano uma colonização vinda da **Atlântida**.

Muitos historiadores entendem que existe uma diferenciação básica e definitiva que afasta as duas civilizações: a olmeca desenvolveu uma escrita, enquanto a Chavin não o fez. No entanto, existem pesquisadores que levantaram uma série de evidências quanto ao desenvolvimento efetivo de uma escrita entre os povos andinos pré-colombianos, ainda que essa escrita não tenha sido entendida corretamente até hoje.

CHEIRO (1866 – 1936)

Pseudônimo do conde Louis Hamon, irlandês que escreveu uma série de obras no campo da adivinhação e predição, o fenômeno conhecido hoje em dia como **precognição**, a visão do futuro. Diz-se que seu pseudônimo significa "mão", em grego, uma vez que sua especialidade era a quiromancia. Elaborou horóscopos e leu a mão do rei da Inglaterra, Eduardo VII, e do tzar Nicolau II da Rússia. Predisse a Guerra dos Bôeres, a Primeira Guerra Mundial, a revolução russa, a independência da Índia, a queda do comunismo, além de uma série de previsões que se referem a alterações planetárias, como a alteração do eixo da Terra e uma série de desastres naturais. Entre as idéias mais significativas, disse que as ruínas da **Atlântida** serão finalmente encontradas graças a um tremor de terra que elevará o fundo do mar. Para o futuro mais distante, previu que a Igreja Católica perderá seu poder e que ocorrerá um aquecimento global, antecedendo uma nova era glacial. Era famoso por seus poderes hipnóticos, que dizem ter usado várias vezes para conquistar mulheres. Lutava artes marciais porque havia feito a predição de que iria morrer esfaqueado por um marido ciumento, o que realmente aconteceu. Viajou para os EUA, para Hollywood, onde tentou a carreira de roteirista e também lia a mão de atores famosos da época.

CHENOO

Ou tcenu. Nome dado a uma espécie de **gigante** mítico, ligado às lendas do pé-grande, ou **sasquatch**, entre os índios norte-americanos. O Chenoo aparece especificamente nas lendas dos índios micmac. Segundo dizem, as descrições coincidem com as dadas pelos índios cree ao **wendigo**. Um de seus costumes é esfregar uma resina do pinheiro em seu corpo e depois rolar pelo chão.

CHICHÉN-ITZÁ

Ver **Quetzalcoatl**

CHUCARA

O suposto nome primitivo de **Tiahuanaco**, segundo uma tradução dos quipós incas, relatada por González de la Rosa. Significaria "Casa do Sol". O intérprete foi Catari, no século XVI e, segundo se diz, a tradução teria sido apresentada aos jesuítas e, em 1625, entregue ao jesuíta A. Oliva, historiador do Peru, e mantida secreta na Biblioteca do Vaticano desde então. Do conteúdo conhecido se diz que Chucara era uma cidade totalmente subterrânea, sendo mantidos à superfície apenas as casas dos operários e os locais onde as pedras eram cortadas. A civilização responsável pela construção da cidade seria muito antiga. Os acessos à cidade eram muitos e teriam sido vistos pelo naturalista francês Alcide d'Orbigny, que explorou a região entre 1827 e 1834. Segundo as descrições, uma série de galerias sombrias e fétidas leva à praça de Tiahuanaco.

Diz-se que o primeiro senhor de Chucara chamava-se Huyustus, e os últimos habitantes da cidade teriam sido os quechuas. De alguma forma, a lenda está ligada às inúmeras histórias sobre cidades e civilizações subterrâneas existentes no planeta, sendo a mais famosa delas a de **Agartha**.

CHUPACABRAS

Nome dado a um suposto ser ou monstro que ataca e mata animais, tirando todo seu sangue e causando mutilações bastante específicas, geralmente na região dos olhos e da boca, quase sempre em cabras e gado em geral. O nome parece ser originário do México, mas o fenômeno se repete em toda a América, tornando-se bastante conhecido no Brasil no final do século, quando chegou aos noticiários. Para os estudiosos do fenômeno **OVNI** e **extraterrestres**, o chupacabras está diretamente relacionado com as aparições de discos voadores ou luzes no céu, e vem sendo registrado, ainda que sem a cobertura da grande imprensa, pelo menos desde os anos 60/70. No entanto, os registros mais recentes apontam para a presença de um ser, com testemunhas afirmando terem visto alguma coisa com altura que varia entre 1,20 metro a 1,50, com cristas que vão do alto da cabeça até o final da espinha e, às vezes, com asas que encobrem o corpo. Possui escamas e pêlos, não tem orelhas e nariz, mas possui orifícios em seu lugar, supostamente para cumprir as funções auditivas e olfativas, olhos grandes com pupilas semelhantes às dos

répteis, pés e patas semelhantes a garras. Os corpos de gado e cabras encontrados nas investigações estavam totalmente drenados, sem sangue, o que excluiria a ação dos animais conhecidos, mas as investigações oficiais, inclusive as realizadas por zoólogos no Brasil, indicaram possíveis ataques de predadores, explicação fortemente contestada pelos ufólogos e outros investigadores. Para estes, o fenômeno está relacionado a uma série de atividades não muito pacíficas dos OVNIs, que incluiriam a mutilação de seres humanos seguindo as mesmas características.
Não existem explicações para os casos, mas evidentemente surgem inúmeras teorias que vão desde a possível existência de seres criados por mutação genética, até intervenções diretas dos extraterrestres, com propósitos tão inexplicáveis quanto os das **abduções**, que também têm crescido muito em todo o mundo.

CHUVA DE MILHO

Charles Fort teria adorado registrar esse fenômeno, com semelhanças com suas descrições em ***O livro dos danados***.
Diz-se que, a partir de 1982, grãos de milho têm caído sobre a região de Evans, no Colorado, EUA. As informações dizem que os grãos de milho caem em quantidades enormes sobre as casas da região, sem que haja qualquer plantação por perto. De tempos em tempos, lá vêm os grãos caindo do céu. A imprensa soube do fato por volta de 1986, indo ao local e verificando pessoalmente a realidade do fenômeno.

CHUVAS NEGRAS/CHUVAS VERMELHAS

Fenômenos descritos por **Charles Fort** em seu ***O livro dos danados***. As notícias compiladas e comentadas por Fort se referem a uma série de precipitações, em diversos pontos do planeta e em períodos variados, trazendo substâncias negras ou vermelhas de origem desconhecida. Segundo as informações da época, essas chuvas eram, com freqüência, relacionadas às erupções de vulcões como o Vesúvio e o Etna, ou areia do Saara, suspensa pelo siroco e levada até a Europa. Fort refutava essas explicações, baseando-se em notícias de acontecimentos paralelos a essas chuvas e que geralmente não eram considerados pelos que tratavam de fornecer explicações científicas, tais como tremores de terra que eram sentidos antes ou depois das precipitações, ou como o estranho ruído percebido na região de Northampton, Inglaterra, em 1850, como se muitos automóveis estivessem no ar, por mais de uma hora, antes da precipitação da substância negra. Segundo Fort, na Idade Média as chuvas vermelhas já eram conhecidas e chamadas de "chuvas de sangue", aterrorizando muitas pessoas.

Hoje em dia, grande número de pesquisadores relaciona as idéias e levantamentos realizados por Fort com o surgimento de **OVNIs** e a possível presença de seres **extraterrestres** em nosso planeta.

CIBOLA

Nome dado a sete cidades lendárias que existiriam no México, sobre as quais os primeiros espanhóis que chegaram à região ouviram histórias. Estariam ocultas sob morros com a forma de búfalos ou com formato arredondado, como metades de hemisférios. Como a maioria das cidades lendárias da época imediatamente pós-descobrimento, como o **Eldorado**, dizia-se que suas ruas eram pavimentadas com ouro, assim como as paredes de todas as construções. Segundo os especialistas, *cibola* é uma palavra arcaica que significa "búfalo".

CIDADE DOS CÉSARES

Uma cidade mitológica, no estilo do **Eldorado**, que os primeiros espanhóis chegados à América acreditavam existir na região da Patagônia. O início da lenda é atribuído às narrativas que os espanhóis ouviram dos índios. Acreditava-se que se tratava de uma cidade imensa, com templos riquíssimos, com construções de diamante e ouro. Construída numa ilha de um lago misterioso, rodeada de muralhas e fossos descomunais, a cidade era tão grande que seriam necessários dois dias para atravessá-la.
Na cidade, morariam homens altos, brancos e barbados. Estaria situada nas imediações do monte Lihuel Calel.

CIDADE DOS DEUSES

Ver **quinamatzins** e **Teotihuacán**

CIDADE DOS SETE PLANETAS

Nome atribuído a uma suposta cidade subterrânea cuja descrição surge no livro com o mesmo título, escrito por Polo Noel Atan, e que deu origem à formação da **Ordem dos 49**. A cidade faz parte de uma série de histórias referentes à atuação de seres **extraterrestres** em nosso planeta, e estaria localizada no Alto Amazonas, na cordilheira dos Andes, onde Polo Noel teria chegado por acaso, provavelmente levado pelos próprios extraterrestres, quando realizava uma excursão ao Amazonas. Apesar de se encontrar escondida sob a terra, a cidade também tem uma existência na quarta dimensão, que é a região onde habitam os extraterrestres e de onde saem para os contatos e missões que têm a realizar na Terra. Habitantes de sete planetas se encontrariam nesse local, comandados por sete entidades principais que os representam: Júpiter, Mercúrio, Plasman, Zelfos, **Marte**, Urano e Garion.
Os extraterrestres estariam na Terra em missão de ajuda ao nosso planeta, que deverá enfrentar problemas

ainda mais graves num futuro indeterminado, porém não muito distante. Para que nossos problemas sejam minimizados e possamos entrar em contato e conviver com os demais seres inteligentes do universo, é preciso que aprendamos a reconhecer as demais dimensões, especialmente a quarta dimensão onde habitam, e para isso é necessário que ocorra uma mudança em nossa espiritualidade, ou uma ampliação do ritmo vibratório de nossas mentes e corpos, tornando-nos capazes de penetrar nas dimensões superiores.

A descrição da cidade que Polo visita mostra-a com construções enormes, prédios gigantescos, cúpulas douradas e a utilização de forças energéticas desconhecidas da humanidade. O ouro é utilizado como matéria-prima até para o piso, e lá se encontram escondidas as naves espaciais, os **OVNIs** de que tanto ouvimos falar, e que funcionam utilizando-se de energias desconhecidas e de natureza mental e espiritual. As narrativas a respeito de cidades subterrâneas envolvendo atividades extraterrestres cresceram muito nos últimos anos, tais como as de **Miz Tli Tlan, Aurora** e **Erks.** Segundo alguns pesquisadores, historicamente essas narrativas estão ligadas às lendas e mitos a respeito da existência do reino de **Agartha** ou de **Shamballah.**

CIENTOLOGIA

Termo criado pelo norte-americano Lafayatte Ronald Hubbard (1911-1986), mais conhecido como L. Ron Hubbard. A história da cientologia – que se transformou na Igreja da Cientologia, hoje com milhares de adeptos em todo o mundo e famosa por atrair astros de Hollywood como John Travolta, Tom Cruise e outros – gira em torno dos estudos de Hubbard que, segundo sua biografia, começaram ainda na infância: teria estudado psicologia freudiana aos 12 anos. Aos 16, já estava viajando pelo mundo inteiro à procura de conhecimento, especialmente no Oriente. Ao voltar aos EUA, estudou matemática e engenharia e começou a desenvolver o seu método para decifrar o processo do pensamento humano. Acabou abandonando os estudos formais e, em 1938, apresentou os resultados iniciais de suas pesquisas na obra chamada *Excalibur*. Nesta, disse que "toda vida está tentando sobreviver, e a vida é composta de duas coisas: o universo material e o *Fator X*. Esse *Fator X* é algo que evidentemente pode organizar e mobilizar o universo". Serviu na guerra e foi internado com ferimentos sofridos em 1945, dando seqüência às suas experiências com os companheiros de hospital. Procurou desenvolver uma técnica para desbloquear a mente de pacientes que não conseguiam responder ao tratamento com testosterona. Em 1949, escreveu *A dinâmica da vida*, trazendo os princípios básicos do tratamento que inventou e que seria a base da dianética que, mais tarde, se desenvolveria na cientologia. É dessa época que vem a briga constante da cientologia com a psicologia, considerada por ele e seus seguidores como um processo extremamente ineficaz. Seu manuscrito foi enviado à American Medical Association e à American Psychiatric Association, que o recusaram. Seu livro mais conhecido, *Dianética: A ciência moderna da saúde mental*, foi publicado em 1950. Já em 1954 era fundada a Igreja da Cientologia, em Los Angeles, e em 1966 já se espalhava por vários países. Hubbard abandonou o cargo de diretor-executivo e passou sete anos vivendo a bordo de um navio, segundo ele para continuar seu trabalho sem quaisquer distrações. Os inimigos da igreja dizem que essa decisão foi tomada para que ele pudesse ficar livre dos processos que estariam sendo movidos contra ele em diversos países.

O que a cientologia diz, basicamente, é que o homem é um ser espiritual e imortal, com sua experiência estendendo-se bem além de seu período de vida na Terra. Suas capacidades são limitadas, apesar de não estarem totalmente despertas, uma vez que são limitadas por bloqueios criados por incidentes traumáticos, bloqueios conhecidos como engramas. Ao se eliminar esses engramas a pessoa se torna *clear* e, portato, capaz de exercer suas capacidades com potencial máximo. Para realizar esse desbloqueio Hubbard desenvolveu o processo chamado de audição, uma sessão realizada na presença de um auditor que, ao contrário da psicanálise, apenas ouve o que a pessoa diz, sem interferir em momento algum e sem apresentar interpretações ou juízos sobre o que foi dito. A cientologia entende que a pessoa só pode melhorar e exercer essa potencialidade máxima se encontrar suas próprias respostas. Um aparelho chamado de *e-meter*, ou eletropsicômetro, ajuda na tarefa, identificando as áreas problemáticas. Segundo Hubbard entendia, a mente contém imagens e recordações de experiências passadas, e esses eventos contêm energia e massa passíveis de serem registradas pelo aparelho. Os níveis acima de *clear* são chamados teta, ou OT (*operating thetan*). Algumas pessoas com contato maior com a cientologia afirmam que ela chega a propor que as lembranças de vidas anteriores às quais algumas pessoas têm acesso têm origem numa enorme civilização galáctica, e que nós seríamos uma colônia perdida dessa civilização, de uma época em que a terra fazia parte de uma comunidade galáctica. Portanto, seríamos **extraterrestres**. Diz-se, ainda, que Hubbard começou a falar sobre

esse assunto após experimentar a morte clínica, a época em que foi ferido na Segunda Guerra Mundial. No entanto, os freqüentadores da Igreja da Cientologia, hoje em dia, não confirmam esse aspecto da questão, afirmando que cada pessoa tem de encontrar o seu próprio caminho e, se ela se considera um ser espiritual, pode ser que deseje buscar sua origem, e irá encontrá-la.
A Igreja da Cientologia foi bastante criticada, às vezes com acusações pesadas de maus-tratos e lavagem cerebral, como já ocorreu com outras igrejas e seitas no mundo. Matérias escritas em jornais e revistas importantes dos EUA e da Europa acusaram a igreja de obter dinheiro irregularmente dos seguidores, e algumas pessoas que abandonaram a igreja chegaram a abrir processos contra ela, alguns com quantias girando em torno de centenas de milhares ou milhões de dólares. Os membros da igreja negam essa apropriação de dinheiro, mesmo porque, dizem, existe uma regra mundial da igreja, que é a de devolver o dinheiro para qualquer pessoa que afirme não ter ficado satisfeita com o curso ou qualquer outro serviço oferecido. O IRS, o sistema de imposto de renda dos EUA, realizou uma investigação minuciosa nas contas da igreja, e nada encontrou de irregular. Os membros da igreja dizem que não é necessário ter fé para pertencer a ela, uma vez que ela não lida com dogmas, mas com procedimentos científicos desenvolvidos por seu fundador. Da mesma forma, a pessoa não precisa abandonar sua religião para freqüentar a cientologia, mas apenas estar disposta a estudar o material que lhe é fornecido.

CINTURÃO DE HIPÓLITA
Ver amazonas, Hércules

CÍRCULOS EM PLANTAÇÕES
Nome generalizado pelo qual ficaram conhecidos os desenhos de formatos variados e bastante complexos que começaram a surgir em plantações de trigo, a partir de 1980. Ao que tudo indica, os desenhos apareciam inicialmente apenas em plantações da Inglaterra, mas depois também na Escócia, Canadá, Alemanha, Rússia, Japão, Austrália e Espanha. Os desenhos possuem formas esféricas, círculos concêntricos, espirais, linhas e combinações bastante complicadas. Uma das características é que as plantas jamais eram quebradas ou arrancadas para que as figuras se formassem, mas apenas afastadas por meio de uma técnica desconhecida, dobrando-se suavemente para formar desenhos perfeitos. Segundo alguns grupos de estudos, alguns desses desenhos formam o que pode ser considerado como representações de DNA. Outra característica é que o fenômeno ocorre durante a noite. Durante o

dia, o campo está intacto e, na manhã seguinte, os desenhos já estão lá, existindo pouquíssimos relatos de pessoas que tenham testemunhado como o fenômeno se produz. Desde cedo numerosos estudiosos relacionaram o fenômeno com o dos **OVNIs** e **extraterrestres**, entendendo que se tratava de mensagens à humanidade. Alguns estudiosos chegaram a propor que estivessem ligados a pousos de naves alienígenas, mas as marcas de pousos já relatadas apresentam características totalmente diferentes, deixando o chão e plantas queimadas.

Na Inglaterra, surgiu um novo ramo de pesquisadores, chamados de cereologistas, dedicados ao estudo do fenômeno, que continua ocorrendo com certa regularidade. Diz-se que, em 1993, só na Inglaterra foram registrados mais de trezentos desenhos diferentes, sempre seguindo as mesmas características que consistiam em apresentar padrões geométricos perfeitos e nenhuma outra marca, mesmo de pegadas. Algumas poucas testemunhas afirmam que viram luzes, associadas à presença de OVNIs, por cima de regiões onde, posteriormente, foram encontrados os desenhos.

Na verdade, em 1990, na região de Milk Hill, na Inglaterra, observadores conseguiram realizar uma filmagem interessante de uma plantação, durante o dia, em que se pôde perceber a presença de um pequeno objeto brilhante não identificado que se movimentava pelo local, e que foi tido como um OVNI. Em outra investigação realizada à noite por uma equipe num dos campos, foi detectada a presença de dois homens que, com uma aparelhagem própria, percorria o local realizando os desenhos que, segundo afirmaram, faziam desde 1978, como forma de expressão artística. A maioria dos estudiosos do assunto entende que seria absolutamente impossível que eles fossem os responsáveis pelos desenhos, dadas as características e a precisão geométrica com que se apresentavam, além da quantidade inusitada de desenhos: diz-se que num período de vinte anos surgiram mais de dez mil formações, em diversos locais do planeta. Alguns testes foram realizados nos locais onde os círculos aparecem, basicamente para verificação do subsolo numa tentativa de se detectarem singularidades eletromagnéticas e geológicas, assim como de se estabelecer uma comparação entre os grãos retirados do interior do círculo com os de fora. O laboratório BLT, em Cambridge, realizou testes com o trigo retirado de círculos e confirmou que eles apresentam alterações celulares significativas. Esses grãos, quando plantados, crescem mais rapidamente do que o normal. Outros laboratórios chegaram a afirmar que o solo apresentava uma diminuição do nível de nitrogênio, de água e da população de vermes, além de anomalias magnéticas.

As pesquisas continuam sendo realizadas a cada círculo novo que aparece, mas não se tem qualquer confirmação de como o processo ocorre.

CLARIVIDÊNCIA

A clarividência é um dos fenômenos mais conhecidos entre os estudos e pesquisas parapsicológicas. Consiste na capacidade de receber informações objetivas através de canais que não sejam os órgãos dos sentidos conhecidos. Geralmente é tida como uma percepção extra-sensorial, uma capacidade psíquica de receber informações de locais às vezes distantes milhares de quilômetros, e traduzi-las em linguagem aceitável, através da visão, da audição, do olfato, do tato ou do paladar.

A clarividência tem uma grande semelhança com a **telepatia** e, por isso, o Dr. J. B. Rhine chegou a propor que se utilizassem os termos PT – pura telepatia – e PC – pura clarividência – para se diferenciarem os fenômenos.

Apesar da palavra clarividência significar "ver com clareza", nem sempre as impressões chegam na forma de visões. Muitas vezes são impressões indefiníveis, como ocorre com as pessoas que, a partir de determinados objetos, são capazes de obter informações e até mesmo descrições precisas sobre os proprietários dos objetos. São bastante conhecidos os casos em que clarividentes ajudaram a polícia na resolução de complicados casos policiais, encontrando ou definindo a personalidade do criminoso. A clarividência se presta muito bem aos testes em laboratório. J. B. Rhine conseguiu provar a existência do fenômeno por meio de métodos estatísticos, enquanto Targ e Puthoff, da Universidade de Stanford, também realizaram experiências importantes, isolando o fenômeno da telepatia.

Alguns estudiosos subdividem o fenômeno. Por exemplo, chamam de clariaudiência a clarividência que se manifesta pela audição. Nestes casos a pessoa ouve "coisas", um tipo de fenômeno que, durante muito tempo, esteve relacionado a possíveis distúrbios mentais, o que nem sempre é o caso. No caso da utilização de objetos para se obter certas informações, o fenômeno já foi chamado também de psicometria e metagnomia. O último termo era preferido por René Sudre, um dos grandes pesquisadores e historiadores da **parapsicologia**, ainda que ele o utilizasse com relação à capacidade da clarividência como um todo, e não apenas com relação ao fenômeno da percepção ao toque em objetos.

O termo "percepção extra-sensorial" também foi bastante adotado, principalmente por J. B. Rhine, com relação a praticamente todos os fenômenos parapsicológicos, mas nem sempre foi bem aceito. Sabe-se que a clarividência pode ocorrer naturalmente, em alguns sensitivos, ou em estado de transe ou hipnose. Alguns pesquisadores dizem que a clarividência em que se estabelece uma ligação entre o sujeito e um objeto pode ser verificada por meio da análise da **aura**, ou pelo estudo do efeito **Kirlian**, afirmando que existe algum tipo de comunicação entre as duas, uma espécie de troca de informações. Claro que isso não explicaria a clarividência envolvendo longas distâncias, ou mesmo, em alguns casos, previsões do futuro – a **precognição** – que também podem estar associadas e acompanhar o fenômeno. Como todos os fenômenos paranormais, ainda não existe qualquer explicação possível e comprovada para o fenômeno, ainda que sua existência esteja fora de questão. Em algumas linhas de estudo chegou a ser proposto que os seres humanos, os corpos humanos, possuiriam algum tipo de fluido, algo que poderia ser comparado ao **ectoplasma**, que impregnaria os objetos e que conteria informações sobre a pessoa que o impregnou, de tal forma que os **médiuns** teriam a capacidade de entrar em contato com esse fluido e com as informações, traduzindo-as em linguagem comum. Em outra linha de pensamento defende-se a idéia de que o fenômeno não é de natureza física, mas psíquica, e teorias que começaram a ser desenvolvidas mais recentemente procuram unificar os modos de pensar, entendendo que matéria e espírito não devem ser separados quando se estudam fenômenos parapsicológicos. Uma outra classificação de clarividência ainda propõe a autoscopia, em que a pessoa é capaz de ver os órgãos internos do próprio corpo ou do corpo de outras pessoas, mas este parece ser um fenômeno bastante incomum, e as pessoas que o possuem costumam diagnosticar doenças com certa precisão.

Assim como foi verificado nas experiências de telepatia, também com a clarividência ficou comprovado que a distância entre os sujeitos ou objetos não diminui o efeito nem impede a realização do fenômeno.

COBOLDES

Ver **kobolds**

COMBUSTÃO HUMANA ESPONTÂNEA

Um dos mais indecifráveis fenômenos estudados pela **parapsicologia**, e conhecido internacionalmente pelas siglas SHC (Spontaneous Human Combustion). A combustão humana espontânea, como o nome indica, consiste numa auto-inflamação de um ser humano, às vezes queimando completamente o corpo, outras vezes restringindo-se a pontos específicos do corpo. O fenômeno também foi conhecido como pirocinesia ou pirogenese. Não parece haver qualquer critério quanto ao tipo de pessoas que podem ser atingidas pelo fenômeno, assim como nenhum estudo ainda conseguiu chegar às possíveis causas. Em alguns casos fatais, o corpo da vítima foi completamente destruído por um fogo de origem desconhecida, chegando até mesmo a transformar os ossos em pó, uma operação que, em condições normais, só pode ser executada a temperaturas altíssimas – cerca de 1.500 graus – e durante um longo período de tempo. Existem casos registrados do fenômeno em que as vítimas foram destruídas em poucos minutos. Outra característica para a qual não se tem explicação é o fato de os corpos serem queimados sem que danifiquem objetos que se encontram próximos à vítima. Foram registrados casos ocorridos em recintos fechados em que apenas o corpo queimou, ficando o restante do aposento absolutamente intocado. Não existem explicações naturais para o fenômeno.

Para complicar a possibilidade de se estabelecer uma relação entre as vítimas, sabe-se que a combustão humana espontânea ocorre com maior freqüência durante os períodos em que a atividade magnética do Sol está em seu ponto mais elevado, o que levou alguns dos estudos para o campo das estruturas magnéticas do corpo. Os casos de "combustão localizada" também são muitos, e uma das características consiste no fato de que as vítimas por vezes sequer percebem que estão queimando, como se houvesse uma insensibilização da área. As pequenas chamas que surgem no corpo das pessoas são azuis, o que, segundo especialistas, indica uma origem interna e não externa como alguns pesquisadores acreditaram durante algum tempo. Essa chama pode se prender aos objetos que entram em contato com ela, podendo até mesmo passar de uma pessoa para outra se houver o contato.

Segundo alguns estudiosos, esses casos de combustão humana espontânea poderiam e deveriam ser estudados também por outras áreas da ciência, mas geralmente não se dá muita atenção ao fenômeno, especialmente devido à absoluta ausência de explicações viáveis. Alguns parapsicólogos ainda estão em dúvida quanto ao fato de o fenômeno pertencer ou não ao campo de pesquisa da parapsicologia.

CONSTELLATION

Um dos mais famosos **navios fantasmas** conhecidos, uma fragata americana construída em 1798 e desativada em 1861. O navio foi recuperado em 1968 e passou a ser ponto turístico na cidade de Baltimore. As histórias sobre assombrações começaram por essa época, quando um padre que realizou uma visita ao navio, num horário em que não havia mais ninguém no local, disse ter sido guiado por um velho marujo, que ninguém conhecia e que não foi encontrado. Pesquisas posteriores começaram a revelar uma série de histórias de visitantes que teriam visto pessoas andando pelo cais do navio usando uniformes navais antigos. Um dos relatos, feito por um jovem que visitava o navio, falava de um marujo que apareceu ao seu lado e, após sorrir, desapareceu sem deixar vestígios. As investigações psíquicas no local foram feitas pelo pesquisador Hans Holzer, que levou a bordo a famosa **médium** Sybil Leek. Usando suas capacidades de sensitiva, Leek disse que havia três entidades presentes no local: um capitão, um marujo covarde e um menino que fora assassinado por dois marujos. As histórias contadas por ela foram confirmadas por Holzer ao verificar os arquivos históricos e diários de bordo, com pequenas alterações nos nomes das pessoas que ela citou, e envolviam épocas distintas da vida do navio. Na verdade, a maioria dos pesquisadores da **parapsicologia** não encontra grandes diferenças entre casos como este e os das chamadas **casas assombradas**, com o surgimento de **fantasmas**, alguns mais outros menos nítidos. Da mesma forma, o **espiritismo** entende que se trata da presença de entidades desencarnadas, **espíritos** ou almas que se encontram num nível de existência diferenciado do nosso.

COOK, FLORENCE (1856-1904)

Umas das mais famosas **médiuns** conhecidas. Participou de uma série de experiências elaboradas pelo físico William Crookes, um dos primeiros pesquisadores de metapsíquica, ou **parapsicologia**. Em 1870, Florence Cook conseguiu materializar um ser inteiro, de aparência viva, que ela disse se chamar Katie King e que, antes de desaparecer, deixou uma amostra de seu cabelo e do vestido branco.

Geralmente se acredita que esses seres formados pelos médiuns são compostos em sua maior parte de **ectoplasma**, e não são confundidos com aparições de possíveis **espíritos** ou **fantasmas**. De um modo geral, não seriam diferentes das aparições de objetos, formados pela mesma substância.

CORPO ASTRAL

O corpo astral é considerado uma espécie de cópia do corpo humano, porém composto por outro material, que se desprende do corpo físico durante o processo conhecido como projeção astral, deslocando-se livremente e tomando conhecimento de tudo o que o cerca, invisível ao olho humano, enquanto o corpo físico permanece em estado de repouso ou sono. O fenômeno não é muito pesquisado pela **parapsicologia**, de forma que as informações que temos vêm de depoimentos de quem já experimentou a chamada viagem ou projeção astral, e as informações teóricas vêm de religiões, doutrinas ou filosofias que aceitam o fenômeno como uma realidade incontestada. Não é possível dizer do que é composto esse corpo, mas se trata de uma matéria mais leve e fina, sendo apresentada como uma espécie de **fantasma**, que não pode ser visto por outras pessoas, ainda que existam alguns poucos casos de pessoas que teriam conseguido perceber a presença de um corpo astral. A idéia básica é que esse corpo astral só existe e funciona num outro plano de existência, uma espécie de dimensão paralela, chamada de plano astral, e que em alguns casos chega a ser relacionado com o plano dos sonhos. Às vezes, as noções relacionadas à existência do corpo astral aparecem ligadas às noções da existência da **aura**, uma idéia que parece ser ainda mais antiga. Dessa forma, o corpo astral também seria um representativo do estado de cada pessoa, de acordo com sua forma, densidade e coloração, indicando em cada caso específico o grau de desenvolvimento mental e espiritual da pessoa.

Cada vez mais pessoas têm se interessado pelo assunto, mas acredita-se também que muitas informações absolutamente sem embasamento têm sido fornecidas. Os que já experimentaram a projeção por inúmeras vezes entendem que é possível provocá-la a partir de uma série de atitudes que devem ser tomadas pela pessoa em questão, atitudes ou regras que podem variar muito de uma pessoa para outra, ou de acordo com a linha de pensamento seguida por aquele que está instruindo. Mais recentemente tem circulado a notícia de que grande número de pessoas estaria visitando naves espaciais de seres **extraterrestres**, os **OVNIs**, através da projeção astral, uma vez que muitos desses seres e naves estariam, na verdade, numa outra dimensão de existência, à qual o corpo astral teria acesso facilitado. Alguns pesquisadores confirmam a possibilidade de que isso venha a acontecer porque, segundo dizem, o corpo astral possui a capacidade de percorrer uma série de níveis dimensionais, além daqueles mais imediatos, que seriam o nosso próprio e o nível dos **espíritos** ainda ligados à Terra.

COSMOGONIA GLACIAL

Teoria a respeito da evolução do universo elaborada por **Hans Horbiger**, e chamada também de a "doutrina do gelo eterno", ou Wel, do alemão Welteislehre. Estava ligada às idéias nazistas e pretendia ser o instrumento de destruição definitiva das falsas ciências e da regeneração do povo alemão. Parece que as noções começaram a circular com maior constância pela Alemanha em 1925, e logo tomaram o aspecto de intimidação. Quem não estivesse a favor da doutrina era considerado um inimigo, o que era válido tanto para homens de negócios quanto para professores e cientistas. Foram publicados três grandes livros para explicar a doutrina, além de quarenta livros populares, centenas de brochuras e uma revista mensal. Sabe-se, no entanto, que a origem é anterior a essa data uma vez que, já em 1913, o astrônomo amador Phillip Fauth publicava um enorme volume intitulado *A cosmogonia glacial de Horbiger*.

Após a subida de Hitler ao poder, qualquer resistência nos meios científicos deixou de existir, ainda que os ensinamentos fossem diretamente contra grande parte dos conhecimentos científicos aceitos. A doutrina pretendia revelar não apenas as origens da humanidade como seu futuro longínquo, baseando-se sempre na idéia de uma tensão constante entre os opostos, o gelo e o fogo, a força de repulsão e de atração, uma luta eterna que determina a história da humanidade. Toda a história da humanidade era modificada segundo sua visão, propondo a existência de deuses-homens há centenas de milhares de anos, assim como civilizações fantásticas compostas de **gigantes**. Em vez da teoria do *Big-Bang* que a ciência oficial diz ter dado origem ao universo conhecido, Horbiger imaginava a existência de um corpo celeste milhões de vezes maior que o nosso Sol, que teria colidido com um planeta gigante de gelo, que penetrou no sol produzindo uma explosão após centenas de milhares de anos. Como resultado da explosão, surgiram os planetas, trinta de início, todos tomados pelo gelo. A exceção foi a Terra, onde a luta entre o gelo e o fogo continua. As duas forças em atividade no sistema são atração e repulsão. A última vai diminuindo com o tempo, a partir da explosão inicial, enquanto a atração continua a ocorrer, com os planetas aproximando-se cada vez mais uns dos outros e do Sol numa espiral, até que novamente todo o sistema cairá no Sol como gelo, causando nova explosão e novo início. Segundo a teoria, a Lua cairá sobre a Terra, ou melhor, explodirá ao se aproximar, e seus fragmentos cairão. Diz ainda que essa Lua é simplesmente a última de quatro que já foram capturadas pela Terra, e que também foram destroçadas e caíram. A cada queda corresponde uma das eras geológicas.

A teoria de Horbiger deixou marcas profundas na arqueologia, tendo muitos seguidores ainda hoje, ainda que dificilmente relacionando-a com as idéias nazistas de superioridade racial. Noções existentes em todo o mundo, como a da existência de uma civilização de gigantes num passado remoto, do **Dilúvio** e destruições universais, desaparecimento de civilizações inteiras como a da **Atlântida** e **Tiahuanaco** são explicadas a partir da teoria. A nossa Lua, a quarta, teria sido capturada há 12 mil anos, com o globo terrestre alterando sua forma, achatando-se nos pólos e os mares retrocedendo para o Equador.

COSO

Ou objeto de Coso. Nome pelo qual é conhecido um objeto de natureza ainda não devidamente decifrada, encontrado em 1961 na Califórnia, por pesquisadores que procuravam pedras semipreciosas para serem vendidas em sua loja. Uma pedra, ao ser partida, revelou em seu interior o objeto, composto por uma haste central de metal com 2 milímetros de espessura, circundada por algum tipo de cerâmica numa cavidade hexagonal, com resquícios de cobre. Os primeiros estudos realizados por um geólogo, cuja identidade jamais foi conhecida, diziam que o conjunto encontrado poderia ter cerca de quinhentos mil anos, lembrando muito o diagrama de uma vela de ignição moderna. A descoberta do objeto foi relatada por Jacques Bergier e, em 1999, um grupo de pesquisadores realizou uma busca para tentar encontrar o objeto, que parece ter simplesmente desaparecido. Com as primeiras fotografias e raios X obtidos na época em que foi estudado, alguns investigadores tentaram obter mais informações sobre o objeto, mas sua origem permanece um mistério. Para muitos se trata de uma das mais evidentes provas da existência de civilizações muito adiantadas, num futuro longínquo do planeta, evidenciando que nossa história está sendo contada de forma totalmente errada. Atualmente existem vários *sites* na Internet que se dedicam a estudar e especular sobre o que seria o objeto.

CRÂNIOS DE CRISTAL

Objetos encontrados em ruínas maias e astecas. Trata-se de crânios esculpidos em cristal e que causaram sensação por serem peças que não se encaixam no que os arqueólogos conheciam dessas civilizações. O crânio encontrado em território asteca, no México, foi esculpido com o mesmo tipo de técnica e material, o cristal de rocha, bastante difícil de ser trabalhado devido à sua dureza. Deve ter sido encontrado entre os anos de 1864 e 1867. Difere um pouco do crânio maia encontrado nas ruínas de Lubaantún, por Frederick A. Mitchell-Hodges, em 1926, que tem o maxilar móvel. Esses dois crânios foram construídos em tamanho natural, e um terceiro, também encontrado em território asteca, tem apenas 10 centímetros de altura. Como não podia deixar de acontecer, uma série de histórias, hipóteses e lendas surgiu em torno da presença inexplicada desses três objetos na região da América Central, mas a verdade é que nada foi concluído a esse respeito. Diz-se que os cristais não podem ser datados convenientemente, mas a caveira, ou o crânio de cristal descoberto por Mitchell-Hodges, foi avaliada pelos laboratórios da Hewlett-Packard, que calcularam ter sido necessário um período de cerca de trezentos anos para sua confecção.

A lenda diz que o lóbulo frontal do crânio às vezes fica nublado e outras emite uma espécie de **aura** luminosa. Fala-se também que as pessoas que ficam perto dele por longos períodos têm seus sentidos afetados.

CRIANÇAS VERDES

Um dos acontecimentos insólitos mais estranhos e comentados do mundo. Diz respeito a duas crianças que surgiram repentinamente na região da aldeia de Banjos, na Espanha, em 1887, saídas de uma caverna. Ocorre que as crianças tinham a pele realmente verde, além de vestirem roupas de um material absolutamente desconhecido e falarem uma língua estranha que não pôde ser identificada nem mesmo pelos especialistas que foram chamados para investigar. O menino morreu alguns dias depois, bastante debilitado, uma vez que recusava todo tipo de comida, com exceção de feijões. Diz-se que a menina sobreviveu, aprendeu um pouco de espanhol e o tom verde de sua pele foi desaparecendo lentamente. Quando pôde se comunicar, disse que vinha de um país sem sol, separado de um país luminoso por um grande rio. A menina morreu cinco anos depois e a história nunca foi completamente explicada.

Muitos acreditam que a existência das crianças está ligada à existência dos mundos subterrâneos como **Agartha**, ou à presença de **extraterrestres** em nosso mundo, e ainda à possível existência de **passagens dimensionais** entre nosso planeta e uma dimensão paralela.

CRISTAIS

Ainda que a utilização de cristais ou de pedras preciosas e semipreciosas de várias espécies tenha sido uma constante na história da magia, mais recentemente se tornou uma espécie de moda, com inúmeros especialistas manifestando-se a respeito. Ao contrário da proposta da **cristalomancia**, em que os cristais servem como fonte de concentração, aqui se fala de energias intrínsecas dos objetos, de acordo com sua forma, cor e do local onde se encontravam na terra, uma vez que estão relacionados com as linhas de energia que se supõe fluírem através do planeta. Os esotéricos entendem que a força dos cristais é conhecida há milênios, e que na **Atlântida** eles já eram utilizados. Segundo esse ponto de vista, a maior fonte de energia dos atlantes seria um imenso cristal com ponta sextavada e, quando a Atlântida afundou no oceano, o cristal permaneceu ativo, ainda que sem direcionamento, e se encontraria na região que hoje é conhecida como **Triângulo das Bermudas**. Sua energia é capaz de, em determinadas condições, por suas vibrações energéticas, causar a desmaterialização ou possibilitar a **passagem dimensional**, fazendo com que pessoas e objetos atravessem para outra dimensão. Fala-se também que essa energia desmesurada dos cristais, corretamente direcionada, também foi capaz de ajudar os homens de épocas remotas a transportar rochas enormes e pesadas para realizar suas construções.

CRISTALOMANCIA

Uma das chamadas artes divinatórias, explicada também como sendo uma espécie de **clarividência** induzida. Isso significa que se trata da capacidade paranormal da clarividência ou visão do futuro (**precognição**), despertada no indivíduo pela concentração da atenção em determinados objetos, **cristais**, de superfície polida ou brilhante, como as **bolas de cristal**. É uma atividade praticada há milhares de anos e que ultimamente vem ganhando força popular. Segundo Sepharial, o melhor material é quartzo ou berilo, geralmente de forma esférica. Acredita-se que a concentração no cristal é capaz de induzir estados de transe que despertam a faculdade paranormal, ainda que se diga que isso só ocorra em determinados indivíduos mais sensíveis ou que, de alguma forma, já demonstraram possuir a faculdade em graus variados.

CRISWELL

Astrólogo americano moderno que atingiu grande popularidade nos EUA graças a uma série de previsões, geralmente apocalípticas. Segundo uma pesquisa apresentada pelos jornais americanos, cerca de 85 por cento de suas previsões se mostraram corretas. Entre elas se encontram narrações arriscadas e consideradas absurdas por muitas pessoas, como a de uma invasão de seres **extraterrestres** e o fim geológico da Terra em 1999, o que estaria mais de acordo com as noções de um fim do mundo ligadas ao **Apocalipse**. Ao que se sabe, a **parapsicologia** não chegou a estudar de perto a possibilidade de estar ocorrendo o fenômeno da **precognição** nesse caso.

CROM

Nome pelo qual seria conhecido o Grande Sacerdote da **Atlântida**, e ao qual se referem vários estudiosos que pretendem que a América tenha sido colonizada por atlantes. O sacerdote teria sido quem, prevendo que sua civilização estava para enfrentar uma crise que resultaria em sua destruição, organizou a viagem colonizadora em direção ao oeste, especialmente ao Brasil, enquanto outro grupo partia do outro extremo da Atlântida em direção leste. O objetivo era não apenas manter vivos os habitantes, mas levar com eles toda sua cultura. As histórias a esse respeito estão, de uma forma ou de outra, ligadas a uma série de especulações a respeito da presença de outros povos que colonizaram a América, inclusive as teorias levantadas por Peregrino **Vidal**, que atribuía aos sumérios uma colonização em tempos remotos.

CRUZES DAS FADAS

Nome dado a uma descoberta relatada em ***O livro dos danados***, de **Charles Fort**. O nome parece ter sido dado pelo jornal *Harper's Weekly* e se refere a pequenas cruzes encontradas ao norte de Patrick County, na Virginia, EUA, no século XIX. Pesavam entre 7 e 28 gramas, ainda que no *Scientific American*, que examinou as cruzes, se diga que algumas não eram maiores do que a cabeça de um alfinete. Eram feitas de materiais diferentes, provavelmente cristais, e tinham as formas de cruzes conhecidas como cruzes romanas, cruzes de Sto. André e cruzes de Malta.

CURATONS

Seres misteriosos que surgem nas lendas dos índios caingangues a respeito do **Dilúvio**. Segundo a lenda, os curatons seriam servidores das almas dos ancestrais que estavam escondidos no centro da Terra durante o dilúvio. Os heróis Kaneru e Kané conseguiram abrir passagens para que sua gente voltasse à superfície, e eles conseguiram sair nos Krinxy, conhecidas como Montanhas Negras, no Paraná, na região de Guarapuava. Os caingangues mandaram que os curatons voltassem ao interior da Terra para trazer os objetos que haviam sido deixados para trás. Chegados ao centro da Terra, os curatons resolveram não mais retornar e, desde então, não permitem que ninguém os veja e constantemente hostilizam os caingangues. Para alguns pesquisadores do insólito, essa é mais uma das inúmeras lendas que podem ser vistas como uma prova de que de fato ocorreu, em épocas distantes, um dilúvio de caráter mundial, talvez causado por algum fenômeno natural ou um acidente de natureza cósmica. Da mesma forma, seria um indício de que civilizações muito antigas existiram na região do Brasil, ou de que essas civilizações tiveram contato com outras civilizações que visitaram a região numa época indeterminada.

CYDONIA

Ver **Marte**

DAMANHUR

A chamada Federação Damanhur é uma comunidade autônoma situada no vale de Valchiusella, nos Alpes italianos, fundada por volta de 1977 pelo filósofo Oberto Airaudi. O nome é emprestado da cidade do antigo Egito e significa "cidade de luz". Inicialmente, o grupo era composto por algumas dezenas de pessoas, muitas delas filósofas, e ao final do século XX a população já chegava a mil habitantes. Trata-se de uma federação de pequenas comunidades autônomas com estrutura social e política própria, o que inclui uma constituição e moeda, e que desenvolveram uma série de negócios e serviços cooperativos. Apesar de pagarem impostos ao governo italiano, prestam serviços à comunidade local e arrecadam dinheiro, proveniente das obras vendidas para fora da comunidade, para ser investido em projetos próprios, como escolas, aquisição de mais terras e pesquisa de energias alternativas. E, por mais interessante que seja a proposta de uma comunidade com essas características sobrevivendo no mundo globalizado, ainda mais interessantes são o sistema de pensamento e a filosofia desenvolvidos em Damanhur, que incluem teorias sobre viagens no tempo e que, segundo os relatos dos pesquisadores, foram transformadas em fato. Ao contrário de muitas comunidades existentes no mundo, os moradores não se consideram parte de um culto e sim membros de uma sociedade democrática, ainda que tenham uma postura espiritual definida. Uma das características da federação é a construção de uma série de templos com finalidades específicas e construídos como monumentos artísticos que procuram se aproximar daqueles erigidos na Antiguidade, com cada peça dedicada a uma determinada função mágica. Airaudi disse que o local escolhido para se estabelecer a federação possui propriedades geológicas e espirituais adequadas aos seus propósitos, uma vez que ali se encontram três linhas sincrônicas principais, ou linhas de energia que percorrem o planeta e estabelecem uma comunicação com o universo. Para poder captar e reutilizar essas energias, eles desenvolveram aparelhos que chamaram de *selfica*, ou *esferoself*, que podem ser vistos em vários pontos da comunidade, especialmente nos templos subterrâneos. Também são parte importante do funcionamento das cabines que, segundo explicam, possibilitam a viagem no tempo e no espaço. Trata-se de aparelhos construídos com espirais de cobre, esferas alquímicas e circuitos capazes de reunir energias sutis e inteligência psíquica e espiritual. No templo principal, chamado de Templo da Humanidade, cerca de trezentas toneladas de *selficas* foram inseridas nas paredes de modo que a construção funciona não apenas como uma imensa bateria geradora de energia positiva, mas também como uma inteligência. A filosofia damanhuriana diz que o mundo da matéria é o "mundo das formas", entendendo que, fora desse mundo, é possível imaginar que o tempo não existe. Eles dizem que as viagens no tempo podem ser realizadas de duas formas: uma, transmitindo o corpo sutil da pessoa, ou a essência ou espírito do viajante; outra, com a desmaterialização e rematerialização completa de uma pessoa em outro local e tempo. Os pontos terrestres em que as linhas de energia se encontram, como no Templo da Humanidade, também são chamados de "minas do tempo", onde são construídas estações de energia complexas que também permitiriam a troca de dimensões e de personalidade. Eles também dizem que é possível construir laboratórios alquímicos onde são elaborados programas de **reencarnação**. No caso das viagens no tempo utilizando o corpo sutil, o viajante precisa se utilizar de um corpo da época, ou seja, possuir um corpo já existente em outro tempo, mantendo sempre um canal de comunicação aberto com o presente, para receber instruções. Nos últimos anos, a Federação Damanhur tem expandido suas atividades, recebendo muitos visitantes do mundo inteiro e participando ativamente de conferências sobre energias alternativas e outros temas, além de ser bastante procurada pela mídia, especialmente a da Europa.

DARQUEA, JAVIER CABRERA

Ver **Pedras de Ica**

DAYTA

Segundo as lendas sobre o continente de **Atlântida**, Dayta seria uma das ilhas remanescentes do seu território, após o cataclismo de origem vulcânica que destruiu a civilização, por volta de 200 mil a.C. Outro cataclismo, por volta de 80 mil a.C., teria aniquilado Dayta.

DEE, JOHN (1527-1608)

Inglês, às vezes visto como um mago, outras como um místico, mas certamente uma pessoa que exerceu grande influência na corte inglesa, atravessando os reinados de Henrique VIII, Eduardo VI, rainha Maria, rainha Elizabeth e Jaime I. O escritor e pesquisador Colin Wilson afirmou que Dee era um grande estudioso de magia, sem ser mago e muito menos charlatão, mas simplesmente alguém que desejava e buscava uma realidade diferente, uma existência além de seu tempo. Estudou alquimia e vários tipos de magias, além de se tornar astrônomo, freqüentando os melhores colégios da época. Aos 25 anos, conheceu Jerome Cardan, tido como um dos maiores bruxos da época, e se interessou pelos **espíritos**, entendendo que eles poderiam auxiliá-lo em suas pesquisas e estudos.

Esteve preso acusado de traição quando foi solicitado a elaborar o horóscopo da rainha Maria e resolveu fazer também o de sua irmã Elizabeth, que sucederia Maria.

Quando Elizabeth assumiu após a morte da irmã, Dee caiu em suas graças novamente, mas não era muito considerado na corte, na época, apesar de ter escrito o livro *Monas Hieroglyphica* e de ter planos para combater os inimigos da Inglaterra por meio da astrologia. Dedicou-se à **cristalomancia**, procurando entrar em transe ao observar os cristais, e afirmou ter visto espíritos. No entanto, preferia contratar pessoas que tinham a disposição mental para entrar em transe, e foi assim que o jovem Edward Kelley lhe revelou estar vendo um querubim, segundo Dee o próprio Uriel, conhecido como o **anjo** da luz. O próprio Dee, anos depois, afirmou ter visto o anjo, assim como o arcanjo Miguel, que lhe entregaram uma **bola de cristal**. As lendas sobre Dee dizem que ele chegou a ter visões do futuro distante, o fenômeno conhecido hoje em dia como **precognição**, mas nada disso foi confirmado. Os estudiosos entendem, isso sim, que Dee era um **médium**, como os que, mais recentemente, atuam nas sessões espíritas. Jacques Bergier diz que o anjo lhe entregou não uma bola de cristal, mas um espelho negro, que ainda pode ser visto no Museu Britânico. Ele transcreveu uma série de conversas que manteve com os seres que contatou, ainda que se diga que a maior parte de seus livros foi destruída. Sabe-se também que os seres com os quais entrava em contato falavam uma língua absolutamente desconhecida, que Dee chamou de "língua enoquiana". Alguns pesquisadores afirmam que um documento que pertencera a **Roger Bacon** teria chegado às suas mãos, documento hoje conhecido pelo nome de **Manuscrito Voynich**, praticamente indecifrável, e que conteria revelações fantásticas sobre a natureza do planeta e do universo, o que confirmaria um contato prévio de Bacon – ou mesmo de Dee – com seres **extraterrestres**.

DÉJÀ VU

Expressão francesa que significa "já visto", utilizada comumente para designar um dos fenômenos mais conhecidos no mundo, que é a impressão que uma pessoa tem de já ter vivido determinada cena ou acontecimento antes, exatamente da maneira como ele está ocorrendo, às vezes com riqueza de percepção impressionante. Geralmente é estudado pela **parapsicologia** e relacionado com a capacidade de **precognição** ou premonição, a capacidade de prever o futuro. Segundo esse ponto de vista, a pessoa já teria acesso à informação anteriormente, mesmo que de forma inconsciente, e quando a cena realmente ocorre, a sensação aparece. No **espiritismo** ou no espiritualismo prefere-se a explicação da **reencarnação**, entendendo que a pessoa já teria passado por situação semelhante em épocas passadas. Existe uma explicação de cunho psicológico, segundo a qual os olhos transmitiriam ao cérebro a informação do que está ocorrendo, porém em tempos diferentes, de modo que, quando a segunda informação chegasse, a memória já teria registrado a informação, que surgiria então como algo já visto.

DE LÉON, JUAN PONCE

Ver **Fonte da Juventude**

DEUCALIÃO

Ver **Dilúvio**

DEVI, SHANTI (1926-1987)

Nome de uma hindu que, quando jovem, apresentava uma recordação extremamente nítida de sua vida anterior, além de capacidades intelectuais extraordinárias.

Afirmava ser a **reencarnação** da esposa de um homem chamado Lugdit. O caso foi estudado em 1953 por professores das universidades de Benares e Luckmar. Verificou-se que as duas famílias jamais tiveram qualquer contato. Levaram-na à cidade onde o homem vivia, e ela foi capaz de identificá-lo entre vários outros. Na cidade, conhecia todos os locais com detalhes, além de fornecer ao marido detalhes da falecida dos quais apenas ele poderia ter conhecimento. É tido como um caso que comprova a realidade da reencarnação e, por alguns estudiosos da **parapsicologia**, descartado como tal e visto como um fenômeno parapsicológico que nada tem a ver com vidas anteriores. Alguns casos semelhantes e igualmente impressionantes foram registrados pelo conceituado médico psiquiatra Dr. Ian Stevenson, que realizou um extenso trabalho de coleta de informações sobre possíveis casos de reencarnação por cerca de cinqüenta anos.

DIANÉTICA

Ver **cientologia**

DILÚVIO

Uma imagem que surge em praticamente todas as religiões e livros sagrados do planeta, geralmente encarada como uma lenda, mas nos últimos tempos ganhando força entre estudiosos como um acontecimento real, ocorrido em época não determinada. O Dilúvio teria sido uma inundação de todo o planeta, ou de uma parte considerável dele, após um período de chuvas intensas, como é descrito na *Bíblia*, ou após um cataclismo de proporções gigantescas que teria alterado o clima do planeta. O que se acredita, de fato, é que tenha sido um fenômeno de proporções jamais vistas na Terra e de caráter universal, impressionando civilizações distantes umas das outras da mesma forma. Alguns pesquisadores levantaram a possibilidade de que uma série de inundações localizadas tivesse acontecido, em épocas diferentes, marcando as diferentes culturas da mesma forma, mas nem todos concordam com isso devido à natureza dos relatos, que foram encontrados nos registros dos povos mais antigos da Terra. Em mais de uma dessas narrativas ouvimos falar sobre a construção de uma imensa embarcação, como a **Arca de Noé** da *Bíblia*. Civilizações aparentemente sem contato umas com as outras, como os chibchas, incas e maias da América do Sul e Central, a civilização egípcia, os índios da América do Norte ou os habitantes da Micronésia, se referem ao Dilúvio em termos tão semelhantes que é difícil desconsiderar a possibilidade de que um grande cataclismo tenha ocorrido, afetando todo o planeta e marcando profundamente as culturas. Alguns pesquisadores pretendem que a semelhança dos relatos – inclusive com a constante presença de uma embarcação e um homem que guiou os sobreviventes – é uma prova a favor da teoria de que a catástrofe ocorreu numa civilização ancestral, de idade indefinida, de onde se originou a humanidade.

Com a dispersão dos povos a partir dessa civilização inicial, que poderia ser a **Atlântida**, a narrativa da catástrofe se espalhou pelo planeta, modificando-se ligeiramente de acordo com o desenvolvimento de cada civilização. Na narração da *Bíblia*, o problema começou na época em que os **gigantes** viviam na Terra, quando os filhos de Deus começaram a se unir aos filhos dos homens, originando assim alguns dos heróis dos tempos antigos. Deus resolveu, então, exterminar sua criação, entendendo que a união não era uma coisa boa. Antes mesmo de ser inserida na *Bíblia*, a história já existia na Mesopotâmia e, como em outras lendas no planeta, essa também fala de um homem, Umnapishtim, a quem foi indicada a forma de construir um grande barco e escapar à inundação. Esse nome certamente é uma variação de **Uta-Napistim**, que surge na epopéia de **Gilgamés** como aquele que construiu a Arca e sobreviveu ao Dilúvio, também causado pelos deuses como uma forma de punição aos homens, e com duração de seis dias e seis noites. No *Rig Veda* é Manu quem constrói a arca, escapa ao Dilúvio e faz com que ela assente sobre o topo de uma montanha, como Noé no monte Ararat. Na Grécia, Zeus destruiu o mundo com um Dilúvio, pois a humanidade se tornara corrompida, e Deucalião foi o sobrevivente. Na Polinésia a lenda fala de uma luta entre os filhos de Rangi e Papa – os pais dos homens e dos deuses – que deu origem a nuvens pesadas e furacões que arrasaram a terra. Entre os sioux da América do Norte também se fala de um velho conhecido como Coiote, que foi avisado da inundação e construiu um barco para escapar. Ele também ficou encalhado no alto de uma montanha. Outra lenda atribuída aos sioux se refere ao Búfalo Escora, o mais forte do rebanho que, percebendo que o mundo corria o perigo de ser inundado, encostou seu corpo ao céu para tapar o buraco por onde a água começava a cair.

A cada ano ele perdia um pêlo e em cada geração, uma das pernas, de modo que quando todos os seus pêlos e as quatro pernas caíram, as grandes águas acabaram por cobrir o mundo. Os maias possuíam relatos sobre destruições semelhantes, pela água e pelo fogo, e os incas não ficavam atrás, afirmando que após um Dilúvio que cobriu toda a terra, o planeta mudou de forma.

Entre os incas e outros povos do antigo Peru, o Dilúvio ficou conhecido pelo nome Uno Pachacuti, e era tido como um castigo que assolou o mundo contra as maldades que estavam sendo praticadas pelos homens.

Algumas versões da lenda afirmam que, após as águas terem baixado, **Viracocha** retornou à Terra para gerar uma nova humanidade. Geralmente, a versão oficial para a existência da lenda na região atribui a um possível degelo ocorrido na região do lago Titicaca, onde se estabeleceu a civilização da cidade de **Tiahuanaco**. No entanto, essa versão é contestada com veemência por aqueles que entendem que os pontos em comum em todas as narrativas de dilúvio são muito numerosos para serem simplesmente deixados de lado, de modo a se atribuir o fenômeno a acontecimentos locais. Na lenda inca, um pastor e sua família também conseguiram sobreviver à inundação subindo ao alto da montanha Ancasmara e vivendo escondidos em cavernas por sessenta dias.

Na versão brasileira dos índios bororo, por exemplo, fala-se de Jokurugwa, um homem que matou o espírito chamado Jakomea que, para se vingar, fez com que as águas inundassem a terra, subindo até que nada mais restasse, matando pássaros e outros seres. Jokurugwa se refugiou no alto de um monte e sobreviveu. Também entre os caingangues existe a história dos **curatons**, igualmente relacionada ao Dilúvio.

Um texto atribuído a um sacerdote egípcio, que teria conhecimento dos arquivos secretos do Egito narrando a história até cerca de 50 mil anos atrás, diz que não houve apenas um, mas vários dilúvios universais, e que, cada vez que ocorreram, a civilização foi arrasada.

Existe um livro chamado *Bible of the World*, de Hosea Ballou, que oferece as mais diferentes versões para o Dilúvio. Muitos pesquisadores aceitam a possibilidade – e até mesmo citam-na como absolutamente certa – de que o relato da *Bíblia* não seja o original, tendo sido inspirado por relatos bem mais antigos colhidos na região do Oriente Médio e Ásia, mas isso não explica a coincidência com os relatos de outros povos, sem qualquer tipo de contato conhecido – ou reconhecido oficialmente – com os povos do Oriente Médio.

A teoria de **Hans Horbiger** a respeito da **Cosmogonia Glacial** também funciona como uma explicação para o dilúvio, com a aproximação das sucessivas luas que foram aprisionadas pelo campo gravitacional da Terra. Geralmente, a data que parece ser a mais citada como aquela em que ocorreu o Dilúvio é de 10000 a.C., mas alguns pesquisadores também falam em 12000 a.C., e mesmo em 30000 a.C., data que constaria de informações obtidas em documentos sumerianos. Algumas pesquisas arqueológicas situaram o Dilúvio como um acontecimento local, restrito à Mesopotâmia, idéia que começou a tomar forma com as descobertas de Sir Charles Leonard Wooley, entre 1926 e 1929, quando explorou as ruínas da cidade sumeriana de Ur. Estudando as camadas de limo, descobriu que uma inundação teria coberto uma área de 630 quilômetros de comprimento por 160 de largura, mas outros arqueólogos entenderam que ele havia exagerado o tamanho da possível inundação. Outros estudos arqueológicos recentes também indicaram a possibilidade de que uma inundação de grandes proporções teria atingido a região do mar Negro. A idéia de um dilúvio universal é descartada pelos cientistas, especialmente ao se considerar que a Arca de Noé teria encalhado numa montanha a quase 5 mil metros de altura: jamais, explicam, ocorreu uma inundação de tamanhas proporções no planeta.

DISCO GENÉTICO

Por falta de melhor denominação, essa é a forma como foi chamado um objeto encontrado na Colômbia, nas proximidades de Bogotá, e que estava em poder do professor Jaime Gutierrez, que por sua vez o recebeu de um homem que o desenterrara por acaso. O objeto foi citado por Erich von Däniken e tem a forma de um disco com um furo no centro, com relevos dos dois lados. Num está representado o surgimento da vida, desde o espermatozóide até a formação do feto, e no outro, a fecundação.

Os estudos realizados quanto à datação revelaram que não se tratava de uma falsificação, e que o disco possuía alguns milhares de anos de idade. Inicialmente, o professor não conseguiu chegar a qualquer conclusão sobre o que significariam os símbolos gravados no disco, e discutiu o caso com biólogos da universidade onde leciona. Eles imediatamente identificaram os símbolos como a representação do gameta do espermatozóide, as células reprodutoras masculina e feminina, a fecundação do óvulo e assim por diante. Esses conhecimentos, evidentemente, são incompatíveis com os que são atribuídos aos antigos povos da região pela história e arqueologia tradicionais, e podem ser comparados àqueles gravados nas **Pedras de Ica**, ou os que foram encontrados em **Acambara** e **Morona-Santiago**. Os arqueólogos a quem o disco foi mostrado simplesmente não puderam dizer do que se tratava, uma vez que não se encaixa em nenhuma descrição possível. Para as pesquisas relativas a uma história alternativa do planeta, é apresentado como mais uma evidência, e das mais impressionantes, de que existiu uma ou várias civilizações no passado remoto do planeta com conhecimentos científicos compatíveis ou superiores aos atuais.

DISCO VOADOR
Ver OVNI

DIXON, JEANE (1918-1997)
Uma das mais conhecidas profetisas dos EUA, em meados do século XX, conhecida como "a vidente do Capitólio", uma vez que foi chamada à Casa Branca em 1944 pelo então presidente Franklin D. Roosevelt, que desejava saber quanto tempo lhe restava para cumprir sua missão. Ela lhe deu menos de seis meses de vida (ele morreu em abril de 1945), previu complicações no relacionamento com a União Soviética e citou a China vermelha. Previu a divisão da Índia dois anos antes de ocorrer. Em relação a Winston Churchill, previu sua derrota nas eleições. Previu o assassinato de Gandhi com seis meses de antecedência e a eleição e morte de Kennedy.
Algumas pessoas não hesitam em dizer que Jeane Dixon é a maior profetisa de todos os tempos. Para a **parapsicologia**, é possível que estivesse em ação o fenômeno conhecido como **precognição**, mas, sem um seguimento detalhado e científico dos acontecimentos, é impossível precisar até que ponto eles eram corretos.

DOGON
Povo que vive na região de Mali, na África, nos rochedos de Bandiagara. Segundo pesquisadores, eles guardam as heranças dos pigmeus, que já estavam na região quando eles lá chegaram, provavelmente por volta do século X.
O fator insólito no conhecimento dos dogons se refere à sua ligação com a estrela **Sírius**. Diz-se que, há muito, os dogons já sabiam que a estrela possuía dois satélites, indicando até o nome de um metal que compõe um deles – sogolu, mais brilhante que o ferro. No entanto, apenas em 1862 o astrônomo Alvan G. Clark descobriu uma companheira de Sírius, chamada Sírius B, cuja descrição somente pôde ser detalhada em 1920. Segundo o antropólogo Marcel Griaule, que viveu entre os dogons por mais de vinte anos, eles acreditavam que seres anfíbios, chamados **nomos**, tinham chegado do espaço trazendo os conhecimentos à Terra e, por isso, a estrela Sírius B consta em todos os rituais realizados por eles. Os seres anfíbios civilizadores podem ser comparados também à presença do ser conhecido como **Oannes**, na mitologia suméria, um dos **akpalos**. Nas histórias que guardam durante gerações, descrevem como a "arca" dos nomos chegou do céu e desceu no país dos dogons. Estudos posteriores mostraram que os conhecimentos

astronômicos dos dogons não se limitavam a Sírius B. O pesquisador Robert Temple descobriu que eles sabiam que a Lua era um astro morto, desenhavam um anel em torno de Saturno e conheciam o movimento da Terra em torno de seu eixo e dos planetas em torno do Sol. Para muitos pesquisadores os dogons podem representar a prova mais visível da atuação de seres **extraterrestres** no passado longínquo do planeta Terra, e sua atuação direta em várias civilizações. Apesar das evidências levantadas pelos antropólogos e dos relatos e inscrições a respeito da estrela Sírius, não se tem notícia de que qualquer verificação mais aprofundada tenha sido realizada por cientistas.

DOMINAÇÕES

Ver **anjos**

DOUTRINA DO GELO ETERNO

Ver **Cosmogonia Glacial, Hans Horbiger, Denis Saurat**

DUENDES

Na mitologia nórdica, os duendes eram inferiores aos deuses, porém também dotados de muitos poderes. Em Alfheim, além das nuvens, viviam os duendes da luz, associados ao Sol. Os duendes da noite moravam nos subterrâneos e eram feios e malformados. Eram os fabricantes das armas dos deuses e heróis, o que os associa às lendas referentes aos **anões** e **gnomos**. Para alguns estudiosos do insólito no planeta, os duendes seriam habitantes de cidades subterrâneas, como a que surge na lenda de **Agartha** e em outras mais recentes, e não seriam reconhecidos como tais porque os conhecimentos de antigamente não permitiam que se estabelecessem essas relações, muitas vezes atribuindo aos seres atitudes malévolas. Para outros, os duendes, assim como anões, gnomos, **elfos**, **fadas** e outros seres que surgem nas lendas de diversas civilizações, seriam habitantes de uma dimensão paralela à nossa, podendo surgir em nossa dimensão mais ou menos como os **espíritos**, não totalmente materiais, ou pelo menos com um tipo de composição material diferente da nossa, e somente poderiam ser vistos por algumas pessoas em ocasiões específicas, principalmente pelos sensitivos e **médiuns**, que parecem ter acesso facilitado a essa dimensão. Fala-se ainda que em determinadas regiões do planeta existiriam **passagens dimensionais**, como portais invisíveis, que facilitariam o acesso deles ao nosso mundo, ou o nosso a outra dimensão.

DUNNE, JOHN WILLIAM (1875-1949)

Engenheiro aeronáutico irlandês, J. W. Dunne ficou internacionalmente conhecido devido à publicação dos livros *An Experiment With Time*, *The New Immortality* e *Nothing Dies*, nos quais tenta organizar algumas explicações para a natureza do tempo e de suas relações com a mente. Para tanto, se baseou numa série de sonhos nos quais acreditava ter revelações do futuro, eventos ainda não ocorridos, no fenômeno que na **parapsicologia** é conhecido como **precognição**. Dunne tinha uma facilidade espantosa para recordar seus sonhos, e manteve um arquivo detalhado de todos eles. À medida que os sonhos precognitivos se avolumaram, Dunne começou a elaborar sua teoria, chamada de "tempo serial" ou "serialismo", muito comentada e lida na época que ainda hoje conta com alguns defensores, ainda que tenha sido em grande parte desacreditada pelos físicos. A teoria de Dunne se opunha à do "tempo unidimensional", imaginando uma série de tempos seriais, a partir da hipótese de que o movimento através do tempo, do passado para o futuro, sugere a existência de um "supertempo", num segundo nível, para medir o ritmo dessa passagem. A objeção que surgiu é de que deveria haver, então, uma série infinita de "supertempos", uns medindo os outros, e se tornaria impossível verificar o que ocorre no infinito. A questão permaneceu indefinida em seus livros.

DUPLO

Às vezes chamado simplesmente de projeção astral, ou *vardogr*, ou ainda bilocação, trata-se de um fenômeno já verificado inúmeras vezes ao longo da história. A característica do fenômeno é a aparição de um corpo "duplo" de um indivíduo, exatamente igual ao original, num local distante daquele em que ele se encontra. A **parapsicologia** classifica-o como um fenômeno paranormal clássico, mas o esoterismo e muitas filosofias e doutrinas orientais também se referem de outras formas a esse corpo duplo, **corpo astral** ou corpo etérico. Acredita-se que seja uma projeção psíquica, e que surja inconscientemente. Geralmente funciona como um emissário, ou seja, com a missão de anunciar algum acontecimento futuro de importância. Às vezes, o duplo anuncia a chegada da pessoa em si ou investiga um ambiente no qual a pessoa terá de fazer algum movimento, fornecendo-lhe essa informação, sem que ela o saiba. São conhecidos casos em que se ouve a chegada do duplo num local, com a reprodução exata de todos os ruídos que ele faria de fato, ou que ele fará ao chegar dentro de instantes. Já foi comparado a uma sombra psíquica, adiantando-se aos acontecimentos. Alguns parapsicólogos e estudiosos do fenômeno dizem que ele não se verifica nos países meridionais,

América ou Ásia, e que os únicos casos registrados se deram no norte da Europa. Provavelmente daí é que vem a noção de que o duplo seria um dom hereditário, com origem na época da invasão viquingue na Europa. A projeção seria o desejo do guerreiro cansado em chegar ao lar para descansar.

Tudo indica que, de fato, na Suécia, Dinamarca e Noruega o fenômeno é mais freqüente, mas não parece verdadeiro que só tenha sido verificado no norte da Europa. A origem oriental da noção da projeção do corpo astral pode servir como guia, além de inúmeras narrações vindas da Ásia e, principalmente, a noção de que os mongóis possuiriam esse dom em grande proporção. Na religião católica a noção também aparece, só que com o nome de "bilocações", desdobramento involuntário geralmente atribuído a grandes santos ou místicos, como os casos de Santo Antônio de Pádua, São Francisco Xavier e Santo Afonso Maria de Ligório. Deste último diz-se que teria assistido o papa Clemente XIV em sua morte, com sua projeção, ao mesmo tempo que permanecia profundamente adormecido numa cadeira, na cidade de Arezzo. A confirmação veio por testemunhos daqueles que viram-no ao lado do Papa em Roma. Fala-se também da Mulher de Azul, a sóror Maria Coronel de Agreda, em alguns livros citada como Maria de Jesus de Agreda, que teria aparecido em dois lugares ao mesmo tempo cerca de quinhentas vezes entre os anos de 1620 e 1631. A mais conhecida de suas façanhas é relatada como a visita que seu duplo teria feito ao deserto a oeste do Texas, onde catequizou e cuidou de uma tribo de índios conhecidos como Jumanos. Quando os espanhóis chegaram à região encontraram os nativos já convertidos à religião cristã, dizendo terem sido visitados pela "mulher de azul", a cor do hábito utilizado pela ordem à qual ela pertencia.

DUPRÉ

Uma personalidade misteriosa que teria entrado em contato com o rei Luís XV, para quem realizou uma demonstração impressionante, relatada numa crônica inglesa do século passado. Segundo se diz, Dupré era um químico experimental que afirmava ter descoberto um "fogo tão rápido e tão devastador que não podia ser nem evitado nem combatido". O poder desse fogo seria ativado pela água, e a demonstração teria sido feita no canal de Versalhes. Luís XV percebeu que a arma poderia destruir uma frota inteira de navios ou mesmo uma cidade, e então proibiu sua divulgação.

Dizem que Dupré morreu logo após, e que a arma era, evidentemente, uma bomba atômica primitiva.

Esta é uma entre uma infinidade de histórias que se referem a inventos que seriam impossíveis de existir na época a que se referem as histórias, tais como os chamados **brinquedos mecânicos**, as **pilhas de Bagdá**, o **telescópio inca**, e outros citados por **Roger Bacon**, por exemplo, que surgem em vários pontos do planeta em épocas distintas.

DURYODHANA
Ver **Arjuna**

ECTOPLASMA

Nos estudos iniciais da **parapsicologia**, o ectoplasma era visto como um tipo de fluido, de origem e composição ainda desconhecida – projetado por pacientes com capacidades paranormais fora do comum, os **médiuns** –, capaz de formar "seres" ou objetos que podem ter uma aparência nebulosa, quase transparente, ou mais densa, dependendo do momento e do médium envolvido no processo.

Em alguns casos a formação de ectoplasma não chega a compor a forma de um ser ou objeto, mas permanece uma névoa indefinida, ou forma apenas partes de corpos, como mãos e rostos mais ou menos completos.

Alguns estudos, especialmente nos primórdios das pesquisas parapsicológicas, ainda no século XIX, chegaram a indicar que o ectoplasma poderia atuar como uma espécie de alavanca, muitas vezes invisível, atuando nos fenômenos de movimentação de objetos a distância e mesmo na **levitação**, mas esse tipo de explicação não é aceita por todos os pesquisadores hoje em dia. Para os espíritas, não se trata de uma substância originária do corpo do paciente ou médium, mas de uma substância a partir da qual os **espíritos** que se comunicam com os vivos fabricam as formas visíveis para nós, numa espécie de união entre a parte material do espírito e do ser vivo, chamada perispírito.

O ectoplasma é chamado também de substância protoplásmica, projetada do corpo dos médiuns por meios desconhecidos. Ele também se apresenta de várias formas. Assim, nos estágios iniciais da manifestação, ele pode ser completamente invisível a olho nu, tornando-se uma espécie de vapor, como nos casos de **fantasmas**, e condensando-se ainda mais até se tornar líquido ou mesmo sólido. Quando sólido, pode ter a aparência de uma série de fios unidos, como se fosse uma membrana ou uma espécie de tecido semelhante ao pano utilizado em confecção. Também pode variar de tonalidade, do branco até o cinza ou quase preto. A temperatura do ectoplasma pode baixar a ponto de esfriar o aposento onde se realiza o experimento, o que poderia explicar as quedas de temperatura nas chamadas **casas assombradas**, nos locais onde surgem os fantasmas. Diz-se, no entanto, que após a formação de uma imagem completa, a temperatura pode igualar-se à temperatura do corpo humano. O ectoplasma, independentemente da forma pela qual é criado a partir do corpo humano, retorna para o corpo do médium após o término da sessão e, ao que tudo indica, é extremamente sensível à luz, uma vez que uma luz acesa numa sessão pode causar o retorno súbito do ectoplasma ao corpo que o está emitindo, o que geralmente resulta em dores físicas e, em alguns casos, até mesmo sangramentos. No entanto, sabe-se que os médiuns ficam extremamente sensíveis durante as sessões em que ocorrem as manifestações de ectoplasma, de modo que o retorno pode ser causado pela sensibilidade do médium e não do material em si.

Na visão que o **espiritismo** tem do fenômeno, entende-se que o tecido ectoplásmico é formado pela substância própria do ectoplasma, ainda desconhecida, acrescida de pequenas substâncias retiradas de tecidos variados, que podem ser encontrados no local onde ocorre o fenômeno. Segundo alguns pesquisadores, existem muitas provas acerca da realidade do fenômeno, mas hoje em dia pouco se ouve falar a respeito de pesquisas científicas envolvendo a questão.

EDDA

Ou Edas, coleção de poemas nórdicos do século III que falam de heróis, lendas e tradições mitológicas dos povos escandinavos. As lendas da criação se referem a uma violenta guerra entre deuses e **gigantes** e a destruição de Ymir. A Terra teria surgido num **Dilúvio** do sangue de Ymir.

EGLE

Ver **Hespérides**

EGREGORA
Ou egregore. O termo geralmente é utilizado no ocultismo, mas alguns grupos ligados ao **espiritismo** e de contatos com seres **extraterrestres** também o adotam. No ocultismo, a egregora é considerada por alguns estudiosos como um desenvolvimento necessário num culto. É vista como uma condensação de forças magnéticas e psíquicas, emanadas dos participantes do culto, e acumuladas. É apresentada como um ser psíquico coletivo que deve ser constantemente educado por meio da prática, purificado para atingir a vibração adequada, para que possa captar mensagens vindas de inteligências superiores. A egregora, portanto, vai aglutinar uma quantidade de sentimentos, emoções, desejos, vontades dos participantes do culto, e o trabalho a ser realizado consiste em sintonizar essas características pessoais com um objetivo comum e superior. As forças que forem capturadas pela egregora circularão pelos componentes. Uma das formas de se atingir essa dinamização do grupo consiste na repetição de fórmulas, combinações de palavras, encantamentos, orações, que têm função prática semelhante à dos mantras dos orientais, ou seja, colocar o pensamento em determinadas condições de vibração, ou a mente em condições propícias à prática que se propõe. Após ter sido criada, a egregora pode servir para se entrar em contato com as forças invisíveis ou com as forças das trevas. É possível, então, obter uma aliança com essas forças. Em outras situações, diz-se que a egregora é a reunião dos poderes mentais de um número indeterminado de pessoas, capaz de criar uma forma-pensamento num plano diferenciado de existência. Se os pensamentos que estiverem em ação nessa criação forem elevados, a forma ou ser criado existirá num plano superior; do contrário, existirá num plano inferior.
Devido à força criativa e modeladora de formas que uma egregora possuiria, alguns pesquisadores entendem que aqueles que procuram realizar contatos mentais com seres extraterrestres devem prestar muita atenção para não incorrerem no erro de supor que estabeleceram contato com extraterrestres quando, na realidade, estabeleceram contato com um ser formado pela egregora num plano superior ou inferior. Como os grupos que procuram exatamente esse tipo de contato – chamado de mental, espiritual ou astral – com seres extraterrestres que habitariam em dimensões superiores são cada vez mais numerosos, alguns estudiosos entendem que esse tipo de engano pode estar ocorrendo em inúmeros casos, sem que os contatados percebam.

ELDORADO

Ou El Dorado, uma das lendas mais persistentes da América do Sul e que fascinou os espanhóis quando estes aqui chegaram. Muitas expedições foram realizadas na tentativa de se encontrar a cidade de ouro, perdida no meio da Amazônia ou em algum lugar dos Andes. Segundo se diz, a lenda nasceu logo após o aniquilamento dos incas pelos espanhóis. Um dos chefes, Apu Ruminavi, teria contado ao general Sebastián de Belalcazar uma história referente a uma tribo muito rica, situada ao norte, que tinha o costume de realizar uma cerimônia no lago Guatavita quando da morte de um chefe e eleição de um novo, que tinha seu corpo inteiro coberto de ouro, de onde surgiu o nome, *el hombre dorado*. No centro desse lago, o chefe lavava seu corpo, e sua corte lançava às águas o ouro e jóias que carregavam. A partir de então começaram as tentativas para se encontrar El Dorado. Segundo historiadores, o lago foi encontrado, mas a cerimônia já não era realizada ali, de modo que os espanhóis entenderam que havia sido transferida para outro local. A procura pelo Eldorado – nome que passou a ser aplicado a toda uma região onde se supunha que houvesse uma quantidade incrível de ouro e pedras preciosas – se estendeu à região que hoje é a Colômbia e a Venezuela, nas florestas do rio Meta, próximo ao Orenoco e, posteriormente, à bacia do Amazonas/Marañon. Situou-se então a existência do Eldorado nas proximidades do Rio Branco e na Guiana. Foi em 1584, numa expedição que partiu de Bogotá, que se ouviu o nome de **Manoa**, uma ilha situada no meio do lago Manoa ou Parima, onde existiria um tesouro fabuloso. O lago – também chamado Guaiana e Rupumuni – estaria situado entre as bacias do Orenoco e Amazonas, e figurou nos mapas até cerca de 1800, quando o barão de Humboldt percorreu grandes distâncias na região, sem encontrar nenhum grande lago. Na origem da lenda, no lago Guatavita, cerca de 250 km a noroeste de Bogotá, foram feitas explorações na década de 1960 por uma empresa americana, que nada encontrou. Os historiadores acreditam que a narração da cerimônia em Guatavita foi feita pelos incas para salvar o que restava de seu tesouro que, segundo outra lenda, se encontrava escondido em passagens subterrâneas, ou teria sido levado para a também lendária **Paititi**.

Com o tempo, a lenda progrediu e se passou a falar de uma cidade gigantesca, toda de ouro e pedras preciosas – escondida em algum lugar da floresta impenetrável –, e onde ainda viveriam os descendentes dos incas ou outra tribo perdida da região, uma idéia que não deixa de ter alguma relação com outras histórias de cidades escondidas da América do Sul. Outras informações dizem que, em 1545, Hernán Perez de Quesada conseguiu retirar quatro mil pesos de ouro do lago e, em 1580, um comerciante chamado Antonio de Sepúlveda conseguiu baixar o nível de água do lago em 20 metros, retirando de lá inúmeras riquezas.

Para muitos historiadores e pesquisadores, essas histórias apenas refletem a cobiça que movimentou as conquistas espanholas na América do Sul, Central e do Norte, causando a destruição de civilizações milenares. Para outra linha de pesquisadores, ainda que reconhecendo que o desejo de enriquecimento a qualquer preço influenciou o surgimento das lendas, elas também têm alguma base nas histórias muito antigas contadas na região e que se referem diretamente a civilizações ainda mais antigas que a dos incas.

EL ENLADRILLADO

Sítio arqueológico no Chile que apresenta construções possivelmente relacionadas com as encontradas no Peru e que fazem parte das chamadas "construções ciclópicas", encontradas em todo o planeta. O pesquisador Erich Von Däniken e alguns arqueólogos levantaram a suposição de que estaria relacionado com os desenhos em **Nazca**, no Peru, numa sucessão de indicações desde a baía de Pisco e passando pelo deserto de Tarapacar, ao norte do Chile. Parece que El Enladrillado só foi pesquisado mais profundamente em 1968. Trata-se de um planalto ou plataforma a 1.260 metros de altitude, com 3 quilômetros de comprimento por 800 metros de largura, construído com a forma aproximada de um anfiteatro, com o uso de blocos de rocha com 4 a 5 metros de altura e 7 a 8 metros de comprimento, pesando aproximadamente 10 toneladas cada. No planalto existe também uma espécie de pista, com um quilômetro de extensão, perto da qual ainda podem ser vistos alguns blocos de rocha cortados e instrumentos pré-históricos que alguns pesquisadores dizem terem sido utilizados para o corte dos blocos. No centro do planalto existem três blocos de rocha, com cerca de 1 m ou 1,50 m de diâmetro. Dois deles fixam a direção norte-sul com precisão, enquanto uma linha que conduz dos dois ao terceiro corta o horizonte no ponto em que o Sol está no zênite no verão. Os pesquisadores que não aceitam as propostas clássicas da arqueologia afirmam ser impossível realizar os cortes com a precisão efetuada utilizando-se de instrumentos primitivos como os que existem na região, além de não haver no Chile nenhuma tradição conhecida nesse sentido. Parece que, em todos os sítios das construções ciclópicas, o maior problema, ainda, diz respeito aos métodos de construção e instrumentos utilizados, uma questão que, segundo os investigadores do insólito, a arqueologia tradicional não consegue resolver, a não ser com falsas idéias e artifícios enganosos. Grande parte dos pesquisadores independentes relaciona as construções com a possível presença de seres **extraterrestres** no passado remoto do planeta.

ELFOS

Seres mitológicos, de origem germânica. Eram, inicialmente, considerados maléficos, dados a pequenas diabruras como roubar gado, ou mais sérias como roubar crianças, além de pequenos truques para atrapalhar as pessoas no seu dia-a-dia.

As histórias a seu respeito se espalharam por toda a Europa, particularmente a Grã-Bretanha, onde passaram a ser considerados seres que praticam o bem, ou pelo menos seres altivos que não se importam muito com o que possa estar acontecendo no mundo dos humanos. Nas regiões germânicas eram tidos como seres de pequena estatura. Na Grã-Bretanha, eram apresentados como sendo dotados de estatura mais elevada que os demais seres lendários semelhantes. Gostam de viver nos bosques e, provavelmente, são os que têm menos contato com os humanos. Muitas vezes são apresentados como dotados de pele esverdeada e orelhas pontudas. Nas lendas e fantasias, os elfos muitas vezes se confundem com os **duendes**, mas na grande obra de J. R. R. Tolkien, por exemplo, eles são vistos como uma estirpe à parte das demais, grandiosos em sua sabedoria e em seu código de honra. Teriam sido eles os instrutores dos homens, antes que estes se corrompessem, e estariam entre as primeiras criações da Terra. Mais comum é entender-se que habitam em algum nível de um mundo invisível para nós, ainda que tenham a capacidade de surgir em nosso mundo de tempos em tempos através de **passagens dimensionais**, aberturas entre um mundo e outro. Da mesma forma, acredita-se que os **médiuns** e sensitivos teriam a capacidade de ver esse mundo invisível ou outra dimensão, em algumas ocasiões e, assim, ver também seus habitantes.

ELS

Segundo o moderno misticismo, os Els teriam sido uma raça estelar, construtora de cidades subterrâneas, verdadeiros labirintos. Com a utilização de energias desconhecidas por nós, teriam cavado longos túneis que conduziam à civilização de **Agartha**. Os els são confundidos com os ciclopes, e teriam sido **extraterrestres** chegados à Terra nos primórdios do planeta, refugiando-se de uma guerra interplanetária ou tentando escapar de um cataclismo que ameaçava o planeta. Fazem parte de um longo ciclo de histórias semelhantes, espalhadas por todas as civilizações do planeta, sempre supondo que fomos colonizados por raças vindas de outros planetas.

ELVERA

O nome que **Charles Fort** deu ao possível mundo dos seres pequeninos, cujos indícios de existência ele colheu ao longo dos anos. De certa forma, está ligado às lendas e narrações a respeito da provável existência de um mundo subterrâneo em nosso planeta, notadamente a **Agartha**, assim como à existência dos **anões**, **elfos**, **duendes** e outros seres semelhantes.

ELVINS

Seres mitológicos, também chamados "os filhos de Deus", que habitariam uma ilha repleta de maravilhas, situada no centro de um mar existente ao norte do Himalaia, em tempos incalculáveis. A posição ocultista entende que esses seres poderiam ser **extraterrestres**, com capacidade de controlar os elementos, além de poderes de controle psíquico fora do normal.

EL YAFRI

Uma cidade de construções ciclópicas que, supostamente, existiria no **Hadramaut**, no deserto de Rub Al Khali, o enorme deserto que se estende ao sul da Arábia. A cidade foi citada por um erudito árabe, Silak Ali Hassan, e também por pessoas que afirmaram tê-la visto.

Na verdade, existem numerosas lendas sobre várias cidades que existiriam na região. Como essas outras El Yafri pertenceria a uma civilização anterior ao Islã – que posteriormente tomou conta da região – e anterior mesmo à chamada Arábia Feliz, composta por cinco reinos que tinham conhecimento das histórias a esse respeito, mas não ousavam penetrar no terrível deserto.

ENEIN

Um império lendário dos incas, no qual eles se teriam refugiado após a chegada dos conquistadores espanhóis. Está diretamente ligado às lendas e histórias sobre o **Eldorado** e **Paititi**, e estaria localizado na bacia do rio Madeira. Ainda hoje circulam histórias sobre a existência desse reino, muitas vezes tido como poderoso e subterrâneo.

ENKI

Deus da Suméria, surgindo nas narrações babilônicas muitas vezes com o nome de Ea, aquele que teria aconselhado a criação dos seres humanos a partir da argila formada em *apsu*, o abismo das águas. Também é dito que ele é quem teria convencido os demais deuses a deixarem sua morada para vir à Terra instruir os homens, que continuavam a andar em quatro patas e nus. E é Enki quem avisa **Uta-Napistim** a respeito do **Dilúvio** que deverá cobrir a Terra como castigo enviado pelos deuses, fornecendo-lhe instruções de como construir um barco, salvando assim a humanidade da aniquilação total. Dizia-se que Enki havia se isolado na cidade de Eridu para poder ficar em paz, cidade que na época se situava às margens do golfo Pérsico – ou mar Eritreu – e que ali dormia profundamente em seu palácio debaixo do mar.

Enki aparece, portanto, como um dos deuses colonizadores que têm sido considerados como possíveis seres **extraterrestres**, chegados ao planeta em épocas remotas e alterando de alguma forma o rumo da civilização da época, como no caso dos **nomos**, seres de **Sírius** que teriam contatado os **dogons**, da África, ou do ser chamado **oannes** e os demais **akpalos**, aos quais também se referem os babilônios.

ENOCH

Ou Henoc, como é citado várias vezes na *Bíblia*, o sétimo homem depois de Adão. No Gênesis se diz que Enoch gerou Matusalém aos 65 anos e, após seu nascimento, andou com Deus por trezentos anos, e depois desapareceu porque Deus o levou. Em Hebreus, se diz que Enoch foi arrebatado sem ter conhecido a morte.

O *Livro de Enoch* foi considerado apócrifo e retirado da *Bíblia*. Eram conhecidos apenas poucos trechos até que, no século XVIII, o livro foi reencontrado numa versão etíope, pelo explorador inglês James Bruce. Fala-se que teria sido escrito por volta do século III a.C., mas também como uma versão final de tradições mais antigas. Fala-se também que Enoch teria sido um pseudônimo de um membro da seita dos essênios e, ainda, que alguns fragmentos seriam um testamento de Noé. De qualquer forma, o *Livro de Enoch* contém uma série de narrações de revelações, visões ou viagens, relacionadas com o conhecimento esotérico da Cabala e que deram origem a uma série de suposições quanto ao passado do planeta e a uma série de estudos ocultistas. Segundo estes, Enoch é às vezes considerado um dos **gigantes** que teriam habitado o planeta em tempos remotos e estaria relacionado com as lendas a respeito de Thot, Hermes Trismegisto, Mercúrio e Orfeu, conhecidos como iniciadores de artes e ciências. Enoch teria recebido seus conhecimentos diretamente das estrelas, dos **anjos**, ou **extraterrestres**, dos quais fala detalhadamente no livro, assim como fala sobre viagens ao céu.

As explicações alternativas sobre o passado da Terra vêem os relatos de Enoch como autênticas viagens em naves espaciais, durante as quais

teria observado a Terra do espaço. A versão ortodoxa entende que, quando se diz que Enoch foi levado por Elohim, trata-se simplesmente de uma referência à sobrevivência da alma. No entanto, em outros textos existe referência ao fato de Matusalém ter-se encontrado com seu pai Enoch nos confins da Terra, o que significa que, apesar de "ter sido levado", não se encontrava morto, mas apenas que estava vivendo em outro local, indicado como "céu", que tanto é interpretado como um local muito alto, como um local no espaço propriamente dito.
Segundo alguns pesquisadores, em outro livro apócrifo, o ***Livro de Noé***, pertencente aos manuscritos encontrados no Mar Morto, é dito que Lamech, pai de Noé, preocupado com a aparência do filho recém-nascido e julgando que fosse filho não dele mas dos anjos do céu, foi procurar Matusalém, para que este falasse com Enoch para que ele revelasse a verdade. Matusalém encontrou Enoch "nos confins da Terra", e ele contou então que ocorreria uma catástrofe, um **dilúvio** sobre a terra, mas que Noé e seus filhos sobreviveriam.

ENTRANTES
Ver **ocupantes de corpos**

ERKS
Nome dado por José **Trigueirinho** Netto e outros sensitivos brasileiros a uma suposta cidade subterrânea existente na região de Córdoba, Argentina, e diretamente relacionada à atividade de seres **extraterrestres** em nosso planeta, assim como as cidades de **Aurora** e **Miz Tli Tlan**.
Erks seria formada por seres, entidades e energias intergalácticas, e seu nome viria de Encontro dos Remanescentes Cósmicos Siderais. É tido como um dos grandes centros de conhecimentos iniciáticos e realiza uma missão no sentido de despertar uma nova espiritualidade nos seres da superfície. Deverá ter importante papel no momento da chamada evacuação planetária, quando a Terra estiver atravessando graves problemas e os extraterrestres chegarem com suas naves para retirarem daqui um número predeterminado de escolhidos, aqueles que tiverem atingido um certo grau de espiritualidade.

ERNETTI, PELLEGRINO (1925-1994)
Monge beneditino italiano que afirmou ter conseguido elaborar uma máquina capaz de gravar imagens e sons do passado. Segundo ele, as ondas sonoras e imagens emitidas há milhares de anos não se perderiam, mas continuariam existindo eternamente, de modo que, com o aparelho apropriado, seria possível capturá-las. Segundo informou, por meio da desagregação dos sons é possível chegar-se à reconstrução de imagens. Os

sons são energias e, como tais, geram luz e nela podem se converter.

A noção de que as ondas eletromagnéticas não se perdem foi também defendida por Marconi, que afirmou que elas acompanhariam a curvatura da Terra. Algumas posições esotéricas entendem que essa manutenção de imagens ocorre no **akasha**, local em que todas as imagens e conhecimentos de todos os tempos são mantidos, e que assim seria necessário apenas ter acesso a esse meio. Na verdade, parece ser mais ou menos o que ocorre com alguns **médiuns**, numa série de fenômenos paranormais. Sabe-se, também, que já foram registrados casos em que fragmentos de emissões de rádio e televisão puderam ser captados até mesmo meses após sua emissão. O monge jamais deu qualquer informação sobre a tecnologia aplicada na construção do aparelho.

ESFERAS

Objetos esféricos ou ovóides que se encontram espalhados por todo o planeta, em tamanhos e materiais diversos, ainda que geralmente construídos em pedra. As explicações ortodoxas relacionam essas esferas aos mitos da criação, representando uma divindade. Na **Ilha de Páscoa** é conhecido o "ovo", provavelmente representando o centro do mundo. Em expedições realizadas na América Central, na região dos antigos maias, foram encontradas centenas de ovos semelhantes, formas esféricas perfeitas, jogados no meio da mata espessa sem qualquer objetivo que pudesse ter sido definido com exatidão. Os tamanhos variam do minúsculo ao absurdamente grande, o suficiente para tornar seu transporte um problema de engenharia muito complicado, principalmente nas condições que a floresta oferece.

Em 1940, uma esfera foi descoberta no Brasil pelo arqueólogo Marcel Homet, no alto Rio Branco, norte do Amazonas. Esse ovo de pedra tem 100 metros de comprimento e 30 de altura, e o arqueólogo assegurou que não havia dúvida quanto a ter sido feito artificialmente. Na Costa Rica, na América Central, encontrou-se um número incrível de esferas, possivelmente milhares, a maior delas pesando 16 toneladas. Däniken e J. J. Benitez foram dois dos exploradores que se aventuraram na selva para examinar algumas dessas construções, às quais se costumava atribuir a idade de algumas centenas de anos. O que mais espanta nas esferas da América Central é que foram encontradas em regiões de acesso mais do que difícil, sem que existisse qualquer pedreira nas proximidades. Os índios parecem se referir aos objetos como "bolas do céu". A superfície desses objetos é praticamente lisa, sem imperfeições, demonstrando um controle técnico impressionante e, segundo os arqueólogos, sem qualquer desvio de diâmetro. Já foram levantadas algumas hipóteses com relação à função dessas esferas, geralmente considerando-as objeto de algum tipo de culto antigo, não muito bem registrado. As explicações para a existência das esferas em locais tão inacessíveis não são consideradas suficientes, uma vez que as características do terreno não permitiriam seu transporte. Evidentemente, muitos pesquisadores relacionam o formato com o conhecimento que os antigos teriam da existência de objetos voadores, pertencentes a seres **extraterrestres** que teriam visitado o planeta em épocas remotas mas, para a maioria dos pesquisadores, trata-se de uma explicação forçada.

ESPELHO MÁGICO

O espelho mágico, como uma forma de vidência ou sabedoria, se tornou bastante popular nos tempos modernos graças à história infantil na qual a bruxa má repete sempre a mesma pergunta.

No ocultismo, costuma-se dizer que a utilização de espelhos para as práticas mágicas é muito antiga. As informações a esse respeito dizem que o ritual deve ser executado numa sala escura, onde a pessoa deverá sentar-se o mais confortavelmente possível e procurar ficar descontraída. O espelho é colocado a poucos centímetros de seus olhos e, após pouco tempo, as visões começarão a surgir. O espelho não precisa ser exatamente o espelho utilizado no dia-a-dia, mas algum recipiente de cristal ou vidro contendo água. Deve haver uma fonte de luz no ambiente escurecido, que é colocada por trás do recipiente. Mais recentemente, alguns grupos místicos e ocultistas realizam esse tipo de ritual colocando-se de frente para um espelho de verdade, com velas acesas em ambos os lados ou em apenas um dos lados. Algumas pessoas afirmam que a operação é perigosa para quem a pratica, mas não se fala muito abertamente das razões desse perigo. Já se ouviu de alguns grupos ocultistas modernos que o espelho, utilizado nessas condições, serve como uma porta ou **passagem dimensional**, uma comunicação entre quem o utiliza e uma outra dimensão, e o maior problema poderia estar na impossibilidade do praticante determinar com qual dimensão e com quais entidades ou seres ele estaria entrando em contato. Essa noção de perigo parece ter sobrevivido até os dias atuais e pode ser detectada na superstição popular de que não se deve acender velas no banheiro da casa, porque isso pode trazer conseqüências terríveis para quem o fizer. Parece lógico que o aspecto negativo não esteja associado ao banheiro em si, mas à quase certeza de

existir no banheiro pelo menos um espelho.
Fala-se que o mago Agrippa possuía um espelho mágico que utilizava para ver o passado e o futuro, assim como outros magos citam-no em algumas passagens. Os estudiosos modernos do ocultismo não descartam a possibilidade de aparelhos semelhantes, espelhos ou relacionados, proporcionarem a certas pessoas a capacidade de vislumbres proféticos, assim como no hipnotismo por vezes são utilizados certos objetos para facilitar o transe. Poderia ser o caso da chamada **bola de cristal**, proporcionando um ponto de concentração para quem a utiliza. Não são poucos os pesquisadores e estudiosos modernos da **parapsicologia** que entendem que os magos eram, antes de qualquer coisa, **médiuns** poderosos e, nesse caso, os espelhos seriam objetos capazes de induzir transes de **clarividência**, **telepatia**, **precognição** e outros fenômenos semelhantes.

ESPERANZA, MARIA (1928-)
Uma das mais conhecidas místicas ou **médiuns** do mundo, morando na Venezuela, onde recebe milhares de pessoas de várias partes do mundo, que buscam suas curas milagrosas ou que apenas pretendem saber das mensagens que ela afirma receber da Virgem Maria desde os cinco anos de idade. Nos períodos em que entra em contato com a Virgem, ou quando reza, costumam surgir **estigmas** em suas mãos, com sangramento, fatos que já foram comprovados por observadores médicos. Em algumas ocasiões, pétalas de rosas caem do céu, surgindo do nada e, pelo menos numa oportunidade, um médico que a observava viu um botão de rosa surgir repentinamente em seu peito, crescendo até desabrochar. Seus filhos também afirmam ter visto ocorrer a **levitação**, um dos fenômenos geralmente presentes nos casos de visões religiosas. Uma equipe de televisão dos EUA testemunhou um caso de bilocação ou surgimento de um **duplo**, quando o entrevistador pediu que ela entrasse em contato com um amigo que se encontrava muito doente, nos EUA. Mais tarde, telefonando ao amigo, comprovaram que ele viu Esperanza surgir em seu quarto, pegá-lo pela mão e rezar com ele. As mensagens que ela afirma ter recebido da Virgem Maria dizem respeito aos momentos difíceis que o mundo está para atravessar, com guerras e muitas confusões em todas as áreas, que deverão ser seguidos por um despertar espiritual da humanidade.
Para alguns estudiosos da **parapsicologia**, os fenômenos podem ser explicados sob outros pontos de vista que não o religioso ou místico, inclusive nos casos de **precognição**, entendendo que cada pessoa irá interpretar as informações recebidas de acordo com sua cultura e tendência religiosa.

ESPIRITISMO

Existe uma tendência, hoje em dia, a se separar o espiritismo que segue a doutrina apresentada por **Allan Kardec** de um espiritualismo que se desenvolveu principalmente na Inglaterra e Estados Unidos, ou o chamado protestantismo espírita, que rejeita a idéia da **reencarnação.** Mas, de forma geral, os estudiosos do movimento que se espalhou por todo o planeta e aqueles que se fixam na observação dos fenômenos a ele associados preferem observar o espiritismo como uma única doutrina, com diferentes interpretações em épocas e locais diversos. A noção mais generalizada afirma que o espiritismo nasceu no dia 31 de março de 1848, na casa das irmãs **Margaret e Katherine Fox**, quando ocorreu o fenômeno conhecido como **rap** (às vezes também *tap*), ou "pancadas", assim chamado por se assemelharem a pancadas de origem desconhecida que ocorrem sobre uma superfície. As irmãs atribuíram os ruídos a entidades espirituais com as quais entravam em contato e com as quais passaram a manter uma comunicação inteligente, fazendo perguntas e obtendo respostas. O espírito com quem contatavam afirmava ter sido assassinado e enterrado na casa, informação que era desconhecida por todos. O esqueleto de um homem foi de fato encontrado, mas apenas em 1904.

Os *raps* foram presenciados por centenas de pessoas e a popularidade das irmãs Fox cresceu muito. O fenômeno já era conhecido de longa data, ainda que nunca devidamente classificado ou estudado a fundo, e foi objeto de estudo nos primeiros tempos das investigações metapsíquicas e parapsicológicas, o que conferia um caráter ao mesmo tempo espiritual e científico ao movimento. Em apenas alguns anos, contavam-se em milhões os adeptos do novo movimento, espiritualista ou espírita, com as irmãs Fox viajando pelos EUA, realizando sessões em que procuravam entrar em contato com os espíritos e fazer-lhes perguntas, e com o surgimento de muitos **médiuns**, termo que designa as pessoas com a capacidade de entrar em contato com os espíritos e que, para os parapsicólogos, define uma pessoa com capacidades paranormais bastante desenvolvidas, o que a torna capaz de participar diretamente ou mesmo de realizar os fenômenos.

A nova febre se espalhou para a Europa já em 1852, quando a senhora Hayden chegou à Inglaterra com as notícias sobre os fenômenos e fazendo uma série de demonstrações. Em 1853, chegava à Alemanha, e dali passou para todo o continente. As sessões espíritas se tornaram uma mania, e um número surpreendente de médiuns com capacidades indiscutíveis surgiu ou se tornou conhecido nessa época, enquanto um número igualmente grande de farsantes também surgia e se aproveitava da boa vontade das pessoas para ganhar dinheiro.

Segundo os historiadores do espiritismo e dos fenômenos paranormais, o primeiro livro escrito sobre o assunto foi *Dos espíritos e suas manifestações* (1853), de autoria do marquês Charles Jules Eudes de Mirville. Segundo se diz, o marquês investigou fenômenos que ocorriam no presbitério de Cideville, e que hoje poderiam ser associados aos casos de assombrações ou **poltergeist**. Ele procurou estabelecer um tipo de comunicação com supostas entidades que se encontrassem no local, da mesma forma que as irmãs Fox estavam fazendo nos EUA. Mas, apesar do título do livro, Mirville acreditava que a movimentação de objetos e outros fenômenos que ocorriam no presbitério eram causados por demônios. Mas foi o francês Hippolyte Léon Denizard Rivail – mais conhecido como Allan Kardec – o responsável pelo espiritismo como o conhecemos hoje. Ele é considerado o verdadeiro codificador do espiritismo através de obras como *O livro dos espíritos* (1856), *O livro dos médiuns* (1861), *O evangelho segundo o espiritismo* (1864), *O céu e o inferno* (1865) e *A gênese, Os milagres e as profecias* (1867), estabelecendo as principais doutrinas e os pontos fundamentais da crença nos espíritos. A base para a elaboração da chamada "hipótese espírita" é a existência dos fenômenos apresentados pelos médiuns que, no espiritismo, são considerados como meios de comunicação utilizados por seres diferentes dos humanos, geralmente de inteligência superior. São chamados "espíritos desencarnados", uma vez que a base do espiritismo propõe não apenas a sobrevivência da alma, como o cristianismo, mas a possibilidade da reencarnação, idéia rejeitada pelas religiões cristãs, especialmente o catolicismo. As comunicações são feitas, portanto, com os **espíritos** desencarnados que se encontram num "mundo espiritual", ou o Além, onde exercem determinadas funções. A reencarnação proposta pelo espiritismo tem raízes na crença oriental da reencarnação e, segundo alguns estudiosos, em quase nada difere daquela.

Kardec apresentava três princípios no homem: um corpo material; a alma ou ser imaterial, que é o espírito encarnado no corpo; e o elo que une alma e corpo, conhecido como perispírito. Este seria um laço semimaterial entre corpo e espírito, podendo se desligar do corpo, assumindo sua forma, mas nunca do espírito. Essa idéia está diretamente relacionada com a noção do **corpo astral**, que os orientais e egípcios já mencionavam e que a **parapsicologia** registra entre os fenômenos de teleplastia. As comunicações com os espíritos desencarnados ocorrem através dos *raps*, fenômeno também conhecido como tiptologia, e fenômenos de **telecinese**, materializações, produção de **ectoplasma**, voz direta ou, em estado de transe, produzindo textos e mensagens orais.

A religião ou filosofia espírita teve grande desenvolvimento em todo o mundo. Segundo algumas fontes, atualmente é no Brasil que se encontra o maior número de adeptos. Hoje em dia, os espíritas partiram para formas mais elaboradas de comunicação com os espíritos, em muitos casos abandonando a técnica das mesas e contatos através de médiuns, e utilizando o que se convencionou chamar de transcomunicação instrumental, inicialmente conhecida como **psicofania**. Essa forma de contato se utiliza de aparelhagem sofisticada de rádio, televisão, fotografia, vídeo e computação como forma de se obterem mensagens gravadas e imagens de espíritos, enviadas a partir de um outro nível de existência. Alguns dos primeiros aparelhos construídos e utilizados com essa finalidade tiveram, segundo os envolvidos, a participação dos próprios espíritos, que forneciam informações técnicas de como melhorá-los para facilitar a recepção das mensagens.

Alguns grupos têm se destacado nesse campo de pesquisa, inclusive no Brasil, com a Associação Nacional dos Transcomunicadores e com o Instituto Medeiros de Pesquisas Conscienciais. Atualmente, alguns estudiosos do espiritismo detectam uma espécie de divisão entre o que pode ser chamado de posicionamento mais tradicional, ou ortodoxo, e um espiritismo mais avançado. O primeiro, entendendo que o espiritismo não precisa de mudanças, radicais ou não, e que tudo o que é necessário saber se encontra nos livros de Allan Kardec e na forma pela qual elaborou o pensamento espírita. Os espíritas que entendem ser necessário mudanças baseiam-se nos próprios pensamentos de Kardec para se colocar contra qualquer ortodoxia, que entendem que se tornou, de fato, um dogmatismo. Segundo eles, Kardec alertava para esse perigo e para a necessidade de acompanhar a evolução da ciência, incorporando as novas descobertas científicas e tecnológicas ao corpo da atuação espírita, evitando correr o risco de se transformar em mais uma religião, exatamente igual às demais existentes no planeta. Entre os novos posicionamentos podem ser citados aqueles que, geralmente, são chamados de espiritualistas, como uma forma de se diferenciar do espiritismo em sua forma mais conhecida. Faria parte desse novo posicionamento espírita a noção de que é possível se estabelecer contato com seres **extraterrestres**, que são vistos como verdadeiros espíritos superiores, cumprindo determinadas missões na Terra, preparando para o advento de uma Nova Era, para as modificações radicais que deverão ter lugar em nosso planeta, em época indeterminada, mas geralmente tida como muito próxima. Vários contatos têm sido apresentados pelos grupos envolvidos nesse tipo de pesquisa, com inúmeras mensagens transmitidas por esses espíritos superiores, extraterrestres, e às vezes com o contato sendo realizado por espíritos desencarnados, que habitariam uma região intermediária entre a nossa e a dos extraterrestres. Esses extraterrestres/espíritos também estariam reencarnando na Terra para melhor cumprir suas missões de preparação espiritual dos seres humanos. Para o espiritismo tradicional, essa suposição é insustentável, uma vez que a idéia básica pressupõe que os espíritos superiores jamais poderiam reencarnar em mundos inferiores ou intermediários, como seria o caso da Terra, vista como um mundo de provações. O espiritismo entende que todos os seres do universo estão relacionados, fazendo parte de uma mesma família original de espíritos, mas não abre mão da idéia de evolução para mundos superiores. Kardec chegou a se referir a uma vinda em massa de espíritos para a Terra, numa época recuada, justamente quando se instalou a chamada raça adâmica, representada simbolicamente pela figura de Adão. Houve, então, como que uma grande migração de espíritos, que encarnaram nos corpos físicos das raças já existentes na Terra, provocando um crescimento do nível intelectual e um desenvolvimento até então jamais visto no planeta.

Essas migrações de espíritos superiores ocorrem em épocas e por ocasiões especiais, por exemplo, quando se verificam grandes catástrofes. Esses espíritos teriam vindo, de fato, de outros planetas, mas o espiritismo tem uma visão ligeiramente diferente da vida em outros planetas, entendendo-os em sua forma não material. Assim, quando se refere a espíritos vivendo em Júpiter, não está propriamente falando do planeta Júpiter físico, impróprio para a nossa vida, mas de uma outra dimensão em que o planeta existe, onde espíritos desencarnados da própria Terra podem viver. A distinção entre extraterrestres espirituais e espíritos desencarnados pode ser, para muitas pessoas, bastante sutil, mas parece constituir um problema real de entendimento entre as diferentes correntes de pensamento. Também parece haver uma tendência generalizada a se estabelecerem diferenças entre médiuns e sensitivos, os primeiros considerados unicamente aqueles capazes de se comunicar com os espíritos desencarnados, e os sensitivos como os que entram em contato com os extraterrestres.

ESPÍRITOS

A noção mais comum é a de que os espíritos são as almas imortais dos seres humanos que já morreram. Essas almas, após a morte do corpo, continuam sua existência em algum lugar indeterminado, que pode variar bastante de acordo com a crença religiosa da região, ou de acordo com a época. Em determinadas ocasiões, os espíritos podem se manifestar em nosso mundo por meio de visões, aparições e muitos tipos específicos de comunicação, como as "mesas falantes" que tornaram o **espiritismo** famoso em todo o mundo a partir do final do século XIX. As idéias sobre as atividades dos espíritos nesse outro mundo, e também as idéias sobre as atitudes dos espíritos com relação aos que ainda não morreram, são as mais variadas. Podem ser espíritos bons ou ruins, no que não diferem praticamente em nada das personalidades dos vivos. Alguns estudiosos do assunto entendem que as aparições dos espíritos dos mortos podem ter dado origem aos cultos dos ancestrais entre os povos primitivos. Os estudos que não aceitam a presença dos espíritos como entidades inteligentes, propõem que as formas que são vistas por algumas pessoas e encaradas como espíritos ou **fantasmas** sejam, na verdade, traços energéticos mantidos intactos após a morte do corpo, e que são captados por pessoas particularmente sensíveis (com capacidades paranormais mais desenvolvidas). De qualquer forma, o contato com os espíritos – sejam eles entidades "vivas" e inteligentes, sejam resquícios energéticos – é um acontecimento que provavelmente vem sendo registrado desde os tempos mais remotos.

Existe ainda uma série de outras considerações de natureza ocultista, mística, religiosa ou filosófica, que encaram os espíritos em uma variedade incrível de categorias, fazendo com que praticamente todos os seres invisíveis sejam chamados de espíritos, como é o caso específico dos elementais, os espíritos da água, fogo, terra e ar, ou mesmo como alguns demônios dos ocultistas, ou os "espíritos brincalhões", como era popularmente conhecido o fenômeno **poltergeist**, que a **parapsicologia** conseguiu desmistificar em grande parte, mas cujas proposições já vêm sendo mais uma vez atacadas por uma série de estudiosos do assunto. Atualmente, além dos espíritas, outras linhas de investigação e estudo têm se dedicado à questão da existência dos espíritos, ampliando ainda mais o leque de possibilidades. Além de espíritos bons ou maus, inferiores e superiores, presos à necessidade da **reencarnação**, falase também de espíritos de outros mundos, ou seja, seres **extraterrestres**, compostos de matéria diferente da nossa, vivendo numa dimensão diferenciada, assim como os espíritos dos desencarnados, e entrando em contato com os terrestres através de **médiuns** e sensitivos, aos quais transmitem suas mensagens, mais ou menos da mesma forma que os espíritos transmitiam a **Kardec** e tantos outros espíritas ao longo dos anos. Nessa nova forma de encarar os extraterrestres, existiria pouca ou nenhuma diferença entre eles e os demais espíritos, todos habitando dimensões diferentes da nossa, podendo entrar em contato em determinadas ocasiões, e igualmente podendo ser superiores ou inferiores, desejando nosso bem ou nosso mal.

ESTIGMAS

Marcas e feridas que surgem no corpo de determinadas pessoas, sem qualquer razão aparente e de forma ainda desconhecida para a ciência. O surgimento dos estigmas esteve, durante muito tempo, ligado a casos de natureza religiosa, especialmente com o surgimento no corpo das pessoas dos estigmas recebidos por Cristo no momento da crucificação. Alguns autores, entendem que a denominação "estigmas" só pode ser aplicada às feridas que surgem exatamente nos quatro locais onde, segundo a *Bíblia*, Cristo foi ferido. Existem numerosos relatos de religiosos ou de pessoas de enorme fé na religião cristã que apresentaram os sinais das feridas, fenômeno que continua a ocorrer ainda hoje. Quando a psicologia e, mais recentemente, a **parapsicologia**, se dedicaram ao estudo do assunto, a tendência foi a de entender que o fenômeno é mais amplo, e que os estigmas podem ser criados pela própria pessoa, como conseqüência de uma auto-sugestão inconsciente de força extraordinária, o que, em alguns casos, é estudo típico da parapsicologia. Pesquisando os casos mais recentes e mais facilmente observáveis, percebeu-se que não se tratava unicamente de feridas nos locais que a *Bíblia* relatava, mas em qualquer parte do corpo, em qualquer forma. Experiências com **médiuns** famosos mostraram que eles são capazes de criar marcas nos seus corpos, alguns até mesmo conscientemente, a pedido dos observadores. Existem registros de casos de estigmatização que se deram acompanhados do fenômeno da **levitação**. Os estados alterados da mente capazes de provocar semelhantes lesões podem perfeitamente ser provocados pela histeria religiosa ou pelo estado de êxtase. Desse modo, não é por acaso que as regiões em que as lesões aparecem combinam com as regiões do corpo em que Cristo foi ferido, mas devido a um processo inconsciente despertado pela própria pessoa. Nos médiuns em que esse processo mental pode ser, de alguma forma, controlado, as marcas podem surgir em qualquer local. Sabe-se de pessoas que formaram palavras na própria pele, como se tivessem sido riscadas com algum objeto cortante, para logo em seguida desaparecer. O mecanismo – possivelmente mental ou psíquico – que torna possível esse tipo de acontecimento, ainda é desconhecido.

Um dos primeiros casos conhecidos foi o de São Francisco de Assis (1182 - 1226) e vários casos foram registrados desde então, mas o mais famoso do século XX foi o padre Pio (1898 - 1968), que apresentou desde os 23 anos até sua morte, quase cinqüenta anos depois. O padre também podia projetar sua imagem, ou **duplo**, em locais distantes, no fenômeno conhecido como bilocação. Outra famosa estigmatizada do século XX, Therèse Neumann (1898 - 1962) sangrava muito com as feridas e chegava a sangrar pelos olhos, além do que se dizia que era capaz de sobreviver por meses se alimentando apenas com hóstias. Outro bastante conhecido em tempos mais recentes é Giorgio Bongiovanni, que afirma que seus estigmas começaram a se manifestar durante uma peregrinação a Fátima, em Portugal, em 1989. Ao contrário dos demais, ele diz que o fenômeno está relacionado à **abdução**, uma vez que teria sido levado por **extraterrestres** que nada mais seriam do que **anjos** constituídos de energia espiritual.

Segundo o Dr. Ted Harrison, uma das maiores autoridades mundiais sobre o assunto, desde São Francisco ocorreram cerca de quatrocentos casos de estigmatização, e foi um fenômeno inicialmente restrito à Europa, e em particular à Itália, expandindo-se ao resto do mundo à medida que o catolicismo também se espalhava. Ele diz também que nem sempre as feridas sangram, na verdade podem ser bem superficiais, como protuberâncias ou esfolados na pele. O Dr. Harrison é bastante cético com relação ao fenômeno, afirmando jamais ter encontrado evidências de que se trata de um fenômeno espontâneo. Mesmo com relação ao Padre Pio, ele entende ser bem possível que ele mesmo tenha causado as lesões, mantendo-as abertas artificialmente, uma vez que, ao final de sua vida, quando estava debilitado, as feridas se recuperaram e, por ocasião de sua morte, elas não mais existiam.

Causa espanto também que, antes do Sudário de Turim ter sido exibido, acreditava-se que as feridas em Cristo teriam ocorrido em suas mãos, e os estigmatizados apresentam ferimentos nas mãos. Depois, verificou-se que elas teriam ocorrido nos pulsos, e começaram a surgir estigmatizados com ferimentos nos pulsos. Da mesma forma, o Novo Testamento não diz em que lado do corpo Jesus foi ferido, e os estigmatizados apresentam feridas tanto no lado direito quanto no esquerdo.

ETANA

Nas lendas sumerianas, Etana era um pastor que subiu ao céu e se tornou rei de Ur, após o **Dilúvio**. Teria governado por 1.560 anos e sido levado por uma nave voadora em forma de escudo numa viagem à Lua, **Marte** e **Vênus**, o que relaciona a lenda com as histórias a respeito da presença de **extraterrestres** na história longínqua da humanidade. Os homens que estavam na nave eram altos, louros, com pele morena, e vestidos de branco. Após o retorno da viagem, teriam permanecido como hóspedes dele por algum tempo.

EURISTEU

Ver **Hércules**

EVOLA, JULIUS (1898-1974)

Famoso pensador e escritor italiano que desenvolveu uma série de trabalhos sobre magia e esoterismo em geral, recebidos por alguns estudiosos como os pensamentos mais originais e bem elaborados do século.
Ele entendia que o homem se encontra em processo de involução, regredindo de seu estado de deus-homem em contato com um mundo baseado em valores sagrados. Entendia que existira uma região primordial onde tudo começara, de origem não humana, que pode ser vista como **Hiperbórea**, **Tule** ou outro nome que se queira dar. Foi acusado de ter mantido relações estreitas com Mussolini e Hitler. Ainda que as acusações não tenham sido comprovadas, é fácil imaginar-se por que esse pensamento surgiu. Evola era contra qualquer sistema democrático, entendendo que a autoridade só pode vir de cima, e de origem "não humana". Tendo ou não se relacionado com os chefes do fascismo e nazismo, a idéia de uma região primordial, onde tudo teria começado, tem íntima relação com as idéias da **Ahnenerbe** e da Ordem Negra nazistas.

EXTRATERRESTRES

A segunda metade do século XX foi marcada profundamente pela noção da possibilidade de vida extraterrestre e, especialmente, pela idéia de que os extraterrestres estão visitando a Terra com as finalidades mais diversas e, ainda, pela teoria de que sempre estiveram em contato com as civilizações do planeta, mesmo com as mais antigas culturas conhecidas e com algumas das quais só se tem conhecimento por lendas.
O tema está diretamente relacionado com o fenômeno **OVNI**, uma vez que a suposição – ou fato, de acordo com algumas fontes de pesquisa e estudo – é que os OVNIs nada mais são do que naves espaciais vindas de outros planetas, e dirigidas por seres extraterrestres com tecnologia e inteligência superior à nossa. Uma das primeiras, ou talvez a primeira vez em que essa possibilidade foi

mais abertamente considerada, ocorreu provavelmente nas pesquisas de **Charles Hoy Fort**, publicadas no famoso ***O livro dos danados***, em 1919. Ele apresentou um levantamento e uma análise organizada de inúmeros acontecimentos estranhos registrados em várias partes do planeta. As notícias de avistamentos de seres estranhos que poderiam ser extraterrestres, descidos de naves espaciais, começaram a se difundir por todo o mundo, cada vez em maior número, depois de 1947, data que é tida como o início da fase moderna de avistamentos de OVNI. A quantidade de relatos chegou a tal ponto que a própria Força Aérea e o governo dos EUA resolveram realizar investigações a respeito do fenômeno, mas com conclusões nada satisfatórias para aqueles que desejavam um maior rigor científico. O fato é que grupos de pesquisadores autônomos foram criados em todo o planeta, registrando os contatos com os supostos seres extraterrestres e classificando-os como sendo de primeiro, segundo ou terceiro grau, de acordo com as características dos supostos encontros. Mais recentemente, essa classificação já foi modificada e ampliada, uma vez que as testemunhas têm apresentado narrativas de contatos mais íntimos do que aqueles pressupostos pela classificação do terceiro grau.

Muitas pessoas escreveram livros a respeito de mensagens que teriam recebido desses extraterrestres, algumas consideradas mistificações ou fraudes evidentes, outras nem tanto. A história dos contatos de terrestres com extraterrestres parece ter seguido novos rumos a partir de 1961, com a ocorrência verificada com o casal Betty e Barney Hill, um dos primeiros casos devidamente registrados de abdução, termo que viria a ser utilizado para os eventos em que humanos são levados a bordo das naves espaciais dos alienígenas. As **abduções** se tornaram comuns nas décadas seguintes e, ao final do século XX se transformaram num dos principais acontecimentos envolvendo a suposta presença de extraterrestres em nosso planeta.

Também a partir dos anos 60 se intensificaram os relatos de contatos telepáticos com seres extraterrestres, atingindo proporções nunca vistas a partir de meados dos anos 80, quando as mensagens ou canalizações transmitidas pelos seres se referiam claramente à sua presença em grande número em nosso planeta, vindos de **Órion**, **Sírius** e de outros locais ainda mais distantes. Os extraterrestres passaram a ser descritos, muitas vezes, como seres etéreos, como se fossem **espíritos,** inclusive possuindo a capacidade de encarnar em nosso planeta, nascendo como humanos, ou ocupando corpos humanos com seu espírito ou **alma**, de modo a poderem cumprir de forma mais adequada suas missões de observação, ajuda espiritual e preparação para o momento em que a Terra tiver de enfrentar problemas sérios, com a mudança do eixo planetário.

A idéia corrente ao final do século é a de que os extraterrestres já se encontram entre os humanos, ainda que não possam ser percebidos pela maioria de nós. No que diz respeito às noções de intervenção de extraterrestres ao longo da história da humanidade, apesar de Charles Fort já ter se referido ao assunto no início do século e a Teosofia, no século anterior, o tema apenas se tornou popular a partir dos trabalhos de pesquisa do jornalista alemão Erich von Däniken, que começaram a ser publicados em livro em 1968, com *Eram os deuses astronautas?* Como não podia deixar de ser, causou as reações mais diversas, despertando ódio intenso e manifestações da mais profunda ironia, assim como também admiração pela coragem de tratar o tema de forma tão aberta, ampliando ainda mais a quantidade de pessoas que se dedicaram a pesquisar o tema por conta própria. Däniken, assim como outros fizeram antes dele – ainda que sem a mesma divulgação mundial – e centenas ou milhares fizeram depois dele, propunha que várias construções e sítios arqueológicos referentes à antiguidade da humanidade estariam diretamente relacionados com a presença de extraterrestres na Terra. Em alguns casos, esse tipo de pesquisa propõe que os extraterrestres teriam atuado de forma decisiva no desenvolvimento das sociedades terrestres, fornecendo informações tecnológicas que lhes permitiram dar saltos tecnológicos que, em outras condições, não teriam sido possíveis. Em outros casos, propõe que a influência pode ter sido menor, mas ainda assim teria sido o suficiente para que a passagem desses extraterrestres tivesse sido registrada de diversas formas, inclusive por meio de lendas e mitologias que persistem até os dias de hoje.

Essa noção da interferência alienígena no desenvolvimento das civilizações está diretamente relacionada com as noções referentes à existência, no passado remoto da Terra, de uma série de civilizações, ou de uma civilização planetária, com um desenvolvimento tecnológico muito acima daquele que, hoje, a ciência reconhece oficialmente. Os pesquisadores da área indicam milhares de provas ou supostas provas de que essas civilizações teriam de fato existido e, possivelmente, atingido um grau de desenvolvimento científico e tecnológico até mesmo superior ao que estamos vivendo no final do século XX, desenvolvimento e civilizações que teriam desaparecido devido a catástrofes naturais ou a guerras de imenso poder destruidor. Os registros dessas civilizações estariam espalhados por todos os pontos do planeta, especialmente nas chamadas construções ciclópicas.

Uma outra linha de pesquisadores, mais ligados ao esoterismo de forma geral, pretende que uma série de conhecimentos antigos, secretos, e que são considerados por muitas pessoas como mágicos, teriam sido fornecidos por extraterrestres em tempos dos quais, em alguns casos, já se perdeu a memória. É o caso dos ensinamentos da **Sociedade Teosófica**, que segue uma linha de pensamento ligada à tradição oriental e que foi trazida ao Ocidente por **Helena P. Blavatsky.**

A ciência não reconhece oficialmente a existência dos OVNIs e menos ainda dos extraterrestres, entendendo que quaisquer evidências coletadas por pesquisadores autônomos não são suficientes ou não possuem o rigor científico necessário. Ainda assim, muitos cientistas respeitáveis têm enveredado pelo campo das pesquisas ufológicas, especialmente no final do século XX, ainda que muitas vezes de forma não oficial e um tanto secretamente.

Para as autoridades científicas existe uma espécie de paranóia persecutória no que diz respeito ao assunto, especialmente nos relatos a respeito de contatos secretos mantidos por alguns governos da Terra com os possíveis extraterrestres que nos estariam visitando. Diz-se que nos EUA, por exemplo, na instalação militar conhecida como Area 51, estariam sendo mantidos os corpos e naves extraterrestres que caíram em nosso planeta e foram resgatados, e dos quais as autoridades estariam obtendo informações tecnológicas importantes. O mais famoso caso relacionado com a Área 51 e com a queda de uma nave extraterrestre é o chamado caso **Roswell**, nome de uma localidade do interior dos EUA onde, em 1947, teria caído uma nave extraterrestre e seus ocupantes. Até poucos anos atrás o governo dos EUA e os militares negavam até mesmo a existência de uma base militar com esse nome, o que foi confirmado por jornalistas. Em 1997, os militares norte-americanos emitiram um boletim no qual procuram desmistificar o Caso Roswell, considerando-o um grande equívoco. Apesar disso, as provas apresentadas por eles eram tão fracas que ninguém as levou a sério. Alguns ex-funcionários da NASA e da própria instalação na Area 51 confirmaram a existência de experiências secretas com naves e seres extraterrestres, mas o governo continuou negando.

Entre os simpatizantes da chamada ufologia mística, as idéias são ainda mais radicais, entendendo-se que existe praticamente um "governo secreto" dos EUA, dirigido de bases subterrâneas secretas, onde grupos de cientistas, militares e extraterrestres realizam suas experiências e dirigem os destinos do planeta. Diz-se ainda que existem variados tipos de extraterrestres atuando no planeta, vindos de diferentes planetas. Estaria havendo uma espécie de confronto entre algumas espécies de extraterrestres, cujo objetivo final pode ser o domínio do planeta. Alguns deles teriam más intenções, sendo combatidos pelos que desejam manter a Terra livre de sua influência. De certa forma, esse mesmo tipo de noção chegou a ser rascunhada por Charles Fort, que via a possibilidade de que batalhas estariam sendo travadas no espaço, sem que nós soubéssemos disso. É também, em termos, a mesma idéia defendida por Wilhelm Reich no desenvolvimento de suas noções a respeito do **orgônio**. Também é próprio do final do século XX a noção de que os extraterrestres seriam seres espirituais, não inteiramente materiais, ou pelo menos não como nós entendemos a vida material, vindos de dimensões paralelas de existência, atingindo nosso planeta e nossa dimensão através de **passagens dimensionais** que poderiam acionar à vontade, utilizando-se de tecnologia superior.

Assim, cresceu de forma inusitada a quantidade de pessoas que dizem estar em contato mental ou telepático com extraterrestres, às vezes em suas naves espaciais, em torno do planeta, outras em seus próprios planetas ou dimensões de origem. E, mais uma vez, esse tipo de situação abriu imensas possibilidades para as fraudes e para os enganadores que pretendem levantar dinheiro com a questão, uma vez que, para aceitar a validade dessas comunicações e das mensagens, não é necessário qualquer tipo de prova científica – como vinha sendo exigida até então na ufologia –, mas apenas a fé em determinada situação.

Grande número de especialistas no assunto entende que essa nova forma de ufologia, chamada mística ou avançada, abriu um novo campo para o surgimento de novas religiões, em grande parte apenas repetindo as principais mensagens religiosas da cristandade ocidental, trocando nomes de anjos por extraterrestres e um aparato espiritual por um pseudocientífico, afastando-se, assim, dos objetivos primordiais da ufologia, que seria o de preencher os espaços de conhecimento deixados em branco pela chamada ciência oficial, que por sua vez também se afastou do tema. Outros pesquisadores entendem que as mensagens que muitos sensitivos estão recebendo devem ser encaradas do ponto de vista científico, eliminando-se as fraudes e os enganos, e centrando-se nas mensagens e comunicações que parecem reais, tentando encontrar soluções e explicações para o fenômeno, inclusive procurando determinar se, de fato, pertence ao campo de estudo e pesquisa da ufologia ou da **parapsicologia**. (Ver também **Acambara, George Adamski, Agartha, akpalos, Algon, anjos, Apolo** (naves), **Arca da Aliança, Arqa, Atlântida, Aurora, Baalbek, Baian Kara Ula, Sergei Petrovich Bozhich, Candelabro dos Andes, Cavaleiro Negro, Cientologia, dogons, El Enladrillado, els, elvins, Enki, Enoch, Erks, espiritismo, Etana, Ezequiel, Faetonte, Foo Charles Hoy Fighters, fort, gdolim, gigantes, Guanape, Hiperbórea, hopi, Ísis, jomon dogus, Kachina,** ***Kandschur*****, kappa, Ken Ani, lahinis, Lemúria,** ***Livro de Dzyan, O livro de Mórmon, O livro de Toth, livro dos Danados*****, Magonia, Manuscrito Voynich, Marcahuasi, Marte, Miz Tli Tlan, Mohenjo-Daro, Monstrator, Monte Alban, Morona-Santiago, Nazca, nefelin, nomos, Nove Desconhecidos, oannes, Ocupantes de Corpos, Ordem dos 49, Orejona, Palenque, Papiro Tulli, Pedra da Sabedoria, Pedras de Ica, Pedras de Lussac, Pedras Negras, Picatrix, Pirâmides, Piri Reis, João Pio de Almeida Prado, Puma-Punku, Quetzalcoatl, Ramaiana, reencarnação, Rol dos Reis, Sacsahuamán, Salomão, Serra do Roncador, Shasta, Eugenio Siragusa, Sodoma e Gomorra,** ***Tandschur*****, Tarapacar, Tassili, Telepatia, Terra Oca, Tiahuanaco, Triângulo das Bermudas, Tunguska, Ummo, Vênus, vimana, viwan, yeti.**)

EZEQUIEL

Um dos profetas cujas citações aparecem na *Bíblia*. Para os historiadores do insólito, as narrativas de Ezequiel sobre seu encontro com Deus e seus enviados, os **anjos**, estão entre os documentos mais impressionantes a respeito de encontros com seres **extraterrestres** na Antiguidade.

De fato, a narração de Ezequiel apresenta detalhes surpreendentes do que poderia facilmente ser visto como uma máquina voadora, uma nave, um artefato de metal brilhante, rodas brilhantes dentro de outras rodas, que capacitam ao veículo se mover em qualquer direção. As descrições fornecidas por Ezequiel são geralmente chamadas de "imaginativas", mas não se pode deixar de lado a precisão de detalhes e exatidão com que os acontecimentos são narrados. Da mesma forma, ele também escreveu sobre um templo que lhe foi mostrado, construído sobre uma montanha muito alta, de onde o veículo que o transportou descia e subia.

Recentemente, nos anos 70, um engenheiro de uma empresa alemã e um engenheiro da NASA reconstituíram esse templo, seguindo o texto explicativo de Ezequiel e trabalhando independentemente um do outro, chegando às mesmas conclusões. A reconstituição impressionante mostra o templo com um amplo espaço central, onde descia uma "nave" em forma de pião – esta também reconstituída a partir do relato do **profeta** – tal como nas atuais rampas de decolagem de naves espaciais terrestres.

Algumas especulações dos investigadores do insólito entendem que Ezequiel teria sido levado para observar, entre outras coisas, um templo construído à semelhança do Templo de **Salomão**, e que na verdade esse templo estaria localizado na América do Sul, mais exatamente em **Chavin de Huántar**, no Peru, tendo sido construído pelos emigrantes vindos do Oriente Médio, cuja peregrinação faria parte das narrações do ***Popol Vuh*** da América Central e de ***O livro de Mórmon***, elaborado por Joseph Smith.

FACULDADE X

O escritor Colin Wilson, também filósofo e pesquisador do oculto e da parapsicologia, desenvolveu a sua tese da Faculdade X dizendo que ela "é simplesmente o poder latente, possuído pelos seres humanos, de ir além do presente". Para ele, a Faculdade X explicaria todos os fenômenos estudados pela **parapsicologia** e todas as experiências místicas e poéticas, lançando a mente humana para um contato com a realidade como nunca houvera antes. Seria realmente um sexto sentido, mas com um significado muito mais amplo do que normalmente se atribui a ele. Ele diz: "É engano pensar que a Faculdade X seja uma faculdade 'oculta'. Ela representa o poder de captar a realidade e de unir as duas metades da mente humana – a consciente e a subconsciente." E ainda:

> Garantem-me que este lugar, aqui e agora, é bem mais real do que qualquer outro lugar ou tempo. Só em certos momentos de grande intensidade interior é que realmente compreendo que se trata de mentira. A Faculdade X é um sentido de realidade, a realidade de outros tempos e lugares. E é a posse desse sentido – por mais incerto e fragmentado que ele se apresente – que distingue os homens de todos os outros animais.

A teoria tomou forma em 1966, mas quem acompanhava o trabalho de Wilson tinha vislumbres desses pontos de vista dez anos antes, e foi uma parte importante de seus livros de ficção científica depois disso, como em *Parasitas da mente*, onde imagina uma única fonte de poder para todas as mentes humanas, uma espécie de poço de energia ao qual qualquer um pode ter acesso. Aqueles que conseguem despertar essa faculdade, mesmo que por alguns breves momentos, conseguem realizar os fenômenos ditos parapsicológicos – ou mesmo aqueles que estiveram ligados ao ocultismo ao longo dos séculos – ou se inspirar para realizar obras poéticas. Ao que tudo indica, foi uma das primeiras – ou a primeira – tentativas de se unificar a ocorrência dos fenômenos.

O trabalho gigantesco de pesquisa e desenvolvimento dessas idéias encontra-se no livro *O oculto*. Ainda que, posteriormente, o autor tenha renegado algumas de suas teorias ligadas à Faculdade X, ela continua sendo interessante e discutida por alguns pesquisadores.

FADAS

As mais conhecidas e tidas como as mais belas, suaves e frágeis criaturas surgidas das lendas relacionadas aos mundos invisíveis. A imagem mais comum das fadas as apresenta como seres minúsculos, com aparência feminina e asas diáfanas. As histórias a seu respeito se espalham por todos os cantos do planeta. Existem algumas que chegam a apresentá-las como seres malévolos, raptando crianças e levando-as para seu mundo subterrâneo, mas são visões mais raras. O nome vem do latim *fatum*, que significa "destino", uma vez que se acredita que elas intervêm de forma mágica no destino das pessoas. Em alguns lugares, eram atribuídos às fadas locais especiais, círculos mágicos onde elas se reuniam para dançar e cantar à noite, uma de suas atividades preferidas e uma comemoração que não poderia ser presenciada por nenhum ser humano.

Na Idade Média, como ocorreu com todos os demais seres lendários e míticos, as fadas foram consideradas más, **anjos** caídos que desejavam tomar o lugar de Deus, mas as visões mais atuais tendem a considerá-las, em companhia de outros elementais da natureza, seres absolutamente pacíficos e habitando um nível de realidade diferente do nosso. Em determinadas ocasiões, são capazes de aparecer em nosso mundo e interagir com ele. Essa foi a proposta para explicar as famosas fotos das fadas de Yorkshire, publicadas em 1920 e estudadas por Arthur Conan Doyle.

Para alguns pesquisadores, as fadas existem de fato e não são apenas lendas, habitando um mundo paralelo ao nosso, uma outra dimensão, assim como ocorre com os **elfos**, **duendes**, **gnomos** e **anões**, mundos aos quais pode-se ter acesso através de **passagens dimensionais**. Algumas pessoas com maior sensibilidade, como os **médiuns** e sensitivos em geral, poderiam ter acesso à visão desses mundos e dos seres que neles habitam, em algumas ocasiões. Para outros, esses seres não diferem dos demais **espíritos** relatados em várias religiões e doutrinas, apenas sendo interpretados de uma maneira ou de outra, dependendo da cultura em que se manifestam.

FADAS DE ÁGUA

Ver **ondinas**

FAETONTE

Planeta ao qual se referem antigos textos ocultistas. Também conhecido como Maldek, seria o "planeta que falta" entre **Marte** e Júpiter, estando definitivamente ligado às histórias a respeito da possível presença de seres **extraterrestres** atuando junto às civilizações mais antigas da Terra.

Na mitologia grega, Faetonte, Faeton ou Phaeton era filho de **Apolo**, e um dia pediu ao pai que o deixasse conduzir os cavalos divinos que levavam o Sol. Sua missão não foi bem-sucedida e o Sol se aproximou demais da Terra, deixando-a em brasa. Zeus precisou intervir, fulminando Faetonte, que caiu na Terra causando grande estrago. O conhecimento a respeito de Faetonte teria sido obtido pelos gregos por meio dos egípcios. Os mais radicais dizem que o planeta foi destruído devido a uma guerra de proporções cósmicas, enquanto outros pretendem que tenha ocorrido um cataclismo de outra natureza. Os "radicais" pensam que o planeta pode ter sido destruído por seus próprios cientistas, imaginando que a civilização local estaria muito mais adiantada que a nossa. Levantam a possibilidade de que, prevendo o desastre final, alguns seres de Faetonte/Maldek se dirigiriam para Marte e para as altas montanhas da Terra, onde o ar rarefeito estaria mais próximo da atmosfera de seu planeta original. Teriam a pele ligeiramente azulada, de onde surgiram as histórias sobre homens azuis e sangue azul associadas à realeza e a seres superiores. Os restos desse suposto planeta seriam os asteróides que atualmente existem em grande número nesse "espaço vazio" entre os planetas.

As teorias científicas atuais se dividem entre a proposta da existência de um planeta que teria, de alguma forma desconhecida, explodido, e a proposta de que os fragmentos nunca chegaram a formar um único bloco devido à presença de Júpiter, o que também explicaria o pequeno tamanho de Marte. Seguindo a teoria de que deveria haver algum planeta desconhecido entre Marte e Júpiter, os astrônomos começaram a vasculhar o céu.

Giuseppe Piazzi encontrou Ceres em 1801; Heinrich Olbers descobriu Palas em 1802; Juno foi descoberto em 1804 e Vesta, em 1807. Apesar do pequeno tamanho, são considerados planetas, ou planetóides, porque descrevem órbitas independentes em torno do Sol, mas são mais conhecidos como asteróides. O número total de asteróides é calculado em milhares. Muitos pesquisadores que entendem ter havido na Terra uma série de civilizações muito desenvolvidas em épocas distantes acham que a destruição dessas civilizações pode ter sido causada pelo desastre ocorrido com Faetonte/Maldek. Os pedaços do planeta teriam causado catástrofes como o **Dilúvio**, narrado em tantos livros antigos. Civilizações teriam desaparecido, outras teriam surgido, e os pedaços do planeta continuariam caindo de tempos em tempos. Essas idéias foram desenvolvidas pelo ucraniano Nicolai Rudenko.

O famoso escritor de ficção científica e fantasia, C. S. Lewis, partiu de um pressuposto semelhante, imaginando Júpiter como o centro da vida no sistema solar, enquanto Rudenko imaginava Faetonte/Maldek como um local intermediário entre Júpiter e os habitantes da Terra.

Em alguns relatos egípcios, repetidos pelo grego Sólon, cita-se Faetonte como o filho do Sol, que caiu sobre a Terra envolto em chamas, incendiando o planeta. A queda de fragmentos do planeta extinto teria cessado nos tempos mais recentes, permitindo que as civilizações prosseguissem seu desenvolvimento sem interrupções bruscas.

FANTASMAS

Os fantasmas, aparições ou assombrações estão entre os fenômenos insólitos mais antigos e documentados de que se tem notícia. Apesar de ter sido bastante estudado pela **parapsicologia**, não se tem ainda uma definição conclusiva sobre o assunto. Os espíritas e modernos estudiosos do oculto não concordam com o que a ciência conseguiu apurar sobre o tema, e mesmo nos meios parapsicológicos existem algumas confusões nas definições do fenômeno. O mais comum é relacionar as aparições, e mais especificamente as assombrações, com locais específicos, as chamadas **casas assombradas** de que tanto se ouve falar na literatura de terror. O objetivo é distinguir entre os fantasmas que, provavelmente, estão sendo "produzidos" por seres vivos a partir de materializações inconscientes ou conscientes de **ectoplasma,** daqueles que surgem espontaneamente em determinados locais. É distinto, por exemplo, do **poltergeist**, cuja origem é atribuída à atuação inconsciente de um ser vivo. É costume se dizer que a característica mais conhecida e já verificada por observações exaustivas é o fato de os fantasmas surgirem sempre num mesmo local, em épocas precisas, e a aparição ter sempre a mesma duração. É uma representação mais ou menos completa de uma pessoa já morta, e se apresenta usando as mesmas roupas que a pessoa usava quando morreu, com uma aparência nebulosa. No entanto, alguns pesquisadores discordam, entendendo que o surgimento dos fantasmas não obedece a leis rígidas, podendo variar bastante tanto quanto à duração do evento como quanto à forma pela qual se apresenta.

De forma geral, é costume se dizer que os fantasmas têm a capacidade de atravessar objetos sólidos como se não existissem, repetindo uma espécie de ritual, fazendo sempre os mesmos gestos e atos, sem prestar qualquer atenção às pessoas vivas que possam se encontrar no local. A posição contrária afirma que existem casos registrados de fantasmas que observaram as pessoas que estavam presentes e chegaram a fazer-lhes gestos ou até mesmo responderam a perguntas. Seu surgimento num local é precedido de uma queda considerável na temperatura. Algumas vezes, o local onde o fantasma apareceu indica temperaturas vários graus abaixo de um local distante apenas alguns centímetros. A idéia que as lendas nos passaram, de fantasmas arrastando correntes e fazendo barulhos horrendos, tem sua razão de ser, uma vez que os ruídos são parte integrante das aparições, sejam passos, barulhos no chão, risos, choros, estrondos indefinidos. Uma das noções mais populares é a de que os fantasmas teriam sofrido, em sua vida na Terra, uma morte violenta, ou com um desgaste psicológico e emocional intenso, e retornariam sempre ao local onde morreram, como **espíritos**, exatamente na data em que o evento ocorreu. Mas já foi verificado que isso não é inteiramente correto. Ainda que tenham sido registrados casos de fantasmas que surgem no local em que a pessoa que representa morreu, nem sempre é assim, ainda que o local onde surgem pareça estar ligado à história pessoal do falecido. Da mesma forma, as datas não são seguidas de maneira tão rigorosa.

Os parapsicólogos disseram que as assombrações são persistentes, mas não necessariamente periódicas. Existem muitos casos de fantasmas de pessoas vivas, já registrados em estudos sérios, que demonstram que um fantasma pode muito bem ser um tipo de materialização provocada por um agente distante pelos fenômenos conhecidos como **telepatia**, **clarividência**, e até mesmo por alucinações. Neste caso, o fantasma estaria mais próximo dos fenômenos registrados nas sessões de **espiritismo** ou nas experiências científicas com **médiuns** poderosos, capazes de criar formas a partir da modelagem inconsciente do ectoplasma. Para aqueles que acreditam na vida após a morte e na manutenção de determinadas atitudes de quando estavam vivos, os fantasmas são mais facilmente explicáveis mas, da mesma forma como ocorre na parapsicologia, nada foi provado nesse sentido, ainda que, hoje em dia, algumas pessoas afirmem terem desenvolvido uma forma de comunicação com os mortos através de aparelhos de televisão, câmeras fotográficas e computadores, na chamada transcomunicação instrumental. Mas a confusão e a dificuldade de investigação são tamanhas que, mesmo entre os pesquisadores que seguem a linha espírita, existem divergências quanto às manifestações. Alguns estudiosos preferem levantar a hipótese da impregnação dos objetos. Segundo esse ponto de vista, os objetos de uma casa ou de qualquer outro local seriam passíveis de serem impregnados com um tipo especial de energia, ainda desconhecida, que manteria uma espécie de registro dos acontecimentos, como se os objetos fossem um disquete de computador com uma série de informações gravadas. De tempos em tempos – e talvez despertado pela presença de um ser vivo com alguma capacidade mental desenvolvida –, os objetos "libertariam" as informações, que se transformariam em materializações, repetindo as cenas que causaram a comoção na pessoa ou pessoas mortas.

Com relação ao termo "aparições", também relacionado ao surgimento de fantasmas, é mais comum ver-se aplicado às aparições religiosas, um fenômeno semelhante (ou exatamente o mesmo), registrado ao longo da história da humanidade em todos os locais do planeta, mas que sempre envolve o surgimento de figuras essenciais à religião, seja ela qual for.

Os livros sagrados das religiões do mundo inteiro estão repletos de casos de aparições de deuses e entidades divinas. Na *Bíblia*, Deus se manifestou de várias formas, para várias pessoas. Há uma série enorme de aparições de santos, que dão conselhos ou ordens a serem seguidas. Talvez a mais conhecida no mundo ocidental seja a aparição de Fátima, em Portugal, em 1917, quando se disse que a Virgem deu a conhecer, a três crianças, segredos relacionados com o futuro da humanidade. Não se fala muito, nos meios científicos, sobre os fenômenos das aparições religiosas. Uma das noções, que procura estabelecer uma explicação para todos os fenômenos de aparições e fantasmas, diz que existe em torno da Terra um ou vários níveis de existência, invisíveis para nós, níveis esses habitados por seres de diferentes características, entre eles os mortos. De alguma forma, em determinados momentos, é possível se estabelecer uma ligação entre nosso mundo visível e algum ou vários desses mundos invisíveis, havendo dessa forma uma troca de informações que podem ser mais ou menos complexas, de acordo com a capacidade do emissor em se fazer entender e da capacidade do receptor em decodificar a mensagem. É uma explicação de natureza mística, ou ocultista, geralmente não vista com bons olhos pela ciência, mas bastante atraente do ponto de vista intelectual.

FANTASMAS DO TRIANON

Um dos mais conhecidos e comentados casos de aparições de **fantasmas** de que se tem notícia, registrado no livro *Os fantasmas do Trianon*, escrito pelas inglesas Annie Moberley e Eleanor Jourdain. As aparições ocorriam no Trianon, em Paris. As duas amigas visitavam o Trianon quando tiveram uma experiência que é tida por alguns estudiosos como uma verdadeira passagem no tempo e, por outros, como uma possível **passagem dimensional**. Enquanto passeavam, encontraram, primeiro, dois homens trajando roupas antigas, com chapéus de três pontas, depois uma mulher e sua filha, também vestidas de maneira singular, e uma série de pessoas vestidas à moda antiga, antes de saírem do bosque e retornarem ao ano de 1901.

Retornaram à Inglaterra, compararam suas observações, percebendo que não haviam visto as mesmas coisas, e alguns detalhes não haviam sido percebidos por uma ou por outra. Eleanor Jourdain retornou ao local em 1902 para fazer uma planta do lugar e, novamente, pôde escutar uma multidão falando, sem que visse qualquer pessoa a sua volta.

Em 1904, as duas retornaram ao local, percebendo que não apresentava as características físicas que tinha quando lá estiveram em 1901. Resolveram realizar uma pesquisa, obtendo antigos mapas do Trianon e conversando com historiadores, e conseguindo assim refazer o cenário no qual haviam passeado, e que remontava a 1789. Algumas das pessoas que elas viram possuíam características tão marcantes, que foram identificadas. Elas disseram que a mulher que viram era Maria Antonieta. A proposta que levantaram é que Maria Antonieta teria vivido uma terrível tortura moral no dia 10 de agosto de 1792, tendo então fixado sua mente no último dia que passou no Trianon, 5 de outubro de 1789, e as duas amigas inglesas teriam "penetrado" nessas lembranças.

O livro das inglesas registra com detalhes a história, mas também se sabe que um americano, sua esposa e o filho também tiveram uma experiência semelhante no Trianon, vendo uma mulher de branco e um homem com chapéu de três pontas, imagens que surgiram e desapareceram repentinamente. Parapsicólogos que estudaram o caso registraram ainda mais testemunhas, o que torna o fenômeno um dos mais incomuns do gênero. As duas inglesas passearam nesse "outro tempo" durante cerca de meia hora, talvez um caso único em termos de aparições de fantasmas e mesmo de possíveis contatos com outras dimensões de existência.

Muitas explicações foram propostas, a mais generalizada dizendo respeito à suposta capacidade da mente humana em registrar seus pensamentos nos objetos a sua volta, de modo que uma ou várias cenas possam ser vistas como num filme em três dimensões, onde as aparições não tomam conhecimento dos espectadores. Pessoas com maior capacidade paranormal teriam facilidade em captar essas informações registradas nos objetos.

FAWCETT, PERCY HARRISON (1867-1925)

Coronel inglês que se embrenhou na selva de Mato Grosso, em 1924, à procura do que ele entendia ser uma das cidades perdidas dos atlantes. Fawcett realizou a viagem com o apoio da Royal Geographical Society, na companhia de seu filho Jack e do fotógrafo Raleigh Rimell, penetrando na bacia do Xingu, a nordeste de Cuiabá, após uma primeira tentativa frustrada de exploração em 1919. Todos os componentes da expedição desapareceram, dando origem a uma série de lendas e histórias estranhas a seu respeito, relatando inclusive a descoberta da cidade perdida que ele procurava. Alguns dizem que eles foram capturados e mortos por índios.

Durante os anos 30, vários **médiuns** britânicos afirmaram ter recebido mensagens telepáticas de Fawcett, nas quais ele dizia que seu filho e Rimell haviam sido mortos. Prisioneiro, ele conseguia viajar ao passado, em sonhos provocados por ervas, retornando ao tempo da **Atlântida,** sobre a qual fazia revelações e descrições pormenorizadas. Parte da lenda dizia que Fawcett se encontrava vivo numa cidade subterrânea chamada Matali-Ararcaga, na **Serra do Roncador**, uma entre muitas cidades semelhantes que existiriam no Brasil. Lá viveriam avatares espirituais responsáveis pelos acontecimentos do mundo, e dessas cidades é que partiam os discos voadores, ou **OVNIs**.

As versões que não admitem a lenda falam de um engenheiro que, em 1927, teria encontrado na selva um homem misterioso, branco e barbado, que poderia ser Fawcett.

Em 1928, o comandante britânico George Miller Dyott organizou uma expedição de busca e, segundo se diz, encontrou índios que afirmavam que Fawcett havia sido morto. Mas sabe-se que Dyott não conhecia a língua dos índios e pode ter havido erros de interpretação.

Willy Ley e Sprague de Camp relatam que, em 1951, o famoso sertanista brasileiro Orlando Villas-Boas teria obtido a resposta ao mistério, ao interrogar com cuidado os índios Calapalos, que lhe revelaram o local onde Fawcett estava enterrado. Posteriormente, o caso voltou a se complicar, uma vez que os ingleses não aceitaram a identificação do crânio encontrado como sendo o de Fawcett, alegando que as particularidades dentárias apresentadas pelo crânio não coincidiam com as do explorador inglês.

FENUA NUI

Continente que faz parte das lendas do Taiti. A raça humana teria nascido nesse continente, que desapareceu quando Ru, o deus do vento, acabou com ele, criando uma série de ilhas, entre elas a **Ilha de Páscoa**. O mito liga-se à idéia da existência, no Pacífico, de um grande continente, **Lemúria** ou Mu, desaparecido devido a alguma catástrofe.

FIRKON

Ver **George Adamski**

FONTE DA JUVENTUDE

Segundo as lendas, a fonte da juventude é um conceito bastante antigo entre os povos da Europa medieval, provavelmente com origens semitas. Da fonte da juventude jorraria uma água capaz de conferir imortalidade a quem a bebesse.

Segundo se entende, a lenda se espalhou para todo o mundo, primeiro para o Irã e a Índia, depois para a China, Indonésia e Malásia. A idéia era que, para ter tamanho poder, essa fonte deveria localizar-se no paraíso ou então ser formada pelas águas de algum rio que atravessasse o **paraíso**.

Posteriormente, as histórias mais comentadas se referem à procura da fonte da juventude pelo explorador Juan Ponce de León, que navegou para as Bahamas na segunda viagem de Cristóvão Colombo. Algumas informações dizem que Ponce de León já teria navegado em direção da ilha de **Bimini** à procura da fonte, possuindo relatos a esse respeito. Outras informações dizem que, ao chegar à ilha, encontrou ali histórias a respeito da existência de uma fonte. Posteriormente, Ponce de León chegou à Flórida, onde também realizou expedições de busca.

Alguns pesquisadores citam textos de historiadores de 1574 nos quais se afirma que Ponce de León se dirigiu à Flórida seguindo o que lhe haviam contado os índios de Cuba e São Domingos, com o objetivo de procurar o "rio Jordão" e verificar as histórias dos índios sobre o rejuvenescimento de quem se banhava em suas águas.

Assim sendo, alguns pesquisadores entendem que as histórias sobre a fonte da juventude já existiam entre os índios antes da chegada dos

espanhóis. Alguns dizem que os nativos já chamavam o rio mítico de Jordão antes da chegada dos espanhóis, o que torna a história ainda mais confusa, e que pode ter relação com as teorias de que a região das Bahamas ou Caribe foi, em épocas distantes, um dos pontos colonizados por povos vindos da **Atlântida,** ou mesmo que ali teria sido uma das sedes da civilização atlante.
Outras linhas de pesquisa levantam também a possibilidade de que a região tenha sido colonizada, milhares de anos antes de Cristo, por povos vindos do Oriente Médio, tanto semitas quanto sumérios e fenícios, possibilidade à qual se refere o estudioso **Peregrino Vidal**.

FOO FIGHTERS

Fenômeno aéreo verificado durante a Segunda Guerra Mundial e que hoje em dia é geralmente relacionado ao fenômeno **OVNIs** e **a extraterrestres**. Eram objetos luminosos que acompanharam uma série de aviões em missão durante a Segunda Guerra. Como os casos se deram antes do início da grande leva de observações de OVNIs, ocorrida a partir de 1947, não existiam muitas explicações convincentes para o fenômeno. Sabe-se que os Aliados chegaram a pensar que se tratava de alguma nova arma dos alemães que, por sua vez, também observaram os chamados "caçadores fantasmas" (ou "caças malucos", e ainda *kraut-bolids*) e pensaram tratar-se de uma arma secreta dos Aliados. Os casos relatados e confirmados foram muitos, às vezes com a observação de dezenas de objetos luminosos voando em formação, a velocidades espantosas. Em 1942, um bombardeiro retornando de uma operação sobre o Ruhr chegou a metralhar os objetos, sem qualquer resultado. A maioria das observações foi feita na região entre a Alsácia e a Renânia, mas também foram confirmadas observações de pilotos aliados na região do arquipélago japonês. Os ingleses criaram uma organização em 1943 para estudar e documentar os objetos e, em 1944, os alemães criaram o *Sonder Buro Nr 13*, conhecido como Operação Uranus, com o mesmo objetivo. Nenhum deles conseguiu chegar a conclusões sobre os casos, a não ser que não se tratava de objetos fabricados pelo inimigo, como pensavam a princípio. Segundo informações, os alemães possuíam filmes dos *foo fighters* acompanhando a trajetória de foguetes de teste e, hoje em dia, algumas fotos desses encontros podem ser vistas na Internet.

FORT, CHARLES HOY (1874-1932)

Jornalista e escritor americano, hoje considerado o verdadeiro iniciador dos estudos e pesquisas de tudo quanto existe de insólito e misterioso na face da Terra, procurando explicações que não são fornecidas pela chamada ciência oficial.

Fort reuniu cerca de 25 mil notas retiradas de jornais e revistas que colecionava, principalmente notícias sobre acontecimentos estranhos como as "chuvas" em vários pontos do planeta: **chuvas vermelhas**, de sangue, chuva de lama, de animais. Além disso, possuía relatos sobre estranhos objetos encontrados, para os quais a ciência não oferecia qualquer explicação, e foi um dos primeiros a levantar a possibilidade da existência de objetos voadores não identificados, ainda que não lhes desse esse nome, e da possível presença de seres **extraterrestres** e **OVNIs** atuando no planeta. Levantou a possibilidade de que, em outros tempos, a Terra era uma terra de ninguém e que outros mundos a exploraram e colonizaram, combatendo entre eles para obter a posse. Mais que isso, considerava a possibilidade de que alguém ainda possuía a Terra, e de que algumas pessoas no planeta estavam de posse dessas informações. Seu trabalho intenso de pesquisa, que envolveu estudos numa série de ramificações das ciências, foi transformado num livro publicado em 1919, ***O livro dos Danados***. O trabalho foi recebido com entusiasmo por alguns e uma indiferença absoluta por outros, que o julgavam um louco. Em 1923, publicou *Terras novas* e, após sua morte, foram publicados *Lo!* e *Talentos selvagens*, menos conhecidos mas ainda assim reverenciados nos EUA e Inglaterra.

Nos EUA foi fundada a Sociedade dos Amigos de Charles Fort, reunindo alguns nomes de importância da literatura. A Sociedade prosseguiu no trabalho de reunir notas de todo o mundo sobre acontecimentos insólitos e não explicados, no que hoje se costuma chamar de "informação fortiana". A Sociedade também publicava uma revista, *Doubt* (dúvida), que trazia as informações e pesquisas sobre os mais diversos assuntos deixados de lado pela ciência. Hoje, a maioria desses casos são apresentados e estudados pela revista *Fortean Times*.

FORTHUNY, GEORGE PASCAL COCHET (1872-1962)

Escritor, pintor e crítico de arte francês, também muito conhecido entre os cientistas da **parapsicologia** como um vidente extraordinário. Tinha como marca registrada não entrar em transe, como os demais **médiuns**, mas permanecer num estado próximo da vigília. Um exemplo de uma **precognição** trágica estava ligado à morte do próprio Dr. Geley, com quem trabalhou em experiências parapsicológicas. Dizia que mantinha sua mente vazia e, a partir desse instante, começava a receber informações, percepções, intuições e vozes que lhe indicavam o que deveria dizer. Com o Dr. Osty, realizou experiências de precognição que ficaram famosas, indicando com precisão que pessoa sentaria numa cadeira previamente indicada, numa multidão de cerca de duzentas pessoas. Não apenas indicava a pessoa como fornecia dados impressionantes e corretos sobre ela. Como a capacidade paranormal da precognição é uma das mais complexas, Forthuny passou à história dos estudos parapsicológicos como um dos pacientes mais importantes.

FOTOGRAFIA PSÍQUICA
Ver **psicofotografia**

FOTO KIRLIAN
Ver **Semyon Davidovich Kirlian**

FOX, MARGARET E KATHERINE
Ver **espiritismo**

FU-SANG
Nome de um país mítico que surge em relatos orientais, especialmente na China. Diz-se que um monge budista visitou esse país por volta do ano 499, ou ainda antes disso, relato que foi transformado em texto e gráficos por Ma-Tuã-Lin. A descrição das riquezas do lugar associa-o a outros pontos lendários como o **Eldorado**. Na verdade, alguns pesquisadores levantaram a possibilidade de que Fu-Sang fosse o México ou algum local da América do Sul onde já existisse uma civilização adiantada. Outros pesquisadores, no entanto, entendem que Fu-Sang poderia muito bem estar localizado no Japão ou na Coréia.

GABRIEL
Ver **pedras negras**

GARGAYAM
Ver **gigantes**

GARRETT, EILEEN J. (1893 – 1970)
Uma das mais conhecidas **médiuns**, que realizou fenômenos de **clarividência**, **telepatia** e **precognição**. Chegou a participar de experiências na Duke University, com J. B. Rhine e J. G. Pratt. Além de escrever sobre o assunto, fundou uma associação para o estudo da **parapsicologia**.

GASPARETTO, LUIZ ANTONIO (1949-)
Médium brasileiro, considerado um dos maiores médiuns psicopictográficos do mundo, e também trabalhando como psicólogo seguindo a linha de terapia psicoespiritual. Gasparetto realiza pinturas impressionantes quando está em estado de transe, reproduzindo obras de pintores famosos em questão de minutos, de olhos fechados e sem utilização de pincéis. Assim, já pintou obras assinadas por Renoir, Degas, Toulouse-Lautrec, Delacroix, Portinari, Aleijadinho, Van Gogh, Rembrandt e muitos mais.
Ainda que suas atividades na área paranormal fossem muito comentadas, ele se tornou bastante conhecido do público em geral quando passou a apresentar um programa na televisão, discutindo uma série de questões e propondo soluções

para que as pessoas tivessem uma vida melhor e mais equilibrada. Segundo informações, Gasparetto começou a demonstrar que possuía esse dom aos 13 anos, e se desenvolveu ainda mais depois de 1971, quando teve um encontro com **Francisco Cândido Xavier.** Gasparetto não apenas pinta, quando em estado de transe mediúnico, mas recebe informações sobre os **espíritos** dos pintores famosos que estão se utilizando de seu corpo naquele momento. Também já se referiu a experiências de **projeção astral** pelas quais passou e, além das pinturas, os espíritos ou entidades também falam através dele. Gasparetto também disse que teve contato com seres **extraterrestres,** mas entende que não se trata de uma boa coisa, uma vez que esse tipo de contato desequilibra as pessoas devido à energia diferente que eles possuem.

GDOLIM

Também chamados de titãs, entre os caldeus. Dizia-se que os seres tinham vindo "de longe" para construir Titânia, conhecida atualmente como Khorasan.
Segundo as lendas, esses seres eram mais altos que nós e, mais tarde, se teriam estabelecido na Nigéria. As lendas modernas falam que eles possuíam conhecimentos científicos baseados nas vibrações sônicas, e pesquisadores autônomos ligam-nos inevitavelmente à possível presença de seres **extraterrestres** agindo na Terra em épocas remotas.

GELLER, URI (1946-)

Um dos mais famosos paranormais dos tempos modernos, o israelense Uri Geller se tornou famoso por suas apresentações em televisões do mundo inteiro, quando conseguia entortar talheres e outros objetos de metal com leves toques de dedo.
Uma das características marcantes de suas apresentações é que muitas pessoas que estavam assistindo pela TV ou pelo rádio em suas casas também foram capazes de repetir o fenômeno e, em alguns lugares, objetos de metal se torciam sem que ninguém encostasse neles.
Segundo algumas fontes, os fenômenos começaram a se manifestar na vida de Geller já aos três anos, quando ele teria visto um objeto luminoso no céu de Tel Aviv, descendo em sua direção, e um homem teria disparado um raio de luz em sua cabeça. Durante os tempos de estudo, demonstrava suas capacidades para os colegas, mas era ridicularizado, resolvendo guardar para si mesmo as experiências de **telecinese** que continuava exercitando.
Somente em 1969, depois de ter servido o exército e sido ferido na Guerra dos Seis Dias, Geller começou a se apresentar publicamente em discotecas, universidades e teatros. Em 1971, começou o curto

período em que esteve associado a **Andrijah Puharich**. Nesse período, sua fama se estendeu a todo o mundo e, apesar da criticada alegação de que Geller estaria em contato com seres **extraterrestres**, Puharich e o astronauta Edgar Mitchell abriram as portas de várias universidades e institutos de pesquisa. Foi assim que o **médium** chegou a realizar testes com os cientistas Russell Targ e Harold Puthoff, do Stanford Research Institute dos EUA. Lá, apesar de não conseguir reproduzir o fenômeno de "entortar coisas" em condições controladas de laboratório, teve sua capacidade mais do que confirmada por outros testes mais sutis, e se verificou que era dotado também de fantástica capacidade telepática, ou de **clarividência**, sendo capaz de adivinhar objetos e desenhos ocultos.

Na verdade, Geller conseguiu entortar objetos de metal, sendo até mesmo filmado, mas não sem encostar o dedo nos objetos, de modo que os cientistas não puderam comprovar se ele era muito forte e hábil na manipulação ou se estava ocorrendo um fenômeno real de **psicocinética**.

A verdade é que Uri Geller arrebentou uma série de aparelhos de medição utilizados nas experiências, e foi o centro de uma série de "coincidências" paralelas às experiências em si, que deixaram os cientistas meio tontos, como eles próprios declararam. Ele também esteve na University of London realizando experiências com o professor David Bohm – um dos maiores teóricos da mecânica quântica e que trabalhou com Albert Einstein – e com Arthur Koestler, conseguindo influenciar a marcação de um contador Geiger. Geller também esteve com Werner von Braun na Columbia University, e participou de experiências na Kent State University, University of Los Angeles e Tokai University, em Tóquio. Nesta última, em 1984, Geller conseguiu apagar informações de uma fita de computador. Geller esteve no Brasil nos anos 70, realizando seus feitos na televisão e, como sempre, muitas pessoas que assistiam em casa reproduziram o fenômeno de entortar talheres.

Geller foi bastante criticado por muitos cientistas, mesmo os da área específica da **parapsicologia**, e muitas vezes tido como farsante, mas tudo indica a existência de uma capacidade real, e impressionante, no campo das atividades paranormais.

GIAN

Ver **peris**

GIGANTES

Uma das lendas mais comentadas em vários pontos do planeta, e entre as mais persistentes ao longo dos séculos. Refere-se à antiga raça dos gigantes, possíveis antecessores da humanidade atual. As histórias sobre esses seres surgem em numerosos livros sagrados, como a *Bíblia*, e em pontos tão distantes e diferentes como a Grécia, Polinésia, Egito, Escandinávia, México e Peru, onde as tradições se referem aos gigantes como os iniciadores da civilização. Alguns pesquisadores associam essa possível civilização gigante às construções encontradas em várias partes do planeta, como **Tiahuanaco** e **Bamiyan**, com blocos de pedra enormes e passagens muito maiores do que seria de se esperar que existissem para pessoas de estatura normal. Portas enormes, tronos gigantescos, degraus altíssimos, as chamadas construções ciclópicas despertam a atenção imediata, e quase sempre estão ligadas a lendas de reis gigantes. Diz-se que foi Albion, um gigante, quem deu o nome à ilha da Grã-Bretanha, onde governou por quarenta anos até ser morto por **Hércules**.

Os escoceses possuíam uma lenda sobre uma raça de gigantes terríveis que chegaram à ilha quando ainda era desabitada. Na Irlanda, existem lendas sobre os gigantes Fomoire, oriundos de uma nação marítima anterior ao **Dilúvio**. Na *Bíblia*, os gigantes são citados como "filhos de Deus" que se unem às filhas dos homens e se multiplicam. A mitologia maia e inca também se refere aos gigantes, chamados de deuses e denominados como Atlan e Theitani, nomes que pesquisadores ligam a Atlas e aos Titãs, seres gigantescos da mitologia grega.

Segundo a teoria da **Cosmogonia Glacial** de **Horbiger**, os gigantes seriam originários do que ele chamou de período secundário, ou seja, o período da segunda lua capturada pela Terra. No momento em que o satélite se aproximou da Terra, a gravitação deu aos seres condições físicas diferentes, possibilitando o gigantismo, que marcou inclusive muitas formas animais já conhecidas, e teria dado origem à civilização dos gigantes. Isso teria ocorrido há cerca de 15 milhões de anos.

Quando da queda da segunda lua, ou explosão da lua, alguns gigantes teriam sobrevivido e se adaptado às novas condições; quando a terceira lua surgiu, os seres humanos já eram menores. Os sobreviventes gigantes seriam, então, os que civilizaram os homens pequenos. A proposta de uma gravidade mais fraca para o planeta procura explicar não apenas as civilizações de gigantes, mas também o fato de que seria muito mais simples construir os monumentos fantásticos espalhados pelo planeta, assim como as pessoas teriam vida mais longa do que atualmente.

Outros pesquisadores apresentam provas da teoria, como a descoberta em Gargayam, nas Filipinas, onde foi encontrado o esqueleto de um homem com 5,18 metros; ou no sudoeste da China, com ossadas de

3 metros de altura; ou ainda na província de Agadir, onde foram encontrados objetos que só poderiam ter sido manuseados por seres com aproximadamente 4 metros de altura. Essas pesquisas afirmam que esses seres teriam vivido há cerca de 300 mil anos, longe dos 15 milhões propostos pelos místicos, mas muito além das propostas atuais para a existência de uma civilização. As propostas mais ousadas se referem aos gigantes como **extraterrestres** chegados à Terra, ou ainda como descendentes de extraterrestres misturados a seres originários da Terra. Algumas pessoas chegam a citar **Vênus** e **Marte** como possíveis origens. Imaginando que estivessem passando por dificuldades com o desaparecimento da água e do oxigênio em seu planeta, levantam a possibilidade de que tenham vindo para a Terra, o planeta mais parecido com o seu e o mais próximo, colonizando-o e posteriormente, por alguma razão desconhecida, tendo desaparecido da face do planeta.

GILGAMÉS

Ou Gilgamesh. Herói mítico, personagem central de um dos poemas épicos mais antigos do mundo, com origem atribuída aos sumérios. Gilgamés é apresentado como um ser meio indefinido, homem ou deus. Na *Epopéia de Gilgamés*, ele é apresentado como o fundador e rei da cidade de Uruk. Realizou uma série de proezas e feitos fantásticos. Na epopéia se encontram muitos relatos semelhantes aos da *Bíblia* cristã, principalmente da "Gênesis", inclusive a narrativa do **Dilúvio**, que apresenta muitas semelhanças com as narrativas dos **kogis**, da Colômbia. Gilgamés, em companhia do ser chamado Enkidu, visita a sede dos deuses, luta contra o monstro Chuwawa, que vigiava a residência dos deuses. Os acontecimentos descritos são, muitas vezes, narrados na primeira pessoa e, supostamente, são anteriores aos da *Bíblia*, que seria uma narrativa em segunda mão de acontecimentos reais como o Dilúvio.

Enkidu foi criado pelos deuses para disciplinar Gilgamés, mas acabaram se tornando amigos. Juntos, também derrotaram o touro celestial enviado por Ishtar para destruir a cidade de Uruk. Alguns estudos situam a origem dos relatos em 3 mil anos antes de Cristo, mas outras fontes recuam a 8 mil anos. Gilgamés teria obtido a imortalidade através de **Uta-Napistim**, o homem que sobreviveu ao Dilúvio e que lhe disse onde encontrar a árvore cujos frutos concederiam a imortalidade. Para pesquisadores como Jacques Bergier, Gilgamés seria a fonte de lendas como a do **Cavaleiro Branco**, um protetor da humanidade.

GNOMOS

Os gnomos estão entre os seres lendários mais conhecidos no planeta. Alguns estudiosos dão como certa a origem do nome, do grego *gnosis* (= conhecimento), mas algumas versões dizem que o nome provém de *genomus*, significando "habitante da terra", uma vez que os gnomos estão associados ao elemento terra.

A primeira imagem que surge ao se falar em gnomos é a dos **anões** barbudos e com capuzes, como os que são vistos em *Branca de Neve e os Sete Anões*, com feições mais rudes. Ligados ao elemento terra, são hábeis nas artes de escavação, mineração e construção de ferramentas de metal. Também podemos vê-los ligados a histórias de tesouros fantásticos, o que não deixa de ter uma ligação com a terra, uma vez que esses tesouros seriam, principalmente, ouro e pedras preciosas.

As lendas da Irlanda são ricas em seres semelhantes, com potes de ouro escondidos ao final do arco-íris, muito espertos e cheios de truques, com os quais enganam os humanos que porventura os consigam capturar. Geralmente, não são apresentados como seres de inteligência tão desenvolvida como os **elfos**, mas mesmo assim são insuperáveis em suas artes.

É comum haver certa confusão entre os nomes gnomos e **duendes**. Em inglês, gnomo pode ser traduzido por *gnome* ou por *goblin*, que também é utilizado para duende ou diabrete. Diz-se que *goblin* vem de Gob, que seria o nome do rei dos gnomos. Para alguns pesquisadores os gnomos estão relacionados com as histórias a respeito da existência de mundos subterrâneos, como **Agartha**, ou ainda da possibilidade da existência de uma dimensão paralela à nossa, onde habitariam inúmeros seres ou **espíritos**, dimensões às quais se poderia ter acesso através de **passagens dimensionais**, ainda que seja mais comum os seres dessas dimensões terem acesso à nossa.

GOB

Ver **gnomos**

GOG E MAGOG

Ver **Apocalipse**

GONDWANA

A Terra de Gond, um dos continentes lendários do passado da Terra, situado no oceano Antártico. Surge como uma transposição da lenda da **Hiperbórea** – situada no Ártico – para o sul, sem muitas diferenças com relação à lenda original.

Na verdade, o nome foi utilizado inicialmente por Alfred Wegener em sua teoria da deriva dos continentes, elaborada em 1914. Gondwana era o continente do qual se teriam destacado a África, a América do Sul, a península Arábica, a Índia e a Austrália Ocidental, o que leva a crer que a versão lendária é contemporânea, ao contrário da Hiperbórea.

Como a teoria de Wegener permaneceu durante muitos anos no esquecimento, provavelmente alguém associou o nome à existência de um provável continente onde existiria uma civilização avançada. No entanto, alguns pesquisadores fazem uma relação entre Gondwana e Gondwara, um nome que, segundo se diz, surge em alguns textos sânscritos da antiga Índia, que alguns chamam de a Grande **Lemúria**, abrangendo a Antártida, parte do oceano Pacífico, Índico, América do Sul, África e o sul da Índia. Para alguns pesquisadores do insólito, a existência de um grande continente, de onde se teriam destacado os continentes atuais, poderia muito bem ser a origem de inúmeras lendas a respeito de civilizações antiqüíssimas que teriam desaparecido com o passar dos anos, como a da **Atlântida**.

GRAN MOXO

Segundo relatos de fontes obscuras, em 1601 um explorador chamado Bario Centenera teria encontrado e visitado, numa região próxima à nascente do rio Paraguai, a cidade de Gran Moxo, uma das cidades perdidas que supostamente existiriam na América do Sul, tidas por muitos como sendo de origem atlante.

Diz-se que, entre uma série de construções fantásticas, existia nessa cidade um sistema de iluminação artificial estupendo. A idéia da cidade de Gran Moxo está ligada, de várias formas, às noções da existência de cidades subterrâneas por toda a América do Sul, à possível existência da cidade de **Paititi**, na Amazônia, e a uma série de relatos a respeito da presença de representantes das civilizações da **Atlântida** e da **Lemúria** em nosso continente.

GTUM-MO

Uma prática pertencente aos ritos de iniciação dos alunos-lamas do Tibete. É chamado "suave e quente capote dos deuses", e praticado nas grandes altitudes do Himalaia, do nascer ao pôr-do-sol. Os alunos devem estar nus ou cobertos com um pano simples e permanecer em êxtase sobre o solo ou qualquer superfície congelada, em jejum absoluto. As temperaturas a que são submetidos chegam a atingir muitos graus abaixo de zero, o que torna o processo mais misterioso. As pessoas que a ele se submetem precisam aprender a criar o *gtum-mo* internamente, superando a inevitável perda de calor resultante da exposição ao frio.

Segundo os estudiosos, toalhas são molhadas num rio e colocadas sobre o corpo dos iniciados, onde permanecem até secar, quando o processo é repetido. Fala-se de alunos que conseguem secar quarenta toalhas numa noite. Alguns estudiosos acreditam que essa capacidade de gerar calor em quantidades surpreendentes possa estar ligada a alguma capacidade paranormal natural, mas não se tem notícia de que estudos científicos no campo da **parapsicologia** tenham sido realizados. É claro que outros dizem que nada disso existe, mas várias testemunhas já escreveram sobre o assunto.

GUANAPE

Nome de uma ilha no litoral peruano e que deu o nome a um sistema de túneis que, partindo do continente, próximo à aldeia de Otuzco, percorrem mais de 100 quilômetros até atingir o oceano, cerca de 25 metros abaixo no nível do mar. A descoberta parece ter se dado por volta de 1971, quando um grupo de espeleólogos investigava cavernas numa região inca, descobrindo seis comportas de 8 metros de altura, 5 de largura e 2,50 metros de espessura, a cerca de 62 metros de profundidade.

Trata-se de uma construção surpreendente, em declive suave e piso de pedras com cortes que as tornam antiescorregadias. Não se sabe se os túneis chegavam até a ilha, no passado. Os especialistas dizem que, hoje, não existe qualquer indicação de aberturas de túneis na ilha. A existência dos túneis está diretamente ligada às várias lendas da região, desde tesouros incas que teriam sido escondidos em subterrâneos para escapar dos conquistadores espanhóis, até o surgimento dos primeiros incas, que teriam aparecido de buracos na terra, assim como de túneis e construções subterrâneas que foram realmente encontradas em vários pontos dos Andes, de **Tiahuanaco** a Cuzco. Para não falar das lendas sobre civilizações subterrâneas, também existentes no Brasil e que, de alguma forma, estariam ligadas à civilização subterrânea de **Agartha**.

Não são poucos os pesquisadores do insólito e historiadores não tradicionais que entendem que a construção dos túneis – assim como muitas outras obras da região andina – não deve ser atribuída aos incas, mas a alguma civilização anterior, ainda desconhecida, e até mesmo possivelmente ligada à atuação de **extraterrestres** no passado do planeta. Os incas teriam conhecimento dos túneis e os utilizariam, mas não seriam seus construtores.

GUANCHES

Uma das raças que habitam o arquipélago das Canárias. Têm olhos claros e cabelos loiros ou castanhos, além de estatura elevada, ao contrário das demais raças locais.

Segundo alguns pesquisadores, por suas características físicas e sanguíneas, não estão ligados a nenhuma raça viva conhecida, o que levou algumas pessoas a elaborarem a teoria de que eles teriam vindo do norte, fixando-se nas ilhas antes do cataclismo que destruiu a **Atlântida**, da qual as ilhas seriam uma extensão. Alguns relatos dão conta de que os guanches foram massacrados pelos espanhóis e que não existem descendentes, mas nem todos os pesquisadores afirmam o mesmo. Diz-se que a estatura média dos guanches era de 1,85 metro e que se diziam descendentes do rei Uranus, primeiro soberano da Atlântida, há vinte mil anos.

Os pesquisadores citam monumentos megalíticos encontrados na ilha de Fuerteventura, múmias em nichos semelhantes às do Peru e, na ilha de Hierro, sepulcros em grutas junto a altares piramidais semelhantes aos do México. Alguns pesquisadores, como Maurice Guignard, afirmam que os guanches gravaram extratos da *Bíblia* em seus túmulos, mas essas afirmações não parecem ter muita sustentação.

GUARANI

Ver **tupi**

GUAYAKIS

Índios que habitam as regiões paraguaias de San Estanislao, San Joaquín, Unión e Caaguazú.

Segundo se diz, são completamente diferentes da população indígena do país, com pele branca e até mesmo cabelos louros, possuindo também costumes completamente diversos.

Os guayakis são apontados como mais uma das inúmeras provas de que a América foi colonizada bem antes do descobrimento oficial por povos que teriam vindo da **Atlântida**, ou mesmo de diversas regiões do Oriente Médio, como confirmam as teorias defendidas por **Peregrino Vidal**, **Silva Ramos** e pelo paraguaio Marcelino Machuca Martinez, que propôs a existência de um reino conhecido como **Mairubi**, numa época anterior a Cristo.

GUÉNON, RENÉ (1886-1951)

Hoje em dia, o francês Guénon é considerado um dos principais pensadores das filosofias esotéricas, desenvolvendo a idéia de que todas as religiões tinham uma base esotérica comum. Era contra as manifestações que considerava como sendo o falso esoterismo, como a da **Sociedade Teosófica** e do **espiritismo**. Defendia a idéia da existência de civilizações anteriores à nossa, muito mais avançadas, e que nos legaram conhecimentos ligados à astrologia, medicina, arquitetura, alquimia e outros conhecimentos, que não possuíam uma base científica como nós entendemos.

Uma das idéias que posteriormente frutificaram é a de que existem cidades e até mesmo países na Terra que não estão identificados nos mapas, mas que mesmo assim podem ser visitados. Também desenvolveu idéias interessantes sobre a natureza do tempo, acreditando que o passado seja qualitativamente diferente do presente, de tal forma

que as leis naturais aplicadas hoje ao nosso mundo não poderiam ser aplicadas em outros tempos.
Apesar de não aceitar algumas relações com a teosofia, por exemplo, a noção da existência de cidades que não podem ser identificadas nos mapas, ou mesmo países, lembra as noções a respeito de cidades subterrâneas como a de **Agartha**, à qual também se referiu a teosofia, assim como à noção de **passagens dimensionais** que possibilitariam o acesso a determinadas regiões do planeta que se encontram ocultas numa outra dimensão. A idéia de que civilizações anteriores à nossa possuíam conhecimentos científicos e tecnológicos os quais nos são desconhecidos está relacionada com uma série de estudos e pesquisas na área do insólito, em que se inclui a possível interferência de seres **extraterrestres** no desenvolvimento das civilizações.

GUGWES

Ser ligado às lendas do pé-grande ou **sasquatch** dos índios da América do Norte.
O nome *gugwes* foi atribuído pelos nativos da região da Nova Escócia, no Canadá, sendo descrito como um ser enorme, peludo nas mãos e no rosto e com tendências canibais. Recebem nomes diferentes, de acordo com a tribo e região.

GUMDAN

Ver **Salomão**

HADDAD
Ver Baalbek

HADRAMAUT
Nome do deserto ao sul da península arábica e também nome de um dos estados mais prósperos que existiram na região, por volta do século VIII a.C. até o início da era cristã. Era um dos cinco reinos da chamada Arábia Feliz, reinos que se dizia serem governados por sacerdotes mágicos chamados Mukkarib. Nas inscrições das ruínas encontradas dessa civilização são citadas cidades fantásticas que teriam existido no deserto de Rub Al Khali – como **El Yafri** – das quais as suas próprias construções seriam reproduções reduzidas. Também nos textos da época são várias as citações e lendas que se referem às cidades ciclópicas da região.
Segundo algumas lendas ou histórias verídicas, a região também teria sido parte do reino de **Makeda**, a rainha de Sabá. A região do deserto propriamente dita foi tida durante muitos anos como território inexplorado e impossível de se penetrar.
Em 1836, foi feita uma tentativa de exploração, fracassada, assim como a expedição de von Brede em 1843, e a de Halevy, em 1870. Apenas em 1931 o explorador inglês Bertran Thomas conseguiu percorrer cerca de 1.500 quilômetros no deserto e fazer descobertas arqueológicas. Assim, teria descoberto no centro do

deserto uma lagoa salgada e, nas proximidades, vestígios de uma pista de caravana que levaria à cidade pré-histórica de Ubar, que teria sido o centro da cultura do Hadramaut. No entanto, qualquer tipo de pesquisa arqueológica mais aprofundada se torna extremamente difícil e cara devido à natureza da região, que dificulta qualquer tipo de escavação.

HAMADRÍADES

Ver **ninfas**

HAMON, CONDE LOUIS

Ver **Cheiro**

HAUFFE, FREDERIKA (1801-1829)

Uma notável **médium** alemã, segundo alguns historiadores a primeira a ser observada cientificamente, bem antes da explosão do **espiritismo** e das sessões de William Crookes, por volta de 1870. Por apresentar uma série de problemas físicos graves, foi tratada e mantida sob observação pelo Dr. Justinus Kerner, em 1826.
Os fenômenos apresentados por Hauffe foram dos mais diversos tipos, desde os chamados **raps**, uma série de sons como pancadas leves nos objetos, até a **precognição**. Os fenômenos físicos como a movimentação de objetos, a **telecinese**, também se manifestaram com clareza impressionante, sendo registrados pelo Dr. Kerner. As premonições ou precognições surgiam particularmente por sonhos ou por um estado de transe relatado como sonambulismo. Paralelamente a esses fenômenos, ela apresentava um quadro clínico delicado, precisando passar a maior parte do tempo deitada numa cama. Morreu com apenas 28 anos.

HAUSER, KASPER (-1883)

Nome do jovem de aproximadamente 16 anos que, em maio de 1828, apareceu na cidade de Nuremberg, na Alemanha, aparentemente vindo de lugar algum. Não sabia falar e, segundo os relatos da época, mal conseguia andar, chegando a ponto de se chocar contra uma cadeira se ela fosse colocada à sua frente.
A polícia realizou uma série de investigações, sem chegar a qualquer conclusão definitiva. Foi analisado por alguns especialistas como o professor Daumer, que percebeu que ele não tinha a percepção da terceira dimensão. Enquanto esteve com a polícia, preso em uma cela, sofreu uma inexplicável tentativa de assassinato, da qual escapou ileso. Em 1883, foi assassinado por um desconhecido num parque. Foram escritos muitos livros sobre Kaspar Hauser e seu enigma, além do conhecido filme de Werner Herzog. Atualmente, a explicação mais corrente na linha do insólito cai para o lado dos raptos realizados por seres **extraterrestres**, as **abduções**, mas também se tenta ligar o enigma à suposta existência de mundos subterrâneos.

HÉRCULES

Ou Héracles, um dos nomes mais conhecidos na mitologia grega. Filho de Zeus com Alcmene, que era casada com o mortal Anfitrião. Era dotado de força imensa, à qual seu nome ainda hoje é associado. Está ligado também à mitologia de Tebas onde se diz que matou o leão de Cíteron, passando a usar sua pele, e gerou cinqüenta filhos numa só noite, com as cinqüenta filhas de Téspio.

Os famosos 12 trabalhos de Hércules foram impostos por Euristeu, a quem deveria servir devido a uma promessa de Zeus. Primeiro matou o leão de Neméia, estrangulando-o. Depois matou a Hidra de Lerna; pegou vivo um javali que vivia no monte Erimanto; pegou a Corça de Ouro de Ártemis; no lago Estínfalo eliminou as aves que se alimentavam de carne humana; limpou os enormes estábulos do rei Áugias desviando o curso dos rios Alfeu e Peneu; capturou o touro de Creta; capturou as éguas antropófagas do rei Diomedes da Trácia; capturou o Cinturão de Hipólita, a rainha das **Amazonas**; atravessou o oceano e massacrou Eurition e seu cão para capturar os bois de Gerião; e, na viagem de volta teria erguido as duas "colunas de Hércules" dos dois lados do estreito de Gibraltar; foi ao inferno buscar o cão Cérbero; e, finalmente, colheu as maçãs de ouro no Jardim das **Hespérides**.

Segundo uma linha de teorias históricas levantadas por alguns estudiosos, Hércules também estaria relacionado à colonização da América, milhares de anos antes de Cristo. Diz-se que poderia ter vindo até quatro vezes ao continente, sendo que na primeira teria trazido consigo colonizadores de uma tribo jafétida – os toltecas – que chegaram à região atual do México por volta de 2963 a.C. A segunda leva de colonizadores seria composta de dez tribos xiximecas (duas jafétidas, quatro hamitas e quatro semitas), chegando em 2893 a.C. A terceira leva de colonos seria a dos astecas. Hércules teria permanecido cerca de 150 anos na América, desembarcando na foz do atual rio Pânuco, onde fundou a cidade de Pan-uk-o, que significaria "cidade da Serpente Brilhante", isso por volta de 2700 a.C. Os astecas – cujo nome significaria "os verdadeiros cantores do Templo" – teriam deixado o Egito por volta de 2526 a.C., chegando a Pânuco em 2450. Na sua chegada ao México, Hércules teria então recebido o nome de **Quetzalcoatl**, que significaria "o restaurador dos cantores no templo de todos os cantores". Permaneceu três anos na cidade de Tulacingo, ou **Tula**. Nessa cidade, no ano 2359 a.C., teria escrito o Te-o-am-oxtli, que pode ser traduzido como "palavras divinas para os cantores todos do templo". É dessa época que Hércules/Quetzalcoatl

teria surgido como uma figura modificadora de todos os costumes locais, construindo templos e palácios, acabando com uma série de atividades amorais durante os cultos religiosos, organizando o conhecimento e grupos para cuidar desses conhecimentos. Teria igualmente unificado o comando religioso e político, modificando a hierarquia dos sacerdotes e incorporando territórios, e governando em paz por vinte anos, até que o rei de Culhuacan se colocou contra seu poder, unindo à sua volta os sacerdotes descontentes com a perda de posição. Quetzalcoatl/Hércules teria então abandonado a região, fixando-se em Huitzilapan, conhecida atualmente como Puebla de Los Angeles. Ali novamente aceitou ajudar os povos locais, construindo a cidade de Cholula (Cho-lu-la) e mais uma vez melhorando a região. Como o rei de Culhuacan continuasse a persegui-lo, mais uma vez abandonou a região e chegou ao país dos quichés (quix-és) na Guatemala, onde recebeu do povo local o nome de Wotan (W-ot-an), ou **Votan**. Foi então responsável pelo estabelecimento da civilização maia, que seria composta por imigrantes semitas, e chegou ao Iucatã (I-uk-at-an), onde foi chamado de Kukulkan (Kuk-ul-kan, ou "oprimido por todos os maus"). Continuou sua peregrinação pela América Central até chegar ao povo dos muíscas, na Colômbia. Depois foi até a região do atual Peru, que igualmente civilizou, organizando um império e sendo chamado simultaneamente de **Viracocha** (Vir-ak-o-xa), Con-tik-ki, Pachacamac (Pa-chac-am-c) e **Manco Capac** (Man-co-ca-pac). Não satisfeito, prosseguiu sua jornada até o **Be-ra-zil**, onde foi conhecido pelo nome Xu-mé, ou **Sumé**.
Essa fascinante epopéia está relacionada aos estudos de pesquisadores como **Peregrino Vidal**, **Silva Ramos**, **Arius Montanus** e outros, e a propostas da existência de civilizações extremamente desenvolvidas em épocas remotas, na América, como **Mairubi**, tendo também relação com as propostas apresentadas em ***O livro de Mórmon.***

HESPÉRIDES

Na mitologia grega, as Hespérides eram as ninfas da tarde; filhas da noite, segundo alguns historiadores; filhas de Atlas, segundo outros. Essa versão da lenda diz que o irmão de Atlas, Hesper, tinha uma filha chamada Hésperis, que gerou as três Hespérides, chamadas Egle, Aretusa e Hiperetusa, filhas de Atlas. Elas vigiavam o pomar onde havia árvores de frutos milagrosos, o Jardim das Hespérides, onde **Hércules** teve de cumprir uma de suas 12 missões, colhendo os frutos que ali cresceram depois que Zeus se uniu a Hera, e que tinham o poder de abrir o caminho para o Olimpo, aproximando os homens dos deuses.

As Hespérides se teriam refugiado nesse jardim maravilhoso após Atlas ter sido transformado em montanha e Hesper ter desmoronado ao mar. O jardim era guardado por um dragão com cem cabeças. Diz-se que as Hespérides situavam-se a quarenta dias de navegação em direção oeste, a partir das Górgonas, que hoje são conhecidas como as ilhas de Cabo Verde.

Alguns historiadores do insólito entendem que as Hespérides estão ligadas às histórias sobre continentes desaparecidos, provavelmente a **Atlântida** ou alguma civilização americana pré-colombiana.

HIPERBÓREA

O nome dado ao continente lendário, supostamente desaparecido, que se situava na região ártica. Às vezes é visto como uma série de ilhas, habitadas desde o início do Plioceno, numa época em que o clima da região era completamente diferente, de modo a que a Hiperbórea fosse chamada de paraíso terrestre. Essa proposta não encontra o menor respaldo na ciência oficial, uma vez que o plioceno se encontra a mais de 1,5 milhão de anos, anterior ao chamado período glacial ou pleistoceno, e não é reconhecida oficialmente a existência de qualquer civilização tão recuada no tempo.

Os pesquisadores que pretendem uma história alternativa para o planeta dizem que o frio que transformou a região surgiu, então, após a mudança do eixo da Terra. Algumas pessoas dizem que Hiperbórea e **Atlântida** são a mesma coisa, entendendo o primeiro como uma espécie de extensão da Atlântida, uma região muito mais ampla e que abrigava várias etnias diferentes.

Os hiperbóreos teriam realizado uma migração em direção às regiões mais quentes da Europa e mesmo à América, levando consigo os cultos ao Sol. Essa mudança do eixo da Terra e as conseqüentes alterações climáticas são tidas por alguns especialistas como certas, ainda que as épocas variem muito.

Os hiperbóreos das lendas são considerados habitantes de uma ilha de gelo, cercada de altas montanhas. Eram seres quase transparentes, vivendo praticamente sem nenhum contato com o resto do mundo. As montanhas de gelo cercariam um verdadeiro paraíso tropical. Fala-se também de uma passagem subterrânea que ligaria a Hiperbórea a algum ponto da Europa, provavelmente a Alemanha.

Os habitantes da Hiperbórea estão geralmente associados a seres superiores de imensa beleza, inteligência e até mesmo de dons mentais. São apresentados como muito altos, de pele clara, olhos azuis e cabelos louros, descrições que parecem inevitavelmente ligadas à teoria da **Cosmogonia Glacial** de **Horbiger** e às pretensões de superioridade nazista.

As lendas mais exaltadas e atualizadas apresentam os hiperbóreos como **extraterrestres** que colonizaram uma parte do planeta e que foram os verdadeiros ancestrais da raça branca, nada tendo que ver com o restante dos seres vivos da Terra.

A noção dos hiperbóreos como a primeira raça do planeta surge numa série de grupos místicos, inclusive em seitas luciferinas atuais, que entendem os hiperbóreos como sacerdotes do Muito-Alto Lúcifer, e suas mulheres como sendo altas e morenas, além de terem inventado a dança.

Após o fracasso da tentativa mágica nazista de dominar e modificar o mundo, a noção dos hiperbóreos como superiores e originários da raça humana "verdadeira" ficou evidentemente em baixa, mas o nome continuou a ser sussurrado e lembrado. Estranhamente, outras versões entendem que a raça original da Hiperbórea seria composta por negros. Outras doutrinas, provavelmente baseadas nos conhecimentos secretos do ***Livro de Dzyan***, situam a Hiperbórea como a residência da segunda raça da Terra, anterior à **Lemúria**, ou seja, há mais de 18 milhões de anos.

A maioria dos cientistas não dá muito valor a esse tipo de lenda, mas os estudiosos do oculto e do insólito entendem que pode haver um fundo de verdade em alguma parte do mito. O nome de **Tule** também aparece, às vezes como o nome da região, outras como a capital da Hiperbórea.

Alguns pesquisadores entendem que os hiperbóreos poderiam ter sido apenas uma raça ou casta, uma vez que não se encontram construções que comprovem a existência de uma civilização desenvolvida. Parece que os antigos escreveram sobre eles, notadamente Hecateus de Abdere, por volta de 350 a.C., e Diodoro de Sicília, conhecido historiador, por volta de 50 a.C. Falava-se numa ilha menor que a Sicília, além da Gália do Norte, onde viveria esse povo que mantinha contato com os gregos.

Alguns historiadores tentaram identificar a Hiperbórea com a Islândia, mas a região não se enquadra nas descrições de uma ilha onde a agricultura era favorecida. Outros acreditam que **Apolo**, o deus grego, era originariamente um deus hiperbóreo, dizendo-se que ele descia na ilha a cada 19 anos.

O famoso esotérico **René Guénon** cita textos védicos e do Avesta como fonte de informação a respeito da Hiperbórea.

HIPERETUSA

Ver **Hespérides**

HOLANDÊS VOADOR

Entre as numerosas histórias sobre **navios fantasmas**, a mais conhecida é a do Holandês Voador. Segundo se diz, muitas pessoas tiveram a oportunidade de ver, em alto-mar, o espectro do navio que, na segunda metade do século XVII, desapareceu ao tentar cruzar o cabo da Boa Esperança durante uma violenta tempestade. A lenda se refere a um juramento proferido pelo capitão Vanderdecken, afirmando que passaria pelo cabo mesmo que tivesse de lutar contra o vento até o dia do Juízo Final.

O capitão Frederick Marryat escreveu um livro sobre o assunto, *O navio fantasma*, publicado em 1839, no qual descreve o encontro de Philip Vanderdecken, filho do capitão do Holandês Voador, com o **fantasma**. Ele diz que o navio passou tão perto de onde estavam navegando que foi possível ver a tripulação a bordo, lutando contra uma tempestade que ninguém podia ver, uma vez que o mar estava absolutamente calmo.

Existem outros relatos de encontros semelhantes no oceano, em condições de tempo diversas, sempre apresentando o navio fantasma como tendo surgido de repente e desaparecendo da mesma forma, como se navegasse em outro tempo. As explicações para as visões são as mais diferentes possíveis, desde as que consideram o navio como uma aparição fantasmagórica, até as que entendem se tratar de uma miragem.

Algumas teorias parecem tender para o aspecto parapsicológico, entendendo que uma aparição em alto-mar não seria muito diferente de uma aparição em terra, como ocorre com os fantasmas que surgem de tempos em tempos em determinados locais, e que a **parapsicologia** já vinha estudando há muito.

Um acontecimento trágico ou envolvendo sentimentos extremamente exaltados teria a possibilidade de impregnar o ambiente a sua volta com uma espécie de gravação dos acontecimentos, repetindo-os de tempos em tempos.

HOME, DANIEL DOUGLAS (1833-1886)

Médium escocês, geralmente tido como o mais poderoso de todos no que se refere à produção de efeitos físicos como deslocamento de objetos ou **telecinese**, **levitação**, além de uma série de fenômenos mentais como **telepatia**, **clarividência** e **precognição**. Segundo se sabe, essas capacidades já se manifestavam desde seu nascimento, e existem evidências de que sua família, especialmente a mãe, também possuía essas capacidades bastante desenvolvidas.

Os feitos assombrosos de Home ficariam entre as fábulas da época caso não tivessem sido pesquisados cuidadosamente por William Crookes, no início dos estudos da metapsíquica, que se transformaria na **parapsicologia**.

Uma das características de Home consiste no fato de que participava das experiências à luz do dia, o que os demais médiuns não gostavam de fazer. Seus casos de levitação estão entre os mais impressionantes da história. Era capaz de levitar, sair por uma janela, flutuando por fora do prédio, e retornar por outra janela, ou levitar junto com um piano. Home também deixou dois livros, um deles uma autobiografia.

HOPI

Os hopi são, provavelmente, o povo indígena mais misterioso dos EUA. Existem muitas controvérsias quanto a sua origem, apesar das lendas do povo serem bem claras nesse ponto. Já estavam localizados no nordeste do Arizona quando os espanhóis chegaram, por volta de 1540. Como sempre, foram dominados pelos espanhóis por longo período, mas não foram convertidos ao catolicismo e, finalmente, se revoltaram e expulsaram os espanhóis, sendo depois dominados pelo exército americano.
Ao que tudo indica, a linguagem dos hopi foi mais estudada que suas lendas. Por meio desses estudos, se percebeu que eles possuem um sentido de tempo completamente diferente do que se conhece, além de não apresentarem uma diferença nítida entre o que é experimentado e o que é sonhado. Os **sonhos** fazem parte da realidade hopi. Mas o que realmente chamou a atenção dos pesquisadores do insólito foram as narrativas sobre suas origens.
Um dos maiores trabalhos de recuperação desses mitos foi realizado pelo americano Joseph F. Blumrich. A história dos hopi é dividida em quatro eras, sendo que vivemos na última. Eles indicam a origem de sua civilização, milênios atrás, num continente a que chamam de **Kasskara**, localizado no oceano Pacífico, e que começou a submergir devido a uma guerra de grandes proporções envolvendo outros continentes do planeta. O que restou de Kasskara seriam as ilhas dos Mares do Sul, o que levou vários pesquisadores a levantar a hipótese da **Lemúria**.
Os hopi – uma parte do povo que habitava esse continente – fugiram com a ajuda dos seres que chamam **kachinas** (ou katchinas), sábios poderosos de um planeta chamado Toonaotekha, que os levaram em "escudos voadores", "pássaros gigantes" e navios de vários tamanhos. Assim, na história dos insólitos, os kachinas estão diretamente ligados às noções a respeito da presença de **extraterrestres** atuando em diversas civilizações da Terra, em épocas muito remotas. Os hopi têm registradas as passagens históricas em pinturas nas rochas, que eles sabem interpretar com facilidade. Outra parte do povo do continente foi levada para a América do Sul e Central. Os grupos se dividiram, estabelecendo-se em várias partes do continente. Alguns pesquisadores vêem nos hopi os antepassados de maias e astecas. Eles falam de uma cidade antiqüíssima a que chamam Paltquapi – e que é tida como a **Palenque**

atual e dos maias – onde várias ciências eram ensinadas pelos kachinas. A decadência iniciou quando os kachinas foram embora. Um fato que causou espanto foi a reação de imensa alegria dos hopi do Arizona quando viram fotografias da cidade maia de Tikal, uma vez que identificavam os sinais de seu clã e sua história.

HORBIGER, HANS (1860-1931)
Austríaco, criador da doutrina do gelo eterno, a **Cosmogonia Glacial**, que influenciou o movimento ocultista ligado ao nazismo. Estudou na Escola de Tecnologia de Viena, trabalhou como desenhista numa fábrica de máquinas a vapor, foi especialista em compressores, obteve uma licença de um novo sistema de torneira para bombas e compressores, e ficou rico. Dedicou-se, então, à elaboração de uma explicação para toda a astrofísica e cosmografia, uma ciência que iria abarcar todas as demais. Utilizando sua fortuna, criou um verdadeiro movimento, propagando suas idéias com energia, utilizando agentes escolhidos entre a juventude hitlerista, espalhando panfletos entre a multidão e os cientistas e interrompendo as reuniões destes com gritos de seus partidários, um tipo de ação muito comum entre os nazistas, de intimidação e ataques constantes, ameaças veladas ou abertas.
Após a subida de Hitler ao poder, qualquer tentativa de reação por parte dos cientistas e professores acabou, uma vez que Horbiger contava com a proteção de Hitler. A doutrina do gelo eterno, a Welteislehre, era a ciência nórdica e nacional-socialista, que se opunha ao que ele chamava a ciência judaico-liberal.

HUARI-RUMA
Segundo alguns estudiosos, o nome pode ser traduzido por "povo primitivo", ou o segundo povo da segunda geração, entre as nações dos Andes criadas por **Viracocha** na região de **Tiahuanaco**, na época posterior ao **Dilúvio**. Seriam **gigantes** que se vestiam com peles de animais e, segundo alguns pesquisadores, estariam ligados à noção da intervenção de **extraterrestres** no passado remoto de nosso planeta.

HUARI-VIRACOCHA-RUMA
Ou "os homens de Viracocha". Seria o primeiro povo criado por **Viracocha** em **Tiahuanaco** após o **Dilúvio**.

HURKOS, PETER
Como ficou conhecido o holandês Pieter van der Hurk, um dos mais famosos videntes do século XX. Seus dons proféticos, ao que se diz, começaram repentinamente após ele sofrer um acidente e fraturar o crânio. Teve de abandonar suas atividades anteriores, pois além de ganhar capacidades paranormais fora do comum como a **precognição**, perdeu a capacidade de concentração.

I AM
Ver Movimento I AM e Shasta

ILHA BRANCA
Ver Shamballah

ILHA DE PÁSCOA
A Ilha de Páscoa – um pequeno pedaço de terra a cerca de 3.600 quilômetros da costa do Chile – tem sido um dos temas preferidos dos pesquisadores do insólito, e também dos historiadores que pretendem acabar com mitos e lendas sobre o local.
Entre os chamados mistérios da Ilha de Páscoa encontram-se as gigantescas estátuas, os moais, gravados em rocha com 10 a 20 metros de altura e com pesos que atingem 50 toneladas, representando figuras humanas. Diz-se que, antigamente, essas figuras usavam chapéus, também construídos em pedra, com 10 toneladas de peso, que foram encontrados em lugares distantes das estátuas.
Parte do misterioso passado da ilha pode estar escondida nas placas de madeira encontradas no local, com inscrições que, ao que se sabe, ainda não foram desvendadas, ainda que sejam muitos os que afirmam conhecer a chave do segredo.
O primeiro europeu a chegar ao local provavelmente foi um navegador holandês, em 1722 e, mais recentemente, algumas excursões foram feitas até a ilha para provar que poderia ter sido colonizada a partir do continente. A mais famosa dessas

excursões, a de Thor Heyerdahl, foi bastante criticada por um lado, e elogiada por outro. Conseguiu mostrar que seria possível realizar a difícil navegação, em tempos primitivos e com equipamento semelhante ao que se supunha usar na época. Por outro lado, alguns especialistas não concordam com os métodos utilizados por ele e sua equipe para tentar provar que os nativos poderiam ter esculpido e erguido, sozinhos, as gigantescas estátuas. Parece mesmo que ele chegou a danificar algumas no processo, e jamais foi possível provar que os instrumentos de madeira encontrados no local de construção das estátuas – na cratera do vulcão **Rano Raraku**, distante dos locais onde elas foram erguidas – poderiam cortar as estátuas, ainda na rocha.

Na verdade, as tentativas realizadas por mais de um especialista mostraram a impossibilidade da ação com os instrumentos disponíveis na época, de forma que o mistério permanece. Os problemas técnicos com relação ao transporte das pedras – para não falar de como foram construídas – se complica quando se sabe que não existem na ilha árvores que poderiam ter sido cortadas para servir de cilindros, sobre os quais rolariam as estátuas. Mais ainda, no século XIX havia duzentos habitantes na ilha, e dizem os especialistas que, devido às suas características de solo e vegetação, a ilha nunca poderia ter abrigado mais do que 3 ou 4 mil pessoas, número considerado insuficiente para realizar a operação de elaboração e transporte de cerca de 600 estátuas. Por outro lado, Heyerdahl mostrou que as estátuas poderiam ter sido puxadas por um número relativamente pequeno de pessoas, segundo um método complicado e lento, mas eficaz, por meio do qual as estátuas parecem andar, cada lado sendo puxado de uma vez. Sabe-se também que as tábuas com inscrições eram em número muito maior, e que os missionários que chegaram à ilha se encarregaram de destruí-las ou enviá-las para a biblioteca do Vaticano, e a partir de então não mais se ouviu falar delas.

Os historiadores que pretendem uma explicação alternativa para o passado da civilização no planeta geralmente relacionam a Ilha de Páscoa com **Tiahuanaco** e com as demais construções ciclópicas do planeta. As lendas da ilha se referem a tempos muito antigos, quando chegaram ao local homens voadores que acenderam fogos. O local é chamado, na verdade, "terra dos Homens-Pássaros". Da mesma forma, as estátuas são conhecidas como *orejonas*, pois possuem orelhas compridas, o que também nos remete às lendas a respeito da deusa **Orejona**, que teria chegado a Tiahuanaco proveniente das estrelas, e que é vista como uma das evidências de intervenção de **extraterrestres** no planeta. Para completar a confusão, sabe-se que as estátuas não retratam as feições dos habitantes originais da ilha ou do Pacífico.

Uma expedição mais recente realizou uma viagem num enorme barco construído com juncos, como os que eram construídos no lago Titicaca, e que partiu da América do Sul, atingindo as ilhas do Pacífico. Isso prova a possibilidade da navegação e colonização num período mais recente, mas não resolve as complicações relativas à feitura dos objetos, à interpretação das tábuas e à suposta antiguidade das civilizações.

INDOVANSAS

Os reis lunares da antiga Babilônia, principalmente na dinastia dos caldeus. Supunha-se que haviam descido da Lua para reinar e, até mesmo antes da dinastia caldaica, se falava de dinastias divinas que haviam reinado durante 370 mil anos antes do **Dilúvio**. Os filhos dos deuses se teriam casado com as filhas dos homens e dado origem à civilização, destruída posteriormente pelo Dilúvio.

Alguns textos falam de 432 mil anos de reinado desses deuses. Muitos pesquisadores do insólito relacionam esses relatos à possível presença de seres **extraterrestres** agindo no passado remoto do planeta e interferindo no curso de algumas civilizações.

ÍSIS

A mais famosa das deusas do Egito, representada como uma mulher tendo na cabeça o símbolo divino, um trono, ou o hieróglifo de seu nome e ainda chifres com o disco solar.

A mitologia associa Ísis com a deusa-mãe, mas posteriormente apresenta-a como inimiga da humanidade, tentando usurpar o poder de Rá, descobrindo seu nome secreto e obtendo domínio sobre ele.

Segundo seu culto, são suas lágrimas que alimentam o Nilo e sua alma mora na estrela **Sírius**, o que a associaria às noções sobre a vinda de seres **extraterrestres** para a Terra, em épocas remotas.

Segundo alguns historiadores, o culto a Ísis se espalhou pela Europa e Ásia, chegando a influenciar alguns aspectos do cristianismo e mesmo das doutrinas da magia, nas quais era considerada um símbolo de conhecimentos ainda maiores.

ITACOATIARA

Localidade no Amazonas, a cerca de 250 quilômetros de Manaus, onde foram encontradas inúmeras inscrições pré-históricas que podem estar relacionadas à existência de uma civilização muito antiga na região. A noção está ligada à da existência do reino de **Mairubi** e a uma série de outras pesquisas realizadas por **Silva Ramos**, **Peregrino Vidal** e outros estudiosos.

O arqueólogo Roldão Pires Brandão, que foi presidente da Associação Brasileira de Arqueologia e Pesquisa e que também esteve envolvido no episódio referente à existência das **Pirâmides do Amazonas**, parece ter sido o maior incentivador das pesquisas na região. Segundo ele, as letras e sinais encontrados no local pertenceriam à civilização fenícia, todos gravados em pedras de grandes proporções e que, dizia, pareciam indicar a existência de uma civilização extinta havia três mil anos. Roldão iniciou suas pesquisas no rio Urubu, seguindo o trabalho de Silva Ramos no mesmo local, acreditando na possibilidade de que uma cidade construída por esses primeiros colonizadores poderia encontrar-se submersa no próprio rio. Não se tem informação mais recente dos resultados dessas pesquisas, que estavam sendo realizadas na década de 1970.

ITAPEVA

Município localizado no sul do estado de São Paulo no qual podem ser encontradas várias inscrições rupestres na região conhecida como Pedras das Tartarugas. As inscrições são citadas por uma série de pesquisadores e historiadores como mais uma prova de que o Brasil foi colonizado, em épocas que remontam a mais de mil anos antes de Cristo, por povos vindos do Oriente Médio, norte da África ou mesmo da **Atlântida**. A teoria está relacionada com os estudos realizados por **Peregrino Vidal** e outros estudiosos. Diz-se que nas inscrições de Itapeva aparecem constantemente os símbolos que representam 3, 6 e 4, que seriam referências aos 13 povos que primeiro povoaram a América, ou seja, as três primeiras tribos a chegarem, as seis que se dirigiram ao norte, e as quatro do sul.

ITAQUATIÁ

A serra de Itaquatiá fica em Minas Gerais, entre o rio das Mortes e o rio Ingaí. O nome identifica uma inscrição rupestre encontrada na entrada de uma gruta existente na região. Diz-se que, em 1730, a inscrição foi copiada e estudada por ordem do conde de Bobadella, quando foi então considerada uma "inscrição sepulcral" dos tempos de São Tomé, tido como o evangelizador da América.

Os estudiosos que entendem que a América foi colonizada em períodos muito anteriores por raças vindas do Oriente Médio e outros pontos do planeta, como **Peregrino Vidal**, têm outros pontos de vista. Vidal entende que as inscrições se referem ao início do povoamento da América, e é mais ou menos a mesma história repetida mais tarde por Platão, quando fala sobre os 13 povoadores da **Atlântida**. Dessa forma, ele entende que a Atlântida a que os antigos se referiam era, na verdade, a América. Essa inscrição de Itaquatiá foi considerada por ele como a mais perfeita da pré-história do país, fornecendo o nome dos 13 povoadores da América e ainda os locais que povoaram.

Os arqueólogos que se colocam contra essas teorias entendem que os sinais nada mais são do que marcas feitas pelos índios, sem significado algum, ou ainda sinais acidentais.

J

JACOLLIOT
Escritor francês citado por Jacques Bergier e Louis Pauwels, autor de obras de antecipação ou ficção científica comparadas às de Júlio Verne, ainda que seu nome seja bem pouco conhecido, mesmo na França. Escreveu também uma série de vinte obras sobre os mistérios da humanidade nas quais se refere à sociedade chamada de **Nove Desconhecidos**, afirmando sua realidade. Escrita em 1860, sua obra fala de libertação da energia, esterilização através de radiação e guerra psicológica.

JARDIM DAS HESPÉRIDES
Ver **Hespérides**

JARDIM DO ÉDEN
Ver **Paraíso**

J. C. COUSINS
Nome de uma escuna de 26 metros que, em 1883, foi o centro de um dos casos mais estranhos de desaparecimento ocorrido na costa do Oregon, EUA. O fato foi testemunhado pelos guardas da costa que, de um farol, observavam as manobras da escuna que se dirigia a oeste. Ela mudou de rumo bruscamente, dirigindo-se a um banco de areia com o qual se chocou violentamente. Nenhum sinal foi verificado a bordo, nem qualquer barco lançado pela tripulação. Quando subiram a bordo, apesar de tudo estar em perfeita ordem, não havia ninguém

presente. A água onde as batatas estavam cozinhando havia evaporado, o café estava fervendo, mas nenhum tripulante foi encontrado e jamais foi visto em qualquer outra parte. É um dos casos mais bem documentados e testemunhados de desaparecimento de pessoas e, segundo alguns pesquisadores, liga-se aos casos de **abdução** realizada por **extraterrestres**, ou **OVNIs**.

JOKURUGWA

Ver **Dilúvio**

JOMON DOGUS

Nome dado a um povo pré-histórico cujos túmulos foram escavados no Japão. O grande achado arqueológico se refere a estatuetas de barro representando seres não identificados que apresentavam características caucasianas e não mongóis, como seria de se esperar. Parece que, inicialmente, foram relacionadas a cerimônias de sacrifício humano, sendo utilizadas como substitutos. Mais tarde, alguns estudiosos repararam na semelhança com as pinturas de Tassili e com algumas estatuetas astecas. Algumas estatuetas traziam no rosto algo que se assemelhava a óculos contra a neve, ainda que não se tenha notícia de que alguma vez eles tenham sido utilizados no Japão. Os historiadores do insólito imediatamente relacionaram as figuras de barro com as "imagens de astronautas", ou seja, **extraterrestres**, uma vez que realmente parecem estar usando roupas espaciais e capacetes.

Figuras semelhantes foram encontradas gravadas na rocha em Komukai, seres com uma espécie de capacete na cabeça e roupas bojudas, parecendo um escafandro.

As estátuas são datadas de 3000 a.C. e se apresentam em modelos diferentes, ainda que com as mesmas características gerais.

JURGENSON, FRIEDRICH

Ver **espiritismo**, **psicofania**

KA

Alguns egiptólogos consideram *ka* como uma espécie de **duplo** do corpo material, ou um reflexo imaterial do corpo. Outras versões entendem o *ka* como um gênio protetor, nascido com a pessoa, e que tomava conta dela após a morte.

Enquanto a **alma** – *ba* – abandona o corpo e passa para a outra vida, *ka* permanece com o corpo. Segundo Seligmann, *ka* era uma reflexão mágica de vida na sepultura. Os bens enterrados junto com os defuntos tinham como função mágica – garantida pelos ritos dos sacerdotes – assegurar a tranqüilidade do *ka*, que permaneceria fechado na sepultura.

KACHINA

Ou Katchina. Nome pelo qual é conhecido o culto religioso dos **hopi**, dos EUA. Em sua mitologia, no entanto, os kachinas surgem como seres bastante reais, ainda que não humanos. Esses seres acompanhariam todas as tribos hopi em suas peregrinações, ajudando-os, aconselhando-os e protegendo-os em situações difíceis. Diz-se que possuíam forças sobre-humanas, o que foi mostrado numa passagem da lenda, quando uma das tribos estava sofrendo um ataque e se encontrava sitiada numa cidade.

Os kachinas construíram túneis rapidamente, possibilitando a fuga para trás das forças inimigas. As lendas ainda afirmam que os kachinas eram na verdade **extraterrestres** que moravam num planeta distante chamado Toonaotekha e costumavam vir à Terra de tempos em tempos. Ajudaram os povos do continente submerso de **Kasskara** a fugir, levando-os ao continente americano em "escudos voadores" e "pássaros gigantes". Depois do povo ter se estabelecido, ajudaram na educação científica, nas cidades que aqui construíram.

KÁGABAS

Ver **kogis**

KALA

Ver **pedras negras**

KANDSCHUR

Obra gigantesca do Tibete, reunindo mais de mil volumes em nove divisões. A tradução, segundo alguns pesquisadores, é "A palavra traduzida de Buda", e contém os textos sagrados do lamaísmo.

Como em outros textos sagrados antigos, algumas passagens citam os locais de morada dos deuses e esferas transparentes, as pérolas no céu. Não se tem idéia exata da época em que os textos foram escritos e, ao que se sabe, apenas uma pequena parte foi traduzida. Foi completado pela obra conhecida como ***Tandschur***, e diz-se que ela se refere à possível presença de seres **extraterrestres** no passado longínquo do planeta. Para alguns estudiosos, as duas obras estão relacionadas com o ***Livro de Dzyan***.

KAPAC

Em 1953, o Dr. Bird, do Museu de História Nacional de Lima, Peru, descobriu um túmulo nas proximidades de Lima, que se diz pertence ao príncipe Kapac, que teria vivido entre os anos 5000 e 4000 a.C. Acontece que alguns historiadores e pesquisadores da pré-história americana entendem que o túmulo é um sarcófago egípcio, apresentando as mesmas características. Assim, enquadra-se nas teorias que apregoam ter sido o continente povoado por colonos egípcios ou de outras regiões do norte da África e Oriente Médio. O túmulo teria ligação direta com sarcófagos de pedra, também de origem africana, que teriam sido encontrados no Amazonas. Um grande número de pesquisadores segue pela via alternativa de propor uma colonização muito antiga no continente, como **Peregrino Vidal**, **Silva Ramos**, Arius **Montanus** ou o paraguaio Marcelino Machuca Martinez, que propôs a existência de um antigo reino amazônico chamado **Mairubi**.

KAPPA

Na mitologia japonesa, é um anão que possui poderes mágicos com os quais atrai as pessoas para a água, onde as prende. Diz-se que a única forma de escapar dele é fazendo uma mesura. Ao se inclinar de volta, o anão derrama a água que existe em seu crânio, sem a qual fica impotente. Os kappas viviam nos juncais e causavam grande medo aos camponeses, que os descreviam como possuindo cabeças pontudas, olhos triangulares e enormes, grandes orelhas e uma tromba semelhante à de um elefante.

Os relatos que se referem aos kappas também falam de veículos com formas semelhantes a grandes conchas que se moviam com grande velocidade tanto na água quanto no céu, o que liga os seres às pretensões de visitas **extraterrestres** em tempos remotos.

KARDEC, ALLAN (1804-1869)

O nome adotado por Hippolyte Léon Denizard Rivail, francês de Lion, conhecido como o codificador da doutrina espírita. Seus adeptos, que são milhões pelo mundo inteiro, muitas vezes são chamados simplesmente de kardecistas.

Ele viveu os primeiros cinqüenta anos de sua vida de forma aparentemente normal, estudando com o famoso educador Pestalozzi, na Suíça, e se tornando uma pessoa dotada de espírito observador e grande inteligência. Seus estudos nas mais diversas áreas continuaram após seu casamento, mas a grande virada ocorreu em 1854, quando começou a ouvir de amigos as notícias que invadiam a Europa, sobre os fenômenos conhecidos como "mesas falantes" que vinham da América. Era a famosa comunicação com os **espíritos**, que se tornava uma moda na Europa e em todo o mundo, um acontecimento pelo qual Rivail mostrou pouco interesse e ainda menos consideração, no início. Depois, começou a participar de sessões com **médiuns** e iniciou uma verdadeira investigação sobre o assunto.

Numa das reuniões a médium Japhet se dirigiu a ele como uma entidade chamada Z, que dizia tê-lo conhecido numa vida anterior numa floresta bretã da Gália, quando Rivail era um druida chamado Allan Kardec. A partir daí, ele assumiu o nome e iniciou um trabalho de ordenação de uma série de cadernos onde se encontravam as experiências com os desencarnados, frases, pensamentos e diálogos, que um grupo de pessoas lhe havia entregado para que ele tentasse organizá-los num todo coerente. Z disse-lhe para dar atenção à obra, e que o ajudaria na tarefa. A tarefa foi realizada, com a ajuda de muitas outras entidades que se manifestaram a Kardec através de médiuns, propondo-lhe novas questões e experiências, que acabaram resultando numa verdadeira doutrina.

Foi assim que surgiram *O Livro dos espíritos* (1857), *O Livro dos médiuns* (1861), *O evangelho segundo o espiritismo* (1864), *O céu e o inferno* (1865) e *A gênese, os milagres e as profecias segundo o espiritismo* (1868).

Também em 1868, um ano antes de sua morte, lançou a *Révue Spirite*, periódico dedicado à difusão das idéias e noções do **espiritismo**, e que teve continuidade mesmo após sua morte. Dos livros venderam-se e ainda vendem-se milhões de exemplares no mundo inteiro, ainda que o maior número de adeptos do espiritismo não se encontre na França, seu país natal, e sim no Brasil.

KARDECISMO

Ver **Allan Kardec**, **espiritismo**, **reencarnação**

KARMA

Entre as noções de religiões e filosofias orientais, a idéia do karma talvez seja a que mais tenha encontrado resposta no mundo ocidental. O termo tem origem no sânscrito *karman* e foi adotado pela filosofia hindu e budista para explicar a relação entre a causa e o efeito de uma determinada ação sobre o sujeito que a pratica. Dessa forma, chega-se à conclusão de que nada ocorre por acaso. Uma ação é provocada por outra anterior e, por sua vez, provoca uma reação conseqüente. A sucessão de acontecimentos, seguindo esse pensamento, forma o karma.

A noção pressupõe um antecedente, que é a crença nas sucessivas existências da **alma**, ou a **reencarnação**, de modo que a série de acontecimentos que um sujeito experimenta em sua vida surge como conseqüência de atos e ações de sua vida anterior. Da mesma forma, as ações nessa vida irão determinar o andamento da próxima vida do indivíduo. A noção do karma coloca o ser humano, portanto, como o centro da ação, em relação direta com o divino, é verdade, mas como o único responsável pelo que ocorre em sua vida. Ele tem o poder de escolha. A Terra é chamada de *karma-bhumi*, a "esfera do karma", para onde as pessoas retornam após a morte e onde irão viver melhor ou pior, de acordo com a forma pela qual viveram antes.

Os atos dos seres humanos se tornam responsabilidade deles próprios e a existência deixa de ser o resultado de uma concessão divina, de sacrifícios ou rituais mágicos e religiosos. Existem diferentes interpretações quanto à relação entre karma e a ação humana ou, em outras palavras, como se define a ação que influencia o karma e a conseqüente vida do ser na Terra. Dessa forma, alguns dizem que o simples ato de pensar já implica a realização. Se um determinado ato surge no **espírito** da pessoa, é como se ele já estivesse cumprido, mesmo que a pessoa não venha a torná-lo real. É o que se costuma chamar de "maus pensamentos" ou a situação definida pela expressão "o que vale é a intenção". Essa forma implica a necessidade de imenso domínio espiritual e mental para se manter na conduta correta, e é justamente por isso que outras pessoas entendem que é absolutamente necessário o cumprimento do ato. Os pensamentos podem ser maus, mas podem não ser transformados em atos ruins, o que significa que a pessoa, afinal, conseguiu se dominar e evitou a ação má.

Outra linha de pensamento entende que um ato só pode ser julgado bom ou ruim a partir de suas conseqüências, independentemente da intenção da pessoa no momento da ação, o que não deixa de ser estranho. Uma pessoa pode realizar uma ação má, com intenções más, e os resultados podem não ser ruins, devido a uma série de fatores que fogem ao seu controle.

KASSKARA

O nome dado pelos **hopi** ao continente submerso, no oceano Pacífico, de onde se originaram, assim como vários outros povos da América do Norte, Central e do Sul, ou de onde foram levados pelos **kachina**.

Segundo suas lendas, o continente submergiu lentamente, ao longo de uma guerra que envolveu vários continentes do planeta. O que restou dessa região foram as partes mais elevadas, que se tornaram as ilhas dos mares do sul. Aparentemente, essa história está ligada às lendas sobre o continente da **Lemúria**, ou simplesmente Mu, que teria existido em algum lugar do oceano Pacífico.

KEBRA NEGEST

Ou *Kebra Nagast*. Texto antíope que significa "Glória dos Reis" ou "Esplendor dos Reis".

O historiador Joseph Ki-Zerbo cita o texto como sendo do século XIV, mas outros historiadores entendem que a obra tem origem por volta de 850 a.C.

O historiador e tradutor Carl Bezold disse ter-se baseado, em sua tradução para o alemão, em textos vertidos do etíope para o árabe em 409 d.C. Como no *Kebra Negest* existem relatos acerca do rei **Salomão**, que viveu aproximadamente até 926 a.C., o texto deve ser realmente muito antigo. Faz uma descrição dos métodos para a construção da **Arca da Aliança**, citada na *Bíblia* como receptáculo para algo criado pelo Senhor. A história, ou lenda como preferem alguns, cita a rainha **Makeda**, que governava a Etiópia na época; ela visitou o rei Salomão e com ele teve um filho, Bainalehkem, mais tarde consagrado como rei Menelik, o iniciador de uma nova dinastia na Etiópia. O nome da rainha Makeda confunde-se com o nome da rainha de Sabá e, na *Bíblia*, só se fala na visita da rainha de Sabá, um reino localizado aproximadamente onde hoje fica o Iêmen, na península Arábica.

Não se sabe se a rainha da Etiópia era também a rainha de Sabá, mas tudo indica esse caminho, uma vez que as narrações da *Bíblia* e do *Kebra*

Negest são muito parecidas nesse ponto. A Arca da Aliança se torna um dos pontos centrais do texto, uma vez que Menelik vai visitar Salomão em Jerusalém e consegue convencer seu pai a lhe dar a Arca da Aliança, a qual leva para a Etiópia às escondidas, uma vez que Salomão não desejava que ninguém soubesse do ocorrido. Em seu lugar, Menelik deixou uma réplica de madeira. Uma parte impressionante dos relatos do texto etíope se refere a um dos numerosos presentes que a rainha Makeda ganhou de Salomão e levou para sua terra. Além de veículos para viajar por terra, ganhou um carro capaz de sustentar-se no ar, que teria sido feito pelo próprio Salomão segundo instruções recebidas de Deus. Tudo indica, pelo texto, que esse carro que voava foi utilizado por Menelik para transportar a Arca da Aliança para a Etiópia. E não apenas a Arca como todo seu séquito e animais foram levados pelos ares, o que pressupõe um carro voador bastante grande.

O *Kebra Negest* fala da passagem do rei e seu carro voador pelo Egito, derrubando obeliscos por onde passavam. Para alguns pesquisadores, essas narrativas são o suficiente para relacioná-las com a possível presença de seres **extraterrestres** no passado remoto do planeta, influenciando civilizações e introduzindo, em alguns casos, aparelhos muito adiantados, impossíveis de existir na época citada. Para a maioria dos estudiosos, no entanto, esses relatos não podem ser tomados ao pé da letra, mas sim metaforicamente.

KEN ANI

Morro situado na ilha Atu Ona, nas Ilhas Marquesas. Os habitantes do local deram ao morro o nome original de *mouna tautini-etua,* que significa "o morro dos muitos deuses" ou "morro em que os deuses pousaram". Os pesquisadores do insólito, como Erich von Däniken, consideram esse um dos inúmeros pontos espalhados pelo planeta e que se referem a locais de aterrissagem de deuses vindos do espaço, os **extraterrestres** que teriam interferido em diversas civilizações primitivas da Terra.

KIWAKWE

Ser ligado às lendas sobre o pé-grande ou **sasquatch** norte-americano. O nome foi dado pelos índios penobscot da região do Maine, EUA, a um **gigante** canibal.

KILNER, WALTER JOHN (1847-1920)

Médico inglês que, no início da década de 1900, trabalhando no Hospital de São Tomás, em Londres, desenvolveu um método para se detectar a **aura** do corpo humano, observando-a através de telas de vidro colorido com uma substância chamada dicianina. Segundo dizia, era possível, dessa forma, observar as energias em ação no corpo humano, verificando as transformações e mudanças de colorações na aura, que se estendia por cerca de 20 centímetros para fora do corpo. O enfraquecimento do corpo, da saúde, era indicado por mudanças nas cores da aura.

Ao que se sabe, foi a primeira vez que um aparelho foi utilizado para ver a aura humana, que alguns **médiuns** geralmente afirmam poder ver sem qualquer auxílio. Se, por um lado, essas teorias foram enfraquecidas com o tempo, por outro, se fortaleceram com o desenvolvimento das técnicas Kirlian.

KING, KATIE

Ver Florence, Cook

KIRLIAN, SEMYON DAVIDOVICH (1900-1980)

Eletricista soviético que, em 1939, iniciou com sua esposa Valentina as pesquisas que resultaram no que se costuma chamar de foto Kirlian, e que atualmente é mais conhecido como bioeletrografia. A técnica, também chamada de eletrofotografia, foi desenvolvida a partir do que Kirlian viu num laboratório científico em Krasnodar, quando um instrumento de alta freqüência fornecia um tratamento de eletroterapia a um paciente. Eletrodos estavam em contato com a pele, e ele percebia um lampejo de luz entre os eletrodos e a pele, resolvendo então registrar esse momento numa chapa fotográfica. A partir de um modelo primitivo, desenvolveu outros mais complexos e que continuam a ser modificados por outros pesquisadores e cientistas até hoje.

No Brasil, já se publicou muito material a esse respeito, e é possível até mesmo construir aparelhos em casa, a partir de esquemas específicos para tal. A popularização da fotografia Kirlian só veio a partir dos anos 70/80, principalmente no Ocidente. Na União Soviética, o fenômeno já era pesquisado nas principais universidades e laboratórios desde os anos 60.

O chamado "efeito Kirlian" não é confundido com a fotografia em si. O efeito consiste nas variações obtidas nas várias fotografias tiradas de um mesmo objeto. Dessa forma, as condições físicas devem se manter inalteradas, com exceção, é claro, das condições do objeto em si, que serão registradas nas películas. Apesar da difusão atual da fotografia Kirlian, dos avanços tecnológicos dos aparelhos e de extensas pesquisas científicas já realizadas grande parte da comunidade científica não aceita a kirliangrafia como um registro da **aura** humana. Apesar de Kirlian geralmente ser considerado o inventor do processo, existem informações seguras de que o padre gaúcho Roberto Landell de Moura (1861-1928) antecipou a invenção em muitos anos. Formado em física e química, em 1904 ele construiu o que chamou de "máquina de bioeletrografia", justamente o nome que foi escolhido oficialmente para designar o processo, após o Congresso Mundial de Kirliangrafia realizado no Brasil em 2000. O padre Landell enfrentou problemas com a Igreja Católica, que o proibiu de patentear a invenção que, segundo ele, revelava a existência do "perianto", um nome e noção perigosamente próximos ao perispírito, noção utilizada pelo **espiritismo**. Padre Landell é uma personalidade pouco conhecida pelos próprios brasileiros. Ele realizou a primeira transmissão da voz humana sem auxílio de fios, por meio da irradiação de uma onda eletromagnética, em 1900, numa distância de 8 quilômetros.

Diz-se que já em 1893 Landell de Moura já tinha desenvolvido o aparelho para realizar a transmissão, mas fanáticos religiosos destruíram-no, assim como destruíram suas anotações científicas.

Hoje em dia, os pesquisadores mais conceituados na área dizem que existem basicamente três padrões para obtenção e análise das imagens obtidas, padrões reconhecidos pela International Union of Medical and Applied Bioeletrography (União Internacional de Medicina e Bioeletrografia Aplicada): o Padrão Peter Mandel (Alemanha); o Padrão Konstantin Korotkov (Rússia); e o Padrão Newton Milhomens (Brasil), que trazem exatamente o nome dos pesquisadores que os desenvolveram. Segundo os pesquisadores, a análise e interpretação das imagens podem ajudar a determinar o estado de saúde das pessoas, ainda que existam divergências quanto a somente se poder analisar o estado físico ou também o chamado estado espiritual.

Newton Milhomens explica que não se trata apenas de analisar as cores obtidas, mas também as estruturas e desenhos que aparecem, uma postura que também tem posicionamentos contrários: para alguns cientistas, as cores podem indicar estados psíquicos.

KLUSKI, FRANEK (1874-1944)

Banqueiro, escritor e poeta polonês, que se tornou mais conhecido como **médium** devido aos seus feitos paranormais, e participou de experiências do Instituto de Metapsíquica da França, dirigidas por Richet e Gustave Geley. Sua maior característica era a formação de **fantasmas**, partes de corpos humanos, muitas das quais puderam ser moldadas em parafina e que desapareciam logo após, da mesma forma que haviam surgido. As experiências, realizadas nos anos de 20/21, encontram-se até hoje entre as mais impressionantes nos estudos da **parapsicologia**.

KOBOLDS

Ou coboldes. **Anões** presentes na mitologia germânica, bastante parecidos com a descrição clássica dos anões, parecendo pessoas velhas, usando capuchos e morando em tocas. Tinham bom relacionamento com os humanos e, quando estes os abrigavam, retribuíam fazendo uma série de serviços domésticos. Também estão aparentados com os **duendes** familiares que surgem em diversas lendas européias.

KOGI

Os kogi – chamados antigamente de *kágabas* – são tidos como os descendentes dos índios tairona, que estão ligados às descobertas arqueológicas de Buritaca, na Sierra Nevada de Santa Marta, na Colômbia, uma região próxima do mar do Caribe.

Na tradição dos kágabas/kogis, a criação é atribuída a uma mãe primitiva, chamada Gauteóvam – em algumas fontes citada como Shibalaneuman, a mãe das canções e de todas as raças humanas –, de quem descendiam os quatro sacerdotes primitivos que haviam trazido a cultura e diversos ensinamentos para a região. Esses sacerdotes moravam no universo e, quando chegaram aqui, usavam máscaras que, posteriormente, tiraram.

Na tradição é relatada também a luta dos quatro sacerdotes contra demônios e animais, com raios sendo disparados e vôos sendo realizados para os quatro pontos cardeais. As lendas também se referem a um grande **Dilúvio** ocorrido na Terra, com chuvas durando quatro anos, para punir os seres humanos que apresentavam tendências contrárias à natureza. Como em inúmeras narrativas em várias culturas do mundo, um sacerdote, Seizankuan, construiu um barco mágico, colocando dentro dele todos os tipos de animais, para escaparem da inundação que sobreveio.

Depois das chuvas, passaram-se nove séculos até que os mares secassem, quando então os sacerdotes e os irmãos mais velhos desceram do céu e colocaram na terra os animais e plantas.

A descrição dos sobreviventes descendo do céu após a enchente também pode ser encontrada, segundo os especialistas, na narração dos reis sumerianos e na epopéia de **Gilgamés**, e na história dos insólitos está relacionada com a presença de seres **extraterrestres** no passado do planeta. As ruínas de Buritaca representam uma cidade maior e mais elaborada que Machu Picchu, habitada por cerca de 300 mil pessoas, e indicam a existência de uma organização que nada tem de primitiva, conseguindo elaborar um sistema complexo de construções no meio da selva sem que esta fosse destruída, como é comum acontecer com as construções atuais.

Nas encostas da montanha foi realizado um trabalho de arquitetura descomunal, com cortes e muros de sustentação construídos com pedras justapostas. Por volta de 1982, cerca de duzentas colônias ou cidades já haviam sido descobertas na região.

KOHISTAN

Região da Ásia conhecida devido aos desenhos encontrados numa caverna nas montanhas. Segundo se diz, os desenhos reproduzem com exatidão a posição ocupada pelos corpos celestes há dez mil anos, o que evidenciaria a existência de uma civilização em épocas mais remotas do que normalmente se acredita.

KRINXY

Ver **curatons**

KUKULCÁN

Ver **Quetzalcoatl**

KUKUMAZ

Ver **Quetzalcoatl**

KULAGINA, NINA

Famosa **médium** russa que participou de uma série de experiências dirigidas pelo professor Leonid Vasiliev, tentando estabelecer a possibilidade de comunicação entre astronautas em órbita com pessoas em terra através da **telepatia**. Sua especialidade era a de mover pequenos objetos a distância, no fenômeno conhecido como **telecinese**. A partir do final dos anos 60, seu nome se tornou muito conhecido internacionalmente, muitas vezes tida como uma "arma soviética" para fazer disparar a espoleta de bombas nucleares, e ligada às histórias de como a URSS estava tentando desenvolver a **parapsicologia** para aplicá-la em espionagem e como armas secretas contra o mundo capitalista. Sabe-se também que ela mesma afirmou ser dotada de poderes de cura.

KUPE-DYEB

Ou Cupendiepe. Nome que os índios apinajés dão a seres humanos com asas de morcego, que viveriam numa grande caverna próxima ao Araguaia, na montanha do Morcego. A caverna teria uma entrada inferior e uma espécie de janela no alto.

As lendas dos apinajés dizem que os *kupe-dyeb* atacavam e matavam seu povo, voando e usando machados com os quais degolavam as pessoas, de modo que eles tentaram destruí-los ateando fogo à caverna. Os seres voaram para o sul, e ainda estariam vivendo em algum lugar desconhecido. Para alguns estudiosos é possível que essa lenda, assim como outras sobre seres estranhos e mundos subterrâneos, esteja na origem das histórias e lendas mais recentes sobre civilizações subterrâneas existentes em vários pontos da América do Sul, como as cidades conhecidas como **Erks**, **Aurora** e **Miz Tli Tlan**, ainda que estas últimas sejam relacionadas, por sua vez, com as lendas a respeito de **Agartha** e com a presença de **extraterrestres** em nosso planeta.

KUPE – KIKAMBLEG

Entre os índios apinajés do Brasil o nome indica um povo lendário que viveria no lado mais oriental do mundo, onde o Sol nasce, e que teriam os cabelos vermelhos.

Segundo a lenda, eles têm o cabelo dessa cor por viverem muito perto do Sol, o qual tentavam atingir com suas flechas. Não obtendo sucesso, tentaram derrubar o pilar que sustenta o céu, mas assim que o pila fica muito fino e o povo se cansa d seu trabalho, o pilar volta a cresce e eles têm uma missão sem fim.

Os etnólogos dizem que *kupe* signi fica "tribo estrangeira" e *kikambleg* significa "cabelo vermelho". Para alguns, essa lenda poderia indicar um conhecimento mais antigo a respeito de prováveis povos que teriam colonizado a região em épocas das quais já não se tem notícia, como nas histórias a respeito da civilização de **Mairubi**.

LAHINIS

Segundo a Ordem do Graal, os Lahinis são seres que atuariam em todos os planetas de seres humanos. Teriam chegado à Terra para familiarizar os habitantes primitivos do planeta com a vida no local e todas as suas exigências e dificuldades. Tinham uma natureza espiritual, mas podiam ser vistos pelos seres humanos.

Segundo se diz, tudo o que os humanos aprenderam no primeiro milhão de anos foi ensinado pelos Lahinis.

Após a primeira era, de 600 mil anos, os Lahinis desapareceram, para retornar muito mais tarde, quando os costumes dos humanos já haviam se modificado bastante, e quase não restava lembrança sobre eles. Eles voltaram para dar aos humanos a mensagem de que os seres "enteais" estavam desgostosos com eles, com a forma como estavam se portando, e para dizer à raça branca que o local onde moravam seria soterrado pelo gelo.

Ainda que não pareça ter sido essa a intenção dos membros da ordem ao se referirem a esses seres, é inevitável a relação com a forma como, ultimamente, se diz que os **extraterrestres** se manifestam na Terra, quase como se fossem **espíritos**, encarnando em corpos humanos ou ocupando corpos humanos para realizar suas missões de natureza espiritual.

LÂMPADAS ETERNAS

Ou lâmpadas perenes. Tipos de lâmpadas que forneceriam luz sem necessidade de serem recarregadas de combustível, na verdade sem utilizar qualquer combustível conhecido.

Existem várias citações de lâmpadas semelhantes ao longo da história, muitas vezes ligadas à história da magia ou da alquimia, como é o caso da que teria sido encontrada no túmulo de Cristian Rosencreutz, o suposto fundador da Rosa Cruz. Outro exemplo citado é o do túmulo de Túlia, filha de Cícero, que foi aberto em meados do século XV. Além de o cadáver se encontrar imerso num líquido transparente, e absolutamente intacto, uma lâmpada estava acesa, tendo se apagado logo após a abertura do local. Acredita-se que tenha permanecido acesa, ardendo, por cerca de 1.600 anos.

Da Índia também surgem inúmeros relatos a respeito de lâmpadas semelhantes, mantendo sua chama acesa por centenas de anos. A origem dessas lâmpadas é atribuída, por alguns pesquisadores, aos egípcios, que mantinham a iluminação nos sepulcros de seus mortos. Diz-se, até, que seriam essas as lâmpadas que teriam iluminado o interior das pirâmides no período de sua construção, uma vez que não foram encontrados resquícios de fumaça ou fuligem nas paredes internas. Esse conhecimento teria sido passado a Moisés, que fizera arder uma lâmpada com chama eterna no Tabernáculo. A construção de uma lâmpada semelhante também é atribuída a um rabino que teria sido conselheiro do rei Luís, da França. Esta não apenas ardia sem a necessidade de combustível como também aumentava ou diminuía de intensidade quando alguém batia à porta, de acordo com a personalidade de quem chegava.

Esse tipo de combustão é, evidentemente, visto como impossível pela ciência, mas os alquimistas entendem que existem outros tipos de fogo, que podem ter origem diversa, como o ouro, a prata e o mercúrio.

Entre os babilônios também era citada a existência de um tipo de iluminação especial, que utilizavam em seus navios e templos, um "fogo frio" e extremamente brilhante. De algum modo, estão relacionadas com invenções que teriam sido impossíveis de existir na época às quais se referem, como no caso das **pilhas de Bagdá**.

LANDELL DE MOURA, ROBERTO

Ver **Semyon Davidovich, Kirlian**

LAPA VERMELHA

Local conhecido por suas inscrições rupestres, próximo à Lagoa Santa, em Minas Gerais.

Os estudiosos que seguem a proposição de que a América foi colonizada por povos do Oriente Médio ou da **Atlântida**, milhares de anos antes do descobrimento europeu, entendem que as inscrições podem estar relacionadas com aquelas encontradas em **Arruoca** e **Itaquatiá**, entre outras. Dizem existir ali 14 linhas e quatro figuras de animais, e uma série de linhas curvas e verticais que indicariam os nomes dos 13 povos que chegaram ao continente e o colonizaram. Para Peregrino **Vidal**, o povo que aqui chegou veio da Suméria.

LEMÚRIA

Ou apenas Mu. Um dos continentes supostamente desaparecidos, o equivalente da **Atlântida**, porém situado no oceano Pacífico ou, em algumas versões, no Índico.

A hipótese da existência de um continente na região, em tempos remotos, parece ter surgido pela primeira vez no século XIX, por estudos do geólogo austríaco Melchior Neumayr, enquanto o nome Lemúria teria sido dado pelo zoólogo Philip L. Scalter. Este último chamou a atenção para a similaridade entre a fauna e flora de várias ilhas isoladas da região, imaginando então a possibilidade levantada pelo geólogo, de uma imensa massa de terra que se iniciava no arquipélago malaio, passando pelo sul da Ásia e seguindo até Madagascar.

O nome veio dos animais conhecidos como lêmures e da distribuição de suas colônias. Eles são parentes do macaco e encontrados em grande número em Madagascar e na Índia. As hipóteses foram levantadas entre 1860 e 1870, e tiveram boa acolhida nos meios científicos, ainda que, hoje em dia, as coisas não sejam bem assim.

Para outros pesquisadores o nome tem outra origem, uma vez que, entre os romanos, lêmures eram as "larvas", as **almas** que atormentavam os seres vivos. De um suposto continente desaparecido no fim do Cretáceo, há cerca de 60 milhões de anos, o mito evoluiu com as teorias ocultistas de **Helena P. Blavatsky**. Segundo ela, a Lemúria não só existiu, como foi o lar da terceira raça da humanidade (de um total de cinco). Ela considera que os lemurianos eram **gigantes** hermafroditas, de aspecto simiesco e ovíparos. Alguns possuíam quatro braços e outros um terceiro olho situado na nuca ou na testa, dado como prova de imensos poderes psíquicos. Eles teriam evoluído, após milhões de anos, para seres divididos em dois sexos.

W. Raymond Drake diz que os lemurianos, após milhões de anos de progresso, conseguiram construir naves espaciais, com algum tipo de energia ainda desconhecida por nós e, provavelmente, manteriam contato com alguns **extraterrestres** de planetas do sistema solar, como **Vênus**, por exemplo.

Para alguns pesquisadores, os habitantes originais da Lemúria poderiam ser mesmo extraterrestres. Alguns ocultistas falam da Lemúria como um continente e de Mu como outro, o primeiro no Índico, o outro no Pacífico, resultado da imensa confusão provocada pelo mito.

Algumas pessoas ligadas ao ocultismo citam o ***Livro de Dzyan*** como fonte de conhecimentos sobre os lemurianos, inclusive fornecendo algumas descrições bastante detalhadas, não apenas de seu aspecto físico, mas de sua vida em geral. Afirmam que construíam casas gigantescas a partir de uma espécie de sequóia, utilizavam o ouro para seus adornos e tinham conhecimentos científicos avançados. Mais fantásticas que as descrições dos ocultistas foram as narrações do coronel James Churchward (1852–1936), que estudou o assunto e escreveu vários livros sobre o continente perdido de Mu, fixando sua atenção no Pacífico.

Ele iniciou suas investigações por volta de 1868, quando contatou um sacerdote hindu, que lhe mostrou tabuinhas muito antigas, que se dizia terem sido escritas pelos **naacal**, que ele relaciona com os irmãos santos da terra-mãe, Mu, e que têm relação com tábuas encontradas na América Central. A partir da suposta decifração dessas tabuinhas, Churchward elaborou toda a história da civilização de Mu, com riqueza de detalhes. As tábuas jamais foram mostradas, mas alguns estudiosos entendem que é perfeitamente normal que ele não as tenha mostrado, uma vez que faziam parte de um arquivo ou biblioteca secreta, como as que se diz existirem no Vaticano e em outros locais da Europa e Ásia.

Churchward dizia que a civilização de Mu já existia por mais de cinqüenta mil anos, e teria sido destruída por um cataclismo, semelhante ao que se deu com a lendária Atlântida. Antes disso, porém, os habitantes da Lemúria – que, segundo alguns, se dividiam em vários tipos humanos – teriam saído ao mundo, espalhando sua civilização e seus conhecimentos. Segundo Churchward, o continente desapareceu há cerca de 12 mil anos, e sua superfície cobria cerca de dez mil quilômetros no sentido leste-oeste, e quase cinco mil no sentido norte-sul.

Todas as ilhas atuais do Pacífico faziam parte de Mu. Ainda segundo o coronel, foi nesse continente que o homem fez seu aparecimento sobre a Terra, há duzentos mil anos, o que significa que ele seria o Jardim do Éden, ou **paraíso**, mencionado na *Bíblia*. Quando de sua destruição, possuía uma civilização altamente desenvolvida, inclusive cientificamente.

As grandes civilizações como as da Babilônia, Índia e Egito eram simplesmente os últimos resquícios da grandeza de Mu.

Alguns pesquisadores afirmam que o nome Mu surgiu por um erro realizado pelo abade francês Charles Etienne Brasseur, ao traduzir um documento maia utilizando-se de um alfabeto compilado por Diego de Landa, bispo espanhol do século XVI que, ao não conseguir decifrar dois caracteres maias, juntou-os, formando a palavra Mu. Quando os documentos maias foram reavaliados recentemente, desmentiu-se que eles se referiam a um continente desaparecido.

Posteriormente, outros pesquisadores voltaram a pesquisar o documento e, mais uma vez, surgiu a explicação de que realmente se tratava da narração de um continente desaparecido, que teria afundado no oceano. A grande maioria de seus habitantes teria morrido, enquanto alguns conseguiram fugir para o Egito, e outros para a América Central.

LEVITAÇÃO

Fenômeno que, hoje, está ligado aos estudos da **parapsicologia**, mas que tem sido registrado ao longo da história da humanidade, geralmente relacionado às religiões.

Em alguns dicionários pode-se ler a interpretação de levitação como a ação de um corpo levantar-se por força exclusiva do fluido humano, o que não explica absolutamente o que ocorre durante a manifestação do fenômeno. Nas religiões, pode estar associado a momentos de glória e êxtase ou a casos de possessão demoníaca, e já recebeu denominações como "ascensão" ou "vôo extático". Seja o bem ou o mal agindo, está relacionado a um estado psicológico alterado, que é o que ocorre nos períodos de transe por que passam os **médiuns** ou sensitivos quando produzem tais fenômenos.

As primeiras experiências da parapsicologia, quando ainda recebia o nome de metapsíquica, chegaram a dar origem a teorias para explicar os fenômenos do ponto de vista da física, supondo que algum tipo de energia era produzido pelo corpo dos paranormais, sustentando-os no ar. Essa energia seria invisível aos nossos olhos e formaria espécies de braços auxiliares ou instrumentos que agiriam como bases e alavancas para suspender o corpo humano. Seria o mesmo tipo de fenômeno verificado na ascensão de outros objetos, ainda que o termo levitação seja aplicado mais comumente apenas aos fenômenos que envolvem seres humanos.

René Sudre, famoso estudioso da parapsicologia, chamou esses "instrumentos" de "alavancas teleplásticas", entendendo estar absolutamente provada sua existência através de fotografias obtidas sob condições especiais. No entanto, nem todos os cientistas concordam com isso, e as teorias físicas dos fenômenos não estão absolutamente confirmadas, principalmente depois que grande parte dos parapsicólogos passou a optar por outro tipo de explicações para os fenômenos. Como tudo o que se refere aos fenômenos paranormais, não existe nada de concreto e provado a respeito da levitação, a não ser a existência insofismável do fenômeno.

LEYS

Palavra utilizada na Inglaterra para designar, segundo Colin Wilson, "redes de caminhos que levavam aos templos, aos túmulos, aos megalitos e mesmo aos morros".

Existe uma espécie de alinhamento entre as antigas construções e mesmo entre alguns lugares naturais considerados sagrados ou mágicos. Diz-se que vários fenômenos paranormais estão associados aos cruzamentos de *leys*, e os pesquisadores atuais acreditam que essas "linhas de força telúrica" existam em todo o mundo.

Alguns autores acreditam que os *leys* seriam uma espécie de ligação entre o mundo visível, o nosso, e os mundos invisíveis, em certos momentos funcionando como **passagens dimensionais** entre os mundos.

Alguns pesquisadores relacionam essas linhas de força ou energia com o fenômeno **OVNI** e a atuação de **extraterrestres** em nosso planeta, entendendo que elas poderiam funcionar mais ou menos como estradas dimensionais, trazendo os seres e suas naves até a Terra. Essas linhas terrestres seriam, portanto, uma espécie de extensão de linhas semelhantes que se estenderiam pelo universo.

LILITH

Nome dado por alguns pesquisadores do insólito a um provável segundo satélite da Terra, que também recebeu a designação de "lua negra". Possuiria massa idêntica à da Lua ainda que com uma superfície bem menor, permanecendo numa órbita três vezes mais distante da Terra do que a Lua.

Algumas de suas características teriam feito com que se mantivesse oculta até hoje, ainda que o conhecimento de sua existência circule em meios "subterrâneos". A origem dessa informação é desconhecida, mas pode estar relacionada com os grupos que estudam a possível presença de seres **extraterrestres** em nosso planeta.

LIMONÍADES

Ver **ondinas**

LÍNGUA ENOQUIANA

Ver **John, Dee**

LIVRO DE DZYAN

O *Livro de Dzyan* se encontra entre os chamados escritos sagrados da humanidade, ainda que seja um texto mais falado e comentado do que conhecido. De sua origem, pouco se sabe. As informações não se referem à sua data, mas dizem que é mais antigo do que a Terra. O nome vem do sânscrito Dhyâna, que significa "meditação mística", sendo que "dzyan" seria a pronúncia tibetana ou mongol. Poderia ter sido escrito além do Himalaia, segundo Däniken, e os ensinamentos nele registrados teriam chegado ao Japão, Índia e China.

Alguns pesquisadores reconhecem indícios dos conhecimentos escritos no livro em tradições sul-americanas. Bergier e Pauwels dizem que ele se refere a "mestres de rosto fascinante", que teriam abandonado a Terra em carros voadores em direção ao país "do ferro e do metal" de onde vieram, tendo apagado os vestígios de sua passagem. H. P. **Blavatsky** dizia ter recebido comunicações através do *Dzyan*, o livro mais antigo da humanidade, onde a verdadeira história da origem dos seres humanos é contada.

As comunicações do *Dzyan* são feitas por meio de poemas, ou *stanzas* – dos quais se originaram as *stanzas* do livro *A doutrina secreta*, de Blavatsky, peça fundamental na fundação da **Sociedade Teosófica** –, e afirmam que a primeira raça foi constituída pelos etéreos, seres andróginos do Sol. A segunda, por monstros estúpidos de Júpiter; e a terceira teria sido a dos lemurianos, no continente da **Lemúria**, que na verdade seriam **anjos** decaídos de **Marte** e **Vênus**. A quarta raça teria sido a dos atlantes, descendentes da Lua e de Saturno. A quinta raça, a nossa atual, descende de Mercúrio.

Segundo Blavatsky, a tradição diz que o livro foi ditado pelos Seres Divinos aos Filhos da Luz, na Ásia Central, no início da quinta raça, e que ele é, na verdade, a origem de praticamente todos os livros sagrados conhecidos, passando pelos mais antigos manuscritos judeus, da Caldéia, da China, do Egito, da Índia e do próprio Pentateuco.

Como em outras inúmeras fontes – algumas tão pouco conhecidas quanto essa –, refere-se a uma suposta colonização da Terra por seres **extraterrestres** ou, no mínimo, à atuação definitiva desses seres no desenvolvimento das civilizações terrestres. Entre os ocultistas fala-se que o *Livro de Dzyan* era "magnetizado" de tal forma que os iniciados eram capazes de ver diante de seus olhos os acontecimentos nele descritos, apenas ao tocá-lo com a mão.

Fala-se que enormes coleções dos livros seriam mantidas escondidas por fraternidades secretas em galerias subterrâneas nas montanhas Kun-lun, ou no maciço rochoso de Altyn-tag, na China. Däniken, no entanto, registrou que ninguém jamais exibiu de fato esse livro ou os livros que o compõem, e que apenas pequenos trechos chegaram até os dias de hoje, surgindo no meio de outros textos transcritos para o sânscrito. Além de uma interpretação da "Gênesis", em estrofes que são conhecidas hoje em dia, algumas pessoas sustentam que o Dzyan fala de seres que habitavam a Terra há 18 milhões de anos, seres sem inteligência, e de seres que viveram há quatro milhões de anos, num mundo de "sonhadores felizes", e também de uma raça de **gigantes**.

As elucubrações em torno do suposto conteúdo do livro atribuem a ele a informação de que em 9564 a.C. extenso território situado entre a Flórida e a ilha de Cuba teria sido submerso no oceano, lembrando as lendas sobre a civilização submersa da **Atlântida**, e que seriam comprovadas pela descoberta das ruínas em **Bimini**.

Na verdade, Blavatsky disse que o *Livro de Dzyan* é um dos volumes do *Kiu-Te*, um livro tibetano razoavelmente conhecido, ou mais propriamente o primeiro dos 14 volumes dos *Comentários*, que representa a parte esotérica do *Kiu-Te* que, por sua vez, é uma obra relativamente moderna, tendo sido editada no último milênio, enquanto os mais antigos volumes dos *Comentários* são de idade incalculável, recuando, segundo alguns pesquisadores, aos tempos da Atlântida.

Blavatsky também explicou que o livro, como apresentado em *A doutrina secreta*, é uma tradução moderna que mistura alguns textos e procura torná-los mais compreensíveis. Eles teriam sido escritos originalmente em *senzar*, uma linguagem misteriosa com origem em tempos pré-históricos, que nada mais seria do que uma linguagem de simbolismos. Diz-se que apenas em 1975 o *Kiu-Te* foi definitivamente identificado como os tantras budistas tibetanos, guardados cuidadosamente pelos lamas do Tibete.

Outros estudos entendem que a origem do *Livro de Dzyan* pode estar nos Cânones Sagrados do Budismo Tibetano, que são divididos em dois volumes: o ***Kandschur***, ou *Kanjur*; e o ***Tandschur***, ou *Tanjur*. O *Livro de Dzyan* seria uma parte perdida do Tandschur, que apresenta comentários ao Kandschur, conhecida como *Kâlachakra Tantra*.

LIVRO DE ENOCH

Ver **Enoch**

LIVRO DE MÓRMON, O

O livro que deu origem à religião mórmon, ou mais propriamente a Igreja de Jesus Cristo dos Santos dos Últimos Dias, fundada por Joseph Smith (1805 – 1844) em 1831, em Ohio, EUA.

Os adeptos da religião comparam o livro à *Bíblia*, sendo um conjunto de escrituras sagradas referentes ao relacionamento entre os antigos habitantes das Américas com Deus. Como na *Bíblia*, teria sido escrito por vários profetas, a partir de revelações e profecias, e gravado em placas de ouro.

As palavras dos profetas foram então resumidas pelo profeta-historiador Mormon. O livro contém, basicamente, a história de suas civilizações, uma delas construída pelo grupo de colonos chegados à América logo após a confusão de idiomas ter-se instalado na **Torre de Babel**, os chamados jareditas. Outro grupo teria vindo de Jerusalém no ano 600 a.C., instalando-se ao norte do continente, atual EUA, e posteriormente dividindo-se em dois grupos: nefitas e lamanitas. Apenas os lamanitas não foram extintos, e se tornaram os ancestrais dos indígenas norte-americanos.

Para os mórmons, o acontecimento principal do livro é o surgimento de Jesus Cristo para os nefitas, após sua ressurreição, quando ministrou as doutrinas do evangelho. Após o término das escrituras, Mórmon entregou-as a seu filho Moroni, que acrescentou algumas palavras, ocultando as placas no monte Cumorah. Em 1823, Joseph Smith teria tido uma visão de Moroni, que o avisou da existência das placas. Moroni disse a Joseph Smith que era um enviado de Deus, e também falou da existência de duas pedras, conhecidas pelos nomes de **Urim** e Tumim, que se encontravam no mesmo local das placas e que serviriam como um instrumento para que ele traduzisse o texto para o inglês. Foi avisado de que não deveria mostrar as placas e as pedras a ninguém; do contrário, seria destruído. Na mesma noite, Moroni apareceu mais duas vezes a Smith; numa, falou sobre os julgamentos que viriam sobre a Terra, com fome, guerras e peste; noutra, falou sobre o cuidado que Smith deveria ter com Satanás. Posteriormente, ele foi ao local onde Moroni lhe havia dito que as placas estavam, encontrando-as dentro de uma caixa de pedra, debaixo da terra. Moroni apareceu a ele, dizendo-lhe que ainda não as deveria retirar, uma vez que não era chegada a hora, de modo que ele retornou ao local ao fim de cada ano, quando se encontrava mais uma vez com Moroni e recebia instruções, até o dia em que recebeu autorização para retirar as placas e as pedras, em 1827.

Os textos foram traduzidos e as placas voltaram para o controle do mensageiro Moroni. São citadas quatro classes de placas diferentes, que compõem o livro como um todo: as Placas de Nefi, que contêm a história dos povos e também registros sagrados; as Placas de Mórmon, que são um resumo das Placas de Nefi, feito por Mórmon, com comentários e mais os textos que Moroni adicionou; as Placas de Éter, que contam a história dos jareditas; e ainda as Placas de Latão de Labão, que foram trazidas de Jerusalém pelo povo de Lehi.

Historicamente, a versão mórmon é rejeitada pelos conhecimentos ortodoxos, uma vez que não se reconhece qualquer tipo de colonização da América do Norte proveniente do Oriente Médio, muito menos que os indígenas sejam descendentes deles. Para alguns pesquisadores, *O livro de Mórmon* é apenas uma versão modificada da *Bíblia*, ainda que a enormidade do trabalho realizado seja digna de crédito. Como as placas jamais foram vistas e sua existência não tenha sido registrada de modo a não deixar margem para dúvidas, toda a versão passa a ser rejeitada.

Para outros pesquisadores, a composição da obra por Joseph Smith se assemelha a vários relatos realizados por **médiuns** e sensitivos em estado de transe, como a narração sobre a **Atlântida** feita por **Edgar Cayce**, e ainda mais minuciosa.

Outros investigadores entendem que Joseph Smith pretendia, há muito tempo, elaborar um novo caminho para a religião presbiteriana, na qual foi educado, de modo que a elaboração de *O livro de Mórmon* poderia ter sido proposital, com toda uma lenda construída em torno dele, ou mesmo fruto de visões obtidas em estado alterado de consciência, e interpretadas por ele de uma determinada maneira.

Seja como for, a religião prosperou e ganhou número considerável de adeptos, hoje centralizada na cidade de Salt Lake City, nos EUA. Os relatos de Joseph Smith e das placas encontradas estão relacionados, segundo grande número de pesquisadores, aos mistérios que envolvem as antigas civilizações das Américas. Os pesquisadores que tiveram acesso a uma cópia de uma parte dos caracteres contidos nas placas disseram que se tratava de hieróglifos egípcios modificados.

Levanta-se a questão sobre quem deu instruções aos jareditas para a construção de embarcações gigantescas, hermeticamente fechadas, capazes de atravessar o oceano. Para iluminar o interior escuro das embarcações, foram fornecidas igualmente 16 pedras brilhantes, duas para cada barco, que providenciaram 344 dias de luz clara.

Däniken é um dos investigadores que relaciona a história narrada do povo jaredita com narrações referentes à construção de uma embarcação semelhante, encontrada no *Enuma Elis*, um poema babilônio sobre a criação do mundo, em que o deus **Enki** dá instruções para a construção de um barco que deverá sobreviver a um **Dilúvio**. Vários pesquisadores ligam esses acontecimentos à idéia de que seres **extraterrestres** atuaram em diversas civilizações primitivas do planeta, em épocas muito distantes. O fato é que Joseph Smith não poderia conhecer essas informações, uma vez que os achados da Babilônia ocorreram após sua morte. Para o pesquisador, a tradição e histórias encontradas nas placas encontradas por Smith são uma parte da verdade, estando o restante nos livros dos maias e quichés, que também narram, de forma semelhante, a chegada de seus antecedentes, vindos do leste. Mais uma vez, Smith também não poderia conhecer o conteúdo do **Popol Vuh**, que só seria traduzido muitos anos depois. A idéia é que a viagem relatada de *O livro de Mórmon* se refere, portanto, à chegada na América do Sul ou Central, e não na América do Norte, como Smith imaginava.

Da mesma forma, uma série de investigadores entende que as referências a Jesus Cristo e profecias foram introduzidas posteriormente, por Smith ou por outros membros da comunidade que se formou em torno dele, de certa forma apagando o sentido original da narrativa.

Outros pesquisadores como Ezra Stiles e Lescarbot entendem que existem elementos de sobra, tanto na mitologia quanto na arte e escrita das populações primitivas da América, para entender que o povoamento do continente ocorreu a partir de uma emigração de povos cananeus. Segundo eles, teriam sido expulsos por Josué, chegando ao Egito, continuando sua viagem em direção ao oeste, atravessando a África do Norte até o litoral atlântico, quando então poderiam ter cruzado o oceano em direção à América. A proposta de povoamento da América por tribos vindas do Oriente Médio também foi levantada por outros estudiosos, como **Peregrino Vidal**, referindo-se ao Brasil e a toda a América do Sul. A narrativa de O *Livro de Mórmon* também estaria diretamente relacionada, segundo alguns pesquisadores, à civilização peruana de **Chavin de Huántar**.

LIVRO DE NOÉ

Considerado um dos apócrifos do Velho Testamento, assim como o *Livro de Enoch*, que muitos estudiosos entendem que sequer existe, apesar das referências a ele surgirem em vários textos antigos.

Diz-se que alguns fragmentos do *Livro de Noé* também podem ser encontrados na sexta parte do *Livro de Enoch* e se referem, entre outras coisas, ao contato de Matusalém com seu pai **Enoch**, que lhe fala sobre o tempo em que ocorrerá um **Dilúvio** sobre a Terra, do qual apenas Noé e seus descendentes sobreviverão.

LIVRO DE TOTH

Não verdadeiramente um livro, mas uma provável reunião de textos egípcios dispersos, talvez os mais antigos de todos. Ao contrário do que se fala do *Livro dos mortos*, surgido na XVIII dinastia, diz-se que, quando a civilização egípcia começou, o *Livro de Toth* já existia.

Essa teoria, ou lenda como querem alguns, supõe imediatamente uma história alternativa para o surgimento da civilização egípcia, propondo um acontecimento espetacular que teria transformado completamente as tribos da região, acontecimento que, segundo uma linha de pesquisadores, poderia perfeitamente ter sido a intervenção de seres **extraterrestres** chegados ao planeta e, segundo outros, à própria chegada à região do Egito dos sobreviventes da civilização da **Atlântida**.

Diz-se que se compunha de uma série de rolos, pergaminhos e manuscritos, contendo segredos de vários mundos. O nome deriva de Toth (ou Thoth), considerado como meio deus, meio homem, que teria sido o responsável pela invenção da escrita, além de levar outros conhecimentos ao povo local. Os conhecimentos descritos no livro dariam a quem o possuísse poderes incríveis, como ver o Sol face a face e controlar a Terra e os corpos celestes, além de ressuscitar os mortos e agir a distância.

Várias cópias do livro podem ter sido feitas, porque existem várias referências à destruição do livro. Depois de 300 a.C., quando Toth começou a ser identificado com Hermes Trismegisto, surgiram vários livros que se referiam ao *Livro de Toth* como uma obra bastante anterior, mas nunca se soube onde encontrar e consultar a obra. Sabe-se que muitos falsos magos afirmaram possuir o *Livro de Toth*. Falou-se também que as cartas que conhecemos hoje em dia seriam uma espécie de resumo codificado dos conhecimentos contidos nesse livro, mas poucas pessoas realmente concordam com isso. As lendas são várias, principalmente as que falam de sociedades secretas que possuiriam cópias dos documentos, salvos da biblioteca de Alexandria.

LIVRO DE URANTIA

Durante algum tempo, o *Livro de Urantia* foi considerado um dos mais estranhos e misteriosos textos do século XX, mantido praticamente desconhecido do público e restrito a poucos escolhidos. Atualmente, seu texto pode ser encontrado na Internet.

As informações a respeito de como foi escrito são contraditórias. Segundo algumas fontes ele foi ditado a um **médium**, cuja identidade não foi revelada, por seres espirituais, a partir de 1911, estendendo-se até 1934. A publicação só se deu em 1955. São mais de duas mil páginas com informações referentes à natureza do universo, aos planetas habitados e aos seres que neles vivem, com referências à história da Terra.

Outras fontes afirmam que o livro é uma antologia de 196 documentos escritos por personalidades super-humanas entre 1928 e 1935.

Esses documentos ou livros foram materializados e entregues a humanos, já falecidos, e nunca se soube exatamente de que forma eles surgiram. Diz-se que se trata da compilação dos pensamentos de mais de mil autores humanos que escreveram entre o século I e a época em que foi publicado, editado e acrescentado com as informações e comentários das entidades super-humanas. Não se refere a qualquer religião específica e, segundo se diz, tem sido utilizado por membros de todas as religiões conhecidas, sem que se tenha formado qualquer tipo de culto em torno do livro.

Segundo alguns pesquisadores, apesar de ser de difícil leitura, a obra traz referências à atuação de seres **extraterrestres** em nosso planeta, apresenta revelações sobre a vida de Jesus que não podem ser encontradas na *Bíblia*, e serviu de fonte para vários pesquisadores modernos, entre eles o escritor espanhol J. J. Benitez, autor da série *Cavalo de Tróia*. Traz também informações sobre a vida após a morte, **reencarnação**, temas ligados ao **espiritismo** ou existência de **espíritos**, e informações que estão ligadas às pesquisas sobre o passado alternativo da Terra.

LIVRO DOS DANADOS

Uma das mais famosas obras na história dos fatos insólitos, publicado por **Charles Fort** em 1919. A partir de uma série de reportagens e pequenas notas sobre todo tipo de fatos insólitos não explicados pela ciência, ele elaborou uma teoria que previa a presença de seres supostamente **extraterrestres** atuando no planeta ou em suas imediações, e foi a base de todo tipo de estudos realizados posteriormente.

LIVRO DOS MORTOS TIBETANO

Ver *Bardo Thodol*

LORBER, JACOB (1800–1864)

Sensitivo judeu que em 1840 recebeu uma série de mensagens proféticas, principalmente referindo-se ao fim dos tempos, aos acidentes e catástrofes naturais que ocorrerão de maneira gradativa, e não repentinamente, como outros profetas falaram anteriormente, e que está diretamente relacionada com os atuais estudos científicos da **parapsicologia**, através da **precognição.**

LUNG-GOM-PAS

Ou apenas lung-pas. São os "homens-vento", no Tibete, servindo como correio entre os mosteiros.

Alexandra David-Neel relatou suas experiências no Tibete e o encontro com os lung-gom-pas, que são especialmente treinados em concentração mental e exercícios respiratórios, sendo capazes de viajar longas distâncias, dias e noites consecutivos, sem parar, a velocidades espantosas. Diz-se que, quando viajam, não podem ser interrompidos, pois a interrupção de sua meditação pode matá-los.

Segundo as narrações, eles não correm, mas flutuam feito bolas, uma vez que são extremamente leves. David-Neel afirma ter visto um desses homens, que trazia correntes em torno do corpo para torná-lo mais pesado, sem o que ele flutuaria.

O treinamento para se atingir esse estado leva anos, primeiro com exercícios respiratórios, depois com uma fórmula mística que é fornecida por seu mestre, e que ele deve recitar mentalmente, seguindo o ritmo de sua respiração, atingindo um transe que só mantém um mínimo de consciência para que o homem possa se desviar de obstáculos e se lembrar da direção a ser seguida.

Alguns estudiosos modernos da **parapsicologia** entendem que esse tipo de estado pode ser comparado ao obtido pelos **médiuns** nas levitações, quando o corpo perde peso de forma considerável.

MAABÁRATA

Ou *Mahabharata*. Grande obra épica da literatura indiana, repleta de relatos dos tempos dos deuses, descrevendo as guerras entre eles. São milhares de versos sobre a guerra dos báratas e sobre as atividades de heróis que giram em torno da trama central.

Não se sabe corretamente quem teria sido o autor ou qual a data exata da obra. Fala-se em 1500 a.C., mas alguns autores citam datas mais distantes, como 7016 a.C. Existem pesquisadores que atribuem a redação do *Maabárata* a Wyasas, no século XVI a.C.

As datas citadas no *Maabárata* são de difícil interpretação, uma vez que falam em anos celestes, de modo que 1.200 anos celestes correspondem a 360.800 anos terrestres. Alguns dos grandes insólitos presentes no *Maabárata* são os **vimanas**, as máquinas voadoras dos deuses, vistas pelos pesquisadores do insólito como uma das mais nítidas provas de que uma tecnologia superior estava em ação na época, indicando uma possível presença de seres **extraterrestres**. Fala também de armas de poder fantástico, capazes de destruir cidades e países inteiros.

MÃE DO OURO

Uma lenda bastante comum no interior de São Paulo e Minas Gerais, mas que pode ser encontrada até o Rio Grande do Sul e na região do Prata.

A Mãe do Ouro é descrita como uma bola de fogo que cruza o céu em certas noites, às vezes com trovão, outras sem, e desaparece em algum cerro ou laguna.

Segundo a interpretação mais comum da lenda, a Mãe do Ouro indica um local onde há um tesouro enterrado. Mais recentemente, os ufólogos, estudiosos dos objetos voadores não identificados, passaram a ver a Mãe do Ouro como uma visão popular dos **OVNIs**, grandes bolas luminosas atravessando o céu noturno. Outras versões apresentam a Mãe do Ouro como uma mulher sem cabeça, como no Paraná, enquanto no Rio Grande do Sul é a **alma** ou **espírito** de pessoas que, em tempos muito remotos, foram castigadas por alguma razão e se transformaram em pedra.

MAGONIA

O nome de um país desconhecido que surgiu em algumas histórias captadas pelo bispo Agobard (779 – 840), de Lyon. Ele pesquisou uma série de pessoas que haviam desaparecido completamente durante um certo período de tempo, e todas elas afirmavam terem visitado o país chamado Magonia, algumas dizendo terem se deslocado até lá por meio de naves que voavam.

A relação com alguns casos bem mais recentes de desaparecimentos é evidente e está ligada ao fenômeno **OVNI** e à atuação de seres **extraterrestres** em nosso planeta, assim como à noção de **abdução** e, ainda, aos relatos de alguns profetas da *Bíblia*, como **Ezequiel**. Os que falavam em naves que voavam diziam que o tempo havia passado mais devagar para eles do que para o resto do mundo.

MAHA CHOHAN

Ver **Agartha**

MAHONI

Seres associados às lendas do **sasquatch**, da América do Norte, similares às do abominável homem das neves, o **yeti**. É um dos inúmeros nomes pelos quais esses supostos seres são conhecidos, este sendo usado na região do Yukon.

Diz-se que andavam a esmo através do rio Peel, eram enormes e peludos, de olhos avermelhados, e gostavam de comer carne humana.

MAIRUBI

Nome atribuído a um reino que, possivelmente, teria sido instalado na região da desembocadura do rio Amazonas, por volta de 1329 a.C., e formado por sírios e fenícios. A noção está ligada a uma série de propostas baseadas em levantamentos históricos e arqueológicos que entendem que a região do Brasil foi, na verdade, colonizada em tempos distantes por raças vindas do Oriente Médio, norte da África ou mesmo da **Atlântida**.

Ao que parece, a idéia da existência de Mairubi deve-se principalmente ao paraguaio Marcelino Machuca Martinez. Segundo ele, da região do Amazonas partiu uma expedição, por volta de 1100 a.C., levando colonos para o interior do continente sul-americano. A expedição se teria dividido em dois grupos principais, um seguindo pela costa até a região atual do Prata, e o outro chegando até o lago Titicaca, onde se fixou, o que possivelmente os relacionaria com a civilização de **Tiahuanaco**. Martinez disse que as informações a respeito desse reino podem ser encontradas em textos do historiador Selênio quando das informações deste transmitidas ao rei da Frígia acerca da viagem, em 1329 a.C.
Uma série de outros levantamentos e relatos a respeito da existência de civilizações distintas no Brasil pré-descobrimento também foi feita por **Peregrino Vidal** e **Bernardo de Azevedo da Silva Ramos**, e dizem respeito a uma série de inscrições ou possíveis cidades desaparecidas nas regiões de **Itaquatiá, Arruoca, Itapeva, Lapa Vermelha, Pedra da Gávea, Sete Cidades, Pouso Alto, Monte Alto.**
Outras teorias que apresentam uma história alternativa para a colonização da América também foram desenvolvidas por **Arius Montanus**, e podem ser encontradas na história da elaboração de ***O Livro de Mórmon***.
(Ver também **Amazonas, Be-ra-zil, Chavin de Huántar, Guayakis, Hércules, Itacoatiara, Mbaeverá-Guaçu, Miararé, Paraúna, Pedra do Ingá, Pirâmides do Amazonas, Serra das Figuras, Serra do Roncador, Tupi, Ybypyte.**)

MAKEDA

Nome pelo qual é conhecida a rainha de Sabá, a quem a *Bíblia* e outros textos históricos se referem como sendo a rainha do riquíssimo reino de Sabá, situado na região aproximada onde hoje fica o Iêmen. Também chamada de Bilkis (Bilqis) entre os árabes, é mais conhecida por sua relação com o rei **Salomão**, com quem teria tido um filho, que por sua vez levou para a Etiópia a **Arca da Aliança**.
Makeda, ou rainha de Sabá, também é tida como a rainha da Etiópia, um dos maiores e mais poderosos reinos da história da África. Ela surge quase como uma figura lendária, ligada aos feitos mais espetaculares de Salomão, mas não faltam registros do riquíssimo reino de Sabá e até resquícios arqueológicos de suas construções, como a barragem de Marib, ainda hoje considerada um modelo de construção, ou o Templo da Lua, ambos no atual Iêmen, e que foram visitados por alguns arqueólogos e pesquisadores europeus, apesar das dificuldades em circular pela região, tanto pelas condições desérticas do país quanto pelas dificuldades burocráticas e religiosas.

Os relatos que chegaram até nossos dias são um tanto confusos. Diz-se que ela enviou uma mensagem a Salomão dizendo que a viagem até seu reino levava sete anos, mas que ela a faria em apenas três, quando se sabe que a distância a ser percorrida de um reino a outro levaria cerca de três meses.

As crônicas árabes da época insistem no registro de que a rainha teria as pernas cobertas de pêlos, o que indicaria sua origem não terrena.

Não foram encontrados muitos vestígios da existência de Makeda, a não ser em relatos. Um deles diz que, cerca de 700 anos depois de Cristo, um califa encontrou em Tadmor – uma cidade ao norte do deserto da Síria – um túmulo com uma inscrição indicando tratar-se de Bilqis. O califa ficou horrorizado ao abrir o túmulo, mandando fechá-lo novamente. Segundo o relato, tratava-se do túmulo de um **gigante**. (Ver também ***Kebra Negest.***)

MALAQUIAS, SÃO

Abade de Armagh, na Irlanda, que viveu no século XII (morreu em 1148) e realizou uma série de profecias relativas aos futuros papas. Ao que se diz, as profecias foram reunidas no livro *Lignum Vitae* pelo monge dominicano Arnold de Wion, em 1595.

Malaquias teria apresentado suas profecias ao papa Inocêncio II (1130-1143), sendo mantidas na biblioteca do Vaticano. Teriam sido feitas profecias por um período que se estende por 12 séculos.

Sua biografia foi escrita por São Bernardo, abade de Clairvaux, amigo íntimo de Malaquias. Como São Bernardo é tido como um dos fundadores da Ordem do Templo, alguns estudiosos acreditam haver uma relação entre o que as profecias revelavam e os objetivos da Ordem.

MALDEK

Ver **Faetonte**

MANÁ

No texto bíblico do Êxodo, o maná era o alimento enviado por Deus ao povo israelita quando este se encontrava no deserto, após a saída do Egito. Assemelhava-se "à semente de coentro: era branco e tinha o sabor de uma torta de mel".

O maná alimentou o povo durante quarenta anos, até chegarem às terras habitadas. Alguns pesquisadores modernos levantaram a possibilidade de que a **Arca da Aliança,** construída sob instruções de Deus, era um aparelho capaz de fabricar o maná e que foi levado por Moisés e seu povo durante a jornada pelo deserto. Curiosamente, a palavra maná também é citada como pertencente à linguagem de povos da Polinésia. Possuía o sentido de uma "força não física", uma espécie de força sobrenatural, não deste mundo, que agiria tanto nos seres humanos quanto na natureza, podendo estar concentrada em determinados lugares, como os locais sagrados. Nos locais onde essa força estaria concentrada, o maná poderia "concretizar-se" na forma de **espíritos** ou demônios. Alguns pesquisadores também conhecem o termo pela denominação *nume*, definida como uma carga de energia cósmica.

MANCO CAPAC

Segundo a história e lendas dos incas, Manco Capac foi o fundador do grande império da América do Sul, e considerado um semideus que veio do interior da Terra.

Na colina de Tampu-Tocco existiriam três passagens conduzindo a mundos subterrâneos, tendo Manco Capac surgido da abertura central, chamada de "Abertura Esplêndida".

A arqueologia e a história oficial costumam datar o surgimento de Manco Capac em torno de 1200 d.C. Outras pesquisas, seguindo propostas diferentes, entendem que Manco Capac poderia ter aparecido por volta de 3500 a.C., o que é uma data ainda recente se comparada ao provável surgimento de **Tiahuanaco**, no lago Titicaca. Uma outra versão da lenda afirma que Manco Capac teria surgido no próprio lago Titicaca, tendo sido criado pelo Sol junto com sua irmã. Ele é tido como aquele que, mais do que reunir o povo inca numa única nação, ensinou uma série de artes e conhecimentos.

A tendência da visão clássica é rejeitar as narrativas de Garcilaso de la Vega, o mais famoso dos cronistas espanhóis a se debruçar sobre as lendas incas. Os historiadores do insólito entendem essa recusa como mais uma das inúmeras formas de se tentar encobrir a verdade e as narrações de difícil explicação, que jogam a história da região para épocas muito mais remotas do que o normalmente aceito.

Pesquisadores mais ousados entendem que a referência à origem subterrânea de Manco Capac indicaria uma relação com as inúmeras lendas a respeito de civilizações subterrâneas em todo o mundo, como a de **Agartha**, e sua possível ligação com a presença de **extraterrestres** no passado do planeta.

MANOA

Uma das grandes lendas surgidas na América do Sul após a chegada dos espanhóis, e relacionada diretamente com a lenda do **Eldorado**, a cidade de ouro que existiria em algum ponto da floresta amazônica.

Parece que a primeira referência a Manoa foi colhida por Antônio Berrio, em 1584, durante uma expedição em direção à bacia do Orenoco. Manoa seria uma ilha situada no centro do lago Manoa ou Parima, e conteria imenso tesouro.

Em 1595, foi realizada uma expedição com mais de dois mil homens, que se embrenharam na selva venezuelana, mas quase todos morreram.

As histórias se confundem bastante. Alguns dizem que uma lenda peruana falava de um imenso império em torno do lago Titicaca, cujo povo se chamava Chanca e vinha do centro da América do Sul, sendo Manoa o nome da capital do império. Outras lendas dizem que os índios caras, da América Central, estabeleceram uma colônia na América do Sul, onde construíram uma grande cidade de templos de ouro, chamada Manoa.

MANU 1

Nas lendas hindus, os manu eram gênios protetores da humanidade e teriam vindo à Terra provenientes de uma civilização mais adiantada, situada numa estrela distante.

A lenda é vista como provável evidência da atuação de seres **extraterrestres** no passado do planeta, como ocorre com as lendas e conhecimentos do povo **dogon**, da África, ou as histórias a respeito dos **akpalos** e dos **oannes**, na região da Suméria.

MANU 2

Ver **Dilúvio**

MANUSCRITO VOYNICH

Nome dado a um manuscrito antigo encontrado, ou reencontrado, pelo livreiro Wilfrid Voynich em 1912. Sabe-se que o manuscrito tem 234 páginas, além de 28 que foram perdidas, e nem uma só palavra pôde ser decifrada. Sua origem é atribuída a **Roger Bacon** e teria chegado também às mãos de **John Dee**, que o teria oferecido ao imperador Rodolfo II por volta de 1584, depois de não conseguir decifrá-lo. O texto chegou aos jesuítas por volta de 1666, como um presente a Athanasius Kircher, jesuíta conhecido por sua capacidade em decifrar manuscritos escritos em códigos, e foi comprado por Voynich em 1912, quase por acaso, pois estava perdido entre outros livros.

O único que pareceu ter encontrado algumas soluções para o problema foi o especialista em decifrações, William Romaine Newbold. Em 1921, ele revelou que Roger Bacon havia conseguido identificar a nebulosa de Andrômeda, conhecia os cromossomos, construíra microscópios e telescópios, além de outros instrumentos impossíveis para sua época (1214 – 1294), ainda que muitos acreditem que Bacon era uma espécie de mago.

Muita gente não concordou com a decifração de Newbold, e pouco mais pôde ser feito, pois ele morreu em 1926.

Em 1961, o manuscrito foi comprado por H. P. Kraus, um antiquário de Nova York que não conseguiu vendê-lo pelo valor que esperava, de modo que em 1969 ele doou o manuscrito à universidade de Yale.

Depois de Newbold foram feitas muitas tentativas de decifração, mas a conclusão a que se chegou foi que Roger Bacon utilizara uma língua inexistente, uma língua que não existe em nenhuma parte do planeta. A idéia geral é de que Newbold só pôde ter chegado às conclusões a que chegou pela intuição, o que às vezes ocorre nas decifrações.

A Internacional Fortiana – uma organização que dá seqüência ao trabalho de **Charles Fort** – tem como um dos principais objetivos a decifração do manuscrito. Os pesquisadores do insólito entendem que ali devem ser encontrados conhecimentos fantásticos relacionados não apenas ao nosso planeta, mas à atuação de seres **extraterrestres** entre nós.

MARAE

Um dos sete "berços da humanidade", segundo a filosofia da Ordem do Graal na Terra, ao lado de **Tule**, **Arzawa**, **Yoni**, **Avari**, **Tholo** e **Ophir**. Diz-se que estava localizada na região onde hoje é a Polinésia, e que submergiu.

As ilhas da região seriam resquícios desse continente, inclusive a Nova Zelândia. Essa noção está indiscutivelmente ligada à da existência da **Lemúria**, ou Mu, na mesma região, e da qual alguns pesquisadores do insólito afirmam existir resquícios espalhados por praticamente todas as ilhas da região, desde a **Ilha de Páscoa** até a Austrália.

As descrições de Marae apresentam-na como um lugar paradisíaco, onde havia de tudo com fartura. Os seres humanos que viviam em Marae eram altos e ágeis, com pele dourada e cabelos pretos e lisos. Em seus olhos às vezes podia ser visto um brilho vermelho, como ocorria com todos os seres humanos dos tempos primevos. Diz-se que ali também habitaram os **babais**. Se o nome do país surge em meio a certa confusão com a Lemúria, o termo *marae* é conhecido na região, pois é o nome dado a santuários de pedra existentes em praticamente todas as ilhas da Melanésia e Polinésia. Esses santuários, de idade indefinida, às vezes são retangulares, com grandes monólitos formando-os, outras vezes formam terraços. Segundo se diz, antes que o cristianismo chegasse à Polinésia e deturpasse os costumes locais, os *maraes* eram considerados pelos habitantes como locais de encontro com as realidades de outro mundo, lugares sagrados muito especiais.

MARCAHUASI

Planalto desértico no Peru, América do Sul, cerca de 3.800 metros acima do nível do mar, onde foram encontradas esculturas nas rochas. As figuras representam animais que já não existiam na América do Sul por dez mil anos, e ainda hoje, como camelos e leões.

A descoberta foi feita por Daniel Ruzo, em 1924, que atribuiu sua elaboração a uma civilização ainda desconhecida que, na falta de outra denominação, chamou de *masma*, entendendo que teria centenas de milhares de anos e se espalharia por vários pontos do planeta. Algumas fontes citam Ruzo como sendo arqueólogo ou geólogo, enquanto outras afirmam que ele não era arqueólogo nem historiador, mas filósofo, advogado, poeta e fotógrafo. Segundo se diz, conforme a iluminação, as formas sofrem mudanças. Algumas só podem ser percebidas se observadas de determinado ângulo, com uma incidência de luz específica para uma data do ano.

Além dos animais, existem esculturas gigantescas de pessoas, com formas geométricas colocadas acima de suas cabeças. Diz-se que algumas das esculturas lembram deuses do antigo Egito, com cabeças de pássaros e outros animais. Algumas construções gigantescas em rocha também foram encontradas, uma das marcas da região.

O professor russo N. F. Jirov estudou o local em 1963, admitindo uma idade superior a dez mil anos para as esculturas. As descobertas poderiam estar relacionadas com outras, como as de **Acambara, Morona-Santiago** e mesmo com as chamadas **Pedras de Ica**, também na América do Sul, ou com as gravações encontradas em **Monte Alban.**

MAR DO DIABO

Região situada entre o Japão, a ilha de Guam e o norte das Filipinas, em que se verificam alguns aparecimentos com características semelhantes às dos ocorridos no **Triângulo das Bermudas.**

Localiza-se no extremo oposto do globo e, segundo pesquisa realizada pela Marinha dos EUA, é junto com o triângulo o único lugar do globo em que as bússolas indicam o norte geográfico e não o norte magnético. Como os desaparecimentos na região são muito parecidos com os que ocorrem no Triângulo das Bermudas, as teorias a respeito da existência de **passagens dimensionais** também nessa região se tornaram comuns.

Não são encontrados quaisquer vestígios dos navios desaparecidos. Sabe-se que o governo japonês resolveu realizar uma expedição científica pela região, utilizando o navio Kayo Maru 5, em 1955. Como outros navios, o Kayo Maru também desapareceu sem deixar traços. E, como ocorre nas Bermudas, muitos pesquisadores atribuem ao local uma atividade intensa de **OVNIs.**

MARTE

Deus romano associado à guerra, e que se diz ser uma recriação do deus Ares dos gregos, e que deu nome ao planeta.

Como os demais planetas do sistema solar, é utilizado na astrologia como um símbolo de uma das inúmeras fontes de influências que regem a vida humana, e também numa série de rituais de magia. Como ocorre com **Vênus**, Marte é citado constantemente ao longo da história e das lendas da humanidade. Na Suméria, aparece na lenda de **Etana**, que teria sido levado ao planeta por seres que lá habitavam, o que já o liga ao tema da influência de **extraterrestres** em nosso planeta. Na Assíria e Babilônia, estava associado ao deus Nergal, e na Escandinávia, ao deus Tyr, ambos com as mesmas características guerreiras.

A **Sociedade Teosófica** entendia que os habitantes originais da **Lemúria** e da **Atlântida** seriam **anjos** decaídos do planeta Marte. Marte surge também relacionado às lendas dos **gigantes** que teriam habitado a Terra em épocas remotíssimas, e que são vistos como habitantes de Marte e Vênus, que teriam abandonado seus planetas num período em que a vida se tornou impossível.

Algumas lendas se referem também à existência de um outro planeta no sistema solar, chamado às vezes de **Faetonte**, outras de Maldek, que existiria entre as órbitas de Marte e Júpiter. Quando foi destruído, seus habitantes teriam viajado para Marte e para a Terra, estabelecendo colônias.

A idéia de que Marte seria um planeta habitado ou de que, em tempos remotos, possuiu uma civilização adiantada dominou a imaginação popular e mesmo alguns meios científicos durante bastante tempo.

Nos primórdios da investigação espacial, alguns astrônomos julgaram terem percebido a existência de canais no planeta, que seriam indícios da existência de rios, num passado distante. Por ser o planeta mais próximo da Terra, sempre despertou a atenção das imaginações, especialmente depois que a literatura de ficção científica, em seus primórdios, começou a utilizar possíveis habitantes de Marte como seres possuidores de tecnologia avançada que poderiam invadir a Terra a qualquer momento. Com o aumento dos avistamentos de **OVNIs**, Marte voltou a ser alvo das atenções como possível origem de naves espaciais que estariam visitando a Terra, especialmente depois que muitas testemunhas de contatos de terceiro grau afirmavam que os seres que eles encontravam viriam de Marte ou de Vênus, como ocorreu com o caso famoso de **George Adamski**.

Durante um período também se falou muito acerca de uma **Alternativa 3**, uma espécie de plano secreto das superpotências para colonizar Marte, e que já estaria em andamento sem o conhecimento da população ou dos meios de comunicação.

As sondas exploradoras enviadas ao planeta vermelho acalmaram um pouco os comentários a respeito de

Marte, porém, mais recentemente, novas histórias começaram a despertar a atenção, quando fotografias tiradas da superfície do planeta foram tornadas públicas. Nelas, é possível ver com alguma clareza uma formação rochosa com a aparência de um rosto humanóide, não humano, mas bastante aproximado, como se fosse uma grande obra de arquitetura e escultura. A foto foi tirada pela nave Viking I na região de Cydonia e, segundo alguns especialistas, apesar de realmente dar a impressão de se tratar de imensa obra reproduzindo um rosto humanóide, é na verdade apenas o resultado do jogo de sombras produzidos numa formação rochosa natural.

Não foram poucos os cientistas que recusaram essas explicações, inclusive alguns especialistas que já trabalharam na NASA e professores de universidades norte-americanas. Da mesma forma, outra série de fotografias mostrava formações que davam a nítida impressão de serem **pirâmides**, semelhantes às que podem ser encontradas na Terra.

Algumas fontes informam que as fotos foram inicialmente fornecidas pela própria NASA à revista *Pyramid Guide*, e era possível perceber a existência de cinco pirâmides fotografadas pelos aparelhos da sonda Pioneer, em 1975. Cada pirâmide teria 4 quilômetros de base e 1,5 de altura. Para os pesquisadores do insólito, as fotos seriam mais provas de que, de fato, existiu uma civilização altamente evoluída, pelo menos em um dos planetas do sistema solar, em tempos cuja antiguidade é difícil definir, e que isso só amplia as possibilidades de que tenha realmente ocorrido um contato dessa civilização com a terrestre.

Para os cientistas, as fotos não mostram nada que não seja absolutamente natural, e apenas os jogos de sombra e uma imaginação fértil permitem entrever nelas algo além de montes e formações rochosas.

A partir da missão Mars Global Surveyor, a NASA obteve novas fotografias da superfície do planeta, e apresentou novas versões para o "rosto" anteriormente fotografado, obtendo fotos de novos ângulos que provariam que se tratava apenas de um jogo de sombras, curiosamente formando a imagem de um rosto.

Como não poderia deixar de ser, as teorias conspiratórias mais uma vez foram levantadas, e muitas pessoas entendiam que a NASA e o governo dos EUA simplesmente escondiam informações sobre Marte.

MARY CELESTE

Um dos famosos casos de desaparecimentos envolvendo navios em alto-mar, ligado aos casos de **abduções** por parte de **OVNIs**.

Mary Celeste era o nome de um brigue britânico, encontrado em 1872 nas proximidades dos Açores. Navegava com todas as velas levantadas

e foi abordado pela escuna *Dei Gratia.* Os homens que subiram a bordo encontraram um navio sem tripulantes, com xícaras de chá ainda mornas, prontos para ser bebidas, a marca de uma cabeça que repousara numa almofada e, mais que isso, todas as roupas das pessoas estavam no lugar, como se elas tivessem simplesmente desaparecido de repente, deixando tudo o mais para trás. Não faltava nenhuma das embarcações, e nenhum objeto flutuava no oceano. Ação de pirataria foi completamente descartada, uma vez que a carga estava intacta. Muitas hipóteses foram levantadas para explicar o acontecimento, geralmente indicando a possibilidade de um crime cometido com muito cuidado. O próprio Conan Doyle, criador do famoso personagem Sherlock Holmes, elaborou uma teoria segundo a qual o cozinheiro teria enlouquecido e envenenado a tripulação. O escritor Keating também dedicou um livro ao assunto, propondo alternativas mais "reais".
No entanto, diziam haver marcas nas amuradas, como se o navio tivesse sido abordado por alguma coisa não identificada e que, pela altura e características das marcas, poderia hoje em dia ser descrita como um submarino, que não existia na época.

MASMA
Ver **Marcahuasi**

MATAH KAGMI
Um antigo nome pelo qual era chamado, pelos índios modoc dos EUA, o **sasquatch**, ou pé-grande. Esses seres eram considerados pelos índios como humanos com cerca de 2,5 a 3 metros de altura e uma linguagem estranha repleta de ruídos. Não eram considerados perigosos, mas evitavam todo tipo de contato com civilizados, especialmente com homens brancos. Costumavam morar em cavernas, ou simples buracos nas montanhas, preferindo sair à tarde e à noite.
As lendas sobre esses seres estão espalhadas por todo o continente. Mais curioso ainda é a proximidade dos nomes dos "abomináveis homens" dos EUA e do Tibete, onde são chamados metch kangmi, mais conhecidos como **yeti**. Ao que se saiba, ninguém conseguiu estabelecer uma relação entre os dois nomes.

MATALI-ARARCAGA
Ver **Percy Harrison Fawcett**

MAUI
Ver **Te-Mahara**

MBAEVERÁ-GUAÇU
A tradução literal parece ser "coisa resplendente e grandiosa". Trata-se do nome que os guaranis deram a uma cidade lendária ou mítica, que seria sua capital, oculta em algum ponto da selva brasileira, o que a relaciona imediatamente com uma série

de estudos e pesquisas alternativas na história do continente, como os realizados por **Peregrino Vidal**, **Silva Ramos**, as propostas do paraguaio Marcelino Machuca Martinez acerca do reino de **Mairubi**, além de inúmeras lendas acerca de cidades perdidas no Mato Grosso, como **Paititi**, que até despertaram a atenção de **Percy Harrison Fawcett**.

Diz-se que os índios *mbiá* ou *mbaeveraguá* esperavam chegar à cidade em vida ou depois de terem uma morte digna.

O centro da cidade seria uma espécie de templo, um edifício de enormes proporções, chamado Mbocabog, servido pelas *maraney*, uma espécie de vestais guarani.

MÉDIUM

Antes do surgimento das pesquisas da metapsíquica, e posteriormente da **parapsicologia**, o nome era utilizado para designar todas as pessoas com capacidades paranormais tremendamente desenvolvidas.

Nas pesquisas científicas são chamadas de pacientes, mas a designação médium ainda continua sendo utilizada constantemente. O mais comum é associar a designação médium com as pessoas capazes de entrar em transe e comunicar-se com os **espíritos** dos mortos, nas sessões espíritas. Podem produzir todo tipo de fenômenos, mas raramente um mesmo médium produz fenômenos variados, ou seja, os do tipo físico e os do tipo psíquico, estes últimos bem mais comuns. Os do tipo físico seriam aqueles que possibilitariam a formação de objetos ou representações de seres humanos. A popularização das sessões mediúnicas aumentou consideravelmente o número de médiuns fraudulentos, que se aproveitam das crenças e muitas vezes do desespero das pessoas para ganhar notoriedade e dinheiro. No entanto, a existência de médiuns com real poder psíquico está mais do que comprovada e sua atuação foi fundamental para estabelecer a realidade dos diferentes fenômenos, tanto no início das pesquisas quanto mais recentemente, quando as pesquisas passaram a ser realizadas em universidades de primeira linha no mundo inteiro. (Ver também **Edgar Cayce, Florence Cook, John William Dunne, George Pascal Cochet Forthuny, Eileen J. Garrett, Luiz Antonio Gasparetto, Uri Geller, Frederika Hauffe, Daniel Douglas Home, Peter Hurkos, Franek Kluski, Nina Kulagina, Carmine Mirabelli, Thomas Green Morton, William Stanton Moses, Nostradamus, Eusapia Palladino, Fernando Leão Gama Lobo Pereira, Eleanor Piper, João Pio de Almeida Prado, Roberto Setti, Francisco Cândido Xavier, aportes, casas assombradas, clarividência, ectoplasma, espiritismo, extraterrestres, faculdade X, fantasmas,**

levitação, possessão, precognição, profetas, psicocinética, psicofania, psicofotografia, psicotrônica, rap, telecinese, telepatia.)

MEDZAMOR

Sítio arqueológico descoberto em 1968 na Armênia, então soviética. A cidade descoberta no local foi considerada a mais antiga usina do mundo, datada em cerca de 3 mil a.C. Tratava-se de uma gigantesca instalação para fundição de metais. Os historiadores tradicionais entendem que dali as técnicas de fundição se expandiram para todo o Oriente Médio. Para os pesquisadores do insólito, as questões abertas em torno de Medzamor são bem maiores, uma vez que foi descoberto no local um delicado aparelho de aço, mais exatamente uma pinça para manipular microobjetos, impossível de existir na época. Assim, alguns pesquisadores propõem a existência de uma civilização anterior àquela, já tremendamente desenvolvida, e que teria repassado seus conhecimentos.

MESAS GIRATÓRIAS

Ver **rap**

MESTRES SECRETOS DO TEMPO

Título de um livro de Jacques Bergier, onde ele propõe a idéia de que alguns grandes nomes que atravessaram nossa história fossem, na realidade, mestres do tempo, viajando no tempo de acordo com suas necessidades. Alguns dos indícios desses mestres seriam os objetos "do futuro" encontrados no passado remoto, ou em épocas em que o conhecimento tecnológico existente tornaria a existência desses objetos impossível. Outros seriam as próprias atuações de personagens históricos que possuíam conhecimentos assombrosos para a época, mais do que seria de se esperar de "simples" gênios.

METAGNOMIA

Ver **clarividência**

METAPSÍQUICA

Ver **parapsicologia**

METCH-KANGMI

Ver **yeti**

METRATTON

Ver **anjos**

MIAO

Segundo as antigas lendas chinesas, os miao eram serem dotados de asas, extremamente agitados, numa época em que os seres do céu viviam em contato constante com os homens na Terra. As lendas afirmam que os miao entraram em choque com o "Senhor do Alto", perderam suas asas e foram exilados, por volta de 2400 a.C. É mais uma das lendas apresentadas por alguns pesquisadores como possível evidência da presença de **extraterrestres** no passado remoto do planeta.

MIARARÉ

Lagoa localizada no alto Xingu, onde foram encontrados objetos pertencentes a uma civilização ainda desconhecida.

Segundo Orlando Villas-Boas, que conheceu bem o local e os mitos a ele associados, até meados dos anos 70 não havia sido realizada qualquer pesquisa mais profunda sobre os objetos. Para os índios da região a lagoa é local proibido, perigoso, e apenas os pajés poderosos podem mergulhar ali. Pedaços de cerâmica, pratos e outros utensílios de metal, alguns com gravações desconhecidas das populações locais, fazem parte dos achados.

Villas-Boas também se referiu a mais de uma dezena de valetas encontradas na região do alto Xingu, algumas delas com vários quilômetros de extensão, com o formato de meia-lua, chegando a atingir 5 ou 6 metros de profundidade.

Os pesquisadores e arqueólogos brasileiros enviados ao local não viram necessidade de estudos mais aprofundados, mas pesquisadores estrangeiros pareceram se interessar por tudo o que foi encontrado na região. Por toda a região da **Serra do Roncador**, nas proximidades, foram encontrados traços dessas cerâmicas, em quantidades às vezes tão assombrosas que impediam a passagem dos animais de carga.

Essas descobertas fazem parte de uma série de achados arqueológicos muito pouco explorados e estudados no Brasil, a não ser por alguns poucos especialistas como **Peregrino Vidal**, **Silva Ramos** e outros, que levantaram a possibilidade de que, em tempos pré-colombianos, tenha existido no Brasil uma colonização vinda da Suméria e de outros pontos do Oriente Médio e Egito, ou até mesmo da **Atlântida**. Uma das teses levantadas se refere à existência de um grande reino amazônico chamado **Mairubi**.

MIRABELLI, CARMINE (1889-1951)

Médium brasileiro, considerado entre os maiores do mundo, apresentando fenômenos de **levitação**, materialização, **clarividência**, **precognição** e outros.

Mirabelli teve uma vida bastante complicada, e desde jovem teve problemas com os seus poderes paranormais. As pessoas entenderam que os transes e problemas físicos que acompanhavam os fenômenos eram caso de loucura, e ele esteve internado no Juqueri, em São Paulo, até que Franco da Rocha percebesse que não se tratava de um caso de doença mental.

O leque de fenômenos aos quais está associado chega a ser raro nos médiuns conhecidos no mundo. Também era capaz de pintar quadros dos mestres da arte, sem que jamais tivesse visto qualquer deles, uma vez que era homem de pouquíssima cultura.

Os fenômenos de materialização que proporcionou estão entre os mais surpreendentes já registrados na história da **parapsicologia**, e a levitação era algo que ocorria com uma facilidade espantosa.

Pesquisadores da Europa se interessaram por ele e foi convidado a viajar ao continente, onde foi pesquisado por cientistas de renome e jamais acusado de fraude. Diz-se que, mesmo quando não se encontrava em transe, era comum ocorrerem os fenômenos ao seu redor, como móveis que se moviam, objetos se quebrando ou voando. Também realizou inúmeros trabalhos de psicografia, escrevendo em mais de trinta idiomas, alguns deles idiomas mortos.

Na época, Mirabelli também sofreu muito devido à incompreensão popular, tendo sido espancado por um grupo de populares em São Vicente, vaiado em São Paulo, e tendo sua casa apedrejada.

MIZ TLI TLAN

Juntamente com **Aurora** e **Erks**, é uma das três cidades a que se refere **José Trigueirinho** Netto e outros sensitivos brasileiros com relação à atuação de seres **extraterrestres** em nosso planeta.

A cidade subterrânea de Miz Tli Tlan estaria localizada em algum ponto dos Andes peruanos e seria um dos Espelhos Maiores, ou seja, um ponto de comunicação cósmica envolvendo as cidades intraterrenas, as naves espaciais e as galáxias de onde essas naves vieram. Seria a principal cidade na Terra, recebendo as diretrizes e a forma de atuar no planeta diretamente de um Governo Celeste Central, ocupando assim o lugar da antiga **Shamballah**, que estaria entrando num período de vigília.

Nessa cidade viveriam três raças diferentes, incluindo a cósmica ou extraterrestre, a intraterrena propriamente dita e a raça da superfície. Seu nome, num suposto idioma Irdin – uma linguagem cósmica –, significaria "homens sábios". A história da cidade recua quarenta mil anos, para a época em que uma raça de seres inteligentes vivia na Terra, tendo atingido um fantástico desenvolvimento científico e tecnológico que levou à destruição de quase tudo o que existia na superfície do planeta, de modo que os sobreviventes recuaram para o interior e prosseguiram em seu desenvolvimento, mas então se dedicando ao estudo e à utilização de outras fontes de energia, não destruidoras como as que utilizavam então, e que têm como origem o próprio universo.

MOAIS

Ver Ilha de Páscoa

MOHENJO-DARO

Sítio arqueológico situado no Paquistão, cerca de 350 quilômetros ao norte de Karachi, e a oeste de

Sukkur, no rio Indo. Diz-se que tem mais de quatro mil anos de existência, localizando-se originariamente em duas ilhas do rio Indo.

Alguns arqueólogos, especialmente os não-ortodoxos, chegam a afirmar que Mohenjo-Daro foi vítima de uma destruição não natural, com geração de calor tão intenso que teria derretido os fragmentos de cerâmica. Não existem vestígios de qualquer tipo de erupção vulcânica. Os estudiosos mais arrojados falam de uma destruição atômica que teria ocorrido no local, cerca de dois mil anos antes de Cristo, o que ligaria o local à história bíblica sobre **Sodoma e Gomorra**, e também à possível atuação de **extraterrestres** no planeta. Diz-se também que muitos esqueletos humanos foram encontrados no local e arredores, em posições que indicam terem sido pegos de surpresa pela catástrofe.

MONSTRATOR

Assim como inventou um nome para o suposto mundo dos seres pequeninos, **Charles Fort** também inventou um nome para o mundo dos **gigantes** – Monstrator – ligado às evidências de acontecimentos insólitos coletadas por ele durante anos e apresentadas em ***O livro dos Danados***, onde se supõe a interferência de seres **extraterrestres** em nosso planeta.

MONTANUS, ARIUS

Estudioso espanhol, autor da chamada *Bíblia Poliglota*, editada entre os anos de 1569 e 1573.

Em 1571, ele publicou um mapa-múndi onde deixava claras suas idéias a respeito do povoamento do continente, levantando a proposta de que a América tinha sido colonizada pelo povo de Jectão, bisneto de Sem, filho de Noé. Um dos líderes teria sido um homem chamado **Ophir**, que se dirigiu com um grupo para o noroeste da América do Sul, alcançando depois o Peru. Outro teria sido Jobal, que permaneceu no Brasil. Vários estudiosos desenvolveram teses semelhantes, como Manassés ben Israel, lorde Kingsborough, o sacerdote Duran e Gregório Garcia (em 1607), prosseguindo também até 1900 com as teses do padre De Roo.

Mais recentemente, outros estudiosos, como **Peregrino Vidal**, desenvolveram teses semelhantes sobre a origem dos antigos colonizadores da América. A noção parece ligar-se igualmente às propostas apresentadas, de forma mística ou religiosa, em ***O Livro de Mórmon***, e à idéia da existência do reino de **Mairubi**.

MONTE ALBAN

Localidade no México onde se descobriu uma gravação em rocha, imediatamente ligada à história dos insólitos. Os pesquisadores acreditam poder relacionar os desenhos à estrutura de um avião, um desenho técnico mostrando hélices e o motor de um objeto voador. Os desenhos são considerados completamente alheios à arte local maia ou olmeca, o que levou os estudiosos do assunto a conjecturar sobre a possibilidade desses aparelhos terem sido de desenvolvidos por uma civilização anterior. Teriam causado tamanha impressão nos povos posteriores que eles resolveram gravar na pedra.

De alguma forma, essa interpretação está ligada às idéias de que os povos da América Central e alguns na América do Norte, como os **hopi**, teriam sido levados para lá por seres – possivelmente **extraterrestres** – que se deslocavam com aparelhos voadores.

Na parede de um templo também surge a representação de um ser com cabeça de elefante em corpo humano. Como a localidade foi datada em cerca de 600 a 100 a.C., é evidente que os construtores não poderiam conhecer o elefante, animal que, pelo menos nessa época, não existia no continente americano. Há um sem-número de explicações para esse caso, até a de que os mamutes teriam atravessado o estreito de Behring, assim como os seres humanos. Mas as datas não coincidiriam, uma vez que essa travessia teria ocorrido cerca de 12 ou 15 mil anos atrás.

Representações de seres semelhantes, com trombas, também surgem em alguns outros sítios arqueológicos da América, como em Tikal, na Guatemala.

Alguns pesquisadores do insólito observaram o detalhe de que a tromba de alguns desses seres terminam numa espécie de saliência colocada sobre o peito, e ainda carregam uma espécie de caixa às costas, de modo que não se parece tanto com uma tromba, mas sim com uma mangueira, o que remete mais uma vez às noções sobre a presença de seres extraterrestres no passado remoto do planeta, assim como a civilizações superiores, ainda desconhecidas em sua totalidade pelo homem moderno.

Outras gravações de objetos e seres impossíveis de serem conhecidos pelas populações da época também foram encontradas na América, como as **Pedras de Ica**, ou em **Acambara, Morona-Santiago** e **Marcahuasi**.

MONTE ALTO

Localidade da Bahia onde se encontra uma das "cidades perdidas" do Brasil, no sítio chamado Riacho das Pontas, na vertente do rio Verde Grande. Muitos especialistas e arqueólogos não têm certeza de se tratar de ruínas propriamente ditas ou de formações naturais. Ao que parece, existe um alinhamento de pedras com cerca de um metro e meio de altura, seguindo ao longo de um quilômetro. Próximo, encontram-se as ruínas propriamente ditas, algumas dando a impressão de construções bem grandes, de pedra, e essa é a impressão transmitida por Angyone

Costa em seu livro *Introdução à arqueologia brasileira*, entendendo que ali havia uma cidade não citada pelos cronistas.

Grande número de estudiosos acredita que existe de fato uma cidade em ruínas no local e que ela deve estar relacionada com a possível colonização da América, milhares de anos antes do descobrimento europeu, com a vinda de levas de povos do Oriente Médio, norte da África ou mesmo da **Atlântida**.

Pesquisadores como **Peregrino Vidal**, **Silva Ramos** e outros antes deles, como **Arius Montanus**, levantaram essa hipótese, que até hoje é seriamente discutida por muitos. É ainda provável que essa cidade tenha alguma relação com a cidade à qual se referiram os aventureiros e exploradores que, em 1753, teriam percorrido o interior da Bahia à procura das Minas do Muribeca, avô do bandeirante Robério Dias e descendente da índia Paraguassu.

Num manuscrito de autoria desconhecida, que ainda se encontra guardado na Biblioteca Nacional, falava-se da descoberta das ruínas de uma cidade muito antiga, aproximadamente na mesma região da Bahia, na Serra do Sincorá.

A descrição relatada informa que por três horas ele atravessou uma espécie de longo túnel, sempre subindo, após o quê, encontrou uma grande cidade, cercada por muros enormes e com uma única entrada, com três arcos gigantescos de pedra. Na cidade propriamente dita, havia palácios e construções elaboradas, com alguns caracteres inscritos, que ele chegou a copiar e que, mais tarde, teriam sido identificados com o grego arcaico. No entanto, uma descrição como essa não bate com o que pode ser verificado no local, e uma cidade assim não poderia ter sido destruída pela natureza em tão pouco tempo.

MÓRMON

Ver ***O livro de Mórmon***

MORONA-SANTIAGO

Província do Equador onde o cientista Juan Moricz encontrou, em 1965, um incrível sistema de túneis subterrâneos repletos de peças de pedra e metal, além de chapas com gravações de símbolos e escritas. O sistema de túneis se encontra a mais de 200 metros de profundidade, variando de tamanho, desde passagens estreitas até salões capazes de abrigar um avião, escavados na rocha e sempre em ângulos retos. Um dos salões teve suas proporções medidas em 110 por 130 metros. Ao que se conta, existe no local uma série de objetos construídos em ouro e milhares de chapas de metal, com um milímetro de espessura e cerca de 96 por 48 centímetros de tamanho, com inscrições numa linguagem ainda não decifrada.

Como ocorre com as **Pedras de Ica** e outros documentos encontrados no continente americano – como em **Acambara, Marcahuasi** e **Monte Alban** – uma pedra está gravada com a representação de um animal pré-histórico, conhecimento que os incas não poderiam possuir.
Também existem placas de ouro com gravações de **pirâmides** e de elefantes, outro animal há muito desaparecido do continente.

MORONI

Ver ***O Livro de Mórmon***

MORTON, THOMAS GREEN (1947-)

Thomas Green Morton de Souza Coutinho, um **médium** brasileiro de poderes fora do normal. Segundo ele mesmo explica, recebeu seus poderes depois de um incidente aos 12 anos de idade, quando estava pescando à beira de um rio e um raio atingiu a vara de pescar. Diz-se que, nessa ocasião, ele levitou e foi cercado por luzes que surgiam de uma nuvem escura, enquanto uma voz lhe dizia que estava recebendo os poderes mentais superdesenvolvidos.
Seus dons estão entre os mais impressionantes da história dos fenômenos paranormais, como entortar objetos, ver através da matéria, duplicar objetos, transformar quimicamente objetos. Diz-se que, em entrevista concedida diante de câmeras de televisão, ele teria conseguido reviver um pássaro recentemente morto. Sua fama se espalhou pelo mundo inteiro, tendo sido objeto de alguns estudos no campo da **parapsicologia**, e algumas vezes acusado de fraude. Ficou ainda mais conhecido por seu Núcleo de Energização e Mentalização, e pela saudação Rá, o que ele chamou de "cumprimento cósmico", uma forma de energizar as coisas e pessoas.
Não são poucas as testemunhas dos feitos de Morton, inclusive diante de câmeras de televisão. As pessoas que tiveram um contato mais pessoal com ele dizem que é comum o surgimento de bolas de luz, coloridas, em vários tamanhos, que o acompanham por toda parte, podendo surgir repentinamente.
Para muitos, o acontecimento que lhe proporcionou os poderes está relacionado à atuação de seres **extraterrestres** e ao surgimento de um **OVNI**. Na verdade, depois do impacto inicial, o próprio médium começou a se referir à presença de extraterrestres que estariam em contato com ele.

MOSES, WILLIAM STANTON (1839-1892)

Médium e sensitivo, fundador da Associação Nacional Espírita Britânica. Suas capacidades só foram descobertas por ele por volta de 1870, quando começou a estudar o **espiritismo**.

Os fenômenos que apresentou foram de vários tipos, mas os mais impressionantes foram os de **levitação** e a passagem da matéria através da matéria, conhecido também como **aporte**. Como todos os médiuns ligados ao espiritismo, dizia estar em comunicação com os **espíritos** dos mortos, dos quais reproduzia as vozes. Tinha um espírito-guia principal, a quem chamava de Groyon, e também reproduzia os sons de instrumentos musicais, com grande clareza e intensidade.

MOTHER SHIPTON (1488-1561)
Nome pelo qual era conhecida Ursula Sontheil, uma das maiores profetisas da história. Viveu numa caverna em Knaresborough, no Yorkshire, e se diz que previu o surgimento do automóvel, do telefone e do submarino. Possuía uma deformidade de nascença e uma mente muito ágil, tendo sido conhecida em toda a Europa. Os versos que compunha para falar sobre o futuro eram, em alguns casos, bem claros, não deixando qualquer dúvida a quem os lê hoje em dia.

MOVIMENTO I AM (EU SOU)
Movimento com características místicas, fundado nos Estados Unidos em 1930 por Guy W. Ballard (1878 – 1939), e que existe ainda hoje. Segundo Ballard, tudo começou quando ele encontrou Mestre Saint Germain numa floresta próxima ao monte **Shasta**, na Califórnia. Ele disse ter recebido poderes divinos, e suas idéias eram uma mistura de teosofia com as noções da existência de civilizações subterrâneas, **OVNIs** e a influência oculta das cores. Provavelmente foi daí que surgiram as lendas sobre o monte Shasta.

MU
Ver **Lemúria**

MUKARIB
Ver **Hadramaut**

MULHER DE AZUL
Ver **duplo**

MÜLLER, CATHERINE-ELISE
Ver **Hélène Smith**

MYRINA
Ver **Amazonas**

NAACALS

Segundo James Churchward, que pesquisou a existência da **Lemúria** e que foi tido como louco por muitos, os Naacals eram os Irmãos Sagrados, uma irmandade religiosa de Mu, enviada às suas colônias com a intenção de ensinar as escrituras sagradas, religião e ciências.

NÁIADES

Ver **ondinas**

NAN MADOL

Ruínas famosas e gigantescas situadas na minúscula ilha de Temuen, nas ilhas Carolinas, no Pacífico. Foram descobertas em 1595, quando navegadores portugueses chegaram ao local. As construções são em basalto, aparentemente retirado da ilha maior, Ponape, ainda que os problemas técnicos para realizar o transporte ainda não tenham sido resolvidos. A cidade é considerada incomum, uma vez que não apresenta características de um forte para defesa e qualquer tipo de elementos artísticos como ilustrações, relevos etc. A cidade vai além da ilha, realmente pequena, com suas construções entrando pelo mar.
Diz-se que mergulhadores chineses e, depois, escafandristas japoneses mergulharam na região de Ponape, descobrindo grandes riquezas no fundo do mar em metais preciosos, pérolas e prata em barras. Retiraram platina do que se dizia serem esquifes.

Outros mergulhadores trouxeram relatos que se confundiam com as lendas locais, dizendo terem visto estradas de pedras, abóbadas e colunas. As lendas locais falam de um dragão que habitava a ilha e que, ajudado por um mago, fez com que os blocos de basalto voassem de uma ilha para outra, realizando a construção.

Para muitos pesquisadores essas ruínas estariam ligadas à existência, em tempos remotos, do continente da **Lemúria**, assim como se fala também de uma relação com a **Ilha de Páscoa**.

NAREAU

Deus que surge nos relatos levantados por Von Däniken em Kiribati, um conjunto de ilhas antigamente conhecidas como ilhas Gilbert, na Micronésia. Nareau é o "criador", que teria vindo à Terra voando, sozinho e "dormindo pelo universo", sem que se saiba qual sua origem. Nareau foi acordado de seu sono por um "ninguém", e descobriu que abaixo de si havia a Terra e o céu juntos. Descendo à terra e estando sozinho, sem homens ou animais no planeta, resolveu criar Nareau Tekikiteia, que significa "Nareau, o sábio", que ficou na Terra e criou os primeiros seres racionais. Como o Deus cristão, Nareau criou o ser de uma mistura de argila.

A narrativa é vista como um dos exemplos da possível presença de **extraterrestres** no passado remoto do planeta, presença registrada pelos primitivos habitantes na forma de deuses incompreensíveis e poderosos.

NAVIOS FANTASMAS

As histórias de navios fantasmas são numerosas e surgem em várias partes do mundo. Relatos sobre navios que encontram outros navios abandonados no meio do oceano, sem a tripulação, mas ainda com todos os objetos pessoais à vista, existem em diversas versões. Às vezes, espectros de navios antigos são vistos flutuando acima das águas ou mesmo alto no céu, como foi observado em 1928 por uma equipe de cinegrafistas, no Marrocos: uma frota inteira de navios antigos se deslocava do oceano Atlântico em direção ao Saara, mas através do céu, como se voassem.

Quando foi feita uma pesquisa a respeito das bandeiras que os navios traziam, descobriu-se que se tratava do tipo de navios utilizados pelas esquadras da Espanha e de Portugal no século XIV.

Já foram observados navios fantasmas surgindo nos locais exatos onde ocorreram acidentes graves no passado, numa repetição de um fato exatamente da forma como já foi verificado em aparições de **fantasmas**, nas chamadas **casas assombradas**. O mais famoso desses navios fantasmas era o **Holandês Voador**.

NAZCA
Região do Peru e palavra que designa, na arqueologia, um período da cultura local, com sua capital geralmente situada em Cahuachi, no baixo rio Nazca.
Até por volta de 1939, eram desconhecidos os desenhos existentes no local e que acabaram despertando a atenção do mundo inteiro. Nessa época, foram realizadas pela primeira vez observações aéreas do vale Palpa, percebendo-se então as inscrições e desenhos realizados no chão rochoso, num terreno plano com cerca de 60 quilômetros de comprimento por 2 de largura. São linhas traçadas com exatidão, representando figuras geométricas perfeitas, linhas paralelas, e outras formando figuras de animais e outros seres, com objetivo que até hoje não foi definido.
Alguns pesquisadores, como Erich von Däniken, também relacionaram os desenhos com aquele existente na baía de Pisco, o chamado **Candelabro dos Andes**, ou Tridente dos Andes, igualmente escavado na rocha e que apontaria diretamente na direção dos desenhos de Nazca, o que posteriormente se verificou que não ocorria.
Recentemente, alguns arqueólogos insistiram na idéia de que os desenhos eram perfeitamente possíveis de serem realizados pelos povos locais, em época não muito remota, utilizando-se de técnicas que se presume já fossem conhecidas. De qualquer forma, como quase tudo o que existe em termos de arqueologia na região andina, Nazca permanece como um ponto ainda a ser desvendado na história da humanidade.
Para alguns pesquisadores, os desenhos encontrados representam a visão que os nativos da região tinham das constelações na época. Assim como, hoje em dia, vemos uma série de figuras formadas pelas estrelas, eles também teriam feito o mesmo, registrando-as no solo. No entanto, essa proposta não explica a existência das inúmeras linhas retas e tampouco a forma como essa obra foi realizada. A idéia que circulou com bastante força entre os pesquisadores que defendem uma versão alternativa para o passado do planeta é a de que as linhas seriam sinais para o pouso de naves espaciais **extraterrestres**, idéia rejeitada com alguma veemência por grande número de investigadores, para os quais seria um absurdo imaginar que naves espaciais, com tecnologia para realizar viagens interplanetárias ou intergalácticas, precisariam de sinais para localizar um alvo no solo.
Outros pesquisadores complementam a noção de que os desenhos representam figuras celestes afirmando que as linhas retas poderiam ser caminhos entre os locais sagrados, locais onde seriam realizados

determinados rituais. Contra essa hipótese foi levantado o fato de que nenhum altar, templo ou qualquer registro da existência desses supostos lugares sagrados foi encontrado. Permanece a noção de que os desenhos teriam sido realizados para serem vistos do alto, o que pode ser confirmado pelo fato de só terem sido descobertos durante uma expedição aérea e que, assim sendo, teriam sido feitos para os "deuses", que vinham do céu.

NEFELIN

Anjos caídos, **gigantes** ou titãs, conforme a fonte ou os estudiosos que a eles se referem, uma raça poderosa surgida depois que os anjos caíram ou desceram à Terra sobre o monte Hermon, depois que se tornaram presas do desejo.

Formavam uma raça poderosa e também eram chamados de titãs, como cita **Julius Evola** e como são descritos no *Papiro de Gizé*, e com uma natureza sobrenatural que permitia que escapassem à percepção material, como são descritos no *Livro de Enoch*, de tal forma que não necessitavam de comida ou água. Esses nefelins teriam revelado aos homens todo o conjunto de conhecimentos antigos, dos segredos dos metais aos segredos dos astros. Para Evola, foi deles que derivaram as artes do hermetismo, ou hermética, e da alquimia, enquanto outros pesquisadores ligam-nos imediatamente às noções da presença de seres **extraterrestres** no passado remoto da Terra.

NEREIDAS

Ver **ondinas**

NEWBROUGH, JOHN BALLOU

Ver ***Oahspe***

NINFAS

Paracelso disse que as ninfas estavam ligadas ao elemento água, o que as confunde com as **ondinas**. Outros relatos citam ninfas da água e da terra. Outra categoria, as hamadríades, morava nas árvores, que protegiam, e morriam quando elas morriam. Eram representadas como mulheres lindas e jovens, e o simples fato de observá-las podia provocar a loucura.

Estão ligadas aos elementais protetores da natureza. Uma série de pesquisadores entende que os elementais, assim como uma série de outros seres semelhantes, como as **fadas**, **gnomos**, **duendes** e **elfos**, seriam habitantes de uma dimensão paralela à nossa, um mundo à parte onde as leis físicas são diferentes daquelas válidas para o nosso mundo ou dimensão.

Em algumas ocasiões, algumas pessoas poderiam ver esses seres, e eles poderiam vir para o nosso mundo através de **passagens dimensionais**.

NIRVANA

Ver **reencarnação**

NIXON, ROBERT (1467-)

Profeta nascido em 1467, filho de camponeses pobres, sem qualquer instrução e com alto grau de debilidade mental.

Repentinamente, começou a ver acontecimentos futuros e distantes com uma clareza que assombrou a todos. A história acabou comprovando suas declarações sobre as visões da guerra civil na Inglaterra em 1642, o grande incêndio de Londres em 1666 e a Revolução Francesa.

Diz-se que, em 1485, previu a vitória de Henrique VII sobre Ricardo II, ocorrida naquele mesmo dia, e foi chamado à corte do novo rei. Profetizou que iria ser preso e morreria de fome, apesar de ser favorecido pelo rei devido às suas profecias, o que acabou acontecendo quando os cozinheiros prenderam-no num aposento, na ausência do rei, e se esqueceram dele. Pode ser descrito como um caso relativamente comprovado de **precognição**, ainda que na época não existisse a **parapsicologia** ou qualquer forma de averiguação científica dos acontecimentos citados.

NOMOS

Segundo os **dogons** – povo que habita na região de Bandiagara, no Mali, na África – os nomos eram os seres anfíbios que vieram em suas naves da estrela **Sírius**, descendo na região e transmitindo seus conhecimentos ao povo local, conhecimentos que eles guardam até hoje.

A tradição local narra com detalhes a chegada de uma "arca", que se chocou contra o solo e, posteriormente, foi levada pelos seres para um local e recoberta com água. As narrações são tidas pelos estudiosos da questão como mais uma entre as inúmeras indicações de que seres **extraterrestres** agiram no planeta, séculos atrás, influenciando a formação de diversas civilizações.

As histórias relatadas apresentam certa semelhança com os relatos sumerianos e babilônicos a respeito dos **akpalos** e do ser chamado **oannes**, que também mantinha uma relação com o mar e era tido como uma espécie de animal inteligente.

NOSTRADAMUS (1503-1566)

Michel de Nostre-Dame. O mais conhecido dos visionários, ainda hoje muito discutido. Nasceu em St. Remy, na França, tornou-se médico, astrólogo e iniciou suas **profecias** em 1555, colocando-as em quadras, às vezes de interpretação dúbia, mas em alguns casos bastante fáceis de serem relacionadas com alguns dos maiores acontecimentos da história após sua morte. Nostradamus chegou a citar o nome de personagens famosas envolvidas em tais acontecimentos, aproximando-se do nome verdadeiro de tal forma que chega a assustar até os mais crédulos.

Além dos estudos de medicina na universidade, sabe-se que era um grande conhecedor de plantas e minerais. Diz-se que realizou curas milagrosas durante os anos da peste, a qual combateu ferozmente, viajando de cidade em cidade.

As profecias receberam o nome de *Centúrias*. As previsões se estendem até nossos dias, ou melhor, até o final dos tempos, quando a Terceira Guerra destruirá a humanidade, ainda que alguns estudiosos entendam que essa interpretação é exagerada e que Nostradamus, na verdade, se referia a acontecimentos do seu tempo e não do futuro longínquo.

Dizem também que Nostradamus previu com exatidão a sua própria morte, registrando-a nas *Centúrias*. Apesar das dúvidas quanto às interpretações que se referem a acontecimentos recentes da história, também são muitos os estudiosos que não têm qualquer dúvida a respeito de sua veracidade, o que comprovaria um dos casos mais fantásticos de **precognição** já registrados.

NOVA CALEDÔNIA

Ilha situada a leste da Austrália onde foram feitas descobertas arqueológicas ainda inexplicadas e que, segundo alguns pesquisadores do insólito, não se enquadram na história conhecida da ocupação humana na região. São cilindros de 1 a 1,75 metro de diâmetro por 1 a 2,50 metros de altura, feitos de argamassa bastante dura. Testes realizados com carbono **14** forneceram datas que vão de cerca de 5000 a 10000 anos a.C., o que representa uma época no mínimo três mil anos anterior à chegada dos primeiros homens na região, segundo se crê.

Na ilha dos Pinheiros, ao sul da ilha maior, também foram encontrados muitos desses cilindros. Ao que se sabe, jamais foram encontradas explicações plausíveis para sua presença na região. Alguns investigadores entendem que a ilha pode fazer parte de um grupo imenso de ilhas que representariam os últimos resquícios do continente submerso da **Lemúria**.

NOVE DESCONHECIDOS

Uma lenda, citada por Bergier e Pauwels. Segundo dizem, a lenda remonta aos dias do imperador Açoca, ou Asoka, que governou a Índia a partir de 273 a.C., responsável pelo crescimento do culto budista na Índia, Malásia, Ceilão e Indonésia. Ele foi o fundador do que os autores chamaram de "a mais poderosa sociedade secreta do universo", justamente a dos Nove Desconhecidos.

Diz-se que durante seu reinado a ciência da natureza passou a ser secreta, para impedir que os homens utilizassem a inteligência de forma prejudicial, tamanho o seu horror à guerra e às matanças, das quais já havia participado e patrocinado. Essa lenda diz que nove

homens têm acesso a todo o conhecimento acumulado ao longo dos séculos e, ainda hoje, são consultados sobre os destinos da nação.
Seu objetivo máximo é não deixar que os meios de destruição caiam em mãos profanas e dar prosseguimento a investigações que possam trazer algo de bom para a humanidade. Não são imortais, mas seus lugares são constantemente renovados. Quase não existem manifestações visíveis da atuação dos Nove Desconhecidos, mas são citados os casos do papa **Silvestre II**, que viajou à Índia, onde teria travado contato com conhecimentos fabulosos, e da obra de **Jacolliot**, cônsul da França em Calcutá e tido como autor de uma obra de antecipação comparável ou superior à de Júlio Verne.
Ao que tudo indica, a primeira divulgação da história dos Nove Desconhecidos ocorreu com a publicação de um romance/inquérito de Talbot Mundy, em 1927, onde o autor afirma que esses regentes invisíveis do mundo realmente existem e que mantêm um registro, uma série de arquivos, contendo todas as anotações efetuadas ao longo dos séculos de existência. Entre os conhecimentos envolvidos nos segredos estão o da guerra psicológica, da esterilização por meio de radiação e libertação da energia, a possibilidade de comunicação terrestre e extraterrestre, além de uma série de conhecimentos a respeito dos movimentos sociais, como a forma de determinar as revoluções culturais e o desaparecimento de civilizações.
As lendas prosseguiram nos tempos modernos, com histórias que diziam que Mao Tsé tung teria sido escolhido por um dos mestres para criar uma nova sociedade na China. Essas noções se assemelham bastante àquelas a respeito dos governantes de **Agartha**, local onde os conhecimentos do mundo estariam sendo mantidos. Também lembra as idéias a respeito da existência, no passado remoto do planeta, de civilizações extremamente desenvolvidas no aspecto científico e tecnológico, possivelmente influenciadas pela atuação de seres **extraterrestres**.

NUADA

Ver **Tûatha-dé-Dânann**

NÚMINOR

Cidade esplendorosa que surge na mitologia dos celtas. A cidade, cujo nome raramente aparece em documentos históricos, teria desaparecido misteriosamente, talvez tragada pelas águas.
Númínor talvez seja mais conhecida hoje em dia pelas obras dos escritores C. S. Lewis e J. R. R. Tolkien, que a utilizaram em suas fantasias, mas também é citada como exemplo de lendas antigas referentes a civilizações fantásticas que teriam desaparecido devido a catástrofes, como no caso da **Atlântida**.

OAHSPE

Nome de um livro cujo conteúdo foi fornecido ao **médium** John Ballou Newbrough, um dentista norte-americano, por volta de 1881/1882. O título completo é *Oahspe: uma bíblia Kosmon nas palavras de Jeová e seus anjos embaixadores*.

O texto, de 890 páginas, teria sido fornecido por um anjo, e contém informações a respeito do continente chamado de Pan, de forma triangular, que teria existido no oceano Pacífico 24 mil anos atrás, e que deveria começar a ressurgir do oceano em 1980. O livro também conta a história dos últimos 72 mil anos do planeta Terra e diz que os seres humanos teriam sido criados a partir da união de **anjos** e de outros seres semelhantes a focas. Portanto, está ligado à noção de que seres **extraterrestres** teriam visitado e colonizado a Terra em épocas distantes, e realmente faz referência a naves espaciais que se materializariam em nosso planeta, vindas de uma "dimensão após a vida".

OANNES

Um ser da mitologia sumeriana, porém relatado por historiadores babilônicos, que se dizia ter vindo do fundo do mar em tempos antediluvianos. Seria um animal dotado de raciocínio, com voz e linguagem humanas. Deu aos homens o entendimento nas letras, ciências e artes, ensinando-os a plantar, dando-lhes conhecimentos geométricos e outras coisas mais. Diz-se que Oannes costumava conversar com o homem durante o dia, e mergulhava de novo no mar durante a noite. Oannes seria o primeiro dos **akpalos** que surgiram na história da Suméria, levando a civilização a um desenvolvimento assombroso num período de tempo muito curto. Alguns estudiosos consideram a possibilidade de Oannes, assim como outros akpalos, terem sido **extraterrestres** de natureza anfíbia, que ensinaram ao povo da região.

Depois de Oannes, outros seres voltaram a surgir entre o povo da Suméria para intensificar e aprofundar os ensinamentos que Oannes teria deixado de forma superficial. Esses seres teriam surgido durante a dinastia dos reis antediluvianos, num período que compreendia, segundo os cálculos da época, 432 mil anos.

Também na Suméria surgiram relatos a respeito de um deus civilizador, **Enki**, que tinha sua morada sob o mar, assim como na África, entre a tribo **dogon**, é conhecida a história a respeito dos **nomos**, seres de aparência anfíbia que teriam vindo de **Sírius**.

OCEÂNIDES

Ver **ondinas**

OCUPANTES DE CORPOS

A noção dos ocupantes de corpos, também conhecidos por algumas pessoas como "entrantes", está diretamente relacionada com noções desenvolvidas pelos estudos do **espiritismo, reencarnação**, assim como da presença de **extraterrestres** na Terra.

Os ocupantes de corpos seriam **espíritos**, ou entidades espirituais pertencentes aos níveis mais elevados que, desejando vir à Terra para realizar determinadas missões, e não desejando perder tempo com o processo de reencarnação – o que implicaria ter de passar toda a infância na Terra, esperando o momento em que poderiam agir livremente como adultos –, assumem o comando de um corpo adulto, de certa forma trocando de espírito com o atual ocupante do corpo. Esse processo teria algumas vantagens: eliminaria a possibilidade de o espírito se perder durante a infância e juventude quando, segundo se diz, ele estaria mais aberto às influências negativas; também manteria mais vivas as memórias conservadas no plano astral, podendo desenvolver melhor sua missão; as mensagens que esses espíritos tivessem a passar aos habitantes da Terra seriam mais claras do que quaisquer mensagens transmitidas através dos **médiuns**; possibilita ao espírito que vai abandonar o corpo voluntariamente se libertar de um **karma** excessivamente pesado que ele não deseja ou não pode mais carregar. Esses espíritos entrantes também poderiam ocupar o corpo seguindo uma combinação prévia com o espírito que atualmente o ocupa, combinação efetivada no plano astral, ou também poderia ocorrer que um determinado espírito que já passou por diversas vidas terrestres precise apenas passar pelo período de infância e juventude, quando então cede seu corpo para o novo espírito. Em alguns casos a ocupação pode ocorrer de forma não voluntária, como nas pessoas que sofreram ferimentos ou acidentes mortais. Seus corpos seriam então tratados com energias especiais provenientes do plano astral ou espiritual, e depois ocupados pelos novos espíritos. Os antigos espíritos ocupantes partem, então, para uma nova existência no plano espiritual, podendo reencarnar se assim for o caso.

Na Índia antiga, a noção se referia aos avatares, que podiam reencarnar quando assim o desejassem, ou quando entendessem que era necessário para sua missão de elevar o nível espiritual dos habitantes do planeta.

No que diz respeito à atuação dos extraterrestres em nosso planeta, muitas pessoas têm se referido, nos últimos anos, ao fato de que alguns deles estão entrando na Terra através do processo de reencarnação, enquanto outros vêm como ocupantes de corpos, seguindo o mesmo processo descrito anteriormente, uma vez que a maioria desses seres é vista como espíritos superiores, com uma composição física quase imaterial, ou totalmente imaterial, ainda que tenham a possibilidade de manipular a matéria com facilidade.

A noção da reencarnação em diferentes mundos do universo também já estava presente nos primórdios do espiritismo, surgindo na obra de **Allan Kardec**, mas vem recebendo maior atenção nos últimos tempos devido ao aumento de estudos relativos ao fenômeno **OVNI**. Alguns pesquisadores já registraram a presença de grupos de ação formados por extraterrestres, grande parte deles provenientes de **Órion** e **Sírius**, que estariam em nosso planeta trabalhando no sentido de melhorar a energia espiritual das pessoas.

O espiritismo ortodoxo, no entanto, rejeita essa noção, entendendo que a lei do karma tem de ser cumprida e que não faz sentido se imaginar que um espírito possa se desprender de seu karma por considerá-lo muito pesado, assim como não é possível que espíritos considerados superiores retornem à Terra, considerado um mundo inferior e de sofrimento.

OGROS

Ver **trolls**

OKIKURUMI-KAMUI

Antigo deus dos ainos, no Japão. Conta a lenda que ele desceu dos céus e pousou em Haiopira, Hokkaido, a bordo de um "berço brilhante". Depois, ensinou o povo aino e destruiu o deus do mal.

Os pesquisadores vêem nessa lenda uma situação típica de **extraterrestres** agindo em nosso planeta, ainda que a maioria dos cientistas rejeite firmemente a posição, entendendo-a como um exagero sem qualquer base científica.

ONDINAS

Seres lendários, ligados ao elemento água e associados ao feminino. Segundo parece, o termo tem origem nas mitologias escandinava e germânica, representando os gênios femininos das águas. Em alguns momentos, confunde-se com a designação **ninfas**.

Apesar de Paracelso ter limitado as ninfas às águas, existem relatos em que elas se subdividem nos vários elementos. As ondinas se encontram em qualquer curso de água, recebendo nomes diferentes. As do mar são oceânides ou nereidas; as dos rios, náiades. Outros nomes utilizados são: sereias, oriades, limoníades, **fadas** de água e potâmides.

Geralmente são descritas como mulheres jovens, muito bonitas, atraindo os homens com seu canto e sendo capazes de levar à loucura e à morte. As histórias mais conhecidas dizem respeito às sereias, que atraíam os marinheiros com seu lindo canto, e faziam com que arrebentassem os navios nos rochedos. São as mais famosas entre as ondinas, com seu corpo metade mulher, metade peixe.

Também no Brasil, a Iara está ligada ao mesmo tipo de entidades, atraindo os homens que navegam nos rios, e causando sua morte.

Como as ninfas, são consideradas por alguns como seres elementais, como os **elfos**, **duendes** e **gnomos**. Portanto, estariam relacionadas às noções a respeito da ocorrência de níveis de existência diferenciados, dimensões paralelas normalmente invisíveis para os terrestres, mas que poderiam ser atingidas através de **passagens dimensionais**, ou que poderiam ser vistas por algumas pessoas especialmente dotadas, como os **médiuns**.

Como ocorre nos casos em que se verifica a atuação dos **espíritos**, esses elementais também poderiam comunicar-se com a nossa dimensão em momentos específicos.

OPERAÇÃO MAJESTIC 12

Atividade secreta do governo norte-americano que se diz estar ligada aos casos de surgimento de **OVNIs** e de **extraterrestres** em território dos EUA, tendo sido desenvolvida a pedido do presidente Truman em setembro de 1947, pouco tempo depois do famoso caso **Roswell**.

O objetivo do projeto seria o de estudar, secretamente, toda e qualquer informação a respeito de naves alienígenas capturadas em território norte-americano, assim como realizar pesquisas sobre o funcionamento dessas naves.

O acesso às informações seria estritamente restrito, e nem mesmo o presidente teria o nível de acesso MAJ, o grau de segurança considerado o mais elevado da nação. Grande parte das pesquisas estaria sendo realizada, então, no local conhecido como Área 51, no deserto de Nevada.

OPERAÇÃO PRATO
Operação de pesquisa de atividades de **OVNIs** que teria sido realizada de setembro a dezembro de 1977, na Amazônia, sob orientação da Força Aérea, e dirigida pelo coronel Uyrangê Bolivar Soares Nogueira de Hollanda Lima, na época com o posto de capitão.
Segundo as declarações que forneceu preliminarmente em 1985, e em detalhes em 1997, pouco antes de sua morte, uma série de naves não identificadas, provavelmente de origem **extraterrestre**, foi não apenas vista por ele e sua equipe em vários locais da Amazônia, como fotografada e até mesmo filmada, inclusive naves imensas, do tamanho de um prédio, que passavam poucos metros acima da copa das árvores.
Os relatos estão entre os mais impressionantes da ufologia brasileira e mundial, mas as fotos e os filmes foram mantidos em segredo, e ninguém sabe onde podem ter sido guardados, ou se o foram.

OPERAÇÃO URANUS
Ver **Foo fighters**

OPHANIM
Ver **anjos**

OPHIR 1
Um dos sete "berços da humanidade" citados pela Ordem do Graal na Terra. Localizava-se entre a África e a América, e foi uma das últimas partes de **Gondwana** a submergir. Como os demais países tidos como berços da humanidade, Ophir oferecia de tudo aos seus habitantes – primeiro os **babais**, depois os humanos. Os seres humanos tinham pele dourada, cabelos pretos e olhos castanhos. Os outros "berços" seriam: **Marae**, **Tule**, **Arzawa**, **Yoni**, **Avari** e **Tholo**. A idéia de um continente entre a África e a América está relacionada com as histórias sobre a **Atlântida**.

OPHIR 2
Segundo a teoria apresentada pelo estudioso Arius **Montanus** em 1571, Ophir teria sido um dos chefes colonizadores da América, filho de Jectão e bisneto de Sem, filho de Noé, que levou uma parte do povo na direção do atual Peru, onde estabeleceu seu reino.
Ophir também é o nome pelo qual o reino ficou conhecido. O estudioso Onffroy de Thoron voltou a especular em torno da questão, no século passado, e entendeu que

Ophir se situava não no Peru, mas no alto Amazonas, de onde partiam embarcações levando madeira e metais preciosos para o rei Salomão, em Jerusalém.

A noção de que, por volta de 721 a.C. – após a conquista de Israel pelos assírios –, as dez tribos setentrionais que teriam desaparecido da história poderiam ter-se dirigido para a América está relacionada com uma série de teses levantadas por outros estudiosos como **Peregrino Vidal** e com os relatos encontrados em ***O livro de Mórmon***, assim como as lendas a respeito do reino de **Mairubi**.

ORDEM DOS 49

Organização formada em 1977 sob a orientação de Polo Noel Atan com a intenção de realizar uma "ação mental interplanetária", com o objetivo de encaminhar os seres humanos que moram na Terra para realizações maiores e para o contato com os seres **extraterrestres** que já estariam habitando o planeta.

Segundo o relato fornecido por Polo Noel, ele visitou uma cidade subterrânea na cordilheira dos Andes, chamada **Cidade dos Sete Planetas**, onde entrou em contato com seres de sete diferentes planetas que ali se encontravam, dirigindo as ações de diversos extraterrestres que atuam na Terra.

Inicialmente a Ordem foi formada por 49 pessoas, que foram preparadas e instruídas por uma Grande Fraternidade Branca dos Mundos Internos e Subterrâneos, permanecendo fechada a outras pessoas durante alguns anos, até que passasse a receber novos adeptos e ajudasse, assim, na implantação do que chamam de consciência planetária, que irá permitir que os terrestres convivam com os demais habitantes do universo. Assim, cada membro da Ordem passa a ser considerado um "pólo terrestre positivo", unindo suas forças mentais a um número cada vez maior de pessoas.

A narração da visita de Polo Noel Atan à cidade subterrânea está contida num livro que recebe justamente o nome de *A cidade dos sete planetas* onde, entre outras coisas, ele relata a visão de uma série de **OVNIs**, as naves espaciais desses extraterrestres.

ORDEM DO TEMPLO

Ver **São Malaquias**

OREJONA

Uma figura mítica na história antiga da região andina. Ela surge como uma espécie de Eva, a mãe da Terra, que desceu dos céus para o lago Titicaca para dar origem à raça humana.

Segundo as descrições da lenda, ela tinha grandes orelhas (daí o nome Orejona) e mãos com quatro dedos palmados. Sua origem é definida como sendo **Vênus** e sua permanência na Terra, onde gerou uma prole, está relacionada com a cidade de **Tiahuanaco**, onde se diz existirem alguns desenhos de seres com quatro dedos.

Alguns estudiosos do insólito procuram ligar orejona com a **Ilha de Páscoa**, uma vez que as construções ciclópicas da ilha são, às vezes, chamadas de *orejones*, apresentando realmente orelhas enormes e compridas e cabeças estreitas, como se dizia possuir Orejona. Está definitivamente relacionada com as pesquisas que pretendem discutir a possível presença de seres **extraterrestres** na Terra, em tempos distantes, influenciando o desenvolvimento de várias civilizações.

ORGONE

Segundo Wilhelm Reich (1897-1957), o orgone, ou orgônio, é a matéria vital fundamental do universo, que ele afirmou ter descoberto durante suas pesquisas, uma teoria que foi seguida por alguns cientistas e combatida impiedosamente por outros.

Existem explicações diferentes para o que ele chamava de energia orgone. Alguns estudiosos dizem que ele derivou a idéia de sua teoria do orgasmo, por volta de 1935, quando afirmou ter conseguido isolar a energia sexual, um fluido azul que chamou de orgônio, construindo aparelhos capazes de detectar essa energia e curar males. O aparelho era o "condensador de orgone".

Outros estudiosos expandem consideravelmente a interpretação para essa energia. Segundo essa visão, Reich construiu um "acumulador de energia orgone", capaz de extrair orgônio da atmosfera, uma vez que o elemento se encontraria em todas as coisas. Suas máquinas foram utilizadas como meio de cura durante algum tempo nos Estados Unidos, onde ele se encontrava na época, mas ele acabou sendo julgado como um charlatão, e as máquinas, puras fraudes.

Hoje em dia, sabe-se que as acusações tiveram fundo político, uma vez que Reich criticava o capitalismo como fonte de neuroses. Reich foi preso, e morreu na prisão em 1957. A existência da energia orgone, segundo ele, consistia também numa explicação para a presença dos **OVNIs** entre nós, uma vez que a Terra se encontraria no meio de uma guerra entre seres **extraterrestres**, uns hostis outros amigáveis, uns tentando roubar energia orgone da atmosfera do planeta, e outros tentando impedir o roubo.

Ainda hoje, as opiniões a respeito de Reich e sua teoria variam – uns o consideram louco; outros, gênio, mas muitos psicólogos e psiquiatras seguem sua linha de pensamento, inclusive no Brasil.

ORIADES

Ver ondinas

ORICALCO

Ou, segundo algumas versões, orichalco. Citado no Timeu, de Platão, como o metal mais precioso depois do ouro e extraído da terra no continente da **Atlântida**, usado na construção e revestimento de suas cidades, e que fornecia um reflexo semelhante ao fogo.

ÓRION

Ultimamente o nome da constelação de Órion tem estado ligado aos relatos a respeito da presença de **extraterrestres** na Terra, mas já surgiu anteriormente com relação à **Pedra do Ingá**, na Paraíba, onde se diz que pode ser encontrada uma gravação que reproduz com precisão a constelação.

As notícias mais recentes, no entanto, se referem diretamente à presença de alienígenas vindos da constelação e atuando na Terra, alguns assumindo a forma humana, com a qual passam a cumprir suas missões no planeta sem serem reconhecidos, outros ocupando corpos humanos com seus espíritos – como **ocupantes de corpos** – com a permissão de seus antigos ocupantes, que passam a viver como espíritos ou experimentam a **reencarnação** em outros planetas do universo. As informações, que se dizem terem sido fornecidas pelos próprios extraterrestres, apresentam os habitantes de Órion como seres etéreos, sem conhecimento do sexo tal como os humanos o praticam, reproduzindo-se por um tipo de acasalamento espiritual. Podem viajar através de quaisquer distâncias espaciais de forma instantânea e transformar seus pensamentos em matéria.

Dizem que os índios cherokees dos EUA ocuparam um planeta na constelação de Órion por milhares de anos antes de concordarem em vir para a Terra, tendo se instalado inicialmente na **Atlântida**.

O **médium** ou sensitivo brasileiro **João Pio de Almeida Prado** afirma manter contato com seres extraterrestres que residem num local que ele chama de Plataforma de Órion. Ele explica que as plataformas se encontram entre a Terra e um planeta X, e foram construídas por seres de planetas intermediários. São construções físicas, mas com vibração molecular mais rápida, dando a impressão de ser uma projeção mental. Ele afirma já ter visitado uma plataforma, em **corpo astral**, e que a Terra também é uma plataforma, só que de outro sistema. Aqui seria como uma plataforma de estudo e aperfeiçoamento para que, quando abandone a Terra, o homem possa entender a harmonia que é a vida nesses outros lugares e o que significa ser evoluído e sintonizar-se com o todo.

Os seres extraterrestres, apresentados como sendo mais evoluídos, são vistos muitas vezes como **espíritos** elevados, habitando mundos mais desenvolvidos, tanto no sentido físico, tecnológico, quanto no sentido espiritual, comunicando-se com os terrestres através de **telepatia**, enviando suas mensagens a respeito de suas missões na Terra, tentando fazer com que a humanidade evolua espiritualmente, e também se preparando para ajudar no que for possível quando chegar o momento em que ocorrerá uma alteração no eixo do planeta, que irá causar grande destruição.

ORTHON

Ver **George Adamski**

OUIJA

Nome dado a um aparelho, mesa ou prancha, utilizado nas sessões espíritas como forma de facilitar a obtenção de respostas por parte dos **espíritos**.

Geralmente, apresenta-se como uma tábua onde estão escritas todas as letras do alfabeto e as palavras "sim" e "não". Sobre essa tábua se desloca uma placa, com pequenas rodas para facilitar a movimentação. Os participantes da sessão colocam suas mãos sobre a placa, formulando perguntas que são respondidas pelo espírito fazendo com que a placa se desloque para cada letra, formando as palavras-resposta. Em alguns tipos, existe um espaço para se prender um lápis, podendo então se colocar um papel embaixo, de modo que a movimentação da placa forme as palavras e frases.

A variação caseira desse processo é bastante conhecida e popular no Brasil, com as letras do alfabeto sendo escritas em pedaços de papel colocados em círculo e, no centro, um copo emborcado, no qual os participantes apóiam um dedo. O copo se desloca sobre a mesa, indicando as letras que vão fornecer as respostas do espírito às perguntas formuladas.

Alguns estudiosos do método já afirmaram que é bastante fácil uma pessoa do grupo, com experiência na realização das sessões, conduzir a movimentação do copo sem que os demais participantes percebam ou sintam que ele está sendo conduzido à força. No entanto, existem casos bastante impressionantes ocorridos nessas sessões. No **espiritismo**, geralmente a tendência é a de desaconselhar esse tipo de sessão, considerando-a perigosa, uma vez que possibilita um contato direto com forças que não precisam ser, necessariamente, benéficas. Da mesma forma, nem todos os participantes estariam em condições de entrar em contato com os espíritos sem sofrer problemas graves.

Os estudos da ciência indicam um grande número de fraudes nessas sessões, como é comum em quase tudo o que se refere à paranormalidade, mas também entende que em grande número de casos o fenômeno é verdadeiro, ainda que a **parapsicologia** não o atribua à ação dos espíritos, mas sim à manifestação dos fenômenos de percepção extra-sensorial, **telepatia** e outros. Neste caso, o agente poderia ser uma pessoa participante da sessão, que forneceria as respostas, mesmo inconscientemente.

OVNI

Sigla para Objetos Voadores Não Identificados. Dificilmente algum fenômeno pode disputar com o fenômeno OVNI como o mais insólito do século, se não de toda a história conhecida do planeta. Apesar de sua existência já ter sido confirmada por inúmeras vezes e das mais diversas formas – inclusive com filmes da NASA –, permanece o mistério sobre a origem dos objetos. As explicações mais comuns e populares dizem que se trata de naves espaciais de outros planetas, pilotadas por seres inteligentes. Para confirmar essas afirmações, existem milhares de relatos de pessoas que dizem ter visto os seres, e até mesmo algumas fotos controversas de seres **extraterrestres**. No campo do insólito isso é o que menos interessa, mas sim a sua presença na Terra.
A grande onda de avistamentos de OVNIs começou por volta de 1947, o chamado período moderno de avistamentos, com o encontro do piloto Kenneth Arnold nas proximidades do monte Rainier e monte Adams, nos EUA. Eram nove objetos brilhantes que voavam em formação na velocidade de 2.735 quilômetros por hora. De seu relato aos jornalistas foi que surgiu o termo "prato voador" (*flying saucer*), popularizado nos anos 50 como "disco voador". O termo acabou se tornando pejorativo, uma vez que as pessoas que afirmavam acreditar na existência dos objetos não eram muito bem vistas, e aquelas que relatavam contatos eram muitas vezes tidas como loucas. De qualquer forma, a denominação "disco voador" perdeu a razão de ser quando se começou a fazer um levantamento das narrações de avistamentos e se percebeu que o formato dos objetos podia ser muito mais variado. Não apresentavam apenas o formato de pires, conforme Arnold havia relatado, mas de charutos, nuvens, bolas, cones, cilindros ou apenas luminosidades de forma indefinida.
Costuma-se dizer que o número de contatos aumentou de maneira inacreditável a partir dos anos 50, em todo o mundo, mas os especialistas entendem que seja mais correto se pensar que foi o número de relatos que aumentou. Os contatos já existiriam, mas as pessoas não se davam ao trabalho de falar nisso, nem existiam organismos responsáveis que conversassem com as pessoas

e organizassem o estudo do fenômeno, assim como o desenvolvimento dos meios de comunicação propiciou uma divulgação mais ampla do fenômeno.

No início, as autoridades não confirmavam oficialmente a existência de OVNIs, ainda que, secretamente, estivesse investigando o assunto.

Um fator complicador foi a paranóia típica dos anos 50, a da guerra fria, de modo que não apenas o público, mas os governos e militares levantavam a hipótese de os inimigos estarem desenvolvendo uma nova e poderosa arma. O número de relatos e de livros escritos sobre o assunto aumentou consideravelmente e, como não podia deixar de acontecer, surgiu uma série de cultos de caráter místico, entendendo, de maneira geral, que os seres extraterrestres pilotavam os OVNIs e vinham à Terra com alguma missão especial de salvação do planeta e da humanidade.

Já nos anos 50, a Força Aérea dos EUA iniciou uma série de projetos de investigação do fenômeno, que culminou com o famoso Projeto Livro Azul, muito comentado e elogiado na época. Hoje, por relatórios de cientistas e militares envolvidos no projeto, já se sabe que o projeto era uma farsa que tinha como função primordial desacreditar o fenômeno OVNI e desencorajar as pessoas a acreditar, fazendo com que diminuísse o número de relatos de contatos. Os militares temiam um atravancamento burocrático devido à enorme quantidade de papel envolvido no caso. Falou-se a respeito de um plano dos inimigos, que poderiam parar a máquina burocrática militar apenas com o surgimento de uma grande onda de avistamentos. De qualquer forma, o Livro Azul chegou à conclusão errônea de que o fenômeno não existia, e de que os chamados contatos nada mais eram do que avistamentos de fenômenos naturais estranhos e, em grande número, fraudes das mais grosseiras e mal-intencionadas.

O exame dos testemunhos realmente confirma uma quantidade respeitável de casos de fraude, de pessoas mal-intencionadas ou simplesmente de pessoas que pensavam ter visto uma coisa, quando viram outra. Mas, como vários cientistas relataram – especialmente o Dr. J. Allen Hynek, um dos responsáveis pelo projeto –, sobrou uma porcentagem considerável de avistamentos inexplicáveis, assim como de fotografias que eram comprovadamente reais. De qualquer forma, apesar do relatório da Força Aérea, os avistamentos de OVNIs continuaram a ocorrer em todo o planeta, geralmente seguindo ciclos específicos, períodos em que parece que o fenômeno explode em todo o mundo, e em alguns lugares com mais intensidade do que em outros.

As pesquisas sobre OVNIs evoluíram bastante, e cientistas chegaram a elaborar um mapa-múndi com as zonas de maior incidência de avistamentos. Da mesma forma, muitos governos passaram a declarar abertamente a realidade do fenômeno, e mais de uma vez se soube que aparições em massa dos objetos levaram a Força Aérea de países a entrar em estado de alerta e colocar seus aviões no ar.

O desenvolvimento tecnológico também possibilitou estudos mais apurados do fenômeno. Sabe-se hoje que é comum os OVNIs (ou UFOs) surgirem nas telas de radar ou serem avistados por pilotos de vôos comerciais, que muitas vezes são impedidos de relatar os acontecimentos. Por outro lado, a divulgação sobre o assunto nos meios de comunicação continua falha e, geralmente, sensacionalista.

Apesar de todas as evidências, continua a ser feita a pergunta "você acredita nos discos voadores?", quando já se sabe que não é simplesmente uma questão de acreditar ou não. Para muitos ufólogos, seria o mesmo que perguntar a uma pessoa se ela acredita que o homem desceu na Lua. A questão da existência ou não do fenômeno OVNI deveria ter sido definitivamente encerrada quando a NASA divulgou o filme que mostra uma de suas naves em órbita em torno da Terra, sendo seguida por um objeto não identificado.

Outro desenvolvimento dos estudos relativos aos OVNIs foi o surgimento de investigações que procuram traços da existência do fenômeno no passado remoto da humanidade. A grande divulgação do tema ocorreu em 1968, com o lançamento do livro *Eram os deuses astronautas?*, do jornalista alemão Erich von Däniken, mas na verdade antes disso já existiam pessoas se interessando e pesquisando o assunto, como **Charles Fort**, o autor do clássico ***O livro dos danados***, Robert Charroux e outros. A popularização do tema a partir do sucesso comercial do livro de Däniken levou ao surgimento de centenas ou milhares de livros semelhantes, alguns com propostas sérias, outros com nítidos exageros que chegam a atrapalhar a discussão do tema. Também surgiram milhares de grupos, em todo o mundo, que encaram os OVNIs como enviados celestes, divinos ou semidivinos, que vêm ao planeta com missões as mais variadas. Alguns desses grupos místicos entendem que os seres responsáveis pelos objetos voadores vêm da própria Terra, misturando sua história com as crenças em cidades e civilizações subterrâneas, como a de **Agartha**. Outros falam de viajantes do tempo, vindos da Terra do futuro.

Os descrentes continuam insistindo no ponto segundo o qual, se os objetos existissem e realmente fossem pilotados por extraterrestres, deveriam necessariamente entrar em contato com os terrestres, um contato que não daria margem a dúvida, como pousar suas naves nos centros mais importantes do planeta. É uma contradição que essa posição tenha sido a de alguns cientistas que conhecem mais do que ninguém o perigo da interferência em outros sistemas de vida. Além do pensamento óbvio de que, sem sabermos o que são, quem são, o que pretendem e muito menos qual sua forma de pensar e agir – desde que ela exista – não se pode definir qual seria a atitude mais apropriada que esses supostos seres extraterrestres deveriam ter. Considerar que eles deveriam entrar em contato evidente conosco supõe que eles desejam fazê-lo, ou que eles agiriam da mesma forma que nós. Se nos detivermos apenas nos contatos entre diferentes civilizações ocorridas na Terra, examinando os resultados desses contatos, já teríamos razões suficientes para entender por que prováveis extraterrestres, com uma civilização mais desenvolvida que a nossa, evitariam um contato mais prolongado e óbvio, como alguns pretendem. Alguns estudiosos do assunto ampliam a posição defendida por Däniken e outros, entendendo que os extraterrestres e seus OVNIs não apenas têm visitado a Terra desde tempos remotos, mas que eles, de alguma forma, são responsáveis pelo desenvolvimento da vida inteligente no planeta. Os investigadores mais sérios entendem que, no presente, os estudos deveriam dirigir-se à decifração do que são exatamente os OVNIs, uma vez que sua existência já está comprovada, mas não é bem isso o que ocorre, uma vez que o assunto desperta posições bastante apaixonadas e extremadas. Um dos pontos extremos é a famosa "paranóia" de alguns grupos que estudam o fenômeno – e que muita gente séria diz não ter nada de paranóia – seguindo o pensamento de que os EUA já teriam entrado em contato com os seres extraterrestres e saberiam muito sobre suas atividades no planeta, preferindo, no entanto, manter o conhecimento do fato escondido, o que não é tão difícil de se aceitar, sabendo-se a tendência que os órgãos de investigação norte-americanos têm para esconder fatos do público.

Ultimamente vem se destacando cada vez mais a noção de que os supostos seres extraterrestres que pilotam os OVNIs não são, necessariamente, amigáveis. São cada vez mais numerosos e mais divulgados os casos de **abduções**, os seqüestros de seres humanos, levados para o interior das naves e submetidos a intervenções cirúrgicas exploratórias nada agradáveis, de pessoas tratadas como gado ou cobaias a bordo das naves. Isso talvez reforce a idéia de que os OVNIs não têm uma mesma origem, pertencendo a diferentes raças de seres alienígenas, com intenções diferentes em relação ao planeta, ou simplesmente indica um novo rumo na visão popular que se tem sobre o fenômeno, como já ocorreu em épocas passadas, quando os OVNIs tanto estiveram associados a invasões do espaço quanto à solução de todos os problemas da Terra por meio dos conhecimentos superiores desses seres.

Um dos pontos centrais da discussão a respeito dos possíveis contatos que já teriam sido realizados pelo governo dos EUA é a chamada Área 51, uma base militar secreta cuja existência, até pouco tempo atrás, era desmentida pelos militares. Para lá, fora levada uma nave alienígena que teria caído no território norte-americano em 1947, num dos mais famosos casos de OVNI da história, o caso **Roswell**. Nessa base, os militares manteriam também os corpos dos alienígenas e, segundo alguns ufólogos, manteriam contato amigável com extraterrestres, obtendo deles algumas informações tecnológicas avançadas, fornecendo em troca uma espécie de acobertamento de suas ações de abdução e pesquisas realizadas no planeta. (Ver também **George Adamski, Apolo** (naves), **Sergei Petrovich Bozhich, Foo fighters, Mãe do Ouro, Magonia, Marte, Operação Majestic 12, Operação Prato, Orgone, Paititi, Papiro Tulli, Passagens Dimensionais, Terra Oca, Triângulo das Bermudas, Tunguska, Ummo, Vênus, vimana, viwan.)**

PAEBIRU
Ver **Peabiru**

PAITITI
Ou Paitaiti. Uma cidade lendária dos incas, que se diz estar escondida na Amazônia peruana ou brasileira. Segundo algumas versões da história, a cidade guardaria os tesouros de uma civilização desconhecida à qual pertenceriam as **amazonas**, confundindo-se assim com a mais conhecida lenda do **Eldorado.**
Alguns pesquisadores citam-na como El Gran Paititi, a terra do rei Jaguar, pertencente ao império da Amazônia, onde os ancestrais dos povos incaicos se comunicavam com os seres do céu. Serge Debru foi um dos pesquisadores que mais se dedicou ao estudo do assunto, investigando por mais de dez anos. Ele acreditava que, quando os espanhóis iniciaram sua conquista do Peru, algumas tribos incas teriam fugido para a floresta amazônica, onde construíram Paititi, uma cidade considerada inexpugnável e invisível do céu, com dimensões simplesmente fantásticas, diante da qual Machu Picchu seria pequena.
Debru partiu numa expedição com mais dois exploradores americanos, em 1970, acreditando estar próximo da descoberta de Paititi, mas eles jamais retornaram ou foram encontrados pelas equipes de busca.
Algumas histórias relatadas por fontes de origem desconhecida e tidas como absolutamente secretas

revelam que, no principal templo dos incas, existia um disco de ouro gigantesco, que ficava suspenso por duas cordas de ouro puro presas ao teto. Diante do disco, colocada sob um altar, estaria a chamada "luz eterna", ou Maxin. A função do disco de ouro seria a de curar, sendo utilizado com uma série de espelhos de ouro. E mais, poderia produzir sons de tal natureza que seria capaz de provocar terremotos e alterar a rotação da Terra, assim como transportar pessoas para qualquer lugar que se desejasse, bastando para isso a força do pensamento e os sons adequados, regulados em determinados comprimentos de onda.

Essa aparelhagem científica teria sido trazida pelos fundadores do império inca, colonos das antigas civilizações da **Atlântida** e **Lemúria** e, quando os espanhóis chegaram, o disco foi levado para uma cidade subterrânea e escondido. Seria o caso de se perguntar por quê, com tantos poderes atribuídos a esse objeto, ele não foi utilizado para subjugar os espanhóis e garantir a independência da civilização inca.

Diz-se que uma tal Ordem da Mão Vermelha – segundo alguns, relacionada com a Rosa-Cruz – enviou uma expedição a Paititi em 1957, comandada por um certo Irmão Philippe, tendo-se encontrado ruínas com monumentos enormes e uma escrita em língua desconhecida. A cidade seria simplesmente gigantesca e, nas torres que nela existem, brilharia um cristal de luz branca, que os exploradores chamam de Maxin, uma espécie de central de energia que, segundo dizem, é a mesma usada nos **OVNIs**.

Algumas fontes citam uma cidade chamada Paitaiti com localização ligeiramente diferente. O nome seria traduzido por "país do ouro", e também é citado pelos conquistadores espanhóis, e estaria situada próximo às lagoas de Cuni-Cuni, na nascente do rio Paraguai. Os homens que até lá fossem com o objetivo de obter riqueza não conseguiriam entrar, uma vez que estava guardada por dois deuses: Poromoñángara, o deus criador, e Teyu-Yaguá, o lagarto-tigre.

Em alguns pontos, as histórias se confundem com as lendas e narrativas a respeito de civilizações subterrâneas como a de **Agartha**, ou as narrativas mais recentes a respeito da presença de **extraterrestres**, estabelecidos em cidades subterrâneas da América do Sul, como a chamada **Cidade dos Sete Planetas**, ou ainda **Aurora**, **Erks** e **Miz Tli Tlan**, entre outras menos conhecidas.

A mais recente expedição de exploração da região amazônica em busca da cidade de Paititi começou em 1998, com a chamada expedição Kota Mama, organizada pela Scientific Exploration Society. A idéia do grupo de cientistas e exploradores foi construir barcos de junco, semelhantes ao que se imagina que os incas utilizavam, e percorrer grandes distâncias pelos rios da América do Sul, mostrando que eles poderiam ter expandido seu império mais longe do que se imagina. Com a ajuda dos índios aimarás, da região do lago Titicaca, construíram os barcos e navegaram até o lago Poopó, na Bolívia, como primeira etapa da expedição.

Em 1999, na segunda fase, navegaram pelos rios até o oceano Atlântica. Na terceira fase, em 2001, subiram em direção ao Brasil e, na junção dos rios Madre de Dios e Béni, na Bolívia, encontraram as ruínas de uma cidade, possivelmente inca, com cerca de 400 metros de diâmetro e muros defensivos com mais de 2 metros de altura.

A cidade estava coberta e escondida pela mata, ainda que os moradores locais já tivessem conhecimento dela, atribuindo sua construção ao governante inca Yupanqui. Pelas investigações preliminares, chegou-se a levantar a hipótese de que o local teve uma ocupação prévia, por indígenas não incas, talvez remontando a dez mil anos.

A expedição Kota Mama ainda pretendia, em 2003, provar que os incas poderiam ter atravessado o oceano Atlântico e estabelecido relações com o resto do mundo, inclusive com os egípcios.

PALENQUE

Local onde se encontra o famoso Templo das Inscrições, da antiga civilização maia, uma construção maravilhosa no formato de pirâmide, que é repetido em tantas construções maias.

Uma escadaria leva a uma câmara subterrânea, onde foi encontrada uma gravação em relevo que, hoje em dia, é inevitavelmente associada à imagem de um astronauta colocado em posição de vôo na cabine de uma nave espacial. Parece estar montado numa máquina voadora de alguma espécie, e é possível até mesmo destacar o fogo saindo pela parte traseira do aparelho, o que para alguns pesquisadores é mais uma das centenas ou milhares de possíveis indicações de que seres **extraterrestres** teriam visitado a Terra em épocas remotas e influenciado o desenvolvimento de diferentes civilizações.

Os arqueólogos e historiadores ortodoxos repelem absolutamente essas especulações, encontrando outras explicações para o desenho.

PALLADINO, EUSAPIA (1845-1918)

Uma das mais conhecidas **médiuns** de efeitos físicos de todos os tempos. Paladino foi estudada pelos maiores especialistas da época, produzindo fenômenos surpreendentes, ainda que, muitas vezes, tenha sido flagrada fraudando as experiências, um acontecimento que os cientistas ligados à **parapsicologia** consideram comum.

Entre os fenômenos se destacam os de materialização parcial, produção de **ectoplasma** e a **telecinese**, produzindo efeitos ainda mais completos que os de **Home**, ainda que nunca tão poderosos.

Era comum a materialização de mãos que tocavam as pessoas presentes, sempre sob condições severas de controle, ainda que Eusapia Paladino gostasse de trabalhar em ambientes escurecidos. Ao entrar em seu transe mediúnico, conseguia formar figuras diáfanas de pessoas, com traços bem definidos e até mesmo movimentos e sons que podiam ser verificados pelos cientistas presentes.

Alguns pesquisadores tentaram desacreditar toda a série de fenômenos por ela produzidos a partir das experiências em que houve a fraude, algumas vezes bastante grosseira. Os cientistas mais sérios, no entanto, entendem que essa é uma posição sem sentido.

Sabe-se que muitos médiuns, quando pressionados a produzir os fenômenos e não obtendo êxito na função, acabam tentando iludir a audiência. As experiências satisfatórias, por outro lado, não deixam qualquer dúvida quanto à autenticidade dos fenômenos.

PALTQUAPI

Ver **hopi**

PAN

Ver ***Oahspe***

PAPIRO TULLI

Nome dado a um papiro egípcio tido como pertencente ao reinado de Tutmósis III, traduzido por Tiffany Thayer.

O papiro encontrava-se entre uma série de documentos pertencentes a Alberto Tulli, falecido diretor do Museu Egípcio do Vaticano. Depois, ao que tudo indica, perdeu-se ou foi parar nas mãos de alguém que o escondeu.

O texto traduzido relata uma experiência que pode ser tida como um contato com **OVNI**, os objetos voadores não identificados, e seres **extraterrestres**, assemelhando-se bastante às narrativas do profeta **Ezequiel** na *Bíblia*, quando se referia às rodas de fogo no céu.

PARAÍSO

Ou o Jardim do Éden. Na *Bíblia*, um local de delícias onde Deus colocou Adão e Eva.

Éden significa mesmo "delícias" e, segundo a narração do "Gênesis", Deus colocou o homem ali para que ele o cultivasse e guardasse. Lá havia de tudo que há de melhor, e muita fartura. Havia a árvore da vida, no meio do jardim, e a árvore da ciência do bem e do mal, cujos frutos não deveriam ser provados.

Alguns estudiosos entendem que a noção do paraíso está associada com a perda de algo que já possuímos em outros tempos, uma certa harmonia no relacionamento com nós mesmos e com o planeta, um relacionamento ao qual desejamos retornar, ou mesmo à noção de um mundo perfeito que não existiu jamais, mas que almejamos atingir.

A idéia de um mundo perfeito, do qual tudo se originou, está presente numa série de mitos das mais diversas regiões e religiões do planeta, com nomes diferentes. Não foram poucos os pesquisadores que se dedicaram a tentar localizar o paraíso em algum ponto do planeta, situando-o em algum momento de nossa pré-história. Dessa forma, a idéia do paraíso estaria ligada, segundo os pesquisadores do insólito, às noções da existência de civilizações mais desenvolvidas e muito anteriores às que nós conhecemos.

Um inglês, William Wilcox, situou o paraíso na Mesopotâmia, mais precisamente a noroeste de Bagdá, onde existiriam os quatro rios de que fala o Gênese, uma região que já teria sido coberta de vegetação, tornando-se mais tarde desértica.

De fato, algumas traduções da *Bíblia* citam os quatro rios do Jardim do Éden como sendo Fison, Geon, Tigre e Eufrates (ou Pishon, Gihon, Hiddekel e Phrat).

Como o Jardim do Éden teria sido criado no Oriente, chegaram à suposição de que essa seria a região original, mas outros pesquisadores atacam essa idéia, uma vez que não se pode definir Oriente sem ter um ponto de referência inicial.

Cita-se também o fato de que os nomes nos documentos antigos eram escritos sem as vogais, apenas com consoantes, de modo que os nomes dos rios Tigre e Eufrates seriam escritos como *Tgrs* e *Phrt*, o que traduzido poderia valer para outros rios.

Alguns pesquisadores localizaram o Jardim do Éden na Arábia; outros citam o **Hadramaut** árabe, antigo reino repleto de tradições de civilizações perdidas. O Fison ou Pishon também já foi identificado como sendo o Ganges, e o Geon ou Gihon como o Nilo. De qualquer forma, como se supõe que as narrativas da *Bíblia* foram influenciadas por outras mais antigas e de diferentes regiões e culturas, é possível que o paraíso possa ser localizado em vários lugares do planeta.

Alguns pesquisadores, entendendo que a **Atlântida** poderia ser o ponto de origem da humanidade, preferem pensar que os rios citados não mais existem, enquanto outros, entendendo que a Atlântida era, na realidade, a América, situam o Jardim do Éden em algum ponto da América do Norte ou do Sul, referindo-se, até, em alguns casos, ao rio Amazonas.

PARAPSICOLOGIA

A parapsicologia é o ramo da ciência que estuda fenômenos que, até o século passado, estavam única e exclusivamente relacionados à magia e aos poderes ocultos e que, a partir de 1869, passaram a ser investigados por cientistas, pela recém-fundada Sociedade Dialética de Londres.

Ao contrário do que se propõe na magia, a parapsicologia não tenta estabelecer uma relação entre o ser humano e entidades energéticas de outras dimensões para explicar determinados acontecimentos, mas parte do pressuposto de que esses acontecimentos são inerentes ao ser humano e a suas capacidades psíquicas, mentais ou cerebrais, e devem ser comprovadas por métodos científicos conhecidos, pela experimentação e repetição de determinadas situações em ambientes controlados.

A fase inicial de estudos – quando a parapsicologia ainda era chamada de metapsíquica – envolveu principalmente os fenômenos produzidos durante as sessões com **médiuns** – que se tornaram internacionalmente populares após 1847, quando as irmãs Fox, nos EUA, disseram haver entrado em contato com **espíritos** utilizando um método que ficou conhecido como **rap**, ou batidas, e que se desenvolveu anos mais tarde na doutrina do **espiritismo**. Estudou-se desde as chamadas mesas giratórias até manifestações de **ectoplasma** e fenômenos físicos como a **telecinese**.

O principal pesquisador nessa fase inicial foi o inglês Sir William Crookes que, como os demais cientistas do grupo, não aceitaram as explicações de que os fenômenos eram produzidos por espíritos que se manifestavam através dos médiuns, com o objetivo de se comunicar com o mundo dos vivos. Para surpresa de muitos cientistas, que entendiam que tudo aquilo se tratava de uma imensa mistificação, durante as sessões com os médiuns foi possível comprovar que os fenômenos existiam de forma inequívoca.

Crookes pesquisou com dois dos maiores médiuns da época, **D. D. Home** e **Florence Cook**, podendo registrar fenômenos como a movimentação de corpos pesados sem qualquer tipo de contato humano, sons e pancadas que surgiam do nada, aparições luminosas em formas nebulosas, formação de membros humanos, como mãos ou dedos, desmaterialização e materialização de objetos, fenômeno também conhecido como **aporte**.

Nas experiências com Florence Cook, houve a formação de um ser completo, com a aparência de uma mulher, viva, que chegou a caminhar pela sala onde estavam reunidos os cientistas, conversar e ser fotografada.

Já em 1876, a **telepatia** era estudada pelo físico inglês William Barrett, que chegou à conclusão de que a transmissão de pensamentos entre duas pessoas, a distância, sem utilização de qualquer meio físico conhecido, era uma realidade.

Em 1882, foi fundada a Sociedade Para Pesquisas Psíquicas, um dos momentos determinantes para que a ciência nascente ganhasse fama e reconhecimento internacional, com os cientistas Gurney, Myers e Podmore procurando comprovar cientificamente a existência da telepatia. Foi também nessa época que ocorreram as experiências com a excepcional médium **Eusapia Palladino**, capaz de criar ou materializar objetos, com a produção do ectoplasma, e movimentar objetos a distância com uma facilidade espantosa.

No início do século XX, os trabalhos começaram a progredir em outras direções, com o francês Charles Richet conseguindo provar a existência de alguns fenômenos pelo método quantitativo, utilizando cartas de jogo, as quais os médiuns tinham de adivinhar, método que foi desenvolvido e melhorado anos mais tarde nos EUA, com o trabalho de Joseph Banks Rhine, da Universidade de Duke. Rhine preferiu realizar as tentativas de adivinhação de cartas sem a presença de médiuns ou sensitivos, mas apenas com pessoas comuns, escolhidas ao acaso entre os próprios estudantes da universidade. Utilizou as chamadas cartas Zener, idealizadas por Karl Zener, e que constituíam uma série de cinco desenhos diferentes. Foi por meio dessas experiências que se chegou à conclusão de que os fenômenos paranormais, como a telepatia, estão difundidos em maior ou menor grau entre toda a população humana.

A parapsicologia só foi aceita como estudo efetivamente científico em 1969, quando foi reconhecida por uma sociedade científica internacional. Isso, no entanto, não fez com que a imagem da parapsicologia e dos parapsicólogos se modificasse radicalmente entre os demais cientistas, sendo geralmente desconsiderados, apesar da absoluta comprovação dos fenômenos estudados. Fenômenos cujo funcionamento é muito mais complexo, como a **precognição**, ou conhecimento do futuro, já tiveram sua realidade científica comprovada por exames mais rigorosos, como os que foram efetuados nos anos 70, na Universidade de Stanford, nos EUA.

A partir dos anos 60, principalmente, os estudos parapsicológicos ganharam uma força inédita quando os países do então bloco comunista da Europa se dedicaram intensamente às pesquisas, elaborando uma série de teorias que, se não conseguiram explicar exatamente o que se passava, pelo menos tiveram o mérito de mexer bastante com os cientistas do bloco ocidental.

Na Tchecoslováquia, os cientistas chegaram a criar um termo novo, **psicotrônica**, para substituir parapsicologia, e uma série de aparelhos que, possivelmente, seriam capazes de reproduzir alguns dos fenômenos em escala reduzida foram construídos.

Também nos anos 60, no auge da Guerra Fria entre EUA e URSS, se falou muito que estudos secretos estariam sendo realizados pelas duas potências, tendo em vista uma possível "guerra mental" a ser levada a cabo por médiuns especialmente dotados e preparados para atuar a distância, mas hoje em dia muita gente entende que isso tudo não passou da característica paranóia da época.

Para a maioria dos cientistas envolvidos nas pesquisas, atualmente, existe muito pouco interesse por parte dos governos e das universidades, e muito pouco dinheiro investido nesse campo, uma vez que os resultados obtidos não prometem um retorno de investimento a curto ou médio prazo. O fato é que não se conseguiu estabelecer de que forma os fenômenos funcionam, e a parapsicologia precisa, cada vez mais, da participação ativa de todos os demais ramos da ciência, o que complica as pesquisas e experiências.

Grande parte dos estudos, como no caso dos **fantasmas**, assombrações e **poltergeist**, ainda trazem uma aura de mistério que os remete para o campo da magia ou do ocultismo, no entender de muitos cientistas, o que absolutamente não é verdadeiro. O grande problema é, na verdade, a impossibilidade de serem encontradas soluções imediatas para as questões que se apresentam, e teorias definitivas que possam delinear com exatidão os caminhos a serem seguidos.

Mais recentemente, as pesquisas, experiências e tentativas de se definirem os fenômenos estão mais voltadas para o campo da física quântica, uma vez que se passou a considerar a possibilidade de a mente agir diretamente sobre o mundo físico e alterá-lo. (Ver também **Edgar Cayce, John William Dunne, George Pascal Cochet Forthuny, Eileen J. Garrett, Luiz Antonio Gasparetto, Uri Geller, Frederika Hauffe, Peter Hurkos, Franek Kluski, Nina Kulagina, Carmine Mirabelli, Thomas Green Morton, William Stanton Moses, Nostradamus, Fernando Leão Gama Lobo Pereira, Eleanor Piper, João Pio de Almeida Prado, Roberto Setti, Francisco Cândido Xavier, casas assombradas, clarividência, faculdade X, levitação, possessão, profetas, psicocinética, psicofania, psicofotografia.**)

PARAÚNA
Cidade localizada a cerca de 160 quilômetros a sudoeste de Goiânia. Na região, foram encontradas as ruínas do que foi considerado por alguns como uma "cidade perdida", em torno da qual ainda parece existir uma série de mistérios. Não se ouve falar muito sobre esta e outras ruínas semelhantes no Brasil, mas sabe-se que o CNPC – Centro Nacional de Pesquisas e Cultura – iniciou as investigações arqueológicas em 1960 e, segundo se diz, foi pressionado pelo governo para suspender as investigações em 1970-71.

Pelas descrições de alguns pesquisadores e arqueólogos que estiveram na região, as ruínas podem ser restos de uma cidade que existiu antes da chegada dos portugueses ao Brasil e, segundo algumas linhas de pesquisa, talvez milhares de anos.

Alguns pesquisadores tentam ligar essa descoberta à civilização inca, mas existe muita cautela por parte dos arqueólogos. Sabe-se que foi feito um exame da argamassa utilizada para juntar as pedras usadas nas construções – algumas alcançando até 5 metros de altura – e foram encontrados resquícios de óleo de baleia. As muralhas da construção têm cerca de 2 quilômetros de extensão, e as informações dizem que no interior existem construções em formato de **pirâmide**, altares monstruosos e um poço que levava a uma câmara com mais de 40 metros de altura.

Como ocorre com outras ruínas descobertas no Brasil Central, pouco mais se soube a respeito da cidade perdida em Paraúna, a não ser que muitos cientistas continuaram a renegar a descoberta, dizendo se tratar de formações rochosas naturais.

Os pesquisadores da linha do insólito vêem nessa descoberta mais um documento importantíssimo no sentido de elucidar o passado do continente sul-americano e confirmar a existência de civilizações extremamente desenvolvidas num passado muito remoto, civilizações às quais já se referiam várias lendas dos índios da região.

Seja como for, é muito raro se ouvir falar a respeito da cidade, e mais ainda encontrar alguma fotografia ou relato realmente completo do que foi encontrado, de fato, no local. O assunto estaria relacionado com uma série de cidades perdidas de antigas civilizações, que poderiam existir no Brasil em locais como a **Serra das Figuras**, a **Serra do Roncador**.

Da mesma forma, algumas linhas de pesquisa – e especialmente a que propõe que o Brasil foi visitado e colonizado, milhares de anos antes de Cristo, por imigrantes vindos da Suméria, Fenícia, Egito ou **Atlântida** – procuram relacionar descobertas como a de Paraúna com a existência de reinos bastante adiantados no Brasil e no restante da América do Sul, como a proposta da existência do reino amazônico de **Mairubi**.

PASSAGENS DIMENSIONAIS

É comum surgirem, tanto na história da magia, do ocultismo e do esoterismo, quanto nas investigações sobre acontecimentos insólitos, **OVNIs** e **extraterrestres** – especialmente no que se refere à **ufologia mística** – algumas idéias relacionadas à possível existência de universos paralelos ao nosso, normalmente invisíveis aos nossos sentidos comuns. A própria literatura da **parapsicologia** apresenta inúmeras referências à possibilidade da existência de universos paralelos aos nossos, existindo numa outra dimensão, e que poderiam ter uma função bastante definida na ocorrência de fenômenos como a **precognição**, por exemplo.

A noção da projeção do **corpo astral** também especula, de certa forma, em torno da existência de níveis diferenciados de realidade, da existência de outras dimensões. Da mesma forma, as religiões mais diversas trabalham, de uma forma ou de outra, com a mesma noção, como é o caso do **espiritismo**, ao imaginar que os **espíritos** desencarnados podem ter algum tipo de existência em outro nível dimensional, e que é uma noção bastante semelhante às que surgem nas diversas doutrinas ligadas à idéia da **reencarnação**, originárias da Índia.

Na magia e no ocultismo, em diversas ocasiões, os especialistas se referem à abertura de passagens para outros mundos, que podem muito bem ser encaradas como passagens dimensionais, portas abertas por meio de algum artifício, seja ele qual for, possibilitando o acesso de pessoas da nossa dimensão a outras dimensões, ou vice-versa. A suposição se estende também a vários tipos de seres estranhos que surgem em lendas espalhadas por várias partes do mundo, como é o caso das **fadas**, **duendes**, **gnomos**, **elfos**, dragões e outros seres ligados aos chamados reinos dos elementais, como os **silfos**, as **ninfas** e tantos outros.

Em algumas tentativas de explicação para o fenômeno dos **fantasmas** também surge a possibilidade da existência de dimensões paralelas, às quais determinadas pessoas teriam acesso durante algum tempo, por capacidades mentais especialmente desenvolvidas.

Em outros casos, se diz que imagens referentes a essas outras dimensões poderiam surgir em nosso universo por alguns momentos, às vezes aparecendo de forma nebulosa, como se fossem miragens, outras vezes com riqueza de detalhes impressionante. Um dos casos que muitas vezes é associado a esse tipo de fenômeno seria o dos **Fantasmas do Trianon**, ainda que esse tipo de explicação não seja o único apresentado, ou o caso dos **Anjos de Mons**, que segue aproximadamente a mesma linha.

As pessoas que vivenciaram o fenômeno garantem que se sentiam no meio dos acontecimentos do passado. Segundo alguns pesquisadores, seria possível que, em determinados pontos do planeta, essas passagens para outras dimensões fossem mais nítidas, existissem em maior quantidade, ou mesmo que permanecessem abertas por mais tempo, propiciando o surgimento de um número maior de casos verificados. Uma dessas regiões poderia ser o **Triângulo das Bermudas**, local onde foram verificados inúmeros desaparecimentos de aviões e embarcações. Segundo esse ponto de vista, uma passagem poderia abrir-se de tempos em tempos, permitindo que os aviões e navios que circulassem pela região atravessassem repentinamente para outra dimensão, desaparecendo para sempre de nosso mundo. A idéia básica é a de que nosso mundo e esse mundo invisível, ou mundos, se tocariam em determinados pontos, criando uma ligação, que pode ser entendida como um local que não pertence a nenhum deles, e a todos eles, um ponto em comum. Se esses locais se abrissem numa freqüência e localização mais ou menos irregular, seria muito difícil tanto localizá-los exatamente quanto fazer o percurso inverso, retornando ao nosso mundo.

Vários relatos de pessoas que passaram pelo Triângulo das Bermudas falam sobre fenômenos estranhos, com o céu mudando de cor rapidamente, bússolas girando sem controle e relógios atrasando. Tripulantes de um navio russo que circulou pela região em 1982 relataram que, assim que penetraram na região, as pessoas a bordo começaram a passar mal, com dores de cabeça e náuseas fortes. Ao se dirigirem para as ilhas Bermudas, tiveram uma visão de uma cidade gigantesca que se elevava das águas, com prédios enormes e pessoas se movimentando ativamente.

Essas histórias também estão relacionadas à região de **Bimini** e com a possível existência da **Atlântida**.

A história a respeito da ilha de **San Brandan** segue mais ou menos o mesmo sistema, uma vez que, segundo os relatos, costuma aparecer e desaparecer em locais diferentes, ao longo dos tempos.

A fantástica história do país inexistente de **Tuared** também pode ser apresentada como mais um exemplo, ainda que nessa oportunidade não haveria qualquer visão de uma outra dimensão, mas sim a presença de uma pessoa que fez o percurso contrário, surgindo em nossa dimensão vinda de um universo paralelo.

Nos EUA, no deserto do Arizona, também existe uma lenda, ou história real, segundo algumas testemunhas, acerca de uma cidade que surge num local específico, de tempos em tempos, como se fosse uma miragem. Essa cidade, segundo os relatos daqueles que tiveram a oportunidade de vê-la surgir em meio a nada, possui uma arquitetura que não apresenta traços em comum com a arquitetura terrestre conhecida, e só poderia ser identificada como uma cidade pertencente a outra cultura ou outra raça. Algumas fontes afirmam que essa cidade chegou a ser filmada e fotografada de longe, mais de uma vez, ainda que não se tenha notícia de onde essas fotografias teriam sido apresentadas, se é que o foram.

Diz-se também que, após a Primeira Guerra Mundial, uma expedição norte-americana à Antártida foi testemunha de uma miragem semelhante, com uma cidade gigantesca surgindo no meio das montanhas geladas do continente. Até mesmo nas histórias a respeito dos chamados mundos subterrâneos, nas quais surgem com mais força os nomes de **Agartha** e **Shamballah**, existem suposições de que elas, na realidade, não existiriam no subterrâneo de nosso planeta, mas sim em outra dimensão, e que seus habitantes seriam conhecedores das passagens dimensionais e da forma pela qual era possível abrir ou fechar essas passagens.

Entre as inúmeras especulações a respeito da origem dos OVNIs, encontra-se também a de que eles viriam de outra dimensão, paralela à nossa, sendo capazes de realizar essa travessia pela utilização de tecnologia superior, que nos é desconhecida.

Mais recentemente, grupos ufológicos chamados místicos têm misturado as noções de contatos com OVNIs e extraterrestres com a noção das cidades subterrâneas, entendendo que essas construções existiriam numa quarta dimensão ou numa dimensão paralela, às quais apenas os extraterrestres têm acesso.

PEABIRU

Seria uma estrada de proporções fantásticas que ligaria São Paulo ao Peru. Diz-se que a origem de Peabiru é inca e **tupi**-guarani, e significa "rota da montanha do Sol".

No Nordeste brasileiro, também circulam lendas a respeito da estrada, com nome ligeiramente alterado para Paebiru, que ligaria o Brasil aos Andes incaicos, mas não pelo sul e sim através da caatinga e da Amazônia.

Diz-se que ainda se procuravam traços da existência dessa estrada, ou trilha, na região onde foi instalada a usina de Itaipu, o que tornou qualquer investigação impossível com a submersão da região.

Não são poucas as histórias ligando as culturas indígenas do Brasil e Paraguai com a civilização inca, mas até hoje nada foi comprovado, pelo menos nas proporções propostas por aqueles estudiosos de uma história alternativa.

Para os pesquisadores que entendem ter existido uma civilização bastante desenvolvida na América do Sul, numa época que remontaria a milhares de anos antes de Cristo, a estrada seria apenas mais uma evidência dessa civilização, assim como as evidências levantadas por estudiosos como **Peregrino Vidal**, **Silva Ramos** e outros, propondo a presença dos sumérios, fenícios, egípcios e colonizadores vindos da **Atlântida**.

PEDRA DA GÁVEA

Além de ser um dos pontos turísticos mais conhecidos do Rio de Janeiro – e um dos mais visíveis – a Pedra da Gávea tem sido apresentada por inúmeros pesquisadores como uma possível prova de que a América foi colonizada por povos vindos do Oriente Médio, numa época que remonta a alguns séculos ou milhares de anos antes de Cristo.

Nas encostas da pedra foram encontrados sinais que, segundo alguns, provavelmente são inscrições de origem fenícia e, segundo outros, nada mais são que sinais da erosão natural. Para complicar a situação, uma das faces da pedra apresenta uma forma muito parecida com a de um ser humano, o que levou alguns pesquisadores a afirmar que toda a montanha era uma das mais fantásticas obras de escultura já realizadas, deixada como prova de que povos estiveram aqui em tempos antigos. Da mesma forma, quase todos os arqueólogos e geólogos que estudaram o local têm muita resistência à idéia, preferindo acreditar que, também ali, trata-se de um caso de erosão.

Alguns chamam a Pedra da Gávea de Esfinge do Rio, uma vez que apresenta uma forma semelhante à da esfinge do Egito, ainda que imensamente maior.

Durante algum tempo, foi comum se dizer que a Pedra da Gávea escondia tesouros fantásticos, que seria oca e que ali estaria enterrado alguém importante da civilização fenícia, mas explorações mais recentes promovidas pela UFRJ (Universidade Federal do Rio de Janeiro) comprovaram que a montanha e a pedra em seu topo não são ocas.

Ainda que os cientistas não tenham chegado a uma conclusão quanto a serem inscrições ou não os sinais encontrados na pedra, sem dúvida que existem inúmeras evidências da passagem de outros povos, inclusive os fenícios, pelo Brasil, e essa idéia foi sustentada por pesquisadores como **Peregrino Vidal** e **Silva Ramos**, e a existência de inscrições também já foi comprovada em locais como **Itaquatiá**, **Itapeva**, **Arruoca** ou **Pedra do Ingá**.

PEDRA DA SABEDORIA

Objeto misterioso que surge na lenda do Graal, também chamado de "bastão de mando" ou ainda "pedra que fala".

Dizem os pesquisadores que, nas lendas referentes ao Graal e à busca realizada pelo cavaleiro da Távola Redonda Parsifal, ou Percival, é citada também a Pedra da Sabedoria. Vários pesquisadores se referem à obra de Wolfram von Eschenbach, *Parzifal*, composta em cerca de 1170, onde se fala sobre o local onde poderá ser encontrada a pedra. Diz ali que Parsifal deveria realizar uma viagem pelo oceano Atlântico, em direção ao país chamado Argentum. A informação isolada já seria interessante, dando a entender que, no século XII, algumas pessoas já sabiam da existência de um continente do outro lado do oceano.

Estudos realizados pelo escritor e pesquisador J. J. Benitez indicam que a presença do personagem Parsifal já era conhecida na mitologia da Ásia havia milhares de anos, tendo sido absorvida pela cultura ocidental e cristã e transformado. Diz também que **Roger Bacon** se referiu à existência da pedra ou bastão numa obra de 1230, afirmando que o objeto estaria escondido no "extremo meridional do hemisfério sul", o que nos leva à Argentina. Diz-se que as lendas dos índios da região central e norte da Argentina citam uma misteriosa "pedra ímã" ou "bastão de mando" que, em 1830, foi alvo de uma procura por parte de um dos chefes nativos, que percorreu as serras da região com seus guerreiros.

Benitez também se referiu a lendas que ele próprio ouviu dos índios da região das Serras Chicas, no norte da Argentina, que falavam da chegada de um homem branco e barbado à região. Ele teria morrido na Montanha Sagrada e era, agora, o guardião da pedra da sabedoria.

E, ainda, fala-se que, entre os anos de 1920 e 1940, várias expedições européias foram enviadas à região, percorrendo-a em várias direções, na tentativa de se encontrar o "bastão". Um homem chamado Orfelio Ulises teria encontrado a pedra após ter passado muitos anos no Tibete, onde recebeu informações a respeito do objeto que, segundo ele, teria sido criado para regenerar a espécie humana, e que é visto como um objeto que caiu do céu. Assim, o bastão responderia a qualquer pergunta, a quem quer que perguntasse. Esse objeto teria sido examinado em 1948 por um arqueólogo e engenheiro alemão, que calculou sua idade em aproximadamente oito mil anos. Teria 1,10 metro de comprimento e 4 centímetros de diâmetro, na base. Exames espectrográficos revelaram que as extremidades e a zona central apresentam intensos campos eletromagnéticos de origem desconhecida. Esse objeto estaria sendo guardado por uma sociedade iniciática da Argentina, mas não se tem notícia de que tenha realizado qualquer tipo de proeza digna de nota, ou respondido às questões da humanidade.

De uma forma ou de outra, esse é mais um dos objetos insólitos relacionados a um passado longínquo e desconhecidos do planeta, ainda que a documentação a esse respeito seja bem menos clara do que a que se refere a outros objetos semelhantes.

A história ou lenda também pode ser relacionada com os estudos referentes à atuação de seres **extraterrestres** no passado – principalmente quando se fala que a pedra teria caído do céu –, assim como à atuação de outras civilizações no continente americano, o que nos remete aos estudos de **Silva Ramos**, Peregrino **Vidal**, e às propostas da existência de reinos mais antigos na região sul-americana, como o de **Mairubi**.

PEDRA DE TROVÃO

A denominação que **Charles Fort** deu para pedras que caem do céu, e cujos relatos ele reuniu em número assombroso.

Segundo sua pesquisa, o fenômeno ocorre em todos os pontos do planeta, sem que haja qualquer explicação para isso. Mais do que simples pedras, são objetos aparentemente trabalhados com algum cuidado. Chega a citar relatos de índios da América do Sul, que falam de machados de pedra que caíram do céu.

Todos os casos têm em comum o fato de os objetos terem surgido no local onde caiu um relâmpago, e todos os relatos concordam nisso. A maioria deles cita os objetos como sendo achas de pedra ou com formatos de cunha.

Fort deu muita importância também à pedra caída em Cashel a 2 de agosto de 1865, que tinha a forma piramidal, com bordos arredondados profundamente marcados sobre a crosta negra com linhas perfeitas, como se tivessem sido traçadas com uma régua.

PEDRA DO INGÁ

Pedra com 20 x 3 metros, encontrada na Paraíba, provavelmente pelos holandeses, em meados do século XVII. Nela podem ser encontrados inúmeros sinais, ainda não devidamente decifrados, mas que alguns estudiosos entendem que podem estar relacionados com a pré-história da América e com a existência de civilizações ainda desconhecidas habitando a região.

A proposta está ligada, de alguma forma, com os estudos realizados por estudiosos como **Peregrino Vidal** e **Silva Ramos**, assim como à idéia da existência do reino de **Mairubi**, no norte do Brasil. Fala-se da presença de civilizadores e colonizadores vindos da Suméria, Fenícia, Egito e até mesmo da **Atlântida**.

Diz-se que, apesar das dificuldades em decifrar os sinais, conseguiu-se identificar na pedra uma ilustração bastante precisa da constelação de **Órion**.

Muitos relacionam a pedra com a passagem do personagem mítico conhecido como **Sumé**, dizendo até mesmo que seria ali seu túmulo.

PEDRAS DE ICA

Uma das mais impressionantes e controvertidas descobertas ligadas ao insólito. Ica é uma região do Peru onde foram descobertas, nos anos 60, muitas pedras contendo gravações do que se supõe tenha sido uma civilização que viveu na época pré-histórica.

Calcula-se em cerca de cinqüenta mil a quantidade de pedras, e pouco foi estudado a seu respeito. O médico Javier Cabrera Darquea é o maior estudioso das gravações, trabalho ao qual vem se dedicando desde 1966, até mesmo com a formação de um museu onde guarda cerca de 11 mil pedras que coletou ao longo dos anos.

As declarações de parte dos cientistas registram que as pedras não são estudadas e analisadas mais a fundo porque são fraudes, feitas pelos índios locais para enganar turistas. Cabrera e outros que prosseguem as pesquisas por conta própria entendem que, se o que é contado nas gravações fosse aceito pela ciência, toda a história da humanidade teria de ser alterada. Cabrera começou a se interessar pelo assunto quando ganhou de presente um peso de papéis com a gravação de um animal, mas sabe-se que desde 1961 as pedras já vinham sendo coletadas. O animal era um pterossauro, um réptil já extinto e que viveu há cerca de 140 milhões de anos. Foi atrás da origem, descobrindo que os camponeses estavam vendendo pedras com gravações e que cada uma era mais surpreendente que a outra.

Ao contrário do que os arqueólogos falaram posteriormente, as pedras não poderiam ter sido feitas por eles, nem na qualidade, nem nos conhecimentos transmitidos nas gravações, nem na quantidade absurda de pedras encontradas.

Em outras pedras foram encontrados detalhes de operações cirúrgicas delicadas, complicadas, como transplantes de órgãos e até de cérebro. As gravações apresentam-se em séries, cada qual dedicada a um assunto, ou a temas específicos. Existe de tudo, de gravações de animais já extintos e outros que nunca existiram nesse continente, como os cangurus, a gravações do nosso sistema solar e as 12 constelações. Surgem também aparelhos estranhos e naves, e seqüências que Cabrera relaciona com a saída do homem da Terra com a aproximação de um cataclismo.

Vários mapas podem indicar, segundo ele, a localização original da **Atlântida**. Segundo o que pôde apurar, os seres que gravaram as pedras abandonaram o planeta e se dirigiram às Plêiades, deixando para trás o seu registro nas pedras. Os pesquisadores oficiais, mesmo os que não entendem que se trata de gravações feitas pelos habitantes locais, têm se recusado a pesquisar mais detalhadamente o assunto, o que é bastante comum no que se refere a esse tipo de achado. No entanto, diz-se que as pedras foram analisadas em laboratórios da Alemanha, onde foi confirmado que elas têm, no mínimo, quarenta mil anos de idade.

Segundo as informações, é impossível determinar idades acima disso. Durante algum tempo, foi dito que o local onde essas pedras se encontravam era mantido secreto por Cabrera, mas a verdade é que já se sabia que os nativos da região retiravam-nas, às vezes, do leito dos rios e, outras vezes, cavando a terra. Por exemplo, antes mesmo de Cabrera iniciar suas pesquisas, o arquiteto Santiago Agurto Calvo já havia encontrado alguns exemplares ao realizar escavações em túmulos, o que já seria uma comprovação de que não se tratava de fraudes.

Anos antes, um historiador peruano também havia se referido às pedras, que teriam sido encontradas após uma enchente do rio Ica. E, mais distante ainda, um relatório de 1562 se refere – segundo o escritor e pesquisador Charles Berlitz – ao envio de algumas dessas pedras à Espanha.

Em outros locais da região andina, outros objetos também foram encontrados, contendo gravações igualmente assombrosas de seres pré-históricos ou que estão extintos no continente há milhares de anos, assim como de instrumentos e operações desconhecidas dos antigos povos andinos, como pode ser visto em **Acambara**, **Morona-Santiago** e **Marcahuasi**. Além de estarem ligadas às noções da existência de civilizações muito desenvolvidas no passado distante da Terra, também estão relacionadas à possível presença de seres **extraterrestres** atuando no planeta, geralmente fornecendo informações e tecnologia que causaram um desenvolvimento fora do comum.

PEDRAS DE LUSSAC

Uma série de pedras gravadas com inscrições e desenhos, encontradas pelos arqueólogos Stéphane Lwoff e Léon Pricard, em grutas da região de Lussac-les-Château, em 1937, descoberta registrada no Bulletin de la Société Prehistorique de France. O insólito das gravações nas pedras, datadas em cerca de 15 mil anos, é que os desenhos apresentam pessoas vestidas como as pessoas de hoje, com casacos, calças, sapatos e até mesmo chapéus. Não se tem notícia de que elas tenham sido estudadas devidamente pela ciência oficial, ou mesmo que sejam reconhecidas, mas os que pesquisam o assunto relacionam essas gravações com a noção de que civilizações muito mais desenvolvidas do que seria de se esperar existiram num passado remoto do planeta, como ocorre com as **Pedras de Ica**, e também com a possível atuação de seres **extraterrestres**, influenciando as civilizações antigas.

PEDRAS NEGRAS

Diversos historiadores do insólito se referem à constância com que as "pedras negras" aparecem nas histórias e lendas antigas como objetos sagrados, às vezes relacionados com as atividades de deuses.

Robert Charroux fala de uma lenda pré-colombiana sobre o deus Tvira, que mandou erigir um templo em honra de **Orejona**, onde estavam guardadas várias pedras negras, chamadas *kala*, desaparecidas no lago Titicaca. Entre os muçulmanos, uma enorme pedra negra é venerada, na Kaaba de Meca. Uns dizem que Abraão recebeu-a do anjo Gabriel; outros, que teria caído de **Vênus**. Seria originalmente branca, tornando-se negra devido à sua capacidade de absorver os pecados humanos.

Algumas explicações para as demais pedras negras espalhadas pelo mundo (Índias, Austrália, Baalbek e Charente) – tidas como tectites – dizem que são minerais ricos em alumínio e berilo, que teriam suportado altas temperaturas e bombardeamentos radioativos há menos de 1 milhão de anos. Outros afirmam que as tectites seriam estilhaços projetados sobre a Terra como resultado do choque de meteoros sobre a Lua. As explicações mais radicais falam das pedras negras como componentes de naves **extraterrestres**, como propulsores.

PÉ-GRANDE

Ver **sasquatch**

PERCEPÇÃO EXTRA-SENSORIAL (PES)

Ver **clarividência**, **psicocinética**, **telepatia**

PEREIRA, FERNANDO LEÃO GAMA LOBO

Médium paulista que realiza o que se chama de psicopictografia, a exemplo de **Gasparetto**, realizando obras nos estilos de Toulouse Lautrec, Manet, Monet, Renoir, Picasso e outros mestres da pintura.

Desde jovem, sabia de suas capacidades, e chegou a receber mensagens psicografadas em inglês. Teve instruções de como desenvolver sua mediunidade e passou a receber os **espíritos** dos mestres, produzindo obras por sua influência, com uma rapidez cada vez maior.

Como ocorre com esse tipo de mediunidade ou capacidade paranormal, muitos cientistas não aceitam a hipótese de que os espíritos dos mortos agem por intermédio de alguém na Terra. No entanto, são poucas as explicações fornecidas pela **parapsicologia**.

PERIS

Segundo antigas lendas persas, os peris eram seres benéficos que governaram a Terra por dois mil anos, antes de Adão. Seu rei chamava-se Gian, e possuía um escudo mágico contra as feitiçarias, ainda que fosse impotente contra Iblis. Os pesquisadores mais arrojados tendem a relacionar qualquer relato a respeito de poderes excepcionais de seres pertencentes a civilizações muito antigas à possível presença de seres **extraterrestres** agindo na Terra, ou apenas à existência de uma civilização com tecnologia muito mais adiantada do que se imagina hoje em dia.
Para a maioria dos estudiosos, mesmo os que perseguem os insólitos da história, nem todos os relatos podem ser considerados nesse sentido, mas não se deve simplesmente desconsiderar a possibilidade da existência de civilizações extremamente desenvolvidas.

PICATRIX

Reunião de escritos mágicos traduzidos do árabe em 1256. Já foi dito que o Picatrix é o trabalho mais completo sobre magia negra, apesar das traduções incompletas. Diz-se que contém segredos terríveis, lembrando o temível *Necronomicon*, o livro de fantasia inventado pelo escritor H. P. Lovecraft. Alguns desses segredos: destruir uma cidade com o raio do silêncio; como influenciar e matar pessoas a distância; fabricar máquinas voadoras; fabricar armas tão poderosas quanto a bomba atômica.
Os pesquisadores do insólito vêem nessas "invenções" a intervenção de seres superiores, provavelmente **extraterrestres**, que teriam, de alguma forma, passado uma parte de seus conhecimentos para os habitantes da época, que o teriam registrado da maneira que puderam. O documento lembra o que é dito a respeito do **Manuscrito Voynich**, que teria estado nas mãos de **Roger Bacon** e, posteriormente, de **John Dee**.

PILAR DE DELHI

Um famoso e conhecido pilar existente no átrio de um templo, em Delhi, na Índia. É construído com peças de ferro soldadas e, segundo se diz, existe há mais de quatro mil anos.
O insólito é que o pilar não apresenta qualquer sinal de ferrugem, pois não contém enxofre e fósforo, o que implica uma liga de ferro desconhecida na Antiguidade. Encontra-se entre os objetos insólitos mais comentados e de difícil explicação.

PILHAS DE BAGDÁ

Um dos achados históricos que não podem ser explicados de acordo com a arqueologia e história tradicionais.

Os objetos, que seriam posteriormente chamados de "pilhas de Bagdá", foram encontrados durante pesquisas arqueológicas realizadas na região de Khouyout Rabbou'a, a leste de Bagdá, em 1930, e guardados num porão de um museu até 1936, quando foram descobertos por um engenheiro alemão que fazia trabalhos de reconstrução dos esgotos de Bagdá. Basicamente, são pequenos vasos de terracota com elementos metálicos no interior, com cerca de 15 centímetros de altura, e que estavam catalogados como "objetos de culto".

Os estudos posteriores mostraram que se tratava de verdadeiras pilhas elétricas, muito parecidas com as que foram desenvolvidas por Alessandro Volta no final do século XVIII. No entanto, a esses objetos foi atribuída a idade de dois mil anos. Como costuma acontecer com esse tipo de objetos, não se tem notícia de qualquer estudo mais aprofundado sobre eles, de qual poderia ter sido sua utilidade, de que forma seriam usados e por quem. E mais, a simples existência de objetos como as pilhas indica necessariamente um conhecimento científico preexistente, que pudesse levar à descoberta das pilhas, o que é incompatível com o que se sabe, hoje em dia, a respeito dos povos do Oriente Médio em época tão remota.

PIPER, ELEANOR (1859-1950)

Considerada a mais importante **médium** americana, realizando fenômenos não-físicos como **telepatia** e **precognição**, além de se dizer que encarnava personalidades já mortas, os **espíritos**. Possuía mais de um espírito-guia, que lhe dava as mensagens a serem transmitidas aos vivos. Foi estudada por alguns dos maiores especialistas em **parapsicologia** da época, que confirmaram suas capacidades telepáticas impressionantes, mas preferiram não se manifestar claramente a respeito das personalidades encarnadas. Os poucos comentários a respeito levantavam a possibilidade de serem personalidades construídas por Piper.

PIRACURUCA

Ver **Sete Cidades**

PIRÂMIDES

As pirâmides estão entre as construções ciclópicas mais intrigantes da história e, na linha das investigações dos objetos insólitos do planeta, geralmente estão ligadas a locais sagrados ou com poderes energéticos especiais. As mais conhecidas e maiores do mundo se encontram no Egito e na América Central e México, com pequenas variações na forma de construção, mas também já foram encontradas pirâmides na América do Sul e na China.

Para a história oficial, as pirâmides do Egito foram construídas para servirem como túmulo para os faraós, envolvendo o trabalho escravo de milhares de pessoas, enquanto as da América Central e México, pertencentes principalmente às civilizações maia e asteca, tinham uma função mais cerimonial, ainda que nem sempre tenha sido assim.

Para os pesquisadores da história alternativa, tanto as pirâmides do Egito quanto as da América foram construídas segundo dados específicos e com técnicas tão avançadas que não poderiam ter sido elaboradas pelas civilizações às quais estão ligadas. Da mesma forma, a idade proposta para esses monumentos varia muito, de acordo com a linha de investigação seguida.

A ciência oficial recua a época da construção das pirâmides do Egito a não mais do que cinco mil anos, enquanto ocultistas e outros pesquisadores chegam a propor que elas já existiam antes do **Dilúvio**. No caso da pirâmide de **Teotihuacán**, no México, por exemplo, a ciência apresenta uma data entre o século IV e VII da era cristã, enquanto outros cálculos supõem uma data que se aproxima de cinco mil anos antes de Cristo.

Propostas mais ousadas surgiram com o tempo. O pesquisador Robert Charroux, por exemplo, diz que um historiador árabe traduziu as inscrições na pirâmide de Quéops, que revelam que ela foi construída na época em que a Lira fazia parte do signo de Câncer, ou seja, cerca de 73 mil anos.

Os cálculos matemáticos realizados com relação às pirâmides do Egito forneceram mais material para discussão. Por exemplo, sabe-se que a Grande Pirâmide, a de Quéops, está orientada no sentido norte-sul com uma aproximação quase perfeita. Em Gisé, um meridiano que passe em seu centro dividiria em partes iguais os continentes e oceanos. A soma dos quatro lados da base, dividida por duas vezes o eixo, resulta em 3,14, ou o valor de pi.

Para os estudiosos que procuram símbolos nas pirâmides, suas formas representam a união das forças criadoras do universo: o quadrado, o triângulo, a cruz, o cubo e a esfera, esta última representada pelo número pi. Assim, acredita-se que a simples forma piramidal é capaz de proporcionar um efeito físico em seres e objetos, energizando-os de maneiras variadas, agindo como se fosse um instrumento para captar energia do universo e centralizá-lo em seu interior, num ponto exatamente a um terço da distância entre o vértice e a base.

Muitos pesquisadores em todo o mundo realizaram experiências para tentar comprovar essa teoria, construindo pequenas réplicas da pirâmide de Quéops e colocando animais mortos no local exato. Segundo se diz, os animais eram conservados como se tivessem sido mumificados. Com o tempo, novas experiências foram realizadas e, segundo se afirma, as experiências comprovaram o poder que as pirâmides têm de agir em seres vivos, energizando-os, e também em objetos.

Durante algum tempo, foram comuns as experiências caseiras de se colocarem lâminas de barbear usadas no interior de uma pirâmide corretamente construída, para que as lâminas recuperassem seu poder de corte. Na verdade, um aparelho semelhante teve sua patente registrada em 1959, uma pequena pirâmide de papelão. Desde então, muitas pirâmides têm sido construídas e vendidas no mundo inteiro com as mais diversas finalidades, desde chapéus-pirâmide, até pirâmides-cabana, onde a pessoa pode sentar-se para receber as energias positivas.

A existência de pirâmides nas civilizações dos dois lados do Atlântico também levantou uma série de suposições, geralmente não consideradas seriamente pela história oficial. Uma delas se refere à possibilidade de maias e egípcios terem uma origem em comum, que seria a lendária civilização desaparecida da **Atlântida**, situada possivelmente no oceano Atlântico, de onde povos teriam emigrado para o continente africano e americano, levando consigo a mesma cultura arquitetônica. Alguns pesquisadores observam que a pirâmide de Gisé e a de Teotihuacán se encontram aproximadamente na mesma região do globo, na altura do trópico de Câncer, e que as pirâmides mais antigas do Egito também foram construídas com degraus, como ocorre com as pirâmides da América.

Todos sabem que as pirâmides do Egito serviram como local de repouso dos corpos mumificados dos faraós, e isso é inegável uma vez que eles foram encontrados no local. Mas alguns pesquisadores, como Guy Tarade, por exemplo, citam tradições da Rosa Cruz segundo as quais, numa determinada época, grupos de iniciados conseguiram emigrar para fora do nosso sistema solar, e as grandes pirâmides teriam sido o ponto de partida. Da mesma forma, imaginam as câmaras secretas das pirâmides como os locais para onde se retiravam os seres vindos de outro planeta.

Vários pesquisadores do insólito insistem no fato de que as pirâmides já existiriam antes de os faraós reinarem no Egito, tendo sido construídas pelos primeiros atlantes que teriam chegado ao Egito após o continente ter desaparecido no oceano Atlântico. Alguns dizem que objetos fabulosos chegaram a ser encontrados no interior das pirâmides, objetos que teriam sido trazidos da Atlântida, permanecendo no Egito. Assim, um dos primeiros califas do

Cairo, após a conquista do Egito pelos muçulmanos, teria conseguido abrir uma passagem na Grande Pirâmide, já que não conseguiu descobrir sua porta secreta, e chegar à câmara da rainha e à do rei. Ali encontraram duas estátuas, uma em pedra negra a outra em pedra branca, representando um homem e uma mulher com traços fisionômicos completamente diferentes dos egípcios.

Além disso, dizem, foi descoberto um autômato com a forma de um galo, de ouro vermelho com pedras preciosas, que emitia um grito à aproximação das pessoas. Diz-se que o califa teria retirado os objetos e levado para um museu, e depois não se teve mais notícias deles.

Para outro ramo de investigações, não sem algumas relações com posições ocultistas e esotéricas, as pirâmides seriam apenas a parte visível de construções muito maiores que se encontrariam enterradas a grande profundidade. Para uma linha de pesquisadores, as pirâmides estão entre as centenas de construções que comprovariam a existência de civilizações em épocas muito mais recuadas no tempo do que é reconhecido oficialmente, assim como já foram relacionadas com a presença de seres **extraterrestres** atuando na Terra em épocas remotas.

Nos últimos anos, parece ter-se ampliado o número de pesquisadores independentes que se referem a essa possibilidade, depois que formas piramidais teriam sido reconhecidas em fotografias obtidas por satélites do planeta **Marte**. Alguns grupos ufológicos da linha mística entendem que os extraterrestres utilizavam as pirâmides como fontes energéticas para a partida de suas naves. Imaginam então que, antigamente, o topo das pirâmides era cortado, semelhante às pirâmides encontradas na América, e que as naves teriam igualmente um formato piramidal. Instaladas no topo, dariam a impressão exata que as pirâmides do Egito têm hoje.

Também na América do Sul foram encontradas construções consideradas piramidais. Em **Tiahuanaco**, por exemplo, foi constatada a existência de uma arquitetura semelhante, ainda que não tão bem conservada quanto as pirâmides mais conhecidas. Em 1975, o satélite Landsat II conseguiu fotografar formações piramidais localizadas na selva, na região sudeste do Peru. Eram 12 estruturas, inicialmente tidas como naturais. Uma equipe de investigação enviada de avião e helicóptero ao local conseguiu obter imagens mais nítidas, dando a entender que, de fato, tratava-se de pirâmides construídas pelo homem, apesar de a selva tornar quase impossível uma identificação absoluta.

Não se tem mais notícias de qualquer aprofundamento das investigações a esse respeito. A história assemelha-se à das **pirâmides do Amazonas**, que teriam sido descobertas no Brasil.

Erich von Däniken citou as descobertas em **Morona-Santiago**, onde foram encontrados placas e objetos com imagens gravadas, incluindo pirâmides, o que leva a crer que já se conhecia a arquitetura específica em tempos bem recuados na América do Sul. Aparentemente sem qualquer possibilidade de serem relacionadas às pirâmides da América e do Egito, existem também pirâmides na China, na verdade mais de uma centena, a maioria localizada nas regiões de Qin Chuan e da cidade de Xian, na China central.

Segundo as informações disponíveis, sua existência foi relatada pela primeira vez na virada do século XIX para o XX, quando dois negociantes australianos que viajavam pela região visitaram as pirâmides.

As lendas a respeito das construções dizem que elas têm mais de cinco mil anos de idade, tendo sido construídas na época em que os velhos imperadores reinavam na China, imperadores que descenderiam dos "filhos do céu" que desceram à Terra em seus dragões metálicos, o que nos remete mais uma vez à noção da intervenção de extraterrestres em nossa história.

As pirâmides da China foram construídas de argila e seu estado de conservação é ruim. A maioria tem entre 25 e 100 metros de altura, mas a maior delas, conhecida como Grande Pirâmide Branca, atinge 300 metros de altura.

PIRÂMIDES DO AMAZONAS

A história que envolve a possível existência de, pelo menos, três pirâmides no meio da selva amazônica brasileira é uma das mais estranhas e misteriosas de que se tem notícia.

No Brasil, o tema se tornou conhecido publicamente em 1979, quando algumas revistas e emissoras de televisão publicaram matérias sobre a descoberta de três estruturas de forma piramidal, recobertas pela vegetação, que teriam sido avistadas de alguma distância por um grupo que realizava uma expedição à procura de vestígios de uma antiga civilização existente, numa região próxima à serra do Gupira, no alto rio Negro.

Após uma série de controvérsias, alguns especialistas afirmaram, mesmo sem terem visitado a região, que as fotos apresentadas mostravam apenas formações naturais, morros cobertos pela vegetação, com formatos que lembravam pirâmides. O fato é que o assunto morreu e nunca mais se ouviu ou viu qualquer publicação a esse respeito. No entanto, o historiador, antropólogo e arqueólogo brasileiro Aurélio M. G. de Abreu apresentou uma versão bem mais completa para o caso, entendendo que o assunto foi muito mal explicado e ainda pior pesquisado pelas autoridades e cientistas brasileiros.

A história complicada começou em 1971, quando um piloto alemão que se encontrava em Manaus teve um contato com um homem que dizia ser nativo da Amazônia, de uma região do interior, pertencente a uma tribo chamada ugha mogulala, filho de pai alemão e mãe indígena, e que falava alemão correntemente. Segundo ele, cerca de dois mil soldados alemães chegaram à região entre os anos de 1939 e 1941, enviados por Hitler como cabeça-de-ponte para uma possível invasão ao Brasil. Quando retornaram em 1945, alguns deles resolveram permanecer e se misturaram aos nativos.

O piloto alemão contou a estranha história ao jornalista Karl Brugger, que foi a Manaus, entrou em contato com o nativo que falava alemão – e que se chamava Tatunka Nara – que lhe contou que ainda existiam descendentes de uma civilização pré-colombiana vivendo no interior da Amazônia. Brugger partiu numa expedição às cidades em companhia de Nara em 1972 e, em 1976, publicou o livro *Die Chronik von Akakor*, em que narrava a chegada dos soldados alemães.

Diz-se que Erich von Däniken também resolveu pesquisar sobre o assunto e esteve em Manaus em 1977, também contatando Tatunka Nara. Nessa ocasião, o nativo lhe disse que existiam três cidades habitadas no interior da mata – Akahim, Akakor e Akanis – e que em Akahim existiria um objeto que teria sido entregue aos sacerdotes mogulalas milhares de anos atrás, por deuses que vieram do céu. Segundo a lenda ou tradição desse povo, esse objeto começaria a cantar quando chegasse o momento de os deuses retornarem à Terra, e que isso vinha ocorrendo ultimamente. O piloto que primeiro fizera o contato foi encarregado por Däniken de dirigir-se até Akahim e obter o suposto objeto, e para tal armou-se uma expedição que, por sua vez, teve de contar obrigatoriamente com um arqueólogo brasileiro, sendo escolhido Roldão Pires Brandão.

Quando a expedição estava a dois dias da suposta cidade de Akahim, foi forçada a retornar para dar assistência a Roldão, que levou um tiro no pé. Segundo um comunicado da revista *Ancient Skies*, editado pela Ancient Astronaut Society, Roldão se teria ferido propositadamente para impedir que a expedição prosseguisse. Diz-se que a informação sobre as pirâmides foi passada à imprensa pelo próprio Roldão, depois que soube de uma expedição inglesa que estaria tentando atingir a região partindo da Venezuela.

O jornalista Karl Brugger retornou ao Brasil em 1981 e tentou realizar mais uma expedição com Tatunka Nara e um cineasta, mas a viagem foi suspensa porque o nativo disse que não haveria nenhuma segurança em atravessar a região, abalada por tribos em pé de guerra. A imprensa brasileira também publicou matérias procurando desmentir os acontecimentos, insistindo em que o nativo Tatunka Nara seria, na verdade, um ex-marinheiro alemão, neurótico de guerra, que teria inventado toda a história. No entanto, o jornalista Brugger conseguiu colher material na Alemanha Oriental, um filme que mostrava a partida do grupo de soldados rumo à América do Sul e sua chegada à Amazônia. E as fotos obtidas são reais, por maiores que sejam as divergências. Para complicar o caso, Karl Brugger foi assassinado no Rio de Janeiro, em 1984, segundo informações da polícia pelo disparo da arma de um assaltante.

Esse assunto está ligado a uma série enorme de histórias que dizem respeito à possível existência de uma civilização pré-colombiana no Brasil, muito antes da chegada dos portugueses. Para alguns, como o próprio arqueólogo Aurélio de Abreu, não se pode descartar a possibilidade de que os maias tenham realizado uma série de viagens por mar, e instalado algumas colônias na região. Para outros pesquisadores da área, uma civilização independente teria existido em vários pontos do Brasil, talvez muito mais antigas do que se supõe, e causa irritação em grande parte dos investigadores autônomos e também em muitos arqueólogos o fato de os estudos referentes a essas descobertas não serem levados adiante, como ocorre com a provável existência de ruínas de cidades antigas na região da **Serra das Figuras** e também da **Serra do Roncador** e **Paraúna.**

Alguns estudiosos, como **Peregrino Vidal**, entendem que houve uma colonização sumeriana na América, com alguns contingentes de técnicos sendo trazidos do Egito para elaborar as construções na região. Outros entendem que a **Atlântida** teria sido o centro do qual partiram colonizadores, tanto em direção ao Egito quanto em direção às Américas, levando com eles as técnicas de arquitetura e construindo pirâmides semelhantes dos dois lados do oceano.

Outras linhas de pesquisa entendem ainda que a Atlântida seria a própria América, o centro do qual se teria originado uma série de civilizações, inclusive a egípcia, e não é de estranhar que sejam encontradas pirâmides na região do Amazonas.

PIRI REIS

Os mapas de Piri Reis, um dos mais discutidos e insólitos objetos da história. Piri Reis era um almirante da marinha turca. Segundo Pauwels e Bergier, Piri Reis foi quem ofereceu seus mapas à Library of Congress em meados do século XIX. O mapa mais recente dataria da época de Cristóvão Colombo; os mais antigos, do século I d.C., e que ele teria descoberto no Oriente. Däniken diz que os mapas foram encontrados no Palácio Topkapi no início do século XVIII. O fato é que são mapas bem antigos e apresentam características únicas. Eles foram enviados para um exame pormenorizado ao cartógrafo americano Arlington H. Mallery, em 1952. Este percebeu que, nas reproduções das regiões do mar Mediterrâneo e do mar Morto, todos os acidentes geográficos estavam presentes, porém não nas formas e lugares corretos. Mallery pediu a ajuda de Walters, do Bureau Hidrográfico da Marinha dos EUA, que transferiu os Mapas de Piri Reis para um mapa moderno, descobrindo então que eles estavam absolutamente corretos.

Em 1955 ou 57, os mapas foram encaminhados à comissão do ano geofísico, e estudados pelo padre jesuíta Lineham, diretor do Observatório Weston, também a serviço da Marinha americana. Mais descobertas fantásticas. Os mapas apresentavam não apenas enorme exatidão com relação ao relevo das costas e interior dos continentes, mas também cadeias de montanhas existentes na Antártida e que só foram descobertas em 1952. Essas montanhas na Antártida só puderam ser descobertas com o auxílio do sonar, pois se encontram cobertas pelo gelo.

Depois disso, outras pesquisas foram realizadas pelo professor Charles H. Hapgood e pelo matemático Richard W. Strachan, que compararam os mapas com os mapas aéreos mais recentes, descobrindo que os modelos de Piri Reis poderiam ser comparados a fotografias tiradas de grande distância no espaço. Os problemas que surgem dessa situação ainda não foram desvendados, uma vez que é impossível que os mapas tenham sido elaborados com as técnicas conhecidas em 1500/1600, ou muito antes disso, e é fora de questão que uma alta tecnologia foi utilizada em sua elaboração. Esses mapas não parecem ser originais, mas cópias de cópias, com idade difícil de ser definida.

Para grande parte de pesquisadores, o fato de indicarem um conhecimento muito acima do que seria de se esperar para a época em que supostamente foram elaborados é mais um indicativo quanto à possibilidade de que tenham existido civilizações, no passado remoto do planeta, com um desenvolvimento tecnológico muito além do que normalmente aceita a ciência ortodoxa.

Da mesma forma, alguns pesquisadores pensam que a possibilidade de que os mapas tenham sido elaborados a partir de fotografias tiradas de grande altitude poderia indicar a presença de seres **extraterrestres** atuando nas civilizações do passado remoto do planeta.

PIROCINESIA
Ver **combustão humana espontânea**

PIROGENESE
Ver **combustão humana espontânea**

PLATAFORMA DE ÓRION
Ver **Órion**

PODERES
Ver **anjos**

POLTERGEIST
Um dos fenômenos estudados pela **parapsicologia**. Bastante comentado atualmente, tornou-se ainda mais conhecido após o filme de Steven Spielberg, com o mesmo nome, ainda que nunca tenha sido registrado um caso de *poltergeist* com a intensidade verificada no filme.
A explicação que propõe ser o *poltergeist* causado por **espíritos** foi muito comum no passado, mas hoje em dia já surgem novas propostas, ainda que, no **espiritismo**, essa noção ainda seja considerada.
O termo vem do alemão, significando "espírito brincalhão". Algumas traduções propõem "espírito ruidoso" ou "turbulento", já que os ruídos são uma das características do fenômeno. Ocorre de forma espontânea, o que o torna um dos mais difíceis de serem pesquisados cientificamente, e não se conhecem casos de manifestações de *poltergeist* que tenham sido produzidas em laboratório, sob controle científico rigoroso. Começam repentinamente, geralmente em residências, e terminam da mesma forma, e muitas vezes se assemelham mesmo a brincadeiras. Ocorrem deslocamentos de objetos, ruídos estranhos, quebra de objetos, e sempre quando as pessoas não estão olhando para o local em questão. Um traço notado nos estudos realizados a partir dos anos 50 foi a presença de uma pessoa na puberdade no local onde se verificam os fenômenos.
A tendência atual é se creditar os fenômenos a um "ponto focal", ou seja, uma pessoa estaria produzindo os fenômenos a partir de capacidades paranormais conhecidas como **telecinese** ou psicocinese, inconscientemente.
Pesquisadores sérios como J. G. Pratt estudaram o fenômeno, mas, como tudo o que se refere à parapsicologia, não se pode ter uma posição definida sobre o assunto.

POPOL VUH
O livro sagrado dos quíchuas, ou quichés, relatando as origens do povo na Guatemala. Segundo os

estudiosos, o livro foi escrito por autores desconhecidos pouco depois da conquista espanhola, depois que a capital dos quichés, Utatlán ou Gumarcaah, foi destruída pelas chamas.

O *Popol Vuh* foi, ao que parece, o único documento registrado das antigas histórias desse povo, uma vez que os demais manuscritos e relatos foram queimados e destruídos pelos missionários.

O texto só foi descoberto em 1688, escrito em quiché e em espanhol. O livro fala de uma civilização que se encontrava muito distante no passado, e que conhecia as nebulosas e todo o sistema solar, além de representarem a Terra como uma superfície redonda. Alguns estudiosos, ao observarem o calendário proposto através do *Popol Vuh*, chegam a afirmar que se trata do documento mais antigo de que se tem notícia.

O livro, escrito após a chegada dos espanhóis, seria simplesmente uma transcrição dos originais, mantidos pelos quichés por milhares de anos.

Alguns pesquisadores observaram algumas semelhanças notáveis entre as narrações do *Popol Vuh* e de outros textos antigos, como inscrições sumerianas e a própria *Bíblia*.

O *Popol Vuh* diz que os seres foram criados e moldados, não tendo nascido de uma mulher ou produzidos por um criador, da mesma forma que é relatado no texto sumeriano, que se refere a uma "câmara de criação". Como a *Bíblia*, o *Popol Vuh* apresenta similaridades nos relatos referentes à língua, quando se fala que toda a Terra tinha um só idioma; nos relatos de Moisés atravessando o mar Vermelho – que se abriu para a passagem dos israelitas, como no *Popol Vuh* o mar também "se parte" para propiciar a passagem; e na referência de Moisés ao "sinal da aliança", além de outros trechos igualmente semelhantes. Ao que se sabe, apenas os historiadores do insólito pretendem estabelecer similaridades entre culturas tão separadas uma da outra.

Mais recentemente, outros pesquisadores afirmaram ter encontrado pontos de similaridade entre os relatos do *Popol Vuh* e de ***O livro de Mórmon***, que deu origem à religião dos mórmons.

PORTA DO SOL

A mais famosa construção encontrada nas ruínas de **Tiahuanaco** e tida por muitos pesquisadores como a construção mais antiga ainda existente no planeta. Trata-se de uma escultura talhada num só bloco de rocha, com 3 metros de altura e 3,75 de largura, com peso estimado em cerca de 10 toneladas, com um portal retangular cortado ao centro. Por cima do portal existem inscrições num friso de baixo-relevo.

A figura do deus **Viracocha**, cercado por 48 figuras retangulares, ao que se acredita, está gravada ali.

Apresenta uma rachadura que, segundo as lendas locais, é atribuída a um objeto caído do céu. Ao que se sabe, ainda não foi possível decifrar corretamente a linguagem de Tiahuanaco, cuja origem já se perdeu no tempo.

POSEIDÔNIA
A capital da **Atlântida**, segundo as lendas. Uma cidade maravilhosa construída de pedra e repleta de estátuas de ouro. Dizem ainda as lendas que, no centro da cidade, existia o templo dedicado a Posseidon ou Netuno.

POSSESSÃO
O termo tanto é utilizado pelos estudos da **parapsicologia** quanto por religiosos e místicos, com significados ligeiramente diferentes (ver **possessão diabólica**).
Fala-se que, nos casos de possessão, ocorre o fenômeno de personalidades simultâneas, ou mesmo da substituição completa da personalidade de uma pessoa por outra, conhecida ou não. Essa personalidade que "toma conta" do corpo e mente da pessoa possuída é, muitas vezes, chamada apenas de "entidade psíquica", de origem praticamente impossível de ser determinada, pelo menos no atual estágio dos estudos. Os que procuram explicações ligadas ao **espiritismo** falam simplesmente de incorporação de um **espírito**, de um desencarnado que ocuparia o corpo de um encarnado, tomando o controle parcial ou completo desse corpo, mantendo o espírito encarnado completamente à parte, enquanto realiza as funções que se propôs, seja a de apenas se comunicar com as pessoas da Terra, seja a de realizar atividades que podem variar desde as mais simples e inofensivas, até as bastante violentas, como já foi registrado mais de uma vez.
Na história da humanidade, foram registrados centenas, talvez milhares de casos de possessão – espírita, diabólica ou divina – desde as citações da *Bíblia* até registros de estudos feitos com **médiuns** em sessões. Ainda não existe explicação científica válida para o fenômeno.

POSSESSÃO DIABÓLICA
A possessão diabólica é a intromissão, no corpo de uma pessoa, de um demônio ou entidade maléfica, com o objetivo de controlá-la com sua força desconhecida, e levá-la a atitudes que sejam convenientes às forças do Mal. Com o diabo na posse do corpo, vários prodígios ocorrem, a pessoa fala com vozes diferentes e faz movimentos muitas vezes considerados impossíveis para um ser humano.
A possessão diabólica não é aceita apenas pelos praticantes da magia negra. A Igreja católica, por exemplo, reconhece a possessão, e até mesmo realiza exorcismos para a

expulsão desse demônio, ainda que seja um assunto muito pouco comentado pela Igreja e seus membros. Os teólogos possuem rituais específicos para a expulsão do demônio, assim como sinais claros para determinar se uma pessoa está ou não possuída.

Hoje em dia, muitos estudiosos da **parapsicologia** propõem outras explicações para os casos de possessões que não a presença de um demônio no corpo da pessoa. Existem sinais que levam a considerar as atividades paranormais, como as falas em línguas estrangeiras e desconhecidas do possuído, a revelação de fatos ou coisas ocultas, distantes do possuído, indicando a existência do fenômeno conhecido na parapsicologia como **clarividência**, ou mesmo a **precognição**, a visão de fatos futuros.

As transformações ocorridas no corpo do possuído talvez sejam mais complexas e difíceis de serem explicadas, mas também podem estar relacionadas aos fenômenos paranormais, como no fenômeno semelhante dos **estigmas**. No entanto, é comum a ciência não ser capaz de resolver um caso evidente de possessão e, onde a ciência falha, muitas vezes o exorcismo funciona, talvez como uma forma de contra-atividade parapsíquica.

A atual aproximação científica do problema sugere que, em muitos casos, a possessão pode ter sido causada pelos demônios interiores da pessoa, de natureza sexual ou algum outro tipo de repressão que explode de forma violenta, dando a idéia de que uma personalidade diferente está em atividade.

POTÂMIDES

Ver **ondinas**

POUSO ALTO

Um dos inúmeros sítios brasileiros onde podem ser encontradas gravações em idiomas desconhecidos, que autores como **Silva Ramos**, **Peregrino Vidal** e outros atribuem a uma colonização do continente por povos do Oriente Médio.

O Instituto Histórico e Geográfico Brasileiro confiou a tradução das inscrições encontradas na pedra de Pouso Alto a Ladislau Neto, que nela reconheceu caracteres do hebreu antigo, o que causou uma imensa repercussão nos meios científicos, inclusive na Europa. Mas, após dez anos de pesquisas e discussões, diz-se que Ernest Renan reduziu a tradução e as próprias inscrições a nada ou quase nada, com o que obviamente não concordam vários estudiosos do Brasil e mesmo do exterior, que continuam defendendo a tese de uma colonização por povos do Oriente Médio, milhares de anos antes de Cristo.

A localidade está relacionada com outras no Brasil e em outros pontos da América, e também se relaciona com lendas e propostas alternativas para a história, como as levantadas por Marcelino Machuca Martinez, com seu reino de **Mairubi**, e idéias a respeito da vinda de colonos diretamente da **Atlântida** ou ainda as propostas a respeito da colonização da América por hebreus, como relatado em *O livro de Mórmon*.

PRADO, JOÃO PIO DE ALMEIDA

Sensitivo ou **médium** brasileiro contemporâneo, conhecido por uma série de atividades mediúnicas: música, pintura e contatos com seres **extraterrestres**.

João Pio participou de várias exibições na Europa, inclusive sendo transmitidas pela televisão, ou tocando obras famosas no piano, por inspiração dos **espíritos**, ou pintando quadros de Picasso, El Greco e outros mestres. Segundo ele disse em entrevista, nas apresentações que fazia em outros países, em algumas ocasiões ele continuava falando português, uma vez que não falava a língua local, mas todas as pessoas presentes conseguiam entendê-lo perfeitamente.

Por suas capacidades paranormais, afirma manter contato com seres extraterrestres e os seres dos mundos subterrâneos que ainda existem em nosso planeta. Um dos mestres extraterrestres é quem dirige seus trabalhos, enviando mensagens da Plataforma de **Órion**.

PRECOGNIÇÃO

Termo utilizado pela **parapsicologia** para identificar o fenômeno de conhecer um acontecimento futuro sem deduções racionais obtidas a partir do conhecimento do presente.

As informações sobre o futuro se apresentam às pessoas das mais variadas formas: por sonhos, visões, estados de transe, intuições súbitas ou, como pretendem algumas linhas religiosas, por contatos com os **espíritos** dos mortos.

É o fenômeno mais perturbador de todos, e o mais incompreensível, uma vez que envolve diretamente a questão da natureza do tempo. Alguns pesquisadores entendem que é também o fenômeno mais fácil de ser verificado cientificamente uma vez que, após ter sido realizada a precognição, basta esperar que o evento descrito aconteça ou não, e verificar quais as variações que apresenta com relação à predição inicial.

No entanto, as explicações para a existência do fenômeno são as mais complicadas, envolvendo uma série de teorias que, até o momento, são impossíveis de serem comprovadas.

Alguns dos casos registrados de precognição chegam a ser impressionantes em sua precisão, e não há como se esquivar à realidade do fenômeno, que já vem sendo verificado, nas mais variadas formas, desde a Antiguidade.

Também é conhecido pelos termos mais antigos e populares como premonição, predição, adivinhação, pressentimento, antevisão, vaticínio, profecia, e ainda presságio, pregnose, paragnose, palpite, prenúncio, presciência ou, simplesmente, pré-conhecimento. Nem todos os termos são considerados adequados para caracterizar a precognição, mas, em todo caso, ela pode ser de vários tipos, de várias intensidades e com diferentes gradações no que diz respeito à forma como a pessoa recebe a informação.

Ao longo da história, as pessoas especialmente dotadas para conhecer o futuro com antecedência tiveram enorme destaque, como as figuras dos **profetas** e videntes, às vezes assumindo posições de destaque na sociedade e, em outras ocasiões, sendo perseguidos como magos. Várias personagens são conhecidas nesse sentido, sendo o mais popular até os dias de hoje o célebre **Nostradamus**, que elaborou o que se chama de a maior e mais completa série de profecias de que se tem conhecimento.

Apesar de, geralmente, ser considerada uma capacidade paranormal incomum, nas experiências realizadas pelo Dr. J. B. Rhine, na Universidade de Duke, utilizando as cartas Zener, ficou comprovado que a precognição também existe nas pessoas comuns, que não são médiuns e jamais manifestaram qualquer tendência no sentido de possuir capacidades acima do normal.

Nos testes em que procuravam comprovar os fenômenos de **telepatia** e **clarividência**, os pesquisadores depararam com alguns resultados estranhos, com índice de erros muito acima do normal, e puderam comprovar que as pessoas envolvidas estavam acertando as cartas que ainda iriam sair. Estavam, portanto, prevendo o futuro.

Os chamados pressentimentos, que ocorrem à maioria das pessoas em ocasiões variadas, poderiam ser um tipo de precognição amenizada, em que o conhecimento do futuro não chega por meio de uma visão clara, ou de forma alucinatória como ocorre às vezes, mas apenas trazendo uma informação filtrada, fraca, que dá uma leve indicação à pessoa sobre algo que deverá acontecer. Não que todos os pressentimentos possam ser vistos como precognição, mas muitos estudiosos entendem que, se as pessoas dessem mais atenção a essas sensações vagas, poderiam acertar mais do que errar com relação a acontecimentos futuros. A diferença entre eles e os **médiuns** é que os últimos, mais acostumados com seus dons, confiam em suas visões. A precognição pode se manifestar também por sonhos, como foi o caso de John William Dunne, um dos médiuns mais famosos nessa especialidade.

Ele chegou a elaborar uma vasta teoria a respeito da natureza do tempo, tentando explicar como ocorreria a precognição.

Durante algum tempo, ela foi bastante comentada e discutida, até mesmo por cientistas de respeito, mas não foi considerada apropriada. Numerosas teorias têm sido apresentadas para explicar o mecanismo da precognição, inclusive com citações à possibilidade de existência de universos paralelos, uma derivação da teoria quântica que propõe a existência de uma série infinita de universos, alguns deles muito parecidos uns com os outros. Num universo paralelo muito parecido com o nosso, os eventos seriam quase os mesmos que ocorrem no nosso. Assim, um médium poderia ter acesso a um desses universos, captando informações do que ele supõe ser o futuro.

Esse tipo de posicionamento poderia, até, explicar por que alguns eventos previstos não ocorrem exatamente da forma como foram captados pelos médiuns, mas com pequenas modificações. Alguns cientistas propuseram também que os eventos, ao longo do tempo, podem ter uma influência nos dois sentidos. Assim, como um evento ocorrido no presente se estende para o futuro, ou seja, tem conseqüências no futuro, também teria um efeito em direção ao passado. Dessa forma, um evento futuro, tendo um efeito em direção ao passado, nos alcançaria no presente, sendo captado pelas mentes mais sensíveis e interpretado.

Essa forma de pensar também poderia explicar os erros nas previsões, entendendo-se que, quanto mais distante no futuro estiver esse evento, mais difícil será para o médium captá-lo e entendê-lo corretamente. Seja como for, as teorias a esse respeito se multiplicam, mas ainda são insuficientes para explicar o fenômeno.

PREDIÇÃO

Ver **precognição, profetas**

PREMONIÇÃO

Ver **precognição, profetas**

PRESSENTIMENTO

Ver **precognição, profetas**

PRICE, HARRY (1881-1948)

O inglês Harry Price foi um dos mais famosos "caçadores de **fantasmas**" já conhecidos, pesquisando casas e mansões que se diziam infestadas de assombrações – as chamadas **casas assombradas** – e procurando determinar a realidade do fenômeno ou descobrindo algumas fraudes. Foi o fundador da Biblioteca Nacional de Pesquisa Psíquica, sediada em Londres.

PRINCIPADOS

Ver **anjos**

PROFECIA
Ver **precognição**, **profetas**

PROFETAS
Pessoas que possuem a capacidade de predizer acontecimentos futuros, às vezes bastante distanciados no tempo.
O fenômeno da profecia está diretamente relacionado ao fenômeno paranormal da **precognição**. Os profetas geralmente se referem a acontecimentos grandiosos, que envolvam ou que tenham importância para grande número de pessoas, como as guerras, desastres naturais, ou não, ou a morte de personalidades. Tiveram um papel importante no surgimento e estabelecimento de algumas das maiores religiões do mundo, recebendo informações a serem seguidas pela humanidade a partir de suas visões. Estiveram presentes em praticamente todas as sociedades conhecidas no planeta, trabalhando com métodos muito semelhantes, e existem ainda nos dias de hoje, ainda que bastante desacreditados devido ao enorme número de fraudes. Mesmo assim, os estudos da **parapsicologia** puderam registrar muitos casos autênticos de profecias bem-sucedidas e impressionantes.
Os nomes a serem citados são muitos, mas o que permanece até hoje como um dos maiores e mais meticulosos profetas de todos os tempos é **Nostradamus**.

PROJEÇÃO ASTRAL
Ver **corpo astral**

PROJETO FILADÉLFIA
Esse é um relato que concorre seriamente ao título de "mais estranho de todos os tempos". Segundo alguns pesquisadores, entra na lista dos maiores casos de paranóia dos últimos tempos e, segundo outros, na dos maiores casos de conspiração do silêncio já registrados. Gira em torno da provável existência do Projeto Filadélfia, uma experiência secreta que teria sido realizada pelo governo e pela Marinha dos EUA, no dia 12 de agosto de 1943, no porto de Filadélfia.
Num período da Segunda Guerra Mundial em que os Aliados estavam tendo imensos problemas com a navegação no Atlântico, uma vez que a maioria dos navios mercantes era afundada pelos submarinos nazistas, diz-se que o governo resolveu realizar uma experiência para tornar os navios virtualmente invisíveis aos radares inimigos. O navio escolhido teria sido o USS *Eldridge*, e uma aparelhagem desconhecida foi montada a bordo, com resultados catastróficos.
Segundo os pesquisadores, essa experiência tinha sido realizada anos antes, em escala menor, pelos famosos cientistas Albert Einstein e Nicolai Tesla. Diz-se que Tesla havia se envolvido, nos anos 30, com um grupo que realizava experiências

com a capacidade de se movimentar através do *continuum* espaço-temporal. As experiências teriam sido realizadas na Universidade de Princeton, e eles conseguiram fazer desaparecer um pequeno objeto, mas Tessla se desligou do projeto, não querendo que o governo utilizasse os conhecimentos para uso militar.

Antes dos testes finais no USS *Eldridge*, cães e gatos foram colocados no navio, e a energia libertada durante a experiência matou alguns animais e fez com que alguns desaparecessem completamente. Apesar disso, a Marinha resolveu continuar com os testes, e com o navio totalmente tripulado. Dizem que, quando os aparelhos foram ligados, o *Eldridge* simplesmente desapareceu durante quatro horas, não apenas tornando-se invisível aos radares, mas literalmente desaparecendo e, segundo se diz, sendo transportado para uma dimensão no espaço-tempo. Quando o navio voltou a aparecer e os observadores subiram a bordo, uma névoa esverdeada cercava o navio, alguns marinheiros vagavam sem sentido de um lado para outro, completamente enlouquecidos, ao passo que outros desapareciam enquanto caminhavam. Alguns corpos estavam como que derretidos pela radiação e outros marinheiros ainda agonizavam, com seus corpos fundidos à estrutura do navio, presos ao convés ou às paredes.

Segundo alguns relatos, o navio surgiu em Norfolk, a 400 quilômetros de distância, enquanto outros afirmam que o *Eldridge* viajou quarenta anos para o futuro. Fala-se de marinheiros que se materializaram repentinamente num bar distante, surgindo através da parede, para novamente desaparecerem.

A Marinha sempre negou tudo, inclusive a realização da experiência para tornar navios invisíveis aos radares. Há pessoas que entendem que o Projeto Filadélfia foi um sucesso ainda maior do que o esperado, e que o governo dos EUA possui a máquina do tempo desde 1943, mantendo esse conhecimento secreto. Alguns dos relatos sobre a experiência foram feitos pelo marinheiro mercante Carlos Allende, que diz ter participado do acontecimento. Um filme sobre o tema foi realizado em 1984 (*Projeto Filadélfia/ The Philadelphia Experiment*), bastante fiel aos relatos de que se tem notícia.

PROJETO LIVRO AZUL

Ver **OVNI**

PSICOCINÉTICA

Ou psicocinesia. Capacidade estudada pela **parapsicologia** e que se refere à possibilidade de o espírito ou a mente influir diretamente sobre objetos materiais, inclusive movimentando-os. O termo foi utilizado pelo pesquisador J. B. Rhine, da

Universidade de Duke, nos EUA, que pretendia opô-lo a **telecinese**, numa tentativa de unir o estudo e o entendimento sobre os fenômenos paranormais, acreditando tratar-se de fenômenos não-físicos ligados à ESP (Extra Sensorial Perception), a chamada percepção extra-sensorial. Assim, para a linha de cientistas que prefere o termo psicocinética, não existe propriamente uma ação física na realização do fenômeno. Apesar de todos os estudos, teorias e experiências já realizados, não existe qualquer definição sobre como o fenômeno ocorre. Algumas pessoas excepcionalmente dotadas – também conhecidas como **médiuns** – já conseguiram fazer com que certos objetos se movimentassem apenas concentrando sua atenção no processo. Isso chegou a ser registrado em experiências em laboratórios, mas a ciência está longe de saber como e por que isso é possível.

As experiências do Dr. Rhine seguiram aproximadamente métodos iguais aos das experiências de **telepatia** e **clarividência**, pretendendo obter provas quantitativas, estatísticas, mas desta vez com a utilização de dados. Os participantes das experiências teriam de se esforçar mentalmente para tentar influir no resultado dos lançamentos, obtendo resultados que fossem considerados acima do normal esperado.

Como já fizera com relação aos demais fenômenos, aqui também obteve índices muito bons, comprovando que é possível influenciar o resultado apenas com o pensamento neste ou naquele sentido.

PSICOFANIA

Fenômeno descoberto por Friedrich Jurgenson (-1987), produtor cinematográfico e paranormal sueco. Ele ficou conhecido por suas pesquisas na área de gravação do que foi chamado de "vozes paranormais" ou psicofanias, em fitas magnéticas, a partir de 1959.

As experiências tiveram origem num acontecimento casual. Diz-se que, ao ouvir as gravações que havia feito do canto de pássaros, ele percebeu a existência de uma voz humana. Atribuindo o fato a algum tipo de defeito, repetiu as gravações e novamente ouviu a voz, reconhecendo como pertencente à sua mãe, já falecida. A partir daí, elaborou pesquisas com Konstantin Raudive, Hans Bender e Friedebert Karger. Ao que se sabe, Raudive foi mais longe nas pesquisas, realizando milhares de gravações.

Na visão do **espiritismo**, o fato é atribuído a algum tipo de comunicação entre os mortos e o nosso mundo, da mesma forma como agora se fala em manifestações através de gravações em vídeo, com imagens dos espíritos, ou através de computadores. Mas a **parapsicologia** prefere entender o fenômeno de outra forma, acreditando haver uma interferência mental de algum tipo, provavelmente inconsciente, por parte de alguém que participe da experiência.

Ao contrário de outras comunicações com **espíritos** realizadas através dos **médiuns**, os cientistas que estudam as psicofanias dizem que as mensagens gravadas não transmitem qualquer lição de moral nem trazem qualquer informação importante, não se manifestando sobre a vida no mundo espiritual ou sobre questões de filosofia. As comunicações se referem mais a assuntos cotidianos e observações às vezes bem-humoradas sobre a situação dos seres humanos.

Sabe-se que no Brasil também foram realizadas gravações desse tipo, pela escritora Hilda Hilst e George Magyary. Não existe qualquer teoria definitiva a respeito do fenômeno. Atualmente tem-se preferido utilizar o termo "transcomunicação instrumental" para definir essa forma de contato, ainda que ele esteja mais restrito ao âmbito do espiritismo.

PSICOFOTOGRAFIA

Fenômeno ligado aos estudos da **parapsicologia** e também chamado de fotografia psíquica, que consiste na capacidade de impressionar uma chapa, papel ou filme fotográfico com o poder da mente, pela utilização de meios ou energias ainda desconhecidos.

No início do século, alguns cientistas franceses já levantavam a hipótese de que o espírito humano – que, neste caso, deve ser entendido como a mente humana e não como **espíritos** dos mortos – seria capaz de utilizar algum tipo de energia, ou emanar uma radiação que fosse capaz de sensibilizar um material fotográfico, com algumas experiências sendo realizadas nesse sentido. Uma pessoa mantinha sua mão sobre negativos fotográficos fechados num envelope enquanto concentrava seu pensamento numa determinada imagem que, após a revelação, surgia delineada no papel.

A partir dos anos 60, essas experiências foram realizadas na Universidade de Denver, nos EUA, com a participação de Ted Serios, um dos mais conhecidos **médiuns** da história. Serios conseguia fazer com que a imagem na qual estava pensando surgisse num filme virgem, colocado dentro de uma máquina fotográfica. Foi pesquisado em condições controladas em laboratórios, por alguns dos maiores especialistas do mundo, obtendo resultados surpreendentes. Numa das experiências, foi-lhe mostrada uma foto de uma localidade na Itália, onde ele jamais havia estado. Concentrando-se na lente da máquina fotográfica, ele conseguiu reproduzir a imagem que lhe foi mostrada e, mais que isso, obteve mais algumas fotos em que a mesma localidade era vista de ângulos diferentes.

Serios tinha uma personalidade complicada, como a maioria dos paranormais, e bebia muito antes de realizar as experiências. Mais recentemente, cientistas soviéticos resolveram realizar experiências baseando-se nesse mesmo princípio, na tentativa de captar as imagens de alucinações visuais sofridas por certos pacientes vítimas de psicoses. Por um método que ligava a máquina fotográfica diretamente aos olhos, através de óculos especiais, foram obtidas imagens consideradas surpreendentes, fotografias de alucinações ópticas, confirmando a noção de que as alucinações, assim como as imagens obtidas mentalmente, são projetadas no espaço pela psique, utilizando-se de radiações ou energias ainda desconhecidas.

PSICOMETRIA

Existem divergências quanto à utilização desse termo nas pesquisas da **parapsicologia**, porque também já era um termo empregado na psicologia mesmo antes de surgir nos estudos parapsicológicos.

Alguns pesquisadores se referem ao fenômeno ao qual ele diz respeito sob o nome mais geral de **clarividência**. De qualquer forma, diz respeito a algum tipo de adivinhação pelo contato direto, físico, com um objeto. As pessoas que possuem essa capacidade são capazes de, apenas tocando e sentindo os objetos, sejam eles quais forem, obter informações relacionadas à pessoa que os utilizou ou possuiu, bem como a incidentes e acontecimentos ligados ao objeto em questão.

Têm sido registrados vários casos de pessoas que conseguem obter informações sobre as pessoas apenas tocando em objetos com os quais a pessoa esteve em contato, ou saber coisas do passado, seja de uma pessoa, seja de um local. É um fenômeno bastante estudado pela parapsicologia e absolutamente comprovado.

PSICOPICTOGRAFIA

Ver **Fernando Leão Gama Lobo Pereira, Luiz Antonio Gasparetto**

PSICOTRÔNICA

Termo inventado por cientistas nos anos 60, na Tchecoslováquia, para substituir o termo **parapsicologia,** que eles consideravam inadequado, entendendo que a disciplina tratava de fenômenos ligados ao aspecto psíquico e ao sistema nervoso dos seres humanos, em relação a fenômenos de caráter energético.

Num manifesto publicado em 1968, os cientistas consideravam a psicotrônica "em essência, a biônica do homem". A energia psicotrônica, segundo eles, é uma nova forma de energia que compõe o homem e o universo.

As idéias e noções levantadas pelos cientistas tchecos se espalharam por todo o mundo e consistem em parte importante dos estudos dos fenômenos chamados paranormais. Para alguns cientistas e pesquisadores dos fenômenos, a psicotrônica se adiantou nos estudos, enquanto a parapsicologia se tornou uma ramificação da ciência um tanto dogmática, detendo-se no estudo dos fenômenos reproduzidos em laboratório e no aspecto quantitativo ou estatístico, enquanto a psicotrônica entende que não existe mais qualquer necessidade de comprovação desses fenômenos, cuja existência já está mais do que provada, de modo que podem estudar o que ocorre exatamente no momento em que as coisas acontecem.

PUHARICH, ANDRIJAH (1918-1995)

Figura misteriosa do meio paranormal e tido como um dos responsáveis pela apresentação de **Uri Geller** para o mundo.

Puharich se formou em medicina na Northwest University (1947) e realizou intensas pesquisas na área de neurofisiologia e eletrônica voltada para a medicina. Segundo se sabe, chegou a ser um inventor bastante conceituado na área de estímulo da audição, obtendo várias patentes de aparelhos para surdez. Em 1948, estabeleceu a Fundação Távola Redonda, aparentemente voltada para estudos da **parapsicologia.** Realizou experiências visando ao desenvolvimento da capacidade conhecida como **percepção extrasensorial.**

No setor "paranóia", diz-se que Puharich e a Fundação eram testas-de-ferro para experiências de controle mental realizadas pelo Pentágono, mas é claro que nada disso foi definitivamente comprovado. Diz-se ainda que, na época em que encontrou Uri Geller, estaria trabalhando para a CIA.

Em 1952, ele levou um místico indiano, Dr. D. G. Vinod, para a Fundação, com o objetivo de realizar experiências. O místico entrou em transe e disse estar em contato com entidades supostamente extraterrestres que identificou como os Nove Princípios e Forças, ou apenas Os Nove, seres que afirmaram ser nada menos do que Deus.

A reputação de Puharich sofreu bastante a partir desse momento, e ele chegou a ser acusado de participar de um projeto militar chamado Mkultra, nos anos 50, que teria como objetivo experimentar e desenvolver técnicas para alterar ou induzir processos mentais, o que incluía criar numa pessoa a impressão de estar ouvindo vozes em sua mente, técnicas de hipnose, uso de drogas e sinais de rádio enviados diretamente para o cérebro.

Quando conheceu Geller, em 1971, Puharich fez com que ele passasse por sessões de hipnose, nas quais foi revelado que o médium estaria em contato com os mesmos extraterrestres que se identificaram como Os Nove.

As sessões também teriam dado início a uma série de fenômenos fantásticos, entre os quais os de materialização e desmaterialização de objetos. Muita gente acusou Puharich de ter influenciado negativamente Geller, especialmente devido às sessões de hipnose nas quais poderia ter proposto as histórias ao médium. Seja como for, isso não foi provado, mas Geller rompeu sua ligação com Puharich em 1973.

A Fundação da Távola Redonda foi substituída pela organização conhecida como Lab Nine, que por sua vez fechou as portas em 1978, segundo se diz após uma série de eventos estranhos que culminaram com um incêndio criminoso na sede.

PUMA-PUNKU

Sítio arqueológico na Bolívia, situado próximo a **Tiahuanaco**. Alguns arqueólogos entendem que faz parte do conjunto de Tiahuanaco, enquanto outros acreditam que a arquitetura ali existente é de outro tipo. Como ocorre em Tiahuanaco e em outros locais dos Andes, em Puma-Punku também podem ser encontradas construções de rocha, de proporções gigantescas, dando a impressão de estarem inacabadas, algumas delas sendo consideradas como **pirâmides**, ainda que diferentes daquelas encontradas no Egito e na América Central e do Norte, mas cuja existência também levou vários pesquisadores a considerar a possibilidade de influência da civilização da **Atlântida**.

Nas lendas locais, diz-se que Puma-Punku foi construída pelos deuses em apenas uma noite. Em seguida, eles mesmos teriam destruído sua construção, levantando-a no ar e virando-a de cabeça para baixo.

As rochas trabalhadas no local são enormes, ainda que muitas já tenham sido destruídas, uma vez que o local chegou a ser usado como pedreira pelos espanhóis e pelos índios. E, como sempre, trabalhadas com perfeição, com encaixes justos, ranhuras milimétricas, traçados perfeitos. Os blocos talhados encontrados no local foram minuciosamente estudados pelo arqueólogo Max Uhle (1856-1944) e pelo explorador Alphons Stuebel (1835-1904), que publicaram uma obra sobre o local (*As ruínas de Tiahuanaco no planalto do Peru antigo*), com desenhos exatos do que pode ser encontrado no local.

Como ocorre em Tiahuanaco, as obras não pertencem aos incas, ou aos aimarás e outros povos pré-incaicos conhecidos. Da mesma forma, não se pode adivinhar qual seria o objetivo das construções, bastante complicadas. Sabe-se que o granito utilizado nas construções foi retirado de uma localidade no Peru, a 60 quilômetros do local, o que apresenta mais uma vez a clássica pergunta a respeito de como o transporte foi realizado. Está relacionado às construções chamadas por alguns de ciclópicas que, segundo vários pesquisadores, indicariam a existência de civilizações extremamente desenvolvidas no passado distante do planeta, assim como uma possibilidade de interferência de **extraterrestres** nessas civilizações, fornecendo tecnologia que até então não estava à disposição.

PUNT

Para os antigos egípcios, Punt era uma terra divina, onde a raça humana teria nascido. Em alguns textos surge como País de Punt, uma região desconhecida onde os egípcios iriam buscar madeiras, incenso e outros artefatos, geralmente identificado como o Zimbábue. Outros pesquisadores entendem que se tratava de uma ilha de grandes riquezas, a origem dos chamados Iniciadores, os "servidores de Horus". Muitas vezes essa ilha é relacionada com a **Atlântida**, que também é considerada por grande parte dos pesquisadores do insólito como a pátria dos egípcios.

QUERUBINS
Ver anjos

QUETZALCOATL
Deus da região da América Central, adorado pelos toltecas e maias.
Segundo a lenda, ele veio de uma terra distante e ensinou ao povo as ciências, artes e costumes, além de muitas leis sábias. Quando deu por terminada sua missão entre o povo maia, andou em direção ao mar, embarcou em seu navio e seguiu em direção à estrela-d'alva, prometendo retornar um dia.
Alguns acreditam que a serpente emplumada, que aparece em tantos templos da região, era o seu símbolo. É estranho que seja descrito como um ser de pele branca e com longas barbas, um tipo que não existia antes da chegada dos espanhóis. Outra interpretação da lenda diz que Quetzalcoatl partiu na direção do leste numa jangada de serpentes, para a terra de **Tlapallan,** o país das cores brilhantes. Mas, geralmente, a viagem é em direção a **Vênus.**
Estudiosos às vezes associam Quetzalcoatl com o deus Kukumaz, dos quichés, e Kukulcán, dos maias do Iucatã, este bastante conhecido tanto como uma "serpente celeste", quanto como um "monstro celeste", que visitaria a Terra de tempos em tempos, vindo das nuvens onde morava. Isso fez com que vários pesquisadores ligassem o seu nome com os prováveis **extraterrestres**

que agiram em civilizações da Terra. Em Chichén-Itzá, um dos centros maias mais importantes e bem conservados até hoje, existe uma **pirâmide** dedicada ao deus Kukulcán.
Outra linha de pesquisa afirma que a presença de Quetzalcoatl nas lendas da região indica a presença de navegadores vindos da Irlanda, que teriam atingido o continente americano bem antes dos viquingues e trazido as tradições cristãs, o que incluía um rio com o nome de Jordão, o que explicaria a presença desse nome entre os nativos das Bahamas. Esses irlandeses, pertencentes à seita Ceilé Dé, se teriam estabelecido entre os toltecas e, depois, conquistado os maias.
Segundo alguns pesquisadores, isso explicaria a presença de vestígios da religião cristã entre os nativos quando da chegada dos espanhóis. No entanto, outra linha de pesquisa entende que se trata de um evidente exagero procurar vestígios de cristandade nas lendas locais, e que isso poderia muito bem ser fruto de uma imposição dos historiadores espanhóis, tentando firmar o cristianismo entre os pagãos, como era costume na época, deturpando a história e interferindo nas lendas e mitos locais.
Da mesma forma, nem todas as lendas locais se ajustam a essas idéias, como a lenda dos **kachinas**, dos **hopi**, que teriam vindo do oeste, assim como maias e incas. Também se fala que alguns pontos das lendas são bem claros e se referem a seres que vieram das estrelas, e não de outros países. Outros pesquisadores da história entendem que Quetzalcoatl está relacionado à lenda de **Hércules**.

QUILPI

Ver **telescópio inca**

QUINAMATZINS

Ou quinametzins. Suposta e lendária raça de **gigantes** que teriam vivido na época em que a **Atlântida** ainda existia. Teriam sido esses seres que construíram a cidade de **Teotihuacán**, a Cidade dos Deuses, no México. Viveram no que os toltecas chamaram de "a segunda época", ou "o Sol da Terra", e desapareceram quase totalmente quando tremores destruíram a Terra.

RABDOMANCIA

Termo utilizado no ocultismo e, hoje em dia, considerado uma forma de conhecimento ligado à **psicometria**, sendo mais conhecido como o meio de se encontrar água utilizando-se varinha de aveleira. É considerado juntamente com outros fenômenos e englobado no nome **radiestesia**, sendo até mesmo estudado pela **parapsicologia**.

Diz-se que alguns objetos encontrados no Egito já apresentavam grande semelhança com pêndulos utilizados ainda hoje na radiestesia, e a prática da rabdomancia já era conhecida entre os romanos.

RADIESTESIA

Nome dado atualmente à capacidade de se encontrar água, minerais ou outros objetos escondidos ou enterrados por meios considerados "não-físicos".

Uma espécie de extensão da **rabdomancia**. Hoje em dia, os radiestesistas não utilizam necessariamente as forquilhas de madeira, mas pêndulos e outros objetos de metal. Nos estudos da **parapsicologia**, geralmente se considera que a varinha ou os pêndulos e similares simplesmente atuam como uma espécie de extensão, ou uma representação de uma capacidade pertencente ao ser que a utiliza, e que os resultados serão mais convincentes ou objetivos de acordo com a capacidade paranormal da pessoa.

Os **médiuns**, mais bem-dotados nesse sentido, obtêm melhor aproveitamento. Segundo o especialista

Antonio Rodrigues, a primeira "receita" para se preparar uma vareta radiestésica é encontrada no livro de receitas mágicas *O dragão vermelho*, de 1521, e em 1556 o livro *DeRe metalica*, de Georgius Agricola, apresenta um verdadeiro inventário das varas radiestésicas.

O pêndulo, considerado o principal instrumento da radiestesia, começou a ser utilizado a partir do século XVIII, após as pesquisas de Antoine Gerboin, professor na Faculdade de Medicina de Estrasburgo, que em 1808 publicou *Investigações experimentais sobre um novo modo de ação elétrica*. Segundo Rodrigues, o suposto melhor aproveitamento dos médiuns não tem a ver com a realidade, e qualquer pessoa pode praticar a radiestesia. Dessa forma, a preparação que muitas vezes vemos as pessoas fazerem, como meditação, invocação ou a utilização de símbolos, nada mais é do que superstição.

Segundo alguns estudiosos, a teoria de que a pessoa que está praticando a radiestesia teria a capacidade de "sentir" de alguma forma as ondas, vibrações, energias ou qualquer que seja o nome, que venham do solo que está sendo pesquisado, não pode ser considerada, especialmente depois que se percebeu que a radiestesia podia ser realizada sobre mapas, a distância do local.

No entanto, as pesquisas da parapsicologia já comprovaram que alguns médiuns são capazes de ter esse tipo de visão a distância e, em alguns casos de **clarividência**, são capazes de detectar objetos e pessoas sem sequer conhecê-los.

RADIÔNICA

Um desenvolvimento mais recente do fenômeno e do processo de busca utilizando-se uma forquilha, a **radiestesia**.

A radiônica dedica-se à construção de aparelhos que são empregados na radiestesia. Segundo se diz, a radiônica foi inventada pelo médico americano Albert Abrams, no início do século XX, invenção que causou uma série de problemas com sua reputação. Em seus estudos, Abrams chegou à conclusão de que as doenças ocorriam em decorrência de uma desarmonia na oscilação eletrônica. Para restabelecer essa harmonia, ele inventou uma máquina que ficou conhecida como "caixa preta", e que seria capaz de diagnosticar doenças.

Apesar das críticas, inclusive por parte de estudiosos da **parapsicologia**, a radiônica continuou a se desenvolver com os estudos de outros médicos e o desenvolvimento de novas máquinas, mas nunca deixou de ser um tema controvertido e quase nunca aceito pela comunidade científica.

RAM

Ver Agartha

RAMA

Ver Ramaiana

RAMAIANA

Poema hindu com narrativas da vida do deus Rama – uma das encarnações de Vishnu –, desde sua juventude, passando por sua luta com o deus Ravana, até sua ascensão ao céu.

Diz-se que Rama era originário da raça solar e, quando governou, deuses e homens viviam em paz. Falase de um período de governo de 11 mil anos, época em que seres de outros planetas, os **extraterrestres** aos quais tantos estudiosos se referem, andavam normalmente em nosso planeta.

RAMPA LIVRAC

Segundo alguns pesquisadores, *rampa livrac* seria uma espécie de liteira conhecida na civilização inca e quíchua. Essas liteiras seriam movidas por uma energia desconhecida, que alguns entendem que era energia elétrica, e são citadas como exemplos de conhecimentos tecnológicos muito avançados em civilizações onde eles não poderiam existir segundo o ponto de vista da história oficial, como é o caso também do **telescópio inca**. No entanto, esses objetos são apenas citados em alguns textos dos chamados "historiadores da conquista" e, portanto, desconsiderados para os estudos oficiais.

RAMU

Ver **George Adamski**

RANO RARAKU

Cratera de um vulcão extinto, na **Ilha de Páscoa**, onde se concentravam os trabalhos de corte e elaboração das famosas estátuas da ilha. Além de algumas estátuas ainda inacabadas, incrustadas na lava, foram encontradas no local várias pequenas cunhas de pedra e madeira que alguns pesquisadores dizem terem servido para destacar as estátuas de seus lugares originais.

Outros pesquisadores, tentando reproduzir o trabalho primitivo, entendem que seria simplesmente impossível realizar o trabalho, tanto das esculturas quanto da remoção das gigantescas estátuas, utilizando as pequenas cunhas. O aspecto geral da cratera é o de uma enorme oficina onde os trabalhos foram suspensos repentinamente.

RAP

Termo de origem inglesa que significa "pancada seca e suave". Utilizado na **parapsicologia** para definir o fenômeno das "pancadas sonoras" que, aparentemente, podem ser produzidas no interior de paredes ou móveis, ou na superfície dos mesmos, sem que seja visível qualquer ação humana física.

Geralmente é um fenômeno atribuído à ação mediúnica, consciente ou inconsciente, e muitas vezes apresenta características de uma comunicação com uma inteligência, uma vez que é possível "conversar", es-

tipulando-se um método para perguntas e respostas por meio das batidas. Isso levou os espíritas a acreditar na comunicação com os mortos, refutada em grande parte das experiências da parapsicologia, que encontra explicações para o fenômeno a partir da ação de um **médium** bem-dotado, ou da **psicocinética**, ou psicocinesia espontânea recorrente.
O fenômeno está diretamente ligado ao início do **espiritismo** e das pesquisas parapsicológicas, nos EUA e na Europa, e ao fenômeno conhecido na época como as "mesas giratórias", onde as conversas com os **espíritos** dos mortos eram pontuadas com batidas nas mesas, ou com a movimentação das mesmas.

RAVANA

Ver **Ramaiana**

REENCARNAÇÃO

A noção da reencarnação tem existido, ao longo dos séculos, numa série de pensamentos filosóficos e religiosos, com algumas variações. Também é chamada de transmigração da alma, ou pluralidade de existências.
Historicamente, sabe-se que já no antigo Egito era conhecida a crença na reencarnação, e possivelmente antes mesmo disso. Geralmente é vista como uma forma de evolução da alma que, passando por diversas vidas em seqüência, iria adquirindo conhecimento e sabedoria.
As religiões cristãs não aceitam a reencarnação e, talvez por isso mesmo, essa noção ficou durante tanto tempo desaparecida, ou melhor, sufocada na civilização ocidental, voltando a aparecer com uma força redobrada a partir do surgimento de movimentos como o da **Sociedade Teosófica**, **espiritismo** e da procura pela sabedoria oriental ocorrida nos anos 60 do século XX.
Segundo os historiadores, nos primeiros séculos de nossa era, os cristãos ainda aceitavam a doutrina da reencarnação com naturalidade, situação que foi alterada quando a Igreja passou a fazer parte do Estado. Com o tempo, os adeptos da reencarnação ou renascimento chegaram a ser perseguidos e atacados como heréticos.
Basicamente, a teoria da reencarnação afirma que, ao morrer, a alma ainda não terminou sua função, ainda não realizou todas as ações de que necessita para completar seu ciclo de evolução. A alma, então, retorna ao mundo, encarnada em outro corpo físico, para mais uma vez tentar completar um programa de realizações, o que implica não apenas as atitudes para com o mundo e as demais pessoas, mas uma série de atitudes para consigo mesmo, para sua evolução interna.
No budismo tradicional, esse era também o ciclo. Encarnações sucessivas, até que se tivesse atingido o ponto de perfeição a partir do qual não existe mais a necessidade de reencarnar.

Pode-se pensar que, quanto maior o número de reencarnações, maior a evolução espiritual do ser, mas isso nem sempre é verdade, uma vez que alguns não conseguem entender o que devem fazer e como evoluir. O mundo em que vivemos encarnados é encarado como uma espécie de escola, onde as pessoas precisam aprender e evoluir, para poder atingir um estágio superior que recebe os nomes mais variados, de **paraíso** a nirvana, que não deve ser encarado como um local específico, mas como um estado de espírito que consiste na "eliminação do desejo", segundo o budismo. Por essa eliminação do desejo, rompe-se a cadeia de reencarnações.

Os estudiosos da reencarnação não costumam fixar um número de reencarnações necessárias para se atingir o desenvolvimento pleno: depende da vontade empregada no processo de aprendizado e crescimento. Da mesma forma, entendem que um **espírito** pode atingir alto nível de progresso intelectual, capacidade mental e outros atributos, mas que não tenha amor, de modo que terá de iniciar todo um novo ciclo, pois o amor é visto como um elemento fundamental.

Para os hindus, a reencarnação é definida pela lei do **karma**, de modo que, para as encarnações subseqüentes, a alma de certa forma carregará a carga do que fez na vida anterior. Se foi alguma coisa ruim, deverá pagar de alguma forma por isso na vida seguinte, de forma a aprender e se libertar daquela imperfeição.

Costuma-se falar muito de pessoas que reencarnam dentro de uma mesma família. O que era pai passa a ser filho, ou esposa, e assim por diante, de modo a encarar os problemas de pontos de vista diferentes, sentir na pele, como se costuma dizer, e crescer espiritual e mentalmente.

Os que atacam as teorias da reencarnação referem-se constantemente aos prazos, os tempos existentes entre uma encarnação e outra, um fator que não está definido pelas doutrinas. Não existe um tempo determinado para isso, de modo que alguns regressam logo enquanto outros passam longos períodos na chamada dimensão astral, ou espiritual, ou extrafísica, um mundo invisível para nós, uma dimensão diferente daquela em que nos encontramos, e onde o corpo físico como o conhecemos não tem existência ou importância.

Algumas teorias entendem que não se trata especificamente de uma dimensão, mas de vários círculos de dimensões, localizados na periferia do planeta, como campos que nos cercam, invisíveis e em níveis diversos, podendo ser cada qual mais elevado que o anterior. Atingir o último significa atingir a perfeição a ponto de não mais precisar reencarnar.

Da mesma forma, o tempo nessas dimensões é completamente diferente do tempo na Terra, de modo que os períodos entre uma encarnação e outra não podem ser medidos unicamente pelos padrões terrestres.

De modo geral, as pessoas não têm conhecimento de suas vidas anteriores, e menos ainda qualquer lembrança do período que passaram nessa outra dimensão. Mas, nos tempos modernos, vários casos de memória de outras vidas têm sido registrados, ainda que nem sempre aceitos como verdadeiros. O espiritismo e também as técnicas de regressão e hipnotismo chamadas de terapia de vidas passadas têm possibilitado o surgimento de muitos relatos de pessoas que se lembram de suas vidas anteriores.

Por esse método, alguns psicanalistas têm se utilizado da hipnose para fazer com que as pessoas regridam mentalmente aos tempos de sua infância e, nos casos em questão, ultrapassem esse período de modo que se lembrem das vidas anteriores a esta.

Alguns relatos são bastante impressionantes, inclusive com detalhes que podem ser comprovados. Sabe-se de pessoas que conseguiram vivenciar seqüências de muitas vidas passadas. Nem sempre isso é visto como uma coisa positiva para o reencarnado, de modo que a lembrança pode afetar negativamente seu progresso neste mundo e nesta encarnação, ainda que alguns entendam que é uma boa forma de entender os problemas por que passam nesta vida.

Alguns pesquisadores entendem, ainda, que existe uma forte possibilidade de que essas "lembranças" sejam, na verdade, fantasias criadas pela mente das pessoas, e que não há como comprovar a realidade da reencarnação por meio desses métodos.

Algumas doutrinas mais rudes também entendem que a reencarnação pode se dar no corpo de animais, mas hoje em dia são poucas as pessoas que levam isso a sério, entendendo que os objetivos de progressão mental e espiritual não seriam de modo algum estimulados dessa forma. Existem doutrinas que entendem que nenhuma nova alma está nascendo nos planos astrais, mas apenas encarnações sucessivas em novos corpos, e que é preciso que essas almas progridam de uma vez por todas, para que todos possam atingir os níveis mais elevados, e que a vida, o sofrimento e as imperfeições deste mundo sejam deixados para trás de uma vez por todas.

As diferentes teorias a respeito da reencarnação são extremamente elaboradas e detalhadas. Hoje em dia, as mais comentadas parecem ser as ligadas ao budismo tradicional e ao espiritismo, que às vezes é chamado de kardecismo – devido ao organizador da doutrina, **Allan**

Kardec –, para não confundir com algumas religiões de origem africana, principalmente no Brasil.

Muitas das propostas das teorias ligadas à reencarnação são combatidas tanto pelas religiões cristãs quanto por alguns ramos da ciência, como a **parapsicologia**, que procurou desvendar de forma racional os chamados contatos com os espíritos desencarnados, ou as memórias de vidas passadas, que muitas vezes são, de fato, explicados por meio de fenômenos mais simples como a **telepatia**, a **clarividência** e outros.

De uma forma geral, parece haver uma tendência nas pessoas a encarar a noção da reencarnação com naturalidade. Nos últimos anos, ela também surgiu ligada, para muitos de forma surpreendente, à idéia da intervenção de seres **extraterrestres** em nosso planeta, entendendo que esses seres estariam reencarnando em corpos humanos com a finalidade de trazer maiores conhecimentos tecnológicos e maior progresso espiritual à Terra, uma vez que os extraterrestres seriam, na verdade, espíritos mais elevados.

Essa noção já aparecia nos livros de Allan Kardec, que entendia que as almas podem encarnar em qualquer planeta do universo, uma vez que possuem a mesma origem.

No desenvolvimento moderno dessas teorias, os extraterrestres, especialmente de **Órion** e **Sírius**, estariam chegando em grande número ao planeta, tanto através de suas naves, os chamados **OVNIs**, quanto através da reencarnação e como **ocupantes de corpos**, outra teoria que vem ganhando destaque recentemente, ainda que já fosse conhecida nas antigas civilizações da Índia.

REGRESSÃO

Ver **reencarnação**

REICH, WILHELM

Ver **orgoneo**

ROERICH, NICOLAS (-1947)

Pintor russo, com cerca de cinco mil quadros, e de quem se diz ter inspiração nitidamente profética. Na verdade, o próprio pintor várias vezes escreveu sobre visões de um futuro (**precognição**), como a previsão da Primeira Guerra.

Seus quadros do início do século mostram cenas de batalhas navais e aéreas extremamente reais. Roerich, de origem russa, passou grande parte de sua vida na Índia, e foi bastante influenciado pela cultura hindu.

ROL DOS REIS

Ou Rol dos Reis da Antiga Babilônia. A catalogação dos antigos reis da Babilônia, na verdade encontrados em mais de um local, a partir de 1932.

O rol mais conhecido está inscrito num bloco em forma de polígono com cerca de 20 metros de altura. Ele indica a existência de dez reis primitivos, que governaram desde a criação da Terra até o **Dilúvio** – acontecimento indicado no monumento – durante um período inacreditável de 456 mil anos. Ali são citados reis que às vezes também são deuses, com períodos de reinado que variam de 18 mil anos até períodos de mais de quarenta mil anos.

O Dilúvio é indicado como um marco separador, após o qual os deuses tornaram a descer do céu e fixar residência na Terra.

Historiadores e arqueólogos da linha clássica ou ortodoxa entendem que os cronistas antigos confundiram as épocas, ao indicarem anos para o que deveria ser considerado dias, resolvendo, assim, o problema de como entender períodos tão avançados.

Os pesquisadores do insólito refutam essas posturas conservadoras afirmando que não seria possível aos cronistas cometer erros tão primários, principalmente diante dos demais conhecimentos da civilização local, bastante avançados. Cita-se também, a exemplo de comparação, a existência de períodos igualmente longos em vários textos da Índia antiga e mesmo na *Bíblia*. Ali também se fala, por exemplo, nos dez patriarcas que viveram no período entre a criação de Adão e o Dilúvio, todos eles vivendo até idades avançadas. A versão oficial continua classificando esses reis e deuses como pertencentes à lenda.

Pesquisadores como Von Däniken, por exemplo, levantam conjecturas que levam à presença de seres extraterrestres entre os humanos, citando a grande quantidade de textos antigos da região onde se fala de deuses que tiveram filhos com seres humanos. A descendência desses seres poderia ser de pessoas com limites de vida bastante ampliados.

RONDA DOS GIGANTES

Ver **Stonehenge**

ROSWELL

O chamado caso Roswell é, provavelmente, o mais conhecido e comentado acontecimento envolvendo a suposta presença de **OVNIs** e **extraterrestres** em nosso planeta.

Em julho de 1947, um OVNI teria caído no deserto do Novo México, nos EUA, próximo à pequena cidade de Roswell. Rancheiros da região ouviram o estrondo e viram um clarão à noite. Um deles, Brazel, resolveu investigar no dia seguinte, encontrando alguns destroços, fragmentos de um material desconhecido, com sinais impressos. Eles são levados ao xerife de Roswell, e Brazel dá uma entrevista à rádio local.

O major Jesse Marcel foi conversar com Brazel a respeito do suposto objeto estranho que teria caído em suas terras. Diz-se que, ao mesmo tempo, uma equipe orientada pelo Pentágono já realizava buscas na região da queda, sem que ninguém soubesse. Alguns objetos ou pequenos destroços que puderam ser recuperados por moradores da região e, segundo se diz, também pelo major Marcel, davam a impressão de ser indestrutíveis, resistindo a qualquer tentativa de corte ou amassadura.

O Pentágono bloqueou o acesso à região, especialmente ao rancho onde se deu a queda.

Existem evidências de que corpos de seres extraterrestres foram recuperados dos destroços, e oficiais envolvidos nas buscas chegaram a solicitar à funerária local caixões herméticos para corpos pequenos. O coronel Blanchard, envolvido diretamente nas pesquisas em Roswell, resolveu trazer a público um boletim oficial sobre o ocorrido, distribuído para as rádios e jornais, e daí para todo o mundo, seis dias após a ocorrência. No comunicado, afirmava que um objeto havia caído num rancho em Roswell, resgatado, inspecionado na Base Aérea de Roswell e encaminhado a uma repartição superior. Algumas horas depois, chegaram ordens de Washington, do FBI, mandando cessar as transmissões da notícia por questões de segurança nacional. Depois disso, segundo os ufólogos, tudo se resume numa imensa farsa, na tentativa de encobrir o caso. Glenn Dennis, dono da funerária local, parece ser uma figura central, uma vez que foi ele quem se referiu aos caixões herméticos, e também quem teria ouvido a confissão de uma enfermeira, amiga sua, que disse ter presenciado uma autópsia realizada por dois médicos num ser que, pela descrição, só poderia ser um dos corpos extraterrestres encontrados no local da queda.

Algumas horas depois de ter conversado com Dennis, ela foi transferida para a Inglaterra. O major Marcel foi obrigado a reconhecer que os destroços que encontrou eram de um balão meteorológico, e foi fotografado junto aos destroços.

O envolvimento de altas patentes do governo e das forças armadas, nos dias seguintes, apenas parece confirmar as suspeitas de que algo de realmente importante havia acontecido.

Em setembro, o presidente Truman criaria a **Operação Majestic 12,** também altamente secreta e voltada para estudar o caso. Diz-se que esse acontecimento estaria no centro da criação da chamada Área 51, um local onde estariam sendo guardadas as naves espaciais dos extraterrestres, bem como alguns corpos, alguns ainda vivos.

Em 1978, Jesse Marcel foi entrevistado pelo ufólogo e físico nuclear Stanton Friedman, pouco antes de sua morte, e afirmou que nunca houve um balão meteorológico, e que ele jamais descobriu que material era aquele que obteve no local.

Centenas de livros foram escritas sobre o assunto e, em 1997, a Força Aérea dos EUA finalmente se manifestou, afirmando que tudo se tratava de um imenso engano, e que estava definitivamente provado que jamais houve a queda de um OVNI na região. No entanto, o comunicado não fornece qualquer explicação que elimine as evidências levantadas ao longo dos anos por ufólogos e cientistas interessados no caso.

RU
Ver **Fenua Nui**

RUB AL KHALI
Ver **Hadramaut**

RUTA
Uma das ilhas em que a lendária **Atlântida** teria sido subdividida após os primeiros períodos de turbulências vulcânicas, em 800 mil e 200 mil a.C. Fala-se ainda que, em 80 mil a.C., outro cataclismo deixou apenas uma parte de Ruta acima do mar, e que passou a se chamar Poseidonis.

SAARA

Além de uma série de lendas referentes ao deserto do Saara, como aquelas sobre a rainha **Antinéa** e dos sobreviventes da **Atlântida**, no chamado Saara espanhol foram encontrados vários desenhos feitos no chão e que somente podem ser vistos do alto, de avião, numa situação semelhante à que foi encontrada em **Nazca**, no Peru.

O escritor, jornalista e pesquisador J. J. Benítez referiu-se a desenhos semelhantes ao formato de bumerangues e moscas, que foram vistos por pilotos da aviação espanhola que serviam na região. Essas "moscas" têm tamanho aproximado de 50 metros, enquanto os "bumerangues" chegam a alcançar 1,5 quilômetro de comprimento e estão orientados em direção oeste, ao contrário das demais formações, que não obedecem a qualquer orientação.

Diz-se que as construções não são, absolutamente, formações naturais, mas que foram construídas com a utilização de pedras escuras, que se sobressaem em meio à areia, semelhante ao que pode ser visto na região de **Tarapacar**, no deserto chileno. Diz-se que os nativos da região foram interrogados a respeito dessas formações e responderam dizendo que foram feitas por seus "gloriosos antepassados".

SABÁ, RAINHA DE

Ver **Makeda**

SACSAHUAMÁN

Sítio arqueológico bastante conhecido no Peru, localizado acima de Cuzco, e um ponto turístico inevitável. Ali existem as ruínas do que deve ter sido uma grande fortaleza inca, provavelmente construída por Topa Inca Yupanqui. Mas o ponto de maior interesse na história dos insólitos não está no forte em si, mas nas ruínas que podem ser encontradas próximo ao forte, o que Von Däniken chamou de "um labirinto de rochas" que dificilmente poderiam ser chamadas de ruínas. De fato, as fotos do local mostram um tipo de construção inacabada ou destruída de alguma forma, que pouco ou nada tem a ver com a arquitetura apresentada na fortificação inca.

Mais uma vez surgem os blocos de granito gigantescos, com formas talhadas na pedra. Todas as construções parecem ter sido viradas de cabeça para baixo, como ocorre em **Puma-Punku**, próximo a **Tiahuanaco**. Não se verificam sinais de junções ou qualquer tipo de grampo ligando os blocos, como se tudo tivesse sido talhado num gigantesco bloco de granito. Existem escadas levando ao teto, ou saindo do teto em direção a nada, arestas talhadas em ângulos retos perfeitos, e tudo colocado de forma um tanto aleatória, de modo que é quase impossível definir qual teria sido o objetivo ou a ordem das construções. Como ocorre em toda a região dos Andes, tudo leva a crer que se trata de construções de um período muito anterior ao dos incas, de tal forma que eles sequer tinham conhecimento de quem seriam os construtores. E, como sempre, as lendas dizem que foram os próprios deuses que construíram na rocha e que, depois, resolveram destruir o local, "virando-o de cabeça para baixo", lendas e histórias que levaram vários estudiosos a relacionar os achados à atuação de seres **extraterrestres** em nosso planeta.

SALIN

Ver **Salomão**

SALOMÃO

Um dos personagens mais misteriosas da história bíblica. Os relatos ou lendas a seu respeito apresentam-no como um homem de capacidades impressionantes.

A mais conhecida e menos espetacular era sua sabedoria, a forma sábia com que resolvia todas as questões. A parte lendária conta que era ele quem guardava a **Arca da Aliança**, que o Templo de Salomão seria protegido das tempestades por pára-raios, um total de 24, isso cerca de três mil anos antes que Benjamin Franklin os inventasse.

Dizia-se que comandava os ventos e que viajava com uma velocidade impressionante, sendo capaz de, entre o nascer e o pôr-do-sol, levar toda sua armada a vencer a distância até a estrela Canopus.

De sua relação com **Makeda**, a rainha de Sabá, surgem mais histórias sobre essa fantástica capacidade de se locomover, uma vez que ele a visitava com uma freqüência que era impossível na época, devido à relação entre as distâncias e o tempo percorrido, utilizando-se dos meios de transporte então existentes.

A descrição de seu trono suntuoso também já foi objeto de comentários mais ou menos extensos por parte dos pesquisadores do insólito, uma vez que apresentava mecanismos inusitados para a época, com degraus que se moviam sozinhos e figuras de animais que machucavam quem quer que ousasse subir ao trono.

No livro sagrado etíope *Kebra Negest* é dito que Salomão possuía pelo menos um gigantesco aparelho voador, com o qual se movimentava à vontade pelos reinos vizinhos. No *Alcorão* é dito também que **espíritos** trabalhavam para Salomão, fazendo trabalhos como a construção de palácios e monumentos. Eram demônios e gênios que, segundo se diz, construíram para ele a cidade de **Baalbek**, na região do atual Líbano, e os castelos de Salin e Gumdan, este último tido como a primeira edificação construída após o **Dilúvio**.

Em várias partes do Oriente Médio, em regiões distantes até 5 mil quilômetros umas das outras, existem as lendas sobre Salomão e uma série de construções em pontos altos de montanhas, chamados Trono de Salomão, locais que ele visitaria freqüentemente com seu "trono voador". Para grande parte dos pesquisadores independentes, esses relatos implicam a ligação de Salomão com centenas ou milhares de outros a respeito da provável presença de **extraterrestres** na Terra, de quem ele teria obtido os conhecimentos tecnológicos necessários.

Outras lendas falam de um tapete mágico que viajava pelo ar, construído para Salomão pelos gênios. Para completar a lista de fenômenos estranhos, dizia-se que ele possuía uma espécie de **espelho mágico**, que lhe mostrava todos os locais do mundo. Alguns pesquisadores também relacionaram o famoso Templo de Salomão com edificações existentes na civilização **Chavin de Huántar**, nos Andes.

SAN BRANDAN

Uma ilha misteriosa, parte das lendas da Idade Média, procurada no oceano Atlântico sem nunca ter sido encontrada. Mais recentemente, em 1967, foi dito que a ilha de San Brandan teria reaparecido perto da ilha de Hierro, nas Canárias.

Surgiu e desapareceu como uma miragem, e como vinha sendo relatado nas lendas. Alguns pretendem explicar essas aparições e desaparições súbitas da ilha afirmando que se trataria de um pedaço de outro universo, surgindo por instantes entre nós e desaparecendo pela mesma **passagem dimensional**. Estaria enquadrado mais ou menos no mesmo tipo de fenômeno de aparição súbita de navios, aviões fora de época e mesmo de pessoas.

SASQUATCH

Um ser lendário, que muitos julgam real, relacionado às lendas do **yeti** do Himalaia. O *sasquatch* viveria nas montanhas Rochosas dos EUA, e também é conhecido como pé-grande – entre dezenas de outros nomes dados pelos índios, como **matah kagmi**, **tornit**, **toonijuk**, **mahoni**, **weetigo**, witiko, **wendigo**, **strendu**, **gugwes**, **kiwakwe**, **chenoo**.

Os *sasquatch* surgem nas antigas histórias dos índios norte-americanos e seriam muito grandes, com imensa força física e totalmente cobertos de pêlos. Alguns relatos dizem que são muito violentos, que atacam e destroçam pessoas desprevenidas; outros, que é simplesmente um ser primitivo que consegue se manter oculto da civilização. Segundo essa versão, ele seria um tanto tímido, ou possuiria um nível de inteligência suficiente para perceber que é perigoso para ele se aproximar dos seres humanos.

O *sasquatch* começou a ser conhecido com o nome popular de Pé-grande a partir de 1958, quando um grupo de operários realizando obras numa estrada a noroeste da Califórnia relatou a presença de um ser enorme, estranho, que teria virado alguns tambores pesadíssimos. Um dos operários fez um molde de uma das pegadas, e eles o chamaram então de pé-grande. Quando a história foi publicada num jornal, o nome tornou-se popular. O pé-grande já faz parte das lendas norte-americanas modernas, e muitas pessoas afirmam ter conseguido fotografar o ser, ainda que as fotografias apresentadas jamais tenham sido dadas como verdadeiras.

Uma das evidências mais comentadas sobre a existência dos pés-grandes é o filme obtido por Rodger Patterson em 1967, no norte da Califórnia. A película em 16 milímetros mostra, em condições não muito boas, o suposto encontro que ele teve com um pé-grande, quando cavalgava pela floresta. O ser foi filmado enquanto fugia em direção às árvores. As análises jamais confirmaram qualquer evidência de fraude, mas poucos cientistas se mostraram dispostos a acreditar. No entanto, antropólogos, como o Dr. Grover Krantz, da Washington State University, entendem que a existência de algum ser estranho na região é quase certa.

Analisando o filme realizado por Patterson, ele disse que a forma como a criatura se moveu quando olhou para trás, em direção à câmera, é exatamente a forma como um símio o faria, ou seja, movendo a cabeça, os ombros e o peito juntos, uma vez que o posicionamento do queixo dos símios impede que eles virem a cabeça da mesma forma que os seres humanos.

Para o Dr. Krantz, o ***sasquatch*** ou pé-grande poderia ser um descendente dos *gigantophitecus blacki*, uma raça de gorilas da Ásia que se acredita estar extinta, e que poderia ter migrado para a América do Norte através do estreito de Behring.

As descrições mais recentes obtidas do ser, no entanto, tendem a apresentá-lo com um rosto que se parece mais com o humano do que com o de um macaco ou gorila, e suas supostas atividades dão a entender que ele possuiria um nível de inteligência superior ao dos animais. Para o Dr. Krantz, a mais esmagadora prova da existência de um ser estranho na América é o número enorme de pegadas registradas na forma de moldes de gesso. Numa das mais perfeitas já obtidas, por um guarda-florestal dos EUA em 1982, o cientista pôde reparar na existência, inclusive, de impressões digitais nos dedos do pé. Da mesma forma, a presença de fios de cabelo quase sempre é verificada nos locais onde as aparições do ***sasquatch*** ocorrem.

Um exemplar desses fios foi levado para investigação pelo Dr. Sterling Bunnell, biólogo da Universidade de Berkeley, na Califórnia, que chegou à conclusão de que os cabelos eram de origem desconhecida, ainda que fossem bem parecidos com os do grupo humano-chimpanzé-gorila.

No Oregon, às margens do rio Columbia, arqueólogos encontraram uma série de entalhes em pedra retratando um ser que pode ser relacionado com o sasquatch, com uma cabeça semelhante à de um símio, um pouco menor do que a humana, o que foge um pouco às descrições mais comuns do ser.

Em alguns cestos encontrados na região também podem ser vistos detalhes gravados, mostrando mulheres e cavalos, além da figura de um ser enorme, igualmente associado ao sasquatch.

O antropólogo Roderick Sprague entende ser possível que os nativos da região tivessem contato com o sasquatch em tempos remotos, ou que o tivessem visto, para que as descrições surgissem com tanta insistência em tantos objetos diferentes.

Outras tribos de índios, como os mohawk, têm outras explicações para a presença do sasquatch. Segundo o índio espiritualista Craig Carpenter, o sasquatch seria um **espírito** materializado, tendo, portanto, a capacidade de se desmaterializar quando necessário, daí a dificuldade em encontrá-lo ou capturá-lo. Diz ele que em alguns casos um

sasquatch perseguido chegou a ser ferido, seu grito foi ouvido e a trilha deixada por ele ao fugir, com rastros de sangue, foi seguida, apenas para desaparecer repentinamente. Ele seria, então, uma criatura mágica, o que estaria mais ou menos de acordo com a posição de outros indígenas norte-americanos, como os hoopa, que não dão muitas explicações para a existência do sasquatch, apenas entendendo que ele é o senhor das montanhas, como uma das entidades elementais protetoras da natureza, conhecidas em várias partes do planeta.
Ultimamente tem-se falado do sasquatch – assim como já acontecia com o yeti – como um possível sobrevivente de raças **extraterrestres** deixadas na Terra em épocas remotas, mas evidentemente não existe mais do que especulação nessa abordagem e, segundo a maioria dos especialistas, especulação sem qualquer fundamento.

SAURAT, DENIS (1890-1958)
Francês que ficou bastante conhecido por defender as idéias expostas por **Hans Hoerbiger** acerca de sua teoria da **cosmogonia glacial**, por sua vez diretamente ligada às atividades mágicas dos nazistas. Saurat ainda hoje é atacado por uns e defendido arduamente por outros. Sua principal obra foi o livro *A Atlântida e o reino dos gigantes*, onde aproveita a idéia de que uma lua se teria aproximado aos poucos da Terra, para defender a noção de que os **gigantes** poderiam então ter existido, uma vez que a força da gravidade seria anulada gradualmente, favorecendo o crescimento.

SEABIRD
Navio que entrou para a história dos desaparecimentos misteriosos no mar, um dos casos mais documentados e com várias testemunhas. Ocorreu em 1850, em Rhode Island, EUA. O navio era esperado no porto, mas chegou com as velas desfraldadas numa aldeia próxima. As pessoas subiram a bordo e descobriram que não havia qualquer sinal da tripulação, ainda que o café estivesse fervendo no fogão e o almoço servido para a tripulação. Não havia qualquer sinal de luta, nem qualquer corpo foi encontrado nas buscas.
Os sinais são característicos desse tipo de desaparecimento de pessoas, com os objetos sendo deixados no local como se as pessoas tivessem acabado de sair dali. Mais recentemente, esses casos têm sido relacionados com a presença de **OVNIs** e com os casos de **abdução** de seres humanos por **extraterrestres**.

SEKHEM
Ver **Amenti**

SEKHT-HOTEP

Ver Amenti

SEKHT-IAMRU

Ver Amenti

SENHORES DA CHAMA DE VÊNUS

Ver Atlântida

SERAFINS

Ver anjos

SERIOS, TED

Ver psicofotografia

SERRA DAS FIGURAS

A serra fica ao norte de Goiânia, no estado de Tocantins. Lá foram encontradas, em 1945, ruínas do que se presume que seja uma cidade bastante antiga.

O fato foi relatado pelo Boletim de Informações do Brasil, editado pelo Itamarati, e se refere a fabulosos edifícios, palácios e catedrais, estátuas e monumentos enormes. A idade da cidade não foi calculada, mas imaginava-se que se tratava de uma construção de um período muito anterior à chegada dos portugueses, uma das "cidades perdidas" do Brasil. Não se têm notícias recentes de investigações realizadas no local, mas a existência desta e de outras localidades semelhantes na região, assim como no interior da Bahia, deu ao planalto central brasileiro uma aura de mistério que persiste até hoje.

O escritor de ficção Jerônimo Monteiro chegou a escrever um livro sobre cidades perdidas no Brasil no qual, ainda que em forma de ficção, elabora uma teoria corrente sobre civilizações bastante desenvolvidas que teriam habitado o Brasil em épocas remotas. As idéias a respeito da existência de civilizações adiantadas no passado remoto da região também envolvem os mistérios a respeito da região da **Serra do Roncador**, da cidade de **Paraúna** e das **Pirâmides do Amazonas**, assim como os estudos realizados por **Peregrino Vidal**, **Silva Ramos** e outros estudiosos, com a proposta de colonização do Brasil por sumérios, fenícios, egípcios ou sobreviventes da **Atlântida**. Alguns pesquisadores, como o paraguaio Martinez, chegaram a propor a existência de um imenso reino em tempos pré-históricos, ao qual ele deu o nome **Mairubi**.

SERRA DO RONCADOR

Localizada no Mato Grosso, ao norte de Cuiabá, é um dos pólos místicos do Brasil. Apesar de não existir nenhuma história comprovada da existência de "cidades perdidas" no local, a Serra do Roncador aparece na famosa história da procura do coronel **Percy Fawcett** por uma civilização subterrânea que existiria nessa região.

Fawcett desapareceu, segundo alguns, tendo descoberto a entrada para essa civilização. Recentemente, algumas comunidades foram formadas e implantadas na região da Serra do Roncador, algumas ligadas a projetos ecológicos particulares, outras a comunidades de natureza nitidamente mística, como o Monastério Teúrgico do Roncador, liderado pelo hierofante Udo Oscar Luckner, que se preparava para a Nova Era de Aquário. O hierofante lançou um livro com Melchíades Mota, *Mistérios do Roncador*, onde fala de contatos com **extraterrestres**, com mestres incas – uma vez que se diz que a civilização subterrânea teria a ver com a inca –, com a **Atlântida**, e das entradas para esse mundo interior.

Segundo os ensinamentos associados ao Monastério, os membros da Engenharia Cósmica já estariam preparando regiões do Brasil há dez mil anos, para transferir pessoas para lá. Esses seres viveriam no interior do planeta e estariam em contato com seres de outros mundos. Segundo Udo, esses seres vieram para nos informar e ensinar. As histórias a respeito da possível existência de cidades perdidas ou ruínas que estariam ligadas a uma civilização superior, existente no Brasil no período anterior à chegada dos portugueses, também estão relacionadas com a **Serra das Figuras**, a cidade de **Paraúna** e as **Pirâmides do Amazonas**. Segundo alguns pesquisadores, essas lendas e relatos a respeito de cidades subterrâneas no Brasil e no restante da América do Sul podem ter relação com lendas mais antigas como a de **Agartha**, e se desenvolvem recentemente nos relatos a respeito das cidades de **Erks**, **Aurora**, **Miz Tli Tlan**, **Cidade dos Sete Planetas**, e outras menos comentadas.

SETE CIDADES

Nome pelo qual é conhecida a região onde se encontra uma suposta cidade em ruínas, na cidade de Piracuruca, no Piauí. Alguns pesquisadores acreditam que ali teria existido, num passado remoto, uma cidade construída por um povo ainda desconhecido, mas provavelmente fenício. A proposta da existência de cidades antiqüíssimas no Brasil está relacionada à possível colonização da América por povos vindos do Oriente Médio, norte da África e até mesmo da **Atlântida**, com teorias levantadas por pesquisadores como **Peregrino Vidal**, **Silva Ramos**, **Arius Montanus**, e se relaciona também com a idéia da existência de um reino amazônico conhecido como **Mairubi**.

Diz-se ainda que Sete Cidades seria o nome de uma ilha misteriosa existente no Oceano Atlântico, na época pré-colombiana. A cidade em si estaria dentro de uma fortificação com mais de três quilômetros. Sete praças e muitas ruas com pilastras enormes e muralhas de tamanho considerável também fariam parte da cidade, repleta de figuras de pedra. Aquela que é considerada a melhor descrição da cidade foi feita por Gustavo Barroso.

O primeiro estudioso a se debruçar sobre o estudo de Sete Cidades foi o austríaco Ludwig Schwenhagen, que publicou o resultado de seus estudos e pesquisas no livro *Antiga História do Brasil: 1100 a.C a 1500 d.C.*

A idéia é que a cidade teria sido construída por fenícios, há 3.000 anos. No local existem cerca de duas mil inscrições, ao que se sabe ainda não decifradas, mas não são poucos os estudiosos que entendem que, quando os fenícios chegaram ao Brasil, Sete Cidades já estava em ruínas.

A área total, segundo algumas fontes, é de mais de 20 quilômetros, onde podem ser encontrados dólmens, menires, castelos, templos, monumentos em formas monstruosas de dragões e outros animais gigantescos, tudo construído em conjunto de pedras que atingem mais de 45 metros de altura.

As construções estão dispostas, segundo uns, de forma dispersa, dando a impressão de serem formações rochosas naturais. Outros entendem que nada disso existe, e que se trata de um conjunto de construções perfeitamente detectáveis, que podem ser incluídas entre as maiores obras da história. Não existe, no entanto, aquele tipo de obra ciclópica que caracteriza as civilizações andinas como em **Tiahuanaco** e outros sítios, ou seja, blocos de pedra trabalhados e unidos por obra de engenharia e arquitetura muito desenvolvida.

Para alguns pesquisadores isso não é inteiramente verdadeiro, uma vez que detectaram várias formações que mostram indício de terem sido trabalhadas por mãos humanas. Os geólogos rebatem afirmando que todo o local é fruto de ação de erosão, num processo que se teria iniciado há trezentos milhões de anos.

Pesquisadores como Alexandre Braghine acreditam que Sete Cidades poderia ser a origem do povo egípcio, mais ou menos invertendo a história, ou seja, afirmando que os egípcios teriam partido do Brasil para colonizar o norte da África, e não o contrário como alguns pesquisadores acreditam. Para o pesquisador, eles teriam saído do Brasil em direção ao Egito, retornando anos mais tarde. Os estudiosos parecem convergir para um ponto em comum ao afirmarem que Sete Cidades deve ter muitos passados diferentes, e o mais recente dele, ainda na pré-história, serviu de palco para algum povo, fenício, egípcio ou outro, que por lá esteve e que gravou as mensagens nas paredes.

As especulações a respeito da presença de povos no passado distante do Brasil vão além quando Schwenhagen levanta a questão da origem do nome Piauí, comumente traduzido como "rio do peixe piau", e que ele entende ser "terra dos piagas", que seriam os antigos sacerdotes de Tupã. Seja como for, Sete Cidades permanece um enigma uma vez que ainda não foram realizados estudos no local em quantidade e qualidade suficientes para comprovar as teorias apresentadas.

SETE ESPÍRITOS PLANETÁRIOS

Ver **anjos**

SETTI, ROBERTO (1930-1984)

Médium italiano, considerado um dos maiores paranormais de fenômenos físicos dos últimos tempos. Percebeu suas capacidades ao participar da chamada "mesa", quando sua mãe tentava entrar em contato com o espírito do filho falecido na guerra, e Roberto começou a psicografar mensagens do irmão.

Mais tarde, começou a transmitir mensagens que dizia virem de uma entidade chamada Dali, e também a ser o centro de fenômenos físicos de **levitação** e de materializações de objetos variados, geralmente objetos que tinham alguma relação com as pessoas presentes nas sessões. Ao que tudo indica, as sessões sempre foram no sentido de receber o **espírito** de Dali e, depois, outro chamado François, e nunca examinados com critério científico, ainda que os acontecimentos tenham sido comprovados por várias testemunhas e estejam dentro do campo de estudos da **parapsicologia**.

SHAMBALLAH

O nome pelo qual é conhecida a capital do reino subterrâneo e lendário de **Agartha**. Alguns relatos e lendas dizem que Shamballah localizava-se, na verdade, no mar Asiático onde era conhecida como ilha Branca, e não no Tibete, onde geralmente se diz estar localizada. Outras versões da lenda afirmam que Shamballah era o lado ruim da civilização subterrânea, contra a qual os reis de Agartha lutavam.

SHASTA

Nome de um monte na Califórnia acerca do qual existe uma lenda afirmando que, sob sua base oriental, existe um túnel que leva a um local misterioso, uma cidade com casas estranhas.

Hoje existe, no monte Shasta, a base do **Movimento I AM**, fundado em 1930 por Guy W. Ballard. Os céticos afirmam que a lenda foi criada em tempos modernos, mas entre alguns índios da região, as lendas a respeito do monte Shasta já eram conhecidas antes da chegada do homem branco, inclusive com histórias a respeito da aparição do chamado **sasquatch**, o pé-grande.

Alguns investigadores referem-se à existência, na região de Shasta, de uma população muito evoluída e pacífica, que dificilmente mantém contato com outros seres humanos, e que teria um tipo físico completamente diferente do básico da região. Eles se locomoveriam pelos túneis subterrâneos, que só eles conhecem, com objetivos não muito bem declarados.

Diz-se que alguns relatos de testemunhas afirmam que luzes estranhas eram capazes de deter automóveis sem qualquer dificuldade, mas não se diz por que esse tipo de atividade era realizado. Em todo o caso, encontros de motoristas em estradas solitárias, sendo submetidos a luzes intensas, com os veículos sendo impedidos de continuar rodando simplesmente porque o motor pára completamente, estão de acordo com as narrações típicas de encontros com **OVNIs** e **extraterrestres.**

Da mesma forma, mais recentemente, alguns grupos da ufologia mística afirmam que o monte Shasta é um ponto de contatos mentais com extraterrestres, que teriam bases nas proximidades.

SÎD

É o Outro Mundo, que surge nas narrativas da mitologia celta, uma espécie de paraíso ou mundo que existe paralelamente ao nosso, de modo que as pessoas podem entrar e sair dele, como nos casos relatados envolvendo possíveis **passagens dimensionais.** É o mundo dos deuses, uma planície muito grande, com cavalos e gado, pomares maravilhosos, muita luz, música e riqueza. Seus habitantes viveriam, assim, em completa felicidade, com comida à vontade e a presença constante de mulheres belas.

Não parece existir uma única localização para esse mundo. Fala-se das ilhas do norte ligadas às lendas sobre a **Hiperbórea,** ou no mar, a oeste, ou no fundo do oceano, com palácios de ouro ou cristal, o que leva algumas pessoas a pensarem nas lendas sobre a **Atlântida.**

Sua entrada seria coberta por uma espécie de bruma e só seria visível em determinadas circunstâncias ou épocas específicas. Teria sido nesse local que a raça de deuses **Tûatha-Dé-Dânann** se refugiara após ter sido derrotada.

Apenas os deuses, heróis e os escolhidos podem penetrar no Sîd, para onde são levados em barcas de cristal. Uma vez lá chegando, não podem mais voltar ao convívio dos homens. Também pode ser chamado de Sîde, no plural, uma vez que se diz que existiram vários e a noção de passado, presente e futuro não existiria.

SÍLEX PIGMEU

Como foram chamados por **Charles Fort** os sílices de origem pré-histórica, com cerca de meio centímetro, encontrados na Inglaterra, Índia, França, África e muitos outros locais. Os estudos oficiais diziam que esses artefatos, trabalhados, eram brinquedos de crianças pré-históricas, ao que Fort opunha o fato de que todos os sílices encontrados nos sítios arqueológicos tinham o mesmo tamanho minúsculo, sem que fossem encontrados outros de tamanho apropriado para o uso de adultos.

Fort levantou dados apresentados pelo professor Wilson, do National Museum, que dizia que os seixos não apenas eram minúsculos, mas também os entalhes que apresentavam eram minúsculos. Outro estudioso, R. A. Galty, afirmava que "os entalhes são tão finos que para distinguir o trabalho é preciso usar uma lente de aumento".

A partir daí, Fort elaborou sua idéia de que seres igualmente minúsculos tenham trabalhado os sílices, a não ser, dizia, que os humanos pré-históricos tivessem usado lentes de aumento para fazê-los.

SÍLFIDE

Ver silfos

SILFOS

Segundo Paracelso, os silfos eram entidades elementais ligadas ao elemento ar. A origem do nome é incerta, alguns afirmando ser grego, outros entendendo que a raiz é celta. Sílfide, o feminino da palavra, ainda é utilizado comumente hoje em dia para designar mulheres com aparência suave e delicada.

No entanto, os relatos a respeito de sua aparência pouco nos dizem, a não ser que podiam assumir a forma humana. Sua moradia é no alto das montanhas e, como os demais elementais, têm como atividade básica a proteção da natureza. Em algumas ocasiões, dizem as lendas, transmitiam seus conhecimentos para os humanos, permitindo que vivessem entre eles durante algum tempo. Mais comum é entender que os silfos vivem num nível de realidade subjacente ao nosso, atuando em nosso mundo apenas de uma forma sutil e, como outros elementais, poderiam ser vistos em determinadas ocasiões por algumas pessoas, ou visitar nossa dimensão ou mundo através de possíveis **passagens dimensionais**, como ocorre nas lendas a respeito de **elfos**, **duendes**, **gnomos**, **fadas** e outros seres que habitariam em dimensões paralelas à nossa.

SILVA RAMOS, BERNARDO DE AZEVEDO DA (1858-1931)

Um dos estudiosos que entendeu haver indícios de que a região do Brasil foi colonizada por povos vindos do Oriente Médio, numa época muito anterior ao descobrimento europeu. Segundo ele, as inscrições rupestres encontradas em **Itacoatiara**, no Amazonas, revelavam indícios da escrita fenícia, com o qual havia se familiarizado ao longo de suas viagens pelo Egito, Grécia e Síria.

Não conseguindo ler as inscrições, buscou uma chave para entendê-las no dialeto samaritano, do hebraico, mas não conseguiu uma tradução satisfatória, o que só foi atingido quando solicitou uma tradução ao rabino de Manaus. Segundo ele, o que estava escrito ali se referia à expansão dos fenícios-cananeus ao norte da África.

Em levantamentos posteriores, julgou ter encontrado inscrições também em chinês, árabe, hieróglifos e grego. Outros pesquisadores e historiadores como **Peregrino Vidal** – apesar de também defenderem a tese de uma colonização em épocas remotas – preferem pensar em termos de outros povos, como o sumeriano, ou uma colonização com origem na **Atlântida**.

SILVESTRE II (920-1003)

Papa Silvestre II, de nome Gerbert d'Aurillac. Foi monge beneditino, professor na Universidade de Reims, arcebispo de Ravena. É tido como uma das figuras misteriosas da história, ao que se sabe tendo passado algum tempo na Espanha e nas Índias, onde obteve conhecimentos fantásticos. Em seu palácio, possuía uma cabeça de bronze que respondia sim ou não às perguntas que lhe eram formuladas.

Muitas pessoas acreditam que se tratava de um autômato, de origem desconhecida, funcionando a partir de um sistema binário. Silvestre II dizia que o processo era muito simples e correspondia ao cálculo feito com dois números. Ao que se sabe a cabeça foi destruída quando de sua morte. Outras pessoas dizem que o próprio Gerbert construiu a máquina, e que mantinha pactos com o demônio, mas o mais comum é entender-se que Silvestre II manteve contatos com a sociedade chamada de **Nove Desconhecidos**, que vivia na Índia. As invenções e mecanismos que não se encaixam nos conhecimentos de sua época foram relatadas por vários pesquisadores, como no caso dos **brinquedos mecânicos**, ou as invenções futuristas às quais se referiu **Roger Bacon**, bem como os descobrimentos como o das **pilhas de Bagdá**.

SIRAGUSA, EUGENIO (1919-)

Italiano de Catânia, na Sicília, chamado de **Adamski** da Europa, uma espécie de embaixador dos **extraterrestres** em nosso mundo, com os quais afirma ter mantido contatos por **telepatia**.

Sua primeira experiência nesse sentido, diz, foi aos 32 anos quando, esperando o ônibus para ir ao trabalho, viu um objeto luminoso no céu, que disparou um raio em sua direção. Esse acontecimento, segundo ele, redimensionou sua personalidade e uma voz interior começou a instruí-lo sobre geologia e cosmogonia, a ponto de ele poder se lembrar que 12 mil anos antes era um estudante em **Poseidônia**, na **Atlântida**.

Com o passar do tempo, o contato telepático se aprofundou, até o dia em que teve o primeiro contato com os extraterrestres, no monte Etna. Como é comum acontecer nos relatos desse tipo, os seres admoestavam os humanos contra as experiências atômicas e enviavam mensagens de amor, liberdade e fraternidade. Faziam parte de uma confederação intergaláctica e seriam os tutores dos seres humanos.

SÍRIUS

Estrela da constelação do Cão Maior que, segundo alguns pesquisadores, pode ser origem de seres **extraterrestres** que teriam visitado nosso planeta em tempos remotos, e de alguns que ainda se encontram por aqui no presente. A presença de Sírius é particularmente forte na mitologia e nas lendas do povo **dogon,** que possui informações técnicas surpreendentes a seu respeito.

O pesquisador americano Robert K. G. Temple entende que o conhecimento dos dogons poderia ter origem na civilização egípcia, uma vez que a imagem de Sírius está associada à deusa egípcia **Ísis**.

Os egípcios chegaram a construir uma série de templos como forma de celebrar o surgimento da estrela no céu, uma vez que esta permanece abaixo do horizonte por setenta dias do ano, e a época de seu reaparecimento coincide com a época em que o nível do rio Nilo começa a subir. No templo de Denderah, foi construído um túnel que termina exatamente na direção da estrela que, assim, iluminaria um altar interno. Para alguns pesquisadores, no entanto, a presença da estrela Sírius na religião e mitologia dos povos é compreensível, uma vez que se trata da estrela mais brilhante do céu. Na mitologia, Ísis também tinha uma irmã, Nephtys, o que levou Temple a estabelecer mais uma relação com o sistema de estrela dupla de Sírius, também presente nas tradições dos dogons. Mais recentemente, um número considerável de relatos a respeito da presença de extraterrestres na Terra nos dias atuais se refere a Sírius como ponto de origem de muitas levas de seres, que chegariam ao planeta tanto em naves espaciais quanto pelo processo de renascimento num corpo humano, processo que está relacionado às teorias a respeito da **reencarnação**, ou ainda como **ocupantes de corpos**, um processo onde se diz ocorrer uma espécie de troca de almas, com a **alma** ou espírito do terrestre sendo deslocado para um mundo ou dimensão em que não enfrente tantos problemas, enquanto o extraterrestre passa a ocupar e utilizar seu corpo.

Segundo esse ponto de vista mais recente, os próprios extraterrestres que se encontram na Terra – ou em suas proximidades, e que podem se comunicar através de

telepatia quando não estão ocupando corpos humanos – afirmam que Sírius é uma espécie de local de encontro para os seres espirituais, ou **espíritos** elevados, que são justamente os extraterrestres aos quais nos referimos. Seria um local de preparo para novas missões e, portanto, de trabalho intenso para todos aqueles que desejam progredir espiritualmente e partir em direção a novos mundos ou retornar aos seus mundos de origem para ajudar os que lá permaneceram.

SIUZUDRA

Ver Uta-Napistim

SMITH, HÉLÈNE (1861-1929)

Pseudônimo de Catherine-Elise Müller, médium suíça que participou de uma série de experiências na área da **parapsicologia** com o psicólogo de Genebra Théodore Flournoy, manifestando os fenômenos de possessão, também chamados de personificação, e alguns fenômenos físicos. Atuava em conjunto com o que se chama de **espíritos** guia.

Algumas personalidades que se manifestaram eram conhecidas na história, como o escritor Victor Hugo, Giuseppe Balsamo, conhecido também como conde de Cagliostro, ou a rainha Maria Antonieta. As manifestações ocorriam principalmente pela escrita automática.

Essas manifestações passaram por diferentes ciclos, iniciando com o chamado "ciclo real", depois pelo "ciclo hindu" e o "ciclo marciano". Este último iniciou-se por volta de 1895, quando diz ter entrado em contato com o espírito de um jovem, filho de uma senhora que a consultava, e que ele se encontrava em **Marte**.

A partir de 1896, começou a escrever numa linguagem desconhecida, que afirmou ser a linguagem utilizada em Marte. Forneceu os sinais utilizados nessa linguagem, que aparecem reproduzidos no livro que Flournoy publicou em 1900, *Das Índias ao planeta Marte*. Os exames científicos realizados sobre esse suposto idioma demonstraram que se tratava do próprio idioma francês modificado.

Narrativas posteriores se referiam também ao planeta Júpiter, com novas alterações sutis no idioma. Ela também via esses locais extraterrestres e os reproduzia em pinturas realizadas em parte no estado de transe, e em parte em estado de consciência desperta. Muitos cientistas vêem esse caso como um exemplo típico de dissociação psíquica que ocorre em supostos contatos de médiuns com espíritos, apresentando personalidades diferentes como se estivessem sendo incorporadas quando, na verdade, são criações da própria pessoa, mesmo que criações inconscientes.

O **espiritismo**, evidentemente, não concorda com essas posições. Os modernos estudiosos de **OVNIs** vêem nesse tipo de procedimento científico um dos caminhos necessários para estudar toda e qualquer comunicação proveniente de **extraterrestres** e que chegam às pessoas através de espíritos ou da **telepatia**, um tipo de comunicação bastante comum na chamada ufologia mística.

SMITH, JOSEPH

Ver *O livro de Mórmon*

SOCIEDADE DO VRIL

Segundo Pauwels e Bergier, uma sociedade que existiu na Alemanha, em Berlim, pouco antes do surgimento do nazismo. Uma comunidade espiritual baseada num romance de ficção científica, *The Coming Race* (1871), do escritor inglês Bulwer Lytton – o autor de *Os últimos dias de Pompéia* – que fala de homens com psiquismo mais evoluído que o nosso, quase deuses, habitando cavernas no centro da Terra.

Os membros da Sociedade do Vril, dizia-se, possuiriam poderes e conhecimentos secretos e capacidade para se transformarem em homens mais desenvolvidos. Chamava-se também A Loja Luminosa. O vril é tido como uma energia imensa que, no dia-a-dia, em nossa vida comum, não costuma ser utilizada. "Aquele que se torna senhor do vril torna-se senhor de si próprio, dos outros e do mundo", escreveram Bergier e Pauwels. Segundo a sociedade, os senhores irão sair de seu local secreto no centro da terra e governar o mundo, e é bom que estejamos de bem com eles para não nos tornarmos também em escravos.

Diz-se que a sociedade tinha ligações com a **Sociedade Teosófica** e com a Rosa-Cruz e, segundo Bergier e Pauwels, explica algo sobre o surgimento das idéias místicas do nazismo.

No livro de Lytton, o vril é uma força energética que sustenta a vida. Essa energia viria dos prótons emitidos pelo núcleo do planeta. Para dominar o vril, um dos objetivos a serem atingidos pela Sociedade, seria preciso isolar quimicamente as partículas dos prótons contidos no chumbo, além de procedimentos considerados místicos que envolvem a utilização da vibração sonora da letra K, o signo de Saturno, a cor violeta, a ametista, as runas, mandalas e outras coisas mais.

Com o domínio do vril, seria possível tanto curar pessoas como aniquilá-las a distância. Seria uma energia capaz de provocar alterações na própria Terra. Os procedimentos são confusos e não encontram qualquer respaldo científico. Mesmo no círculo ocultista, nem todos concordam com a validade das propostas.

Diz-se que Lytton seria um iniciado na Fraternidade de Luxor, mas o mais comum é entender-se que ele era um escritor de livros de ficção científica e fantasia, e que suas idéias foram exageradas por algumas pessoas.

Seja como for, a idéia de que um número de pessoas estaria habitando as profundezas do planeta, em cidades subterrâneas, e de que são conhecedoras de uma tecnologia superior tem suas ligações com as noções da **Terra Oca** e com a lenda de **Agartha** e de outras cidades subterrâneas existentes no planeta, inclusive na América do Sul – como, por exemplo, as cidades chamadas **Aurora, Erks, Miz Tli Tlan** – ainda que estas não preconizem a tomada do poder de forma violenta, como parecia ser o caso aqui, e estejam diretamente envolvidas nas histórias a respeito de **OVNIs** e **extraterrestres** agindo na Terra.

SOCIEDADE TEOSÓFICA

Sociedade fundada por **Helena Blavatsky** e H. S. Olcott em 1875. Tem raízes no ocultismo e nas filosofias e religiões orientais, não se limitando a atividades teóricas. Num de seus manifestos dizem que pretendem "obter o conhecimento da Natureza e dos atributos do Poder Supremo, e dos mais exaltados espíritos, através de processos físicos".

Logo após a fundação em Londres, Olcott e Blavatsky viajaram à Índia, estabelecendo ali uma série de atividades. Quando Blavatsky morreu em 1891, Annie Besant assumiu a direção da Sociedade, mas causou descontentamento em alguns quadros, de modo que William Q. Judge fundou uma seção norte-americana independente. Besant continuou a obra de Blavatsky fundando novos centros e trabalhando em conjunto com a universidade de Benares, na Índia.

Em 1913, nova dissidência levou Rudolf Steiner a fundar a Sociedade Geral Antroposófica. A Sociedade Teosófica continuou suas atividades, e existe hoje em praticamente todo o mundo. A teosofia da Sociedade apresenta aspectos esotéricos, portanto considerados secretos e somente revelados aos iniciados, ainda que Blavatsky, Besant e seus seguidores até os dias atuais tenham publicado uma enormidade de obras sobre os assuntos estudados pela sociedade.

O ponto de vista básico é o de que todas as religiões do mundo, em todos os tempos, sempre se basearam numa mesma e única verdade. O acesso a esse conhecimento ou verdade está restrito a um grupo de escolhidos, ou iniciados. Também acreditam na realidade da **reencarnação**, a morte seguida do fim do corpo físico, do corpo etéreo e do **corpo astral**, para depois haver um período numa espécie de purgatório, onde a pessoa sofre alterações que a tornam capaz de penetrar no Devahkan, uma espécie de **paraíso**.

É desse paraíso que se dá a reencarnação num novo corpo. O processo ainda segue a lei do **karma**, bastante conhecida nas religiões orientais.

SOCIEDADE TULE

Ver **Tule**

SODOMA E GOMORRA

As duas cidades citadas na *Bíblia* e que foram destruídas pela fúria do Senhor. Para alguns pesquisadores, a destruição de Sodoma e Gomorra é vista como uma destruição nuclear, provavelmente realizada por **extraterrestres**. A descrição da destruição é freqüentemente comparada com os resultados de explosões atômicas recentes.

Segundo a narração bíblica, o Senhor fez cair sobre as duas cidades uma chuva de enxofre e fogo que destruiu as cidades, os habitantes, a vegetação e toda a planície em volta. Abraão viu subir da terra um fumo espesso. Os dois **anjos** do Senhor que visitaram Sodoma antes da destruição já sabiam o que iria acontecer, pois se tratava de uma destruição programada. Os historiadores antigos citam a destruição das cidades como fato histórico, situando-as não muito longe do mar Morto, onde a terra já tinha sido fértil e fora transformada em deserto.

Alguns historiadores romanos dizem que as cidades da região haviam sido destruídas pelo raio. Os historiadores modernos que seguem a linha clássica entendem que se tratou de um acontecimento real, mas provavelmente um tremor de terra ou a erupção de um vulcão. No entanto, é sabido que os vulcões da região estão extintos há dezenas de milhares de anos, e não existem vestígios de que um deles tenha acordado em tempos históricos conhecidos. Um tremor de terra também não poderia transformar a região da forma como é descrito. A tendência dos historiadores clássicos é a de negar a veracidade da narração bíblica, afirmando que, na verdade, não caiu uma chuva de enxofre e fogo sobre as cidades, mas sim que o solo se abriu, libertando uma série de gases.

Essa versão reconhece apenas uma parte da narração, a que se refere à coluna de fumo. Os pesquisadores e historiadores que seguem linhas alternativas se recusam a admitir essa versão, considerando-a uma proposta falseada, pois admite a veracidade de um trecho da narrativa e exclui outro, sem qualquer critério para isso.

SOGOLU

Ver **dogon**

SONHOS

Ainda que a moderna visão da psicologia a respeito dos sonhos apresente a tendência a encará-los como manifestações do inconsciente, úteis para a análise de determinados símbolos, a noção ocultista e mística sempre foi um tanto diferente, e algumas dessas noções podem, até certo ponto, ser confirmadas pela ciência moderna da **parapsicologia**, especificamente no que diz respeito aos sonhos precognitivos, os sonhos em que surgem visões mais ou menos distintas de acontecimentos futuros e que, segundo alguns pesquisadores, podem ser mais comuns do que se imaginava em épocas passadas.

Para os adeptos de uma visão mais esotérica do conteúdo dos sonhos – ainda que eles possam ser entendidos como uma forma de reciclar informações e acontecimentos do dia-a-dia, assim como manifestar desejos provenientes do inconsciente, sem o peso da culpa – eles também podem apresentar informações absolutamente novas, e que diriam respeito a uma ligação da pessoa que sonha com um mundo completamente diferente do nosso mundo físico, algo que poderia ser considerado um "mundo astral", onde os acontecimentos obedecem a outras regras de tempo e espaço. Carl Jung elaborou a tese do inconsciente coletivo, que poderia fornecer algumas respostas para imagens que surgem em determinado tipo de sonho, e que não têm relação direta com o sonhador, com o indivíduo, mas que pertenceriam a uma espécie de reservatório universal de informações básicas, referentes a toda a raça humana, o que causaria o espanto e a dificuldade de interpretação. No entanto, a visão ocultista vai mais longe, propondo um contato efetivo com um mundo invisível, da mesma natureza, ou pelo menos de natureza semelhante ao contato realizado por **médiuns** e sensitivos quando em estado de transe ou no que se chama de estado alterado de consciência.

Em determinados sonhos, então, as pessoas poderiam "atravessar" uma barreira que nos separa de uma outra dimensão, normalmente invisível aos nossos sentidos, local onde existiriam como consciência ou espírito, sem um corpo físico, mas ainda assim sendo capazes de obter informações e trazê-las para o mundo físico quando acordadas.

A interpretação de mensagens e imagens que surgem nos sonhos é uma das atividades mais antigas da humanidade, e inúmeras técnicas e regras foram estabelecidas pelas diversas culturas para tentar organizar esse possível conhecimento, assim como as formas de acessar essa fonte de informação. A oniromancia (do grego, *oneiros* = sonho, *manteia* = adivinhação), termo pelo qual é conhecida a arte de interpretar os sonhos, foi durante muitos séculos uma parte importante das culturas e civilizações, até mesmo antes de Grécia se tornar uma potência mundial.

Na Mesopotâmia, uma casta de sacerdotes se desenvolveu em torno dessa suposta capacidade, atingindo *status* de enorme poder local, elaborando chaves para a interpretação dos sonhos que, em alguns casos, permanecem em uso popular até os dias de hoje.

Em várias dessas antigas civilizações existiam templos dedicados especialmente aos sonhos, aos quais as pessoas podiam se dirigir para procurar ter sonhos com assuntos específicos. Estudiosos do assunto entendem que essa capacidade de "penetrar" no mundo dos sonhos já estava presente nas civilizações primitivas pela atuação dos xamãs e da capacidade que, hoje, é mais conhecida como viagem ou projeção astral, ou seja, a possibilidade de se deslocar em outra dimensão com o **corpo astral**, que seria uma espécie de elemento associado ao espírito humano, ou o que os egípcios chamavam de **ka**. Muitos estudos apresentam formas pelas quais é possível, pelos sonhos, atingir-se uma outra dimensão, libertando a ação do corpo astral e se deslocando livremente, seja pelo nosso próprio mundo, seja por mundos que coexistem paralelamente ao nosso.

As histórias a esse respeito são bastante elucidativas, e os relatos surgem em enorme quantidade pelo mundo inteiro.

Grande parte dos estudiosos do assunto entende que, em tempos remotos, os sonhos eram encarados de uma maneira completamente diferente do que são hoje em dia, o que torna mais difícil nossa compreensão da relação exata que os povos antigos tinham com os sonhos, entendendo-os como uma extensão da vida em vigília, ou seja, não os vendo como um estado de consciência que estivesse separado da realidade, mas como uma outra parte ou extensão da realidade.

Na verdade, uma série de povos ainda mantém esse tipo de relacionamento com os sonhos, vendo-os como uma parte da vida tão real quanto a que vivemos quando estamos acordados, ainda que obedeça a regras completamente diferentes, e o contato com ele seja feito através de partes invisíveis de nosso corpo, às quais só teríamos acesso durante esses períodos.

Nesse mundo, segundo algumas formas de pensar, estariam também os **espíritos**, com os quais seria possível manter contato, além de uma série de outras entidades que viveriam nessas dimensões.

O aspecto das visões com acontecimentos futuros parece ser, no entanto, o ponto mais assombroso relacionado aos sonhos.

Deixando-se de lado as possíveis interpretações dadas aos sonhos, hoje já é sabido que alguns sonhos trazem, de fato, imagens referentes a acontecimentos futuros que, em alguns casos, se realizam em sua totalidade e, em outros, se realizam apenas em parte.

Os estudos desses sonhos e das chamadas visões do futuro que os acompanham são um dos aspectos mais complexos da parapsicologia, uma vez que envolve a questão da natureza do tempo, sobre a qual existem hoje inúmeras teorias, mas da qual pouco se sabe de fato. O acúmulo de relatos a respeito de acontecimentos futuros que realmente se verificaram não deixou qualquer dúvida a respeito da existência da **precognição** – o conhecimento prévio do futuro – como uma das capacidades reais existentes no ser humano.

Muitos dos **profetas** citados ao longo dos tempos também obtinham suas visões a partir de sonhos. Outro tipo de estudo sobre os sonhos, bastante em voga nos dias atuais, diz respeito à possibilidade de se controlar o que está sendo sonhado, ou seja, a capacidade da pessoa em perceber que está participando de um sonho e, conscientemente, passar a comandar os acontecimentos em que se vê envolvida nesses momentos.

Alguns pesquisadores entendem que essa capacidade era conhecida de alguns povos primitivos, que conseguiam obter grande facilidade de movimentação nos cenários construídos durante os sonhos. De certa forma, parece que essa capacidade de tornar os sonhos mais claros, mais vívidos, e conseguir se movimentar em seu ambiente com maior facilidade, está ligada à já citada projeção astral.

Grande parte desses estudos tenta recuperar os sonhos como uma parte integrante da vida, como ocorria com o povo conhecido como senoi, da Malásia, para os quais não existia absolutamente nenhuma diferença entre o sonhado e o vivido, e para quem os sonhos jamais eram esquecidos, como ocorre com freqüência no mundo moderno.

Os estudiosos que seguem essa linha não pretendem que as famosas "chaves" dos sonhos representem uma possibilidade real para a interpretação dos símbolos e imagens que neles aparecem, mas simplesmente entendem que nosso relacionamento com os sonhos e o que neles vivemos pode ser muito mais complexo e deveria ser mais bem estudado e elaborado, de modo a que fosse possível resgatar um tipo de relação com o invisível que parece estar se perdendo gradualmente com o avanço de pontos de vista materialistas.

SONTHEIL, URSULA

Ver **Mother Shipton**

SPIRICOM

Nome dado ao aparelho para falar com os mortos, desenvolvido pelo engenheiro George W. Meek a partir do final dos anos 70 do século

XX. Ele afirma ter sido ajudado em seu trabalho pelo físico George Jeffries Mueller, já falecido, que se comunicava com ele. Meek disse que, quando começou a pensar em construir um aparelho para se comunicar com os **espíritos** dos mortos, entrou em contato com uma sensitiva ou **médium** que contatava cientistas de outros planos espirituais, que por sua vez estavam interessados em estabelecer uma ligação entre os dois mundos.
Construiu um aparelho atuando na onda de 1.200 MHz, ligado a um gravador para registrar as mensagens dos espíritos, transformadas em sons audíveis. Os projetos prosseguiram, tentando-se aperfeiçoar o aparelho e provar a possibilidade do contato com os mortos, e mesmo a existência dos espíritos. Atualmente, ouve-se falar com mais freqüência sobre o assunto, com mensagens dos espíritos sendo gravadas em fitas de vídeo ou chegando através da televisão, com imagem e som. A ciência não reconhece o fenômeno, mas existem alguns cientistas interessados no estudo da chamada transcomunicação experimental. Para a **parapsicologia**, nada muda com relação a esse fenômeno quando comparado com os demais fenômenos psíquicos estudados.
A paranormalidade de um indivíduo seria perfeitamente capaz de atuar sobre qualquer aparelho como, aliás, algumas experiências já registraram, como no caso da **psicofotografia**. A elaboração de aparelhagens para se falar com os espíritos está diretamente relacionada com a **psicofania**, fenômeno descoberto por Friedrich Jurgenson, e com os estudos do **espiritismo**.

STILES, EZRA

Ver ***O livro de Mórmon***

STONEHENGE

Um dos monumentos megalíticos mais conhecido do mundo, localizado na Inglaterra. O que permanece de misterioso a respeito dessa construção circular de pedras gigantescas diz respeito aos seus possíveis construtores. Os historiadores costumam dizer que não existe notícia de qualquer tribo ou raça da pré-história britânica que possuísse os conhecimentos matemáticos, arquitetônicos e astronômicos suficientes para elaborar a obra.
A lenda diz que foi Merlin, o mago, quem trouxe o que chamou de "Balé dos Gigantes", ou a "Ronda dos Gigantes" das montanhas de Killarus, na Irlanda, a pedido do rei Uther, utilizando seus poderes mágicos. As pedras seriam, segundo dizia Merlin ao rei, **gigantes** que foram transformados em pedra por uma maldição. Outras ramificações da lenda dizem que Merlin teria afirmado que as pedras possuiriam poder de cura para muitos males, e teriam sido trazidas da África pelos gigantes, e

então levadas à Irlanda, onde os gigantes habitavam em tempos primitivos.

Ninguém sabe como as pedras foram levadas, mas as pessoas do lugar viam-nas se mover e rolar colina abaixo, enquanto se ouviam vozes que vinham de lugar algum. Também foram vistas, segundo a lenda, naves gigantescas que saíam do fundo do mar. Hoje se diz que os druidas, a quem durante algum tempo se atribuiu a construção do monumento, mas que nada tiveram com sua edificação, provavelmente chegaram a utilizá-lo de alguma forma.

Pela observação dos alinhamentos de pedra com as posições do Sol e da Lua em diversas épocas do ano, descobriu-se a função de Stonehenge como um observatório e calendário. Sabe-se também que Stonehenge foi construído em várias etapas, provavelmente entre os anos 2000 e 1700 a.C., quando as ilhas britânicas viviam seu período da Idade da Pedra, com o início da criação de gado e agricultura e ainda sem conhecimento do cobre e do bronze.

Sabe-se também que Stonehenge não é o único monumento megalítico na região. Existem outros alinhamentos num raio de 20 quilômetros, alguns bem grandes. A civilização e cultura que produziu esses monumentos permanece desconhecida.

Alguns pesquisadores do insólito gostam de citar Stonehenge como parte de um número enorme de construções gigantescas espalhadas por todos os continentes do planeta, e realmente atribuí-las a uma única raça, talvez de gigantes, ou a diferentes raças que possuíam a mesma fonte de informação.

STRENDU

Um dos nomes lendários que está ligado às histórias sobre o **sasquatch**, nos EUA. Strendu é como os índios huron e wyandot chamavam os seres estranhos que eles diziam ser tão altos quanto uma árvore.

SUDARSOMA

Fabulosa cidade citada em conto do Tibete, chamada a "cidade dos trinta e três deuses no céu". Dizia-se que media cerca de 20 mil quilômetros em cada lado, com sete fileiras de muros de ouro, com mais de 150 quilômetros de altura. No interior existiam árvores dos desejos, produzindo qualquer coisa que os deuses imaginassem.

Alguns pesquisadores comparam-na com a cidade subterrânea de **Agartha**, igualmente situada no Tibete, enquanto para outros é apenas uma representação de alguma civilização muito antiga que possuiria conhecimentos fantásticos e da qual apenas as lendas restaram.

SUMÉ

Ou zumé. Nome atribuído a um homem branco que surge nas lendas e mitos de diversos povos da

América, ensinando-lhes técnicas variadas e artes, organizando a civilização e construindo obras gigantescas. Sumé é o nome pelo qual ficou conhecido entre a maioria dos índios do Brasil, e é particularmente relacionado com a epopéia de **Hércules** na América, conforme as propostas de uma história alternativa que podem ser encontradas nos trabalhos de estudiosos como **Peregrino Vidal** e em outras fontes, como ***O livro de Mórmon***, que propõem que a América tenha sido colonizada por povos do Oriente Médio.

SURJAN

Ver anjos

SWEDENBORG, EMMANUEL (1688-1772)

Filósofo, místico e **profeta** sueco. Segundo muitos historiadores, exerceu grande influência sobre o ocultismo moderno e sobre o **espiritismo**. Sua maior obra foi *Opera Philosophica et Mineralia*, em que elaborou importantes conceitos científicos.

Swedenborg era dado a ter visões proféticas desde os primeiros anos de vida, ainda que alguns historiadores afirmem que seu lado místico somente despertou depois de 1744. Mais tarde, afirmou estar em contato com os mortos e com os **anjos** e **espíritos**, escrevendo uma série de livros a esse respeito. Um dos acontecimentos mais marcantes para a história foi sua descrição de um incêndio que estava ocorrendo em Estocolmo, estando ele em Gotemburgo, acontecimento presenciado pelo filósofo Emmanuel Kant.

Hoje em dia, os estudiosos da **parapsicologia** entendem que Swedenborg era um homem dotado de incrível poder de **clarividência**. Um de seus livros mais famosos, *Earths in the Universe*, fala sobre os planetas, afirmando que a maioria deles é habitada e fornecendo descrições dos seres, todos muito estranhos.

TA'AROA

Deus citado nas lendas das ilhas da Sociedade, no Pacífico. É o deus criador de tudo, que se encontrava sentado numa concha semelhante a um ovo, vagando pelo espaço infinito, numa época em que não existiam o céu, o mar ou a terra, tampouco o Sol, a Lua ou as estrelas. A história tem semelhanças com os deuses **Tagaloa**, de Samoa, e **Nareau**, de Kiribati, além de muitas outras lendas da região da Micronésia e Polinésia, que alguns pesquisadores relacionam com a possível presença de **extraterrestres** atuando no passado da Terra.

TABUARIKI

Gigante citado nas lendas da Micronésia, mais especificamente com relação a Kiribati. Dizia-se que era tão alto que podia colher os cocos das palmeiras sem precisar se esticar. As lendas estão ligadas a marcas de pés gigantescos encontrados em algumas das ilhas. Dizem ainda que Tabuariki faria parte da segunda leva de seres que chegaram do espaço, descendo na ilha de Baanaba, o que levou alguns pesquisadores a relacionar a lenda entre as possíveis provas da interferência de **extraterrestres** no passado remoto do planeta.

TAGALOA

Deus citado nas lendas das ilhas Samoa. Ele "pairava" no vazio, e criou tudo. Diz-se que ele estava dormindo na imensidão do espaço, numa época em que não havia o mar ou a terra. A descrição é muito parecida com a do deus **Nareau**, citado pelos habitantes de Kiribati, na Micronésia, e **Ta'aroa**, todos eles sendo relacionados pelos pesquisadores entre as imagens que podem representar a presença de **extraterrestres** no passado remoto do planeta.

TAIRONAS
Ver **kogis**

TAKÁNAKAPSALUK
Ver **Adliden**

TAMPU-TOCCO
Ver **Manco Capac**

TANDSCHUR
Livro sagrado no Tibete, literalmente significando "a doutrina traduzida". É uma espécie de complemento ou comentário ao ***Kandschur***, com cerca de 225 volumes. Segundo se diz, apenas uma pequena parte dessas duas obras foi traduzida e, como sempre ocorre com livros religiosos muito antigos, existem muitas referências a acontecimentos relativos ao "céu" e aos seres que habitavam nas esferas superiores e que de vez em quando visitavam os homens.
Os que entendem ter havido interferência de **extraterrestres** no passado da Terra vêem nos relatos do *Tandschur* mais uma evidência nesse sentido. Alguns estudiosos entendem que a obra pode ser a origem do ***Livro de Dzyan***, que foi a base do conhecimento de H. P. **Blavatsky** e da **Sociedade Teosófica**.

TAPETE MÁGICO
Ver **Salomão**

TARAPACAR
Deserto ao norte do Chile onde foram realizadas descobertas arqueológicas, por volta de 1968, que supostamente estão relacionadas ao grupo de desenhos gigantes encontrados na região de **Nazca**, no **Peru**, apesar da distância de 750 quilômetros entre os locais. Nesse caso, trata-se de uma figura humana estilizada, muitas vezes comparada a um robô, esculpida num paredão rochoso.
Tem cerca de 100 metros de altura, formato retangular como uma caixa, com uma cabeça de formato quadrado e pernas e pescoço finos. Da cabeça saem 12 "antenas" – um dos termos utilizados para se designar os objetos.
A descoberta só foi realizada no final dos anos 60 porque só pode ser percebida do alto. No local ainda existem mais algumas figuras estilizadas, num trecho de cerca de 5 quilômetros.
Ao contrário dos desenhos de Nazca, muitas das formações foram construídas com a utilização de pedras escuras que se sobressaem no terreno, podendo ser vistas do alto, semelhantes ao que foi verificado no

deserto do **Saara**. Como ocorreu com as explicações para Nazca, alguns estudiosos entendem que as figuras de Tarapacar também poderiam estar relacionadas à presença de seres **extraterrestres** em nosso planeta, em épocas remotas, ainda que o número de estudiosos que se coloque contra essa posição seja considerável, entendendo que não é preciso levantar essa hipótese para justificar as figuras.

TASSILI

Cordilheiras no **Saara** argelino, conhecidas pelas pinturas rupestres que freqüentemente são citadas como exemplos de contatos remotos com seres **extraterrestres**. Muitos dos desenhos que surgem nas paredes das cavernas são seres humanóides com cabeças construídas de tal forma que dão a nítida impressão de se tratar de astronautas. Outras figuras parecem lembrar pessoas flutuando e estranhas construções semelhantes a naves espaciais com formatos que lembrariam os **OVNIs** de hoje.

TCENU

Ver **chenoo**

TCHUVACHES

Ou tchuvashes. Povo de origem tártara, habitando às margens do Volga, uma das minorias na extinta União Soviética. Diz-se que, atualmente, falam principalmente uma variedade do turco. No entanto, seu idioma original utilizava uma série de palavras incas, algumas das quais ainda permanecem em seu vocabulário.

Ainda mais interessante e inexplicável é que uma série de dados de sua mitologia corresponde à dos incas, como a presença de **Viracocha**, encarado como um espírito benigno do cosmo. Essa semelhança entre idiomas de culturas tão distantes soma-se a outras do gênero, entre incas ou maias e os sumerianos e egípcios, e não se tem notícia de qualquer estudo ou tentativa mais aprofundada de explicação para o fato.

TELECINESE

Ou telecinesia. Na **parapsicologia,** indica o fenômeno da movimentação de objetos a distância, sem tocá-los diretamente e sem o auxílio de outros objetos.

Trata-se, na verdade, do mesmo fenômeno conhecido como **psicocinética**, ou psicocinesia, cujo nome propõe a ação da mente, ou espírito, sobre a matéria. Os estudiosos que se referem à telecinesia geralmente estão propondo a existência de algum meio físico para que o fenômeno ocorra.

Também já foi chamada de telergia, uma noção que propunha igualmente uma ação física, do fluido psíquico sobre um objeto. Os nomes variam, as noções também, mas o fenômeno é o mesmo, e ainda não existe qualquer explicação científica para ele.

Desde os primórdios dos estudos parapsicológicos, o fenômeno tem sido observado com muita atenção. Sabe-se que pessoas que possuem enorme capacidade paranormal são capazes de mover objetos que chegam a pesar muito mais que elas. Como ocorreu com a maioria dos fenômenos estudados pela metapsíquica e pela parapsicologia, o ponto de partida foi o assombro causado pelo fenômeno das mesas que se movimentavam, nas sessões com **médiuns** que entravam em contato com os **espíritos**.

Alguns cientistas propuseram que os objetos se movessem a partir da ação de uma espécie de fluido, ou o **ectoplasma**, que sairia do corpo do médium, controlado por sua vontade consciente ou inconsciente e, assim, movimentaria os objetos. Como o fluido é invisível, daria a impressão de que ninguém estava tocando no objeto. Alguns cientistas afirmaram que conseguiram fotografar esse fluido utilizando um processo químico especial, e que em alguns casos ele formava uma espécie de alavanca, saindo do médium e se apoiando no chão, para poder erguer objetos mais pesados. O mesmo processo seria utilizado durante a **levitação**, que nada mais seria do que o mesmo fenômeno aplicado ao próprio corpo do médium.

Em experiências com a médium **Eusapia Palladino**, por exemplo, os investigadores perceberam que a força necessária para mover alguns dos objetos era de três vezes sua força normal e que, enquanto o fenômeno se verificava, seu peso diminuía consideravelmente, como se ela fosse realmente o ponto de origem da chamada alavanca fluídica.

Experiências de telecinese também foram realizadas nos anos 60 do século XX nos países do então bloco comunista, especialmente com a médium **Nina Kulagina**, capaz de movimentar pequenos objetos apenas passando a mão por cima deles, sempre mantendo distância. O resultado de algumas dessas experiências já puderam ser vistos no Ocidente através das gravações feitas na época. Algumas informações indicam que, nessas experiências, os cientistas puderam comprovar a presença de uma espécie de plasma físico, bastante tênue, o que ligaria o fenômeno às explicações propostas no início dos estudos, no século XIX, com a presença e ação do ectoplasma. A idéia da telergia, também surgida no século XIX, pressupõe que o corpo humano é capaz de criar uma espécie desconhecida de energia que forma um campo em torno do corpo, invisível a olho nu e que, em algumas ocasiões especiais, pode ser concentrado e dirigido pela força do pensamento ou da vontade de uma pessoa, especialmente os médiuns, mais capacitados a realizar a tarefa.

Alguns pesquisadores chegaram a considerar a telergia como um fenô-

meno relacionado ao eletromagnetismo, mas não obtiveram provas suficientes para sustentar a teoria. Consideraram também como pertencentes à área do fenômeno as batidas ou **raps**, os transportes ou **aportes**, materializações e fenômenos elétricos, magnéticos e luminosos, bastante comuns em sessões ou experiências realizadas com médiuns, e até mesmo os **poltergeist**, assombrações ou **fantasmas**.
Percebe-se, então, que os fenômenos são os mesmos para telecinese, psicocinese e telergia, apenas com pontos de vista diferentes por parte dos cientistas que os estudam. O fenômeno em si, no entanto, permanece uma incógnita, como quase tudo o que se refere aos poderes paranormais.

TELEPATIA

Talvez o mais popular dos fenômenos paranormais, exaustivamente estudado pela **parapsicologia** desde seus primórdios. Consiste basicamente numa comunicação mental, sem palavras ou qualquer outro tipo de contato. Pode ser encarado como uma ligação direta entre dois cérebros, transmitindo sensações, impressões rarefeitas, estados de espírito, imagens visuais, frases completas, idéias e até mesmo conceitos mais ou menos elaborados, de acordo com a capacidade das pessoas envolvidas.
A realidade do fenômeno está devidamente comprovada mas, como tudo o que se refere ao paranormal, existem diversas teorias a respeito da forma como ocorreria essa comunicação, nenhuma delas definitiva. Alguns cientistas, como J. B. Rhine, chegaram a classificar a telepatia entre fenômenos chamados de percepção extra-sensorial, e não são poucos os estudiosos que propõem que esteja em ação uma energia *psi*, de difícil definição, uma vez que ainda não foi possível determinar que tipo de energia está em ação no momento em que ocorre o contato ou comunicação telepática. Discute-se, também, se essa é uma capacidade humana em evolução ou em deterioração. As duas idéias são defendidas por grupos respeitáveis de cientistas, mas parece que, ultimamente, vem ganhando força a noção de que a telepatia, como as demais capacidades paranormais, está presente em maior ou menor grau em todos os seres humanos, e pode até mesmo ser desenvolvida.
No entanto, para finalidades de estudos, sempre foram utilizadas aquelas pessoas que possuem essa capacidade em níveis mais elevados e visíveis, os **médiuns**. Nesse tipo de experiência é possível ter a certeza absoluta de que uma comunicação está efetivamente sendo realizada, mas, no entanto, foi pelas experiências quantitativas do Dr. Rhine que se estabeleceu a realidade do fenômeno em termos de estatística.

Utilizando um jogo de cartas especialmente preparadas, com grupos de cinco símbolos diferentes, e pessoas absolutamente normais, ele comprovou, por milhares de testes, que um número improvável de acertos ocorria nos testes de adivinhação, o que só poderia ser atribuído à ação de uma capacidade de percepção humana que existia além das capacidades normalmente conhecidas.

Talvez a telepatia tenha sido o fenômeno paranormal mais estudado pela ciência, inclusive com testes realizados com o apoio da NASA, quando pessoas transmitiram telepaticamente, da Terra, informações para astronautas a bordo de naves espaciais em órbita do planeta. Experiências realizadas por laboratórios das universidades mais conceituadas do mundo, como a de Stanford, nos EUA, permitiram obter a transmissão de informações através da mente por distâncias que variaram de centenas de metros até milhares de quilômetros. Entende-se, de modo geral, que existem dois grupos básicos de telepatas: os agentes e os receptores. Os primeiros teriam maior facilidade em enviar mensagens, enquanto os segundos teriam facilidade em captar essas mensagens. A telepatia em forma espontânea, ou seja, sem ser programada para testes de laboratório, também é considerada bastante comum, ocorrendo durante os sonhos ou em estado de vigília, podendo surgir na forma de pressentimentos ou de idéias que, repentinamente, se infiltram em nosso pensamento. Tudo indica que não existe qualquer elemento ou situação física capaz de impedir que a telepatia ocorra.

Além do já citado caso da comunicação com os astronautas, outras experiências foram realizadas com uma das pessoas sendo isolada dentro de uma cabine especialmente preparada, com revestimento de chumbo e imersa em mercúrio, isolando-a de ondas eletromagnéticas. E, mesmo assim, a transmissão telepática foi bem-sucedida. Outro aspecto que deve ser levado em consideração, e que para alguns estudiosos é mais impressionante do que a própria telepatia, é o fato de, aparentemente, não existir lapso de tempo entre a transmissão e a recepção. A comunicação seria imediata, independentemente da distância em que se encontram as pessoas envolvidas na experiência.

Durante muito tempo e, em certa medida, ainda hoje em dia, a telepatia foi vista como um fenômeno típico de histórias de ficção científica, envolvendo sociedades do futuro extremamente desenvolvidas, ou seres **extraterrestres** poderosos, capazes de controlar os humanos com os poderes da mente. Mas a verdade é que a realidade do fenômeno está mais do que registrada e comprovada, sendo um fenômeno já conhecido das civilizações mais antigas do planeta, ainda que muitas vezes encarado como algo ligado à magia.

Para alguns estudiosos do assunto, é essa aura de mistério que cerca o fenômeno que pode ter levado ao surgimento de histórias modernas acerca do contato de terrestres com **OVNIs** e seus ocupantes alienígenas, nos quais a telepatia seria a principal forma de comunicação. Para outros, nada mais natural que civilizações mais adiantadas possuam um conhecimento maior e mais detalhado sobre esses poderes mentais, e que os utilizem melhor do que nós conseguimos.
Também nas lendas e histórias sobre a **Atlântida**, é comum surgir a noção de que a telepatia era utilizada por seus habitantes, o que nos remete às teorias de que os poderes mentais eram muito mais acentuados nos seres humanos do passado do que do presente, e que estão em constante processo de diminuição. O fato é que não se sabe absolutamente como a telepatia ocorre, se existe algum fator físico, cerebral a ser considerado, ou se estamos lidando com energias das quais conhecemos muito pouco ou mesmo nada.

TELEPORTE
Ver **aportes**

TELERGIA
Ver **telecinese**

TELESCÓPIO INCA
Um objeto registrado entre os insólitos da América do Sul. A descrição surge no *Lexicon*, um dicionário de termos incas, redigido em 1540 pelo monge Domingo de San Tomas, aqui mesmo na América. O nome inca para o objeto em questão é *quilpi*, ou "um instrumento óptico para se ver ao longe". Portanto, um objeto completamente fora dos registros da cultura inca e jamais explicado, como ocorre com o possível objeto chamado **rampa livrac**. Não se tem notícia de outros registros sobre esses objetos que não no *Lexicon*.

TE-MAHARA
Templo situado na ilha de Raivavae, na Polinésia, e que é considerado como o local de pouso do deus Maui quando ele retornou de uma viagem, segundo alguns pesquisadores uma viagem espacial, o que o incluiria na lista dos possíveis **extraterrestres** que visitaram nosso planeta em tempos remotos.

TEMPLO DAS INSCRIÇÕES
Ver **Palenque**

TEMPLO DE SALOMÃO
Ver **Salomão**

TEOTIHUACÁN
A chamada Cidade dos Deuses, que foi um dos centros do império asteca. Hoje são ruínas, localizadas a cerca de 50 quilômetros ao norte da Cidade do México. As lendas falavam que teria sido construída por

gigantes chamados **quinamatzins** durante a Segunda Idade, ou Tlachitonatiuh, Terra-Sol.

Segundo alguns pesquisadores, na antiga língua nahuatl a palavra significava "o lugar onde os homens voam como deuses". Outros afirmam que o significado era "a morada dos que conhecem o caminho dos deuses".

Os historiadores entendem que quando os astecas chegaram à cidade ela já se encontrava em ruínas e, até hoje, restam muitas dúvidas sobre qual teria sido o povo que a construiu. Diz-se que cerca de nove décimos da cidade ainda se encontram soterrados, mas o que pode ser visto já é impressionante. Segundo as lendas astecas, a cidade teria sido construída para assinalar o "quinto sol", ou a quinta renovação do mundo, o que nos remete a alguns pontos da teoria conhecida como **cosmogonia glacial**, proposta por **Hans Horbiger** e apoiada por **Denis Saurat**. O sol ao qual se referem os astecas se teria erguido de Teotihuacán até o centro do universo, uma idéia que leva alguns pesquisadores a relacionar essas lendas às inúmeras lendas da região a respeito da presença de seres **extraterrestres** atuando em nosso planeta, num passado remoto.

É em Teotihuacán que se encontra a famosa Pirâmide do Sol, um dos exemplos mais fantásticos de **pirâmides** em todo o mundo. Muitos historiadores situam a existência da civilização local entre o ano 200 a.C. e o século VIII mas, para os pesquisadores da história alternativa da Terra, essas datas devem ser recuadas em milhares de anos.

TERAPIA DE VIDAS PASSADAS

Ver **reencarnação**

TERRA DE GOND

Ver **Gondwana**

TERRA OCA

A teoria da Terra Oca não é muito considerada hoje em dia, ainda que muitos pesquisadores continuem desenvolvendo teorias a esse respeito. A história de seu surgimento e desenvolvimento é bem complexa e foi seguida brilhantemente por Bergier e Pauwels no livro *O despertar dos mágicos*.

Chegou a se espalhar pelo mundo inteiro, com inúmeros livros tentando provar a veracidade do que tinha sido afirmado. A idéia geral é de que a Terra é, na verdade, uma bola oca, habitável em seu interior, com duas aberturas nos pólos e com um sol no interior.

Segundo Bergier e Pauwels, a teoria nasceu nos EUA, em 1818, a partir de uma carta de John Cleves Symnes, capitão de infantaria de Ohio, enviada a cientistas e diretores de universidades, onde dizia poder provar sua afirmação de que a Terra era oca.

Em 1870, a teoria foi ampliada por outro americano, Cyrus Read Teed, que dizia que, além de a Terra ser oca, nós habitávamos seu interior. Em 1906, foi a vez da publicação do livro *Phantom of the Poles*, de William Reed, que se baseou nas explorações das regiões árticas para afirmar que existem aberturas nas extremidades do planeta e que no seu interior existem grandes continentes, rios, montanhas e vida animal e vegetal, postulando que provavelmente haveria uma civilização desconhecida da população da superfície. Acredita-se que essa idéia básica de um planeta oco tem origem nas lendas muito mais antigas que falam de civilizações subterrâneas, de heróis míticos que descem às profundezas da Terra.

A teoria foi bastante desenvolvida pelas sociedades secretas do nazismo e até mesmo antes disso, ao final da Primeira Guerra, com os trabalhos do americano Marshall B. Gardner e do alemão Bender, que chegou a organizar o movimento Hohl Welt Lehre. Gardner publicou o livro *A Journey to the Earth's Interior or Have the Poles Really Been Discovered?*, no qual parece surgir com mais força a noção da existência de um sol central. Gardner dizia provar cientificamente as afirmações que fazia, e completava dizendo que todos os planetas do sistema solar eram ocos e possuíam sóis centrais. O nazismo se apoderou das teorias e levou-as ao seu desenvolvimento máximo até então. Também segundo Bergier e Pauwels, os nazistas organizaram uma expedição à ilha de Rugen, no Báltico, dirigida pelo Dr. Heinz Fisher. Chegando lá, apontaram os mais modernos aparelhos de radar num ângulo de 45 graus em direção ao céu, pois desejavam provar que habitávamos o interior e não o exterior de um globo côncavo e não convexo. Gardner defendeu basicamente as mesmas idéias de Reed, afirmando que o pólo é uma abertura com 2.250 quilômetros, e que o sol interior existente no planeta é o causador da aurora boreal. Segundo ele, o centro de gravidade do planeta está em seu interior, o que faz com que as águas dos oceanos, fluindo através das aberturas, fiquem aderidas à crosta. Dessa forma, seria possível um navio penetrar pela abertura e viajar pelo lado interno do planeta sem perceber a diferença. O que, aliás, foi o que afirmou ter acontecido o contra-almirante Richard E. Byrd, em 1947 e em 1956. Ele disse ter penetrado mais de 3 mil quilômetros além do pólo e ter visto uma terra sem gelo e com vida animal. Muitas das afirmações dos exploradores dos pólos Norte e Sul foram levadas a extremos por aqueles que procuravam evidências das aberturas para o interior e, evidentemente, nada pôde ser provado nesse sentido.

Hoje em dia, aqueles que ainda postulam a existência de gigantescas passagens para o interior da Terra entendem que as aparições dos discos voadores e **extraterrestres** estão ligadas às possíveis civilizações do interior do planeta. Algumas pessoas dizem que essa teoria da origem subterrânea dos **OVNIs** nasceu no Brasil, em meio a ramificações da **Sociedade Teosófica**, que postula a existência do mundo de **Agartha**, e assim teriam surgido as informações a respeito da **Cidade dos Sete Planetas**, **Erks**, **Aurora** e **Miz Tli Tlan**, entre outras. Fala-se nos habitantes desse interior – oco, porém amplo o bastante para conter civilizações inteiras e cidades com milhões de habitantes – como sendo os sobreviventes dos continentes submersos e lendários da **Lemúria** e **Atlântida**. A idéia da origem subterrânea e terrestre dos OVNIs se teria espalhado por todo o mundo a partir dos EUA, e hoje é bastante conhecida e divulgada. O que se sabe é que entre algumas tribos de índios do Brasil essas lendas já existiam. Os apinagés, por exemplo, dizem que abaixo de nosso mundo existe outro, muito bonito e enorme, onde vivem animais e pessoas. O pesquisador Paul Gregor, que esteve muitos anos no Brasil, disse que visitou passagens subterrâneas na região da floresta amazônica, onde encontrou inúmeras ruínas de uma civilização antiga. Alguns corredores desembocam em salas imensas, galerias com ídolos de pedra e cerâmica que, segundo os índios da região teriam dito a ele, foram esculpidas por artistas imortais que vieram do leste refugiando-se de uma grande catástrofe, o que ligaria os locais às lendas sobre a Atlântida.

Em muitos relatos, essas cidades subterrâneas, ainda que estejam escondidas embaixo da terra, também se encontram de certa forma numa quarta dimensão ou numa dimensão paralela, graças aos conhecimentos tecnológicos dos extraterrestres que nelas habitariam, em alguns casos convivendo com os terrestres.

As teorias a respeito se confundem bastante e se afastam da teoria original da Terra Oca que, nos dias de hoje, tal como foi elaborada, parece absurda sob qualquer aspecto.

TEZCATLIPOCA

Deus dos astecas, o deus do ar irmão e rival de **Quetzalcoatl**, e que tramou a sua queda.

Diz-se de Tezcatlipoca que foi tornado Sol, criando então a raça dos **gigantes** que viviam num paraíso na Terra, durante a Primeira Era. Os gigantes acabaram causando um cataclismo e Tezcatlipoca se transformou numa escuridão, e devorou os homens, abrindo caminho para a Segunda Era.

THEITANI

Ver gigantes

THOLO

Um dos sete "berços da humanidade" citados pela Ordem do Graal na Terra. Estaria localizado onde hoje é o Quênia, na África, mais precisamente onde se encontra o Kilimanjaro, o ponto mais alto da África, com quase 6 mil metros de altura.

O país era paradisíaco como os demais citados como berços da humanidade – **Ophir, Avari, Yoni, Arzawa, Tule** e **Marae** –, com árvores de leite e mel, um ar composto por nuvens aromáticas. Os humanos que ali moravam tinham a pele castanho-escura, olhos pretos, e eram altos e fortes. Ali também teriam vivido os seres conhecidos como **babais**.

TIAHUANACO

Um dos monumentos arqueológicos mais discutidos em todo o mundo, situado às margens do lago Titicaca, a cerca de 4 mil metros de altitude, nos Andes, entre o Peru e a Bolívia. Segundo muitos pesquisadores e arqueólogos conceituados, existe uma grande possibilidade de que Tiahuanaco seja a cidade mais antiga do planeta.

Quando os espanhóis chegaram à América do Sul, as origens da construção da cidade já haviam se perdido em lendas e mitos muito anteriores ao império inca.

A construção mais imponente e comentada é a **Porta do Sol**, um monólito gigantesco construído num único bloco e que, atualmente, se encontra rachado. Segundo algumas lendas locais, ele rachou devido a uma "pedra atirada do céu". Contém inscrições no friso superior que até hoje não foram devidamente traduzidas, ainda que existam traduções apócrifas.

O Grande Ídolo é outra das construções famosas, uma escultura com mais de 7 metros de altura pesando 20 toneladas. Traz também uma série de símbolos que alguns estudiosos acreditam representar informações de caráter astronômico, inclusive citando a noção de uma Terra esférica.

Alguns investigadores chegaram a levantar a suspeita de que uma parte da cidade se encontraria submersa no lago Titicaca, onde inclusive já foram encontrados até cais de pedra, significando talvez que o nível de água do lago era mais baixo. As tradições e lendas locais que sobreviveram ao tempo e às destruições dos espanhóis dizem que a cidade foi criada pelo deus **Viracocha** antes do nascimento do sol e das estrelas.

A existência de Tiahuanaco serviu como elemento de reforço para as teorias ligadas às de **Horbiger** – criador da **cosmogonia glacial** – recuando a idade da cidade simplesmente em centenas de milhares de anos, para o período terciário, quando os **gigantes** ainda viviam.

Segundo se informa, entre as esculturas encontradas em Tiahuanaco está a de um animal chamado toxodonte, cujos ossos também foram encontrados nas ruínas. Segundo os conhecimentos científicos atuais, sabe-se que o toxodonte viveu no período terciário. Outras interpretações apresentam os escritos de Garcilaso de la Vega, o chamado historiador da conquista. Ele preparou muitos textos sobre o que viu e ouviu, e eles foram publicados, com comentários, por seu descendente Beltrán Garcia, que dizia possuir documentos secretos de Garcilaso. Eles diziam, entre outras coisas, que os símbolos de Tiahuanaco falavam dos seres que chegaram do espaço na época dos tapires gigantes.
Os escritos se referem também à era terciária e citam **Orejona**, a deusa local, que teria vindo de **Vênus**, relacionando o local à atuação de seres **extraterrestres** na Terra. Tiahuanaco também está nitidamente ligada às lendas sobre civilizações subterrâneas, e muitas vezes diz-se até que está ligada diretamente ao Tibete. Parte dessa idéia surgiu também das supostas informações de González de la Rosa em seu livro *Los Dos Tiahuanaco*, publicado em 1909 – citado por Robert Charroux – a partir de traduções dos quipós incas obtidos no século XVI e entregue aos jesuítas. Nessa tradução se afirma que o nome original da cidade era **Chucara**, e que ela era inteiramente subterrânea, a chave de uma imensa civilização subterrânea de idade incalculável. Segundo se diz, as entradas para essa cidade subterrânea teriam sido vistas pelo naturalista francês Alcide d'Orbigny, que esteve no local entre 1827 e 1834.

TIKAL
Ver **Monte Alban**

TIN-HINAN
Rainha lendária dos tuaregues do Hoggar, tida como a que originou a dinastia de Hoggar. É relacionada com a rainha **Antinéa**, que seria descendente direta da **Atlântida**.
Segundo a lenda, ela veio do **Saara** marroquino, fixando-se no Hoggar, onde teve como descendentes as famílias nobres de Hoggar. Dizia-se que ela estava sepultada num mausoléu próximo de Abalessa. Um conde Byron de Porok, que na verdade não era conde e se chamava Francis Kuhn, realizou uma expedição a Abalessa, em 1926 e, segundo se diz, descobriu o mausoléu, nada imponente, onde se encontrava o túmulo da rainha.
Segundo os especialistas, a rainha não possuía os traços característicos dos tuaregues, sendo mais aparentada com os egípcios do vale do Nilo, o que confirmaria sua origem atlante.

TITÂNIA
Ver **gdolim**

TIWAT

Segundo a Ordem do Graal na Terra, Tiwat era a principal cidade dos seres humanos da raça branca de **Tule**, a primeira cidade da raça branca na Terra. Foi lá que os homens teriam começado a construir as primeiras casas de pedra, em construções octogonais, assim como as primeiras embarcações. Como fazia parte de um dos sete "berços da humanidade", Tiwat tinha clima e geografia perfeitos, com muitas árvores, frutas e animais. Os seres humanos montavam nos búfalos gigantes para se locomover por longas distâncias. As crianças voavam nas águias gigantes. O povo de Tiwat teria sido destruído por causa de seus pecados, vitimados por uma epidemia, a primeira ocorrida na Terra.

TLAPALLAN

Na mitologia dos maias, Tlapallan era o país das cores brilhantes, a terra para onde **Quetzalcoatl** se dirigiu quando decidiu retornar aos céus, portanto, uma terra no céu, ou outro planeta, de onde surgiu a idéia da origem **extraterrestre** do deus.

TOONAOTEKHA

Ver **hopi, kachina**

TOONIJUK

Parece ser uma versão dos **tornit**, só que estes residindo na Terra de Baffin. Eram seres enormes e com costumes considerados repugnantes. Não eram considerados perigosos pelos esquimós, uma vez que eram lentos e tinham medo dos cães, além de serem considerados um tanto estúpidos. Entre algumas tribos existem histórias – bastante recuadas no passado – de perseguições de caça realizadas pelos esquimós contra esses seres.

TORNIT

Nas lendas esquimós às vezes os *tornit* são vistos como **gigantes** idiotas que surgem das sombras e roubam comida e mulheres. Outras vezes são considerados como uma tribo de tempos muito antigos, de proporções gigantescas, que sempre evitavam o contato com outros seres humanos.

Eram muito fortes e moravam em casas de pedra com tetos construídos com as costelas de baleias. Os esquimós os consideravam repugnantes porque gostavam de comer carne apodrecida. Geralmente são relacionados às lendas sobre o **sasquatch**, que se espalha por toda a América do Norte com diferentes nomes.

TORRE DE BABEL

A construção da Torre de Babel é um dos momentos mais conhecidos da *Bíblia*, surgindo no Gênese, capítulo 11. Segundo a tradição cristã, ela teria ocorrido após o **Dilúvio** e foi a primeira aliança entre Deus e os homens, após as famílias dos filhos de Noé se espalharem pela terra e darem início às nações.

Na época, todo o planeta possuía um único idioma, mas alguns homens resolveram se instalar na planície de Senaar e construir uma cidade com uma torre cujo cimo encontraria os céus. Deus resolveu então confundir suas línguas, de modo que já não se entendessem uns aos outros, dispersando-os sobre a face da Terra.

Algumas versões falam que o Senhor se irritou com o fato dos homens estarem tentando atingir os céus com sua obra. A tradição mágica vinda do Oriente interpreta o fato de maneira diferente, situando a torre na Babilônia. Seu nome original seria El-Temem-An-Ki, uma edificação seguindo a tradição de construção de zigurates dos caldeus, uma torre-templo levantada segundo especificações numerológicas muito estudadas e com finalidades nitidamente mágicas.

Segundo o historiador da magia Kurt Seligmann, a torre tinha sete andares, cada um dedicado a um planeta. Os ângulos simbolizavam os quatro cantos do mundo, voltados para a Acádia, Saburtu, Elão e terras do poente. Subir os sete degraus do templo correspondia a atingir o conhecimento de Deus, cujo nome se encontrava no oitavo degrau.

Segundo Seligmann, os reis mandavam construir os zigurates de forma a não serem destruídos pela erosão, de modo que não tinham mais que noventa metros de altura.

A Torre de Babel foi reconstruída por Nabopalassar, entre 625 e 604 a.C., ordenado por Marduk, seu senhor. Também Nabucodonosor, filho e sucessor de Nabopalassar, realizou restaurações na torre, o que não impediu que ela desaparecesse. Segundo muitos pesquisadores, no entanto, a torre citada na *Bíblia* é muito anterior a essa data. C. W. Ceram, por exemplo, diz que existem indícios históricos de que na época de Hamurábi, entre 1955 e 1913 a.C., a torre original já havia desaparecido.

A destruição da Torre de Babel também surge nas narrativas de ***O livro de Mórmon***, ao se referir aos povos que teriam abandonado a região e se dirigido à América.

TRANSCOMUNICAÇÃO INSTRUMENTAL

Ver **espiritismo, psicofania, spiricom**

TRIÂNGULO DAS BERMUDAS

Região do oceano Atlântico delimitada pelo arquipélago das Bermudas, Porto Rico e o litoral da Flórida, nos EUA, onde se diz ter ocorrido um número impressionante de desaparecimentos misteriosos, tanto de embarcações quanto de aviões. Na maioria dos casos, nenhum vestígio dos desaparecidos foi encontrado, o que causou o surgimento de uma série de histórias sobre a região, tornando-a conhecida no mundo inteiro. Os pesquisadores afirmam que as histórias sobre a área já existiam desde o século XVI, quando se dizia que demônios habitavam as ilhas das Bermudas, e até mesmo os piratas evitavam navegar por ali. Inúmeros desaparecimentos foram registrados nos séculos seguintes, um dos mais famosos o do **Mary Celeste**, em 1872, ainda que este navio tenha sido encontrado posteriormente nas proximidades dos Açores, sem qualquer tripulante a bordo.

Esse tipo de ocorrência foge completamente ao mais comum na região, que é o desaparecimento total das embarcações. Mais famoso ainda foi o desaparecimento, em 1945, de toda uma esquadrilha da Marinha dos EUA. As tentativas de explicação para o que poderia estar acontecendo na região são as mais variadas possíveis. Alguns dizem que a região é naturalmente propensa a tempestades violentíssimas, e esse simples fato natural poderia explicar os desaparecimentos. No entanto, muitos investigadores afirmam que, em vários casos, os desaparecimentos ocorreram pouco depois de ter sido mantido contato com rádio, onde os pilotos de aviões ou capitães de embarcações afirmavam que o tempo estava muito bom e sem problemas. Propostas mais radicais levantam a possibilidade de que na região exista uma espécie de **passagem dimensional**, um local específico onde existe a possibilidade de se "atravessar" para outra dimensão, sem deixar qualquer rastro. Fala-se também na atividade intensa de **OVNIs** na região, e que os desaparecimentos estariam, assim, inevitavelmente ligados às atividades de **abdução** por parte de **extraterrestres**, pelas quais alguns OVNIs são conhecidos.

Seja como for, ainda não foi encontrada qualquer explicação plenamente aceitável para os desaparecimentos. Também na região do Triângulo das Bermudas, mais exatamente nas ilhas **Bimini**, foram encontradas ruínas de uma civilização não determinada, mas que muitos pesquisadores entendem que poderia ser a **Atlântida**, ou uma parte dela. Alguns pesquisadores levantaram a questão da presença dos chamados buracos azuis no oceano, naquela região, comparados a poços existentes em Chichen Itza. São formações circulares com cerca de 800 metros de diâmetro, às vezes descendo à profundidade de 300 metros. Na verdade, apresentam-se na superfície não como buracos de fato, mas como águas mais escuras. No entanto, a profundidade do mar à sua volta é bem menor.

Por volta de 1977 começaram a circular notícias de que existiriam **pirâmides** submersas na região, e alguns relatos de pessoas que sobrevoaram a região de avião, em época de turbulência marítima, se referem ao surgimento dessas formações. O que se disse é que uma expedição particular foi realizada a uma dessas pirâmides, notando-se então que as bússolas se desgovernavam nas proximidades, e que ela possuiria duas aberturas laterais por onde circulavam partículas provavelmente carregadas de eletricidade.

Relatos ainda mais estranhos se referem à possibilidade de que, numa das pirâmides, tivesse sido encontrado um cristal brilhante. Para alguns, esse relato em especial pode ser a origem de uma série de histórias a respeito do poder dos **cristais** existentes na antiga civilização da Atlântida. Esses cristais teriam poderes energéticos desconhecidos das civilizações atuais e, quando a Atlântida desapareceu no mar, o principal cristal de uma das cidades atlantes teria continuado a emitir suas vibrações, causando uma espécie de anomalia na região vizinha, ou mesmo uma ruptura na estrutura dimensional, proporcionando assim uma abertura através da qual pessoas e objetos pudessem desaparecer sem deixar vestígios.

Alguns cientistas e pesquisadores também tentaram explicar os acontecimentos verificados no Triângulo das Bermudas propondo que eles poderiam ser causados pela emissão de um tipo de gás, saindo do fundo do oceano. Esse gás poderia, por exemplo, diminuir a concentração de água e fazer com que navios afundassem, ou afetar os aviões ao se expandir pelo ar. Outros pesquisadores ainda levantaram a possibilidade de que, em tempos remotos, um meteoro com características magnéticas tenha caído na região, podendo explicar tanto os fenômenos locais quanto o desaparecimento da civilização que se encontra submersa.

TRIDENTE DOS ANDES

Ver **Candelabro dos Andes**

TRIGUEIRINHO

José Trigueirinho Netto se tornou um dos nomes mais conhecidos no que se costuma chamar de **ufologia mística** ou avançada, que preconiza a participação ativa de seres **extraterrestres** em nosso planeta, enviando mensagens através de pessoas com maior sensibilidade ou com nível espiritual mais avançado, como no caso de **médiuns** e sensitivos em geral.

Apesar de ter escrito dezenas de livros sobre o assunto, sabe-se muito pouco sobre sua vida, uma vez que Trigueirinho se recusa a dar entrevistas e pouco aparece em público, dedicando-se à comunidade que mantém em Figueira, Minas Gerais. Do que se sabe, formou-se em administração hoteleira, viajou pelo mundo inteiro, dirigiu um filme, *Bahia de Todos os Santos*, em 1960, muito bem recebido por parte da crítica na época. Posteriormente, esteve ligado a um mosteiro budista no Japão e a um monastério cristão em Milão, Itália. Depois, passou pela Inglaterra e conheceu as idéias do psicólogo Paul Brunton. Mas só começou as atividades que lhe renderiam a fama a partir do momento em que teria entrado em contato direto com extraterrestres que lhe transmitiram inúmeras informações sobre alterações importantes que estavam para ocorrer no planeta. A partir de então, começou a ministrar palestras a pessoas interessadas repassando as informações que teria recebido. A noção básica era a de que o mundo já teria acabado no plano espiritual, e logo terminaria também no plano físico, de modo que algumas pessoas escolhidas deveriam preparar-se para esse momento.

Os problemas do mundo, informavam os extraterrestres, se deviam ao fato de a humanidade ter optado por seguir as leis do livre-arbítrio e não o que eles chamavam de Leis Superiores, capazes de levar as pessoas a uma evolução previamente planejada por um Governo Celeste Central. A noção de que apenas alguns poucos escolhidos serão salvos, ou resgatados por naves extraterrestres, os **OVNIs**, é um ponto em comum com a maioria dos grupos ligados à ufologia mística, com pequenas variações.

Uns falam de evolução espiritual a partir de uma evolução física, uma limpeza do corpo físico e astral, possibilitando fazer parte desse grupo de escolhidos pelos seres do espaço. Outros acreditam que a limpeza pela qual a Terra deverá passar inclui alterações físicas violentas, como é o caso de Trigueirinho, que se refere à mudança do eixo terrestre, cataclismos de vários tipos e grande destruição. Trigueirinho também afirmou que os terrestres escolhidos para sobreviver a esse período vêm tendo seu código genético alterado, com um novo código sendo implantado pelos extraterrestres conhecidos como Jardineiros do Espaço, de modo que os sobreviventes, levados da Terra, possam retornar eventualmente e repovoar o planeta, e compor uma nova raça. O novo código, ele explica, criaria uma estabilidade e homogeneidade de pensamento, além da possibilidade de viver em outras dimensões. Trigueirinho também se referiu à existência de cidades, como **Miz Tli Tlan, Aurora** e **Erks**, fundamentais para os planos dos extraterrestres, e que segundo alguns ufólogos e pesquisadores estão ligadas a noções bem mais antigas, como a da existência de **Shamballah**, da **Terra Oca** e de **passagens dimensionais**, uma vez que se diz que essas cidades também existem num outro plano ou dimensão. Elas são consideradas por Trigueirinho como "espelhos", ou pontos de comunicação cósmica com as naves espaciais que se encontrariam em torno da Terra e com as galáxias de onde elas vieram.

A posição do escritor é combatida por praticamente toda a comunidade ufológica que segue a linha de investigação denominada científica. As fotografias que Trigueirinho apresenta como provas da atividade das naves são consideradas absurdas, simples traços de luz em fundos escuros que qualquer pessoa conseguiria obter com facilidade. Alguns pesquisadores dizem que as atividades da comunidade de Figueira também têm como objetivo realizar uma espécie de lavagem cerebral, obrigando as pessoas a trabalharem muito e se alimentarem de forma insuficiente, numa dieta que, afirmam, pode provocar alucinações.

Ao que se sabe, Trigueirinho também não se manifestou claramente quanto à data em que ocorreria essa limpeza do planeta, com os escolhidos sendo levados embora do planeta.

TROLLS

Seres lendários, também conhecidos como ogros, e às vezes chamados de trolos, numa adaptação ao português. Segundo Jorge Luis Borges, os trolls eram inicialmente **gigantes** da mitologia escandinava, guerreando em companhia do deus Thor. Posteriormente, decaíram para seres mais rústicos, como são conhecidos ainda hoje nas histórias de fantasia. Estão quase sempre associados ao mal, às atividades perversas e grosseiras. A imagem mais comum que se faz deles é de seres enormes, peludos, muito fortes e de feições feias. Algumas vezes são representados baixos e entroncados, com braços longos arrastando no chão, e sempre muito musculosos. Às vezes carregam uma clava. Moram em cavernas e o mais comum é serem comandados por algum ser mais inteligente, uma vez que não são muito espertos.

TRONO DE SALOMÃO

Ver Salomão

TRONOS

Ver anjos

TUARED

O nome de um país que não existe em nosso planeta, e que surgiu entre os insólitos em 1954, no Japão, na época em que o governo japonês enfrentava uma série de distúrbios sociais violentos.

Num episódio já descrito por Jacques Bergier, o governo japonês decidiu verificar os passaportes dos estrangeiros que residiam no Japão. Foi então que encontraram um homem com um passaporte de um país chamado Tuared que, segundo ele afirmou quando interrogado, ia da Mauritânia ao Sudão, tomando ainda parte da Argélia. Segundo disse, no Tuared tinha sido organizada a Legião Árabe, com a finalidade de libertar os povos árabes da opressão, e sua missão no Japão era a compra de armamentos.

Parece que o caso nunca foi totalmente decifrado, uma vez que o homem insistia na existência do seu país, e não conseguia entender por que todos duvidavam dele. Chegou a dar muitas entrevistas que, ao que tudo indica, foram bastante convincentes. Acabou sendo internado num sanatório para doentes mentais.

Sua introdução no insólito está ligada à possibilidade da existência real de um país chamado Tuared, numa outra Terra, e a uma série de outros relatos, nem sempre tão bem definidos, sobre pessoas estranhas que de repente surgem em nosso universo, vindas sabe-se lá de onde, como se tivessem conseguido atravessar alguma **passagem dimensional**, situada em algum ponto do planeta.

TÛATHA-DÉ-DÂNANN

Nas lendas e mitos celtas da Irlanda, os Tûatha-Dé-Dânann são deuses e deusas, a quarta raça a invadir a Irlanda, guardavam que levam a religião, a ciência, a profecia, a magia e os talismãs, sendo assim considerados os criadores do druidismo. Diz-se que fizeram aliança com os Fomoire. As histórias dizem que chegaram à Irlanda "sobre as nuvens", sem navios ou barcos, o que levou alguns pesquisadores a relacionarem-nos com a possível presença de seres **extraterrestres**. O seu conhecimento teria sido obtido em quatro cidades ou ilhas ao norte do mundo, região ligada à famosa **Hiperbórea**, local de deuses poderosos. Diz-se que eram capazes de realizar operações fantásticas. Seu rei, Nuada, tinha um braço de prata, uma prótese. Seus druidas médicos eram capazes de tais façanhas. O **Sîd** teria sido o local para onde foram após serem derrotados, geralmente apontado como o Outro Mundo, mas tidos por muitos como uma referência à existência da **Atlântida.**

TULA

Se existe alguma relação entre a Tula dos toltecas e a **Tule** dos europeus, não se sabe, mas alguns autores procuram encontrar parâmetros que coincidam. No entanto, Tula era o nome dado pelos toltecas a um reino fabuloso, mitológico, numa época anterior a Cristo, fundada pelo herói civilizador **Quetzalcoatl** ou, segundo algumas versões, o próprio **Hércules.**

TULE

Ou Thule. Tule faz parte das lendas sobre civilizações desaparecidas no passado remoto da Terra. Segundo Bergier e Pauwels, a lenda remonta às origens do germanismo. Tule seria uma ilha, ou região, situada no extremo norte do planeta, segundo alguns na **Hiperbórea**, no círculo Ártico.

Essa civilização teria conhecimentos mágicos inacreditáveis, que não se perderam completamente quando ela desapareceu, mas que passaram a ser disseminados por meio de iniciados. A lenda foi a origem da Sociedade Tule, uma das importantes sociedades secretas que fundaram a doutrina nazista na Alemanha. O mito pelo qual, segundo se diz, se orientavam os líderes nazistas falava de uma sociedade altamente desenvolvida que existiu no deserto de Gobi, há trinta ou quarenta séculos, e que foi destruída por uma catástrofe, talvez de natureza atômica. O Gobi foi transformado em deserto na época, e os sobreviventes fugiram ou para o norte da Europa, ou para o Cáucaso. Diz-se que Thor, o deus nórdico, seria um dos heróis da migração.

Na Sociedade Tule, esses emigrados eram vistos como os fundadores da raça fundamental, a ariana.

Outras versões dizem que, após a catástrofe, aqueles que tinham o conhecimento se instalaram em cavernas sob o Himalaia – ligando a lenda com aquelas que falam de **Agartha** e **Shamballah**.

Outras versões citam Tule não apenas como uma civilização situada na Hiperbórea, mas como sua capital, e que se encontraria justamente da chamada "porta da fenda" a saída do universo terrestre, uma espécie de escape do nosso universo, o que a ligaria tanto às noções a respeito da presença de **extraterrestres** agindo em nosso planeta em épocas remotas, quanto à idéia da existência de **passagens dimensionais**, ligando nosso universo aos demais.

Segundo a Ordem do Graal na Terra, uma entidade com forte sentido filosófico, religioso e esotérico, Tule seria uma dos sete "berços da humanidade" – os outros seis sendo **Marae**, **Arzawa**, **Yoni**, **Avari**, **Tholo** e **Ophir** – e se encontra soterrada sob o gelo desde a primeira era glacial. Como sempre, é apresentado como um local paradisíaco, repleto de flores, árvores magníficas, frutas, com clima tropical e muitos animais, desde unicórnios e dragões até aves de toda espécie.

Por acaso ou não, a Ordem do Graal também apresenta os seres humanos que viviam em Tule como diferenciados de todos os demais humanos vivendo no planeta, nos outros seis "berços da humanidade". Eram mais altos e fortes que os demais, com pele quase branca, cabelos claros e olhos azuis.

Também são apresentados como estando na dianteira do desenvolvimento em relação às demais raças, assumindo uma posição de supremacia na Terra, o que nos remete inevitavelmente às noções dos nazistas. Segundo esse ponto de vista da Ordem do Graal, a principal tribo da raça branca vivia na cidade chamada **Tiwat**, que significaria "viemos de cima". Ali também teriam vivido os seres conhecidos como **babais**.

TULPA

Segundo os conhecimentos dos monges tibetanos, tulpa é "um **fantasma** gerado pela mente".

Alexandra David-Neel, famosa exploradora e etnóloga que passou muitos anos entre os monges do Tibete e que viveu até os 101 anos, dizia ter gerado um tulpa, a partir de intensa concentração. Dessa forma, criou a imagem de um homem gordo e baixo, um monge, que a acompanhava a qualquer lugar que ela fosse. Disse que, com o tempo, outras pessoas que entravam em contato com ela também começaram a ver esse ser, achando que ele era real. A partir desse momento, a personalidade do ser começou a se modificar, tornando-se maligna.

Ela teve grande dificuldade em eliminar o monge de sua mente, um trabalho, segundo afirmou, bem mais difícil do que criá-lo, e que demorou vários meses. Essas supostas capacidades estariam dentro do campo de estudos da **parapsicologia**.

TUMIM

Ver **Urim**

TUNGUSKA

Região da Sibéria onde se verificou um dos mais estranhos eventos na história dos insólitos. No dia 30 de junho de 1908, ocorreu ali uma explosão sem precedentes no planeta até então. Alguns passageiros do trem na ferrovia Transiberiana viram um objeto brilhante que cruzou o céu, uma bola de fogo que se perdeu ao norte antes da explosão. A 900 quilômetros dali, em Irkutsk, o sismógrafo oscilou durante uma hora, registrando um impacto. O ruído foi ouvido num perímetro de mil quilômetros. Segundo informações mais detalhadas, a onda de choque chegou a ser registrada em Londres. Os rios da Sibéria sofreram tamanho impacto e agitação que várias embarcações pequenas afundaram. Segundo os testemunhos da época, durante uma semana após o evento o mundo inteiro estranhou a excessiva claridade das noites e chega-se a afirmar que, em Paris, era possível ler à noite sem luzes artificiais e, em Moscou, era possível fotografar sem as lâmpadas de magnésio. A idéia inicial era a de que um meteorito de proporções inusitadas havia caído na Sibéria.

Devido a todos os problemas enfrentados pela Rússia nos anos seguintes, com a guerra civil e a revolução comunista, os investigadores somente atingiram a região de Tunguska em 1927, ainda que o professor Leonid Kulik estivesse coletando informações e testemunhos desde 1921.

A área de destruição atingia 9 mil quilômetros quadrados. A 60 quilômetros de distância do centro, já era possível encontrar sinais da devastação, com árvores sem a copa. Mais para o centro, a destruição era absoluta. Só que, para espanto de todos, não havia absolutamente nenhuma cratera e, ao que se sabe, até hoje não foi encontrado nenhum detrito proveniente de um possível meteoro.

As investigações realizadas em anos seguintes nada conseguiram trazer de concreto para o caso. Teorias foram elaboradas, mas nenhuma delas pôde ser comprovada. Alguns sinais indicavam a possibilidade de uma explosão nuclear, mas não havia conhecimentos desse tipo no planeta em 1908. Outros propuseram a existência de um bloco de antimatéria de 200 gramas, que teria explodido ao entrar em contato com a atmosfera.

Outra teoria que ganhou adeptos foi a de uma explosão artificial e nuclear, uma vez que a radioatividade não poderia ter sido registrada na época, e já teria desaparecido quando as investigações ganharam volume, nos anos 50 e 60. Alguns fatos reforçaram a tese da explosão nuclear, o que levou a especulações e teses sobre a presença de seres **extraterrestres** no local. Elaborou-se então a idéia de um desastre com uma nave alienígena, um **OVNI**, sobre a Sibéria, uma nave que tivesse um motor de natureza nuclear. Mas, mesmo assim, deveria haver detritos indicando essa presença, e nada foi encontrado, a não ser alguns resíduos nucleares nas árvores destruídas, e que assim permaneciam na época.

A proporção do acontecimento, o número de testemunhas e de registros, e a quantidade e qualidade das investigações posteriores de nada adiantaram para solucionar o mistério da explosão em Tunguska, entre os maiores insólitos, ainda que pesquisadores que seguem linhas mais conservadoras continuem insistindo tratar-se de um gigantesco meteoro que caiu na região, mesmo não existindo qualquer evidência disso.

TUPI

Mais do que designar um povo, Tupi surge na mitologia indígena brasileira como um herói, um dos primeiros povoadores do Brasil, tendo vindo de uma região distante e misteriosa, além do mar, juntamente com seu irmão Guarani. Tudo indica que Simão de Vasconcelos foi o primeiro a registrar a existência dessa lenda ou história, que muitos pesquisadores da história alternativa da América entendem que pode ter relação com teorias a respeito da vinda de colonos do Oriente Médio, norte da África ou mesmo da **Atlântida**, e que eles seriam os verdadeiros povoadores do Brasil e demais regiões da América. As teorias podem variar ligeiramente como as de **Peregrino Vidal**, **Silva Ramos**, **Arius Montanus** ou Marcelino Machuca Martinez, que propôs a existência de um reino conhecido como **Mairubi**, no Amazonas.

Um fato verificado pelos estudiosos das populações indígenas é visto pelos que defendem essas teses como mais uma comprovação de suas idéias. Sabe-se que, quando da chegada dos portugueses ao Brasil, os tupi e os guarani se encontravam em fase de migração havia já alguns anos, e que essa migração prossegue até recentemente, saindo do Paraguai e dirigindo-se ao litoral, sempre em direção ao nordeste. A lenda diz que eles estavam se dirigindo para um local mítico, além do oceano, de onde teriam vindo originariamente.

TVIRA

Ver pedras negras

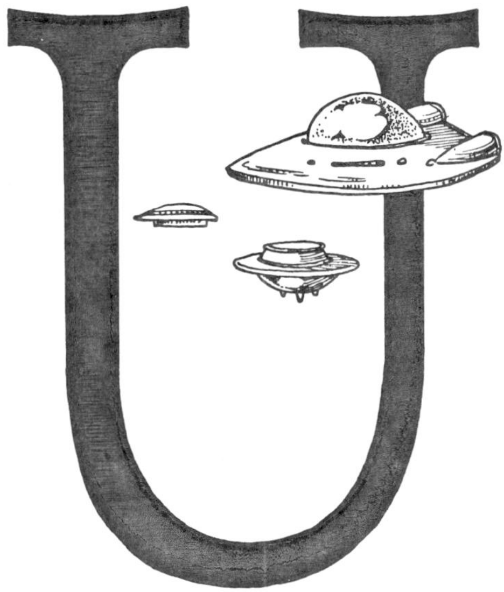

UFOLOGIA MÍSTICA

Também chamada de ufologia avançada. Assim como a ufologia tradicional, também estuda os **OVNIs** e sua possível relação com os **extraterrestres**, porém o faz a partir de pontos de vista completamente diferentes, e com a utilização de métodos igualmente distintos. Enquanto a ufologia pretende estudar e conhecer a natureza dos OVNIs e de quaisquer contatos que seres extraterrestres tenham com terrestres, utilizando-se de métodos científicos ou que se aproximem o mais possível do científico, por comprovação e inquirição constante dos eventos verificados, a ufologia mística geralmente dispensa esses métodos ou não os considera essenciais, preferindo um tipo de contato mental, pela **telepatia** ou pela projeção do **corpo astral**, ou ainda por uma postura que, segundo alguns especialistas, se aproxima da postura religiosa. Por outro lado, é preciso também ter um certo cuidado nessas definições, uma vez que existem diferentes posturas e linhas dentro da ufologia avançada ou mística; algumas adotam a conduta de estabelecer uma religião, ou pelo menos um relacionamento baseado na fé e em alguns pensamentos que podem até mesmo ser tidos como doutrinários; outras são menos radicais nessa conduta, misturando métodos e pensamentos da ufologia científica a uma postura mais mística ou mesmo esotérica.

Esse tipo de posicionamento já vem ocorrendo desde os anos 50, logo após o início da chamada era moderna dos avistamentos de OVNIs, especialmente através das mensagens enviadas mentalmente por **Ashtar Sheran**, um comandante espacial que teria vindo ao nosso sistema para nos auxiliar num período difícil de transição que ainda deverá ocorrer, ou que já está ocorrendo. Outros nomes surgiram desde então como sendo de extraterrestres em contato com **médiuns** ou sensitivos na Terra, enviando mensagens de paz e compreensão que, muitas vezes, são apenas uma alteração das mensagens cristãs mais conhecidas.

Esse tipo de aproximação à questão dos OVNIs aumentou consideravelmente a partir dos anos 60, especialmente a partir de um contato maior do pensamento ocidental com alguns pensamentos orientais, principalmente vindos da Índia. A partir dos anos 80, cresceu de forma extraordinária, representando até mesmo uma nova etapa no fenômeno, ou um fenômeno à parte, que mereceu estudos de alguns ufólogos da linha científica.

Em alguns casos, esses extraterrestres passaram a ser vistos quase como **espíritos**, habitantes de dimensões diferentes da nossa, seja a quarta dimensão ou outras ainda mais avançadas, e estariam em níveis de desenvolvimento superiores, em esferas mais elevadas de atividade, de modo que seu contato conosco poderia ser realizado apenas mentalmente, e mesmo assim somente com aquelas pessoas mais bem preparadas para receber essas mensagens ou informações. Estar mais bem preparado significaria assumir uma série de atitudes específicas com relação a si mesmo, aos outros, e ao planeta, atitudes que podem ser bastante variadas, desde o local onde se vive até o tipo de alimentação. Esses procedimentos especiais e específicos visariam a colocar o corpo humano e, conseqüentemente, a mente, num estado de vibração mais elevado, permitindo que se veja ou se entre em contato com as demais dimensões.

A idéia dos diferentes níveis de existência, além de ter alguma relação com o pensamento hindu, também está mais ou menos ligada a algumas teses do **espiritismo**, ainda que poucos espíritas concordem com essa maneira de ver as coisas. Alguns estudiosos chegam a chamar esse tipo de postura de um novo espiritualismo. Fala-se muito do momento do arrebatamento, quando o mundo deverá passar por uma catástrofe, com a mudança do eixo da Terra, e quando algumas pessoas especialmente escolhidas deverão ser levadas para fora do planeta, algumas delas em seus corpos físicos, utilizando-se das inúmeras naves extraterrestres que se encontram em

torno da Terra, e outras através de seus espíritos ou corpos astrais.
Alguns grupos também se referem à possibilidade da **reencarnação**, processo pelo qual alguns seres extraterrestres estariam chegando ao planeta para melhor cumprir sua missão.
Essa reencarnação na Terra teria sido decidida em planos superiores, ou em planetas para os quais os extraterrestres superiores vão antes de iniciar uma nova missão.
Outros falam sobre os **ocupantes de corpos**, que também estariam chegando para cumprir as mesmas missões. Centenas, ou talvez mesmo milhares de grupos ligados à ufologia mística se desenvolveram em todo o mundo, com publicações específicas em que extraterrestres se manifestam por sensitivos, pelo processo denominado canalização, que nada mais é do que um processo bastante parecido com o que ocorre nas sessões espíritas e que já foi bastante estudado pela **parapsicologia**. Alguns desses grupos dizem manter contato constante com esses seres de outros planetas e, em algumas ocasiões, se reúnem para, mediante a elaboração de pensamentos específicos que podem alterar o ritmo de vibração da mente, abrir **passagens dimensionais** através das quais podem ver ou mesmo visitar os mundos, cidades ou naves de extraterrestres, assim como permitir que eles venham ao nosso mundo com maior facilidade.
Alguns grupos estão igualmente relacionados com a noção de que os extraterrestres já se encontram na Terra há muito tempo, vivendo em cidades que, ao mesmo tempo, são subterrâneas e se encontram numa dimensão paralela, como no caso das cidades citadas pelo místico brasileiro **Trigueirinho, Aurora, Erks** e **Miz Tli Tlan**. É aproximadamente o mesmo pensamento que move a sociedade conhecida como **Ordem dos 49** e a sua **Cidade dos Sete Planetas**. Muitos pesquisadores entendem que essas idéias não têm maior sentido, e que estariam ligadas às lendas mais antigas a respeito da existência de **Agartha**.
No Brasil central, vários grupos se reuniram e alguns ainda se mantêm unidos, esperando o momento em que o arrebatamento deverá ocorrer, organizados em sociedades mais ou menos estáveis, procurando manter contato com a natureza e a pureza de sentimentos.
Ufólogos que não seguem essa linha de pensamento e pesquisa têm, basicamente, dois posicionamentos distintos. Alguns repelem totalmente qualquer noção ligada ao misticismo e que se aproxime do religioso, enquanto outros entendem que as duas posições podem ser unidas, chegando-se a um ponto em comum no qual diferentes técnicas de contato e pesquisa podem ser utilizadas. Este se-

gundo modo de entender a questão tende a separar os contatos de boa-fé dos contatos fraudulentos. Assim, seria preciso definir exatamente que fenômeno está ocorrendo e como ele se dá, uma tarefa difícil uma vez que entraria também no campo das pesquisas parapsicológicas, envolvendo noções e conhecimentos ainda não disponíveis para a humanidade ou uma instrumentação insuficiente para lidar com a questão. O maior problema na abordagem da questão pode estar na facilidade com que ela se presta ao surgimento de fraudes, uma vez que, para aceitar a maioria dos pontos de vista e posições dos grupos ligados à ufologia mística, é necessário ter fé numa determinada proposta, que não pode ser comprovada por outros meios, como a experimentação científica. Assim, pessoas ou grupos de pessoas com maior capacidade de convencimento podem facilmente arregimentar um grupo numeroso à sua volta, e obter algumas vantagens, até mesmo financeiras, como já tem ocorrido, e bastante, em todo o planeta.
Em alguns casos, a formação desses grupos pode até mesmo provocar situações de violência, como no caso do suicídio grupal cometido pela seita conhecida como Heaven's Gate.

UIGHUR

Segundo os mais fanáticos estudiosos das lendas e histórias sobre Mu, ou **Lemúria**, Uighur era um império de proporções gigantescas, indo do Pacífico, no Oriente, até Moscou, sendo que postos avançados estendiam-no até o Atlântico. James Churchward, um dos mais ferrenhos defensores da Lemúria, disse que os arianos descendem diretamente dos uighurs. O império que era uma ponte colonial de Mu teria sido destruído por um cataclismo magnético e pela mudança da face do planeta, com o surgimento das grandes montanhas da era terciária. Os sobreviventes teriam fundado suas civilizações na Europa. Sua capital situava-se no que hoje é o deserto de Gobi e que na época, diz-se, era uma planície fértil. Os historiadores tradicionais desconhecem essas propostas.
Os povos uighur, ou uigures, são conhecidos como povos de língua turca que se uniram aos mongóis em suas conquistas para a formação do grande império de Gengis Khan, e que já habitavam a região da Mongólia por vários séculos. A lenda se confunde em certo ponto com a de **Tule**, que também se estenderia ao deserto de Gobi, numa época em que ainda não era deserto.

ULDRA

Nome dado a um povo que vivia embaixo da terra, provavelmente associado às lendas dos **gnomos** e **duendes**. Estes viviam especificamente na Lapônia e eram considerados seres bondosos e com um

bom relacionamento com os humanos, desde que fossem deixados em paz. Diz-se que tinham o costume de roubar um bebê, de tempos em tempos, colocando em seu lugar um de seus próprios filhos.
Eram representados como seres com o corpo coberto de pêlos escuros e a boca com dentes afiados. Também se diz que protegiam os feiticeiros e magos.

UMMO
Suposto planeta situado a cerca de 14 anos-luz da Terra.
Um certo padre Enrique Lopes Guerrero, da Espanha, afirmou em 1968 que uma colônia de seres **extraterrestres** vindos desse planeta estaria vivendo na Espanha havia já vinte anos. Segundo disse, eles são altos e louros, e estão aqui com a finalidade de estudar pacificamente a civilização terrestre. Disse ainda que o planeta é habitado por cerca de 2 bilhões de seres, que se comunicam por **telepatia.** O padre afirmava estar na posse de provas do que dizia, assim como muitos interessados em **OVNIs** que dizem ter recebido importantes informações. Não se tem notícia de quais seriam essas informações.

UMNAPISHTIN
Ver **Dilúvio**

UNIVERSOS PARALELOS
Ver **passagens dimensionais**

UNO PACHACUTI
Ver **Dilúvio**

UR
Antiga cidade caldéia, ao sul da Babilônia. Entre os muitos achados arqueológicos importantes na região são relatados os textos escritos em placas de ouro. Nelas fala-se de deuses semelhantes aos homens que chegaram do céu e lhes entregaram, justamente, as placas, o que os coloca entre as possíveis intervenções de **extraterrestres**, conforme os pesquisadores do insólito.

URANUS
Ver **Guanches**

URIEL
Ver **John Dee**

URIM
Urim e Tumim (ou Thummin). Duas pedras citadas em ***O livro de Mórmon***, de autoria de Joseph Smith.
Segundo o relato recebido por Smith, as duas pedras eram ajustadas a um peitoral e, dessa forma, forneceriam a quem as utilizasse certos poderes de vidência. Em sua visão, Joseph Smith teria percebido o local onde essas pedras se encontravam, juntamente com as placas que contavam a história do povo que habitou o continente americano em épocas remotas, e que constitui o próprio livro que originou a religião mórmon, bastan-

te conhecida nos EUA. Esses instrumentos teriam pertencido a Moisés e funcionariam como lentes que ajudariam a traduzir as informações do passado.

UTA-NAPISTIM

Ou Utna-Pishtin. Ser que aparece na epopéia de **Gilgamés**, um homem a quem os deuses concederam a imortalidade. É a ele que Gilgamés se dirige para pedir conselhos após a morte do amigo Enkidu. Uta-Napistim é quem lhe conta a história do **Dilúvio** que destruiu o mundo, e de como ele fora avisado pelo deus Ea, ou **Enki**, sobre o que iria acontecer, tendo então construído uma arca para fugir à catástrofe. A relação com a narração do Dilúvio da *Bíblia* e com Noé é evidente, o que reforçou a posição daqueles que entendem que o Dilúvio de fato ocorreu, que foi universal, e que a narração é bem anterior à da *Bíblia*.

Alguns pesquisadores entendem que o nome Uta-Napistim é de origem babilônica, e que o verdadeiro nome do personagem, em sumeriano, seria Siuzudra.

VARDOGR
Ver **duplo**

VARINHA DE CONDÃO
Ou varinha mágica. Talvez um dos mais populares apetrechos de magia, ainda nos dias de hoje. Graças à aparição constante em histórias, ficou bastante associada às **fadas** e à capacidade mágica em si, como um instrumento capaz de, a um simples toque, realizar uma operação mágica. O mais correto, segundo os estudiosos, é associar a varinha de condão àquela varinha que é capaz de localizar metais, carvão, água e outros elementos no interior da terra, e que hoje em dia está ligada aos estudos da **parapsicologia** e da **radiestesia**, ou **radiônica**.

Outras lendas, no entanto, apresentam feiticeiros e feiticeiras carregando sempre consigo suas varinhas de condão ou enormes bastões e cajados, vistos ou como uma fonte concentrada de poder e energia, ou como um instrumento de concentração e dispersão de uma energia proveniente do próprio mago.

Um dos grandes magos do século XIX, Papus, entendia que a varinha realmente tinha de ser concebida segundo instruções específicas, tendo a empunhadura de madeira, para imunizar quem a estivesse operando de possíveis fluidos negativos. Além disso, outras recomendações ou instruções para construção incluíam um anel de ferro para atração de fluidos, uma lâmina feita de uma liga de estanho e mercúrio e uma ponta de chumbo que servia como escudo contra radiações. Vista desta maneira, a varinha serviria como um instrumento de contato com um mundo além de nossa dimensão.

VATICÍNIO

Ver **precognição**

VÊNUS

Deusa romana com características semelhantes à deusa grega Afrodite, influenciada pelos costumes gregos e, como aquela, tida como a deusa do amor.

Mais do que o nome de Afrodite foi o de Vênus que ficou mais conhecido na sociedade ocidental. A presença de Vênus, seja na forma de deus ou deusa, seja na forma de um planeta, é constante na história da humanidade. Já fazia parte da religião e do esoterismo egípcio, com seu símbolo surgindo com freqüência, isolado ou associado a outros deuses. Surge na Suméria na figura de Innin, e entre os semitas como Ishtar.

Na lenda sumeriana do pastor **Etana**, deuses provenientes do planeta Vênus o teriam levado para um passeio pelo espaço. Na Escandinávia, Vênus era conhecida como Freya. Está presente na astrologia, como influência em determinadas ocasiões, e na magia seu símbolo também é utilizado para várias funções. Em algumas ocasiões o próprio Lúcifer é associado ao planeta.

O nome do planeta Vênus surge nas lendas mais persistentes e antigas da humanidade, relativas à **Atlântida** e à **Lemúria**, os continentes desaparecidos.

Para alguns ocultistas, os lemurianos seriam os **anjos** decaídos de Vênus e de **Marte**. Outros dizem que os próprios habitantes de Vênus teriam sido os fundadores da civilização da Atlântida e da Lemúria, possuidores de poderes psíquicos fantásticos e conhecimentos tecnológicos elevados que os permitiram abandonar seus planetas moribundos para se instalar na Terra. Outras versões, como a da **Sociedade Teosófica**, dizem que os Senhores da Chama de Vênus seriam os descendentes dos venusianos chegados à Terra muito tempo antes, e que eles sim teriam fundado a Atlântida.

Vênus também surge nas lendas referentes aos **gigantes**, imaginando que eles seriam habitantes de Vênus e Marte que teriam abandonado seus planetas quando a água acabou e a vida se tornou impossível.

Nas lendas referentes aos primórdios da civilização andina, **Orejona**, a fundadora de **Tiahuanaco**, é tida como uma viajante vinda de Vênus.

Alguns pesquisadores dizem que certas versões a respeito da origem da Kaaba, ou Caaba, a pedra sagrada dos muçulmanos, afirmam que ela teria caído de Vênus.

Entre os maias, Vênus ocupava igualmente um papel central na mitologia, e o deus **Quetzalcoatl** teria voado para o planeta depois de encerrar sua missão na Terra. Entre os carajás, no Brasil, o planeta está associado ao deus Tahina-Can, que teria trazido uma série de conhecimentos para o povo. Mais recentemente, Vênus tem estado associado a uma série de eventos relacionados com **OVNIs** e **extraterrestres**, contatos de terceiro e quarto graus, como o do conhecido **George Adamski**, sendo comum que as pessoas que dizem ter contatado extraterrestres contem que eles afirmavam vir de Vênus. Para muitos estudiosos, no entanto, a presença de Vênus nas lendas e mitologias é fácil de se entender, devido à presença marcante do planeta no céu, em muitos pontos da Terra surgindo como o objeto mais brilhante, assim como ocorreria com **Sírius**.

VIAGEM ASTRAL

Ver corpo astral

VIDAL, PEREGRINO (-1968)

Pseudônimo utilizado por Fidélis Mott, ou frei Fidélis, franciscano natural da Áustria e residente no Brasil. Elaborou uma tese de que a América foi povoada por tribos originárias da Suméria e Fenícia. Por uma série de livros e artigos publicados a partir de seus estudos, elaborou a tese de que o idioma sumeriano é a chave esotérica do tupi, assim como de várias outras línguas americanas.

As teses a respeito do povoamento da América pré-descobrimento por raças do Oriente Médio, norte da África ou da **Atlântida** também foram desenvolvidas por outros estudiosos, como **Silva Ramos**, e dizem respeito a uma série de inscrições encontradas no continente e de propostas da existência de reinos perdidos, como o de **Mairubi**.

VIMANA

Os vimanas eram as máquinas voadoras dos deuses da Índia, muito utilizadas em suas guerras aéreas. Algumas traduções dos textos originais, em sânscrito, dizem que o vimana é "um aparelho que se move por força interna, como uma ave, sobre a terra, dentro da água, ou no ar".

Fala-se em segredos na construção dos aparelhos, na facilidade de locomoção de um país para outro, de sua capacidade de fogo, com armas capazes de destruir cidades inteiras com o fogo de muitos sóis. Algumas pessoas citam traduções em que surgem instruções precisas de como operar os vimanas, e de como os pilotos de tais naves devem proceder, vestir-se e se alimentar.

Quando começaram a se tornar populares as interpretações menos tradicionais da história da humanidade, as histórias e narrações sobre os vimanas estavam entre as que mais chamaram a atenção.

Ao contrário de outros textos sagrados da Antiguidade, os textos hindus deixam bem claro que os vimanas eram engenhos, distinguindo-os de outros tipos de veículos e fornecendo pormenores que, ainda hoje, deixam muitas pessoas abaladas.

Sem dúvida, é um insólito digno das listagens de **Charles Fort**. Segundo alguns estudiosos dos textos antigos da Índia, vimana é simplesmente um sinônimo para "máquina voadora", que também era utilizada pelos Asvins – os gêmeos divinos – aparecendo no *Ayurveda*, no **Ramaiana**, no **Maabárata**, *Bagavata Purana* e *Rigveda*. Também no *Vaimânica Sastra* surgem descrições de aparelhos voadores, inclusive com o tamanho das principais partes do aparelho e explicações quanto ao seu funcionamento.

O *Samaranganasutradhara* fala da construção de cinco máquinas voadoras, para serem utilizadas pelos deuses Brama, Vishnu, Yama, Kuvera e Indra. Esses vimanas seriam de quatro tipos básicos: rukma, sundara, tripura e sakuna. O tipo rukma seria de forma cônica e com brilho dourado; sundara, com forma de foguete e brilho prateado; as tripura tinham três andares; as sakuna se pareciam com pássaros. A partir dessas quatro formas básicas, surgiam outras 113, com pequenas alterações. Diz-se que, no *Vaimânica Sastra*, existe ainda uma descrição de oito canos feitos de um tipo de vidro que absorveria os raios solares.

Para a maioria dos pesquisadores da história alternativa da Terra, fica bem clara a relação entre os vimanas e os **OVNIs** e a presença de **extraterrestres** no planeta, não apenas introduzindo informações tecnológicas avançadas, mas participando ativamente das sociedades mais antigas.

VIRACOCHA

O grande deus dos incas, o Criador. Dizia-se que Viracocha era apenas um de seus nomes. Ele era o eterno, o criador de tudo, inclusive dos outros deuses. Dependendo da interpretação que os estudiosos dão à mitologia inca, os feitos de Viracocha mudam um pouco.

Houve época em que se pensou que ele era adorado em **Tiahuanaco**, mas estudos mais recentes atribuem a Tiahuanaco uma existência anterior à da civilização inca, e a ela está ligada à deusa **Orejona**.

Viracocha era uma espécie de herói entre o povo. Dizia-se que ele viajou pelo país instruindo as pessoas e depois partiu pelo Pacífico. Algumas traduções dizem que ele criou o mundo quando tudo ainda era escuro e modelou, da pedra, os **gigantes**. Mais tarde, tendo eles lhe desagradado, mergulhou-os num grande mar, que lembra o

Dilúvio bíblico. Diz-se ainda que, em Tiahuanaco, teria criado os homens e os animais, modelando-os em figuras de barro. Alguns pesquisadores de uma pré-história alternativa para o continente americano entendem que Viracocha teria sido apenas um dos nomes pelos quais foi conhecido o colonizador **Hércules**.

VIRTUDES

Ver anjos

VIWAN

Nome dado aos veículos que, segundo as lendas, foram enviados pelos "reis de rosto deslumbrante" para salvar alguns dos habitantes de **Atlântida** quando de sua destruição, provavelmente levando-os a **Vênus**. Segundo alguns pesquisadores, essa informação está contida no ***Livro de Dzyan***. Nota-se a semelhança entre os nomes *viwan* e **vimana**, utilizado na Índia para designar as naves dos deuses ou, como pretendem alguns pesquisadores, os **OVNIs** dos **extraterrestres** que agiam na Terra em tempos remotos, e cujas ações passaram à história em forma de lendas e mitos.

VOTAN

Ou Wotan. É tido por alguns estudiosos como o primeiro sábio a pisar na América Central, onde teria fundado a civilização maia, vindo da Líbia. Votan teria fundado as cidades de Soconusco, Ocosingo e Nachan, que mais tarde passou a se chamar **Palenque**. Organizou a sociedade, civilizou o povo e introduziu uma série de conhecimentos, desde ciências até as artes.

Outros estudiosos vêem em Votan uma das designações de **Hércules**, no período em que, diz-se, esteve na América. Seja como for, as teses estão relacionadas com uma série de proposições mais ou menos afins, a respeito da civilização da América num período anterior a Cristo, com levas de colonos vindos do Oriente Médio, norte da África ou **Atlântida**, teses defendidas por estudiosos como **Peregrino Vidal**, **Silva Ramos**, **Arius Montanus** e outros.

VOZES PARANORMAIS

Ver **psicofania**

VRIL

Ver **Sociedade do Vril**

WEETIGO
Relacionado às lendas sobre o **sasquatch**, na América do Norte, seria um ser muito grande que habitava as tundras, possivelmente um canibal de rosto enegrecido e dentes muito longos. O nome está provavelmente relacionado com as denominações **wendigo** e witiko.

WEL ou WELTEISLEHRE
Ver **Cosmogonia Glacial, Hans Horbiger**

WENDIGO
Também chamado witiko ou windigo pelos índios de origem algonquiana, do Canadá e EUA. Está ligado às lendas sobre o **sasquatch** e é visto como um ser muito grande e primitivo, às vezes simplesmente andando nu e com a pele negra, outras com o corpo recoberto de pêlos grossos.
As histórias se confundem, mas muitas vezes os seres eram vistos como criaturas maldosas, com bocas enormes sem lábios e dentes afiados. Emitiam assobios muito estridentes e uivavam, e tinham o hábito de caçar índios e comê-los.

WINDIGO
Ver **weetigo, wendigo, chenoo**

WITIKO
Ver **weetigo, wendigo, chenoo, sasquatch**

XAVIER, FRANCISCO CÂNDIDO (1910-)
Conhecido apenas como Chico Xavier, provavelmente o mais popular dos **médiuns** que já existiram no Brasil, famoso pelas mensagens psicografadas e por sua ligação com o **espiritismo** de **Kardec**.

Sofreu uma série de provações e dificuldades desde criança, quando pensavam que suas capacidades paranormais estavam relacionadas a algum tipo de problema mental. Como já ocorreu com outros sensitivos, esteve a ponto de ser internado num asilo para loucos, enfrentou problemas com a Igreja e com pessoas que não aceitavam suas capacidades, mas passou por cima de tudo e deixou uma obra impressionante de mais de duzentos livros, ainda mais impressionante se levarmos em consideração a saúde bastante frágil. Um dos **espíritos** mais conhecidos ao qual Chico Xavier se refere é Emmanuel, que lhe transmitiu dezenas de obras, assim como o espírito André Luiz, que lhe forneceu algumas narrações fantásticas a respeito das cidades situadas no plano espiritual.

Chico Xavier é hoje um nome reconhecido em todo o país, e até mesmo no exterior, não apenas por suas capacidades psíquicas, mas por todo um modo de pensar a vida.

YBYPYTE

Nome que os guaranis dão ao local conhecido como Cerro Corá. Nas proximidades foram encontradas muralhas que se estendem por vários quilômetros, de tamanho gigantesco, e que alguns estudiosos entendem tratar-se de obras que podem ser atribuídas ao império inca, uma espécie de muralha defensiva da região sul de seu império.

Estudiosos paraguaios como Luis A. Lohner, Marcial Samaniego e J. B. Otaño atribuem às construções uma antiguidade ainda mais recuada, entendendo que se tratava de obra de colonizadores vindos da **Atlântida**, uma elite que conseguira abandonar o continente antes que este desaparecesse. Diz-se que os índios do local contam que há muito tempo existiu ali uma cidade gigantesca que, por razões desconhecidas, entrou em decadência, com a população resolvendo abandonar tudo e viver uma vida mais primitiva.

A proposta de uma civilização anterior à chegada dos colonizadores europeus, espanhóis e portugueses está relacionada com uma série de propostas levantadas por estudiosos como o paraguaio Marcelino Machuca Martinez, que se referiu à existência do reino de **Mairubi**, no Amazonas, e **Peregrino Vidal**, **Silva Ramos**, **Arius Montanus** e outros.

YETI

Mais conhecido no mundo ocidental como o Abominável Homem das Neves, já foi uma das lendas mais difundidas no mundo e, hoje em dia, está um pouco esquecida. O yeti seria uma espécie de "elo perdido" na evolução do homem, ainda que alguns estudiosos do insólito entendam que o suposto homem das neves poderia ser um habitante de outro planeta, perdido na Terra em tempos remotos, e vivendo escondido da raça humana por razões mais ou menos óbvias.

Teria o corpo totalmente coberto de pêlos, como uma proteção natural contra o frio intenso das regiões onde dizem que ele vive, altura muito maior do que a humana, sendo vegetariano e pouco hostil.

Existem informações de que uma expedição ao Everest, em 1921, chefiada pelo coronel inglês C. K. Howard-Bury, teria encontrado vestígios de pegadas de enormes pés, descalços, a cerca de 6.500 metros de altitude, o que seria extremamente improvável em condições normais. As pessoas da região se referiam à existência de um ser chamado Metch-Kangmi, que foi traduzido por abominável homem das neves. Os relatos existem já há centenas de anos ou, segundo alguns pesquisadores, milhares de anos, remontando aos tempos anteriores a Cristo, mas nem todos concordam com isso. De qualquer forma, em muitas regiões do planeta surgem relatos semelhantes, falando de seres com características parecidas às do yeti, como é o caso do pé-grande ou **sasquatch** dos EUA e Canadá, ou o almasty do Cáucaso, na Rússia, e ainda zhen-Su, na China, e **yowie**, na Austrália.

Algumas expedições já foram realizadas à procura desses seres, que seriam extremamente tímidos, fugindo ao contato com os humanos. Os resultados nunca foram animadores, mas a quantidade de testemunhos de encontros casuais é bem grande.

As referências mais claras à existência de um ser das neves foram obtidas por alpinistas, no Nepal ou Tibete, inclusive fotografando pegadas imensas em locais onde supostamente nenhum homem ainda havia chegado.

Em 1986, por exemplo, um alpinista inglês fotografou o que alguns juram ser o yeti, perto de uma aldeia no Nepal. Primeiro fotografou suas pegadas e, posteriormente, o próprio ser. As fotos foram submetidas à investigação da International Society for Cryptozoology e divulgadas ao público, provocando reações diversas entre os cientistas, alguns entendendo se tratar de outro animal, outros acreditando ser possível que se tivesse, finalmente, encontrado o yeti.

Os ufólogos que seguem a linha de pensamento que defende a idéia de que fomos visitados em outras épocas por seres **extraterrestres** entendem que eles podem ser fruto de alguma experiência, seres trazidos de outro planeta e instalados aqui, ou mesmo que sejam eles descendentes de extraterrestres que ficaram isolados na Terra, vivendo nas alturas por ser esta região mais apropriada às suas condições. Ao que tudo indica, as pesquisas mais profundas e com caráter científico foram realizadas na União Soviética, por volta dos anos 60/70 do século XX.

O almasty, como o ser é conhecido lá, foi tido como uma realidade por vários cientistas e pesquisadores que percorreram o Cáucaso à procura de evidências e relatórios de pessoas que teriam visto o ser de perto.

Segundo os pesquisadores soviéticos, na fronteira próximo à Turquia, os muçulmanos consideram o almasty sagrado e intocável, e dizia-se que, até um século atrás, eles viviam entre os aldeões.

Do Japão vieram notícias sobre observações de um ser que foi denominado hibagon, visto próximo ao monte Hiba, nos anos 70. Ao contrário dos seres vistos em outras regiões, dizia-se que este teria cerca de 1,50 metro de altura, e um cheiro muito forte, como o pé-grande americano.

YMIR

Os ymir são, segundo a concepção da Ordem do Graal na Terra, "seres enteais" masculinos, do tamanho de um ser humano, que surgiam num local onde uma grande catástrofe natural estava para ocorrer, verificando se animais e humanos tinham abandonado o local e nada sofreriam.

Os ymir tinham pele bronzeada e anunciavam sua chegada tocando pequenas trombetas. Na mitologia germânica, ymir é considerado o primeiro ser vivo, e um **gigante**. Dele nasceram todos os gigantes e os homens, além dos deuses.

YONI

Segundo a Ordem do Graal na Terra, Yoni era um dos sete "berços da humanidade", situado no que hoje é o deserto de Gobi, e teria desaparecido após uma série de tremores de terra e vulcões.

Na verdade, outras lendas, de outra natureza, situam **Tule** na mesma região, afirmando que teria sido destruída ou por catástrofes naturais ou por explosões atômicas, em tempos imemoriais. Como sempre, essa terra de onde teriam surgido os primeiros seres humanos era um verdadeiro **paraíso**. Os humanos de Yoni eram de tamanho mediano, pele amarelada e cabelos pretos lisos, e ali também teriam vivido os seres chamados de **babais**. A Ordem do Graal entende que Tule é um dos berços, assim como **Marae, Arzawa, Avari, Tholo** e **Ophir**.

YOWIE

A versão australiana do **sasquatch** ou do **yeti**. Trata-se de um ser totalmente coberto de pêlos e com cerca de 3 metros de altura. Diz-se que mais de três mil aparições desse ser já foram registradas na área de Blue Mountain, a oeste de Sidney.

YS

Cidade submersa pelo oceano, que surge em algumas lendas. Vários pesquisadores associam-na com a civilização submersa de **Atlântida**, situando-a no oceano Atlântico. A lenda fala do rei Grallon e de sua filha, que moravam na cidade de Ys. Durante uma festa, ela tentou sair da cidade com um dos convidados, e roubou a chave de uma porta secreta. Só que a porta estava num muro que protegia a cidade das águas do oceano e, quando ela foi aberta, a cidade foi submersa. Outros pesquisadores dizem que Ys se situava no oceano Pacífico, relacionando-a com uma cidade inca submersa, próxima de Callao.

YUDHISTHIR

Ver **Arjuna**

ZHEN-SU

Ver yeti

Bibliografia

ABREU, AURÉLIO M. G. DE. *Reinos desaparecidos, povos condenados* São Paulo, Hemus, s.d.

ALEXANDER, JACQUES. *Os enigmas da sobrevivência.* Lisboa, Edições 70, 1986.

ANDRADE, ROBERTO PEREIRA DE e LISBOA, LUIS CARLOS. *Grandes enigmas da humanidade.* Petrópolis, Vozes, 1969.

ARAÚJO, ALCEU MAYNARD. *Cultura popular brasileira.* São Paulo, Melhoramentos, 1977.

ARMOND, EDGARD. *Mediunidade.* São Paulo, Aliança, 1979.

ATAN, POLO NOEL *A cidade dos sete planetas.* Piracicaba (SP), Ordem dos 49, 1986.

ATIENZA, JUAN G. *Os sobreviventes da Atlântida.* São Paulo, Mercuryo, 1991.

AZIZ, PHILIPPE. *Atlântida, civilização desaparecida.* Rio de Janeiro, Otto Pierre Editores, 1978.

BAKER, DOUGLAS. *Anatomia esotérica.* São Paulo, Mercuryo, s.d.

BARROS, MARIA NAZARETH ALVIM DE. *Uma luz sobre Avallon.* São Paulo, Mercuryo, 1994.

BENÍTEZ, J. J. *Meus enigmas favoritos. Rio de Janeiro,* Record, Nova Era, 1994.

BERGIER, JACQUES. *Os mestres secretos do tempo.* São Paulo, Hemus, s.d.

——. *Os livros malditos.* São Paulo, Hemus, s.d.

——. *Os extraterrestres na História.* São Paulo, Hemus, 1981.

——. *O livro do inexplicável.* São Paulo, Hemus, s.d.

——. Com PAUWELS, LOUIS. *O despertar dos mágicos.* São Paulo, Difel, 1982.

——. *Passaporte para uma outra terra.* Rio de Janeiro, Francisco Alves, s.d.

——. *Você é paranormal.* Rio de Janeiro, Livraria Eldorado Tijuca, s.d.

BERLITZ, CHARLES. *Atlântida, O oitavo continente.* Rio de Janeiro, Nova Fronteira, s.d.

——. *O Triângulo das Bermudas.* Rio de Janeiro, Nova Fronteira, s.d.

——. *Dia do Juízo 1999 D.C.* Lisboa, Publicações Europa-América, 1981.

——. *O livro dos fenômenos estranhos.* São Paulo, Nova Cultural/Círculo do Livro, 1994.

——. *O mistério da Atlântida.* Rio de Janeiro, Nova Fronteira, 1976.

BERNARD, RAYMOND. *A terra oca.* Rio de Janeiro, Record, 1978.

BIELEK, AL. *The Philadelphia Experiment and Other UFO Conspiracies*. s.l, s.d.
BLAVATSKY, H. P. *A doutrina oculta*. São Paulo, Hemus, 1977.
BONDARCHUK, YURKO. *UFO: Observações, Aterrissagens e Seqüestros*. São Paulo, Difel, 1982.
BRAGHINE, ALEXANDRE. *Nossa herança da Atlântida*. Rio de Janeiro, Cátedra, 1971.
BRION, MARCEL. *A ressurreição das cidades mortas*. Rio de Janeiro, Otto Pierre Editores, 1979.
CARDINALE, QUIXE. *De volta às civilizações perdidas*. São Paulo, Hemus, s.d.
——. *Das galáxias aos continentes desaparecidos*. São Paulo, Hemus, 1971.
CARLES, JACQUES E GRANGER, MICHEL. *A alquimia – superciência extraterrestre?* Lisboa, Livraria Bertrand, 1980.
CARNAC, PIERRE. *A Atlântida de Cristóvão Colombo*. São Paulo, Difel, 1978.
CARVALHO, SÉRGIO DE SOUZA. *Os mestres da Terra*. São Paulo, Hemus, 1992.
CERAM, C.W. *Deuses, túmulos e sábios*. São Paulo, Círculo do Livro/Melhoramentos, 1967.
CHARON, JEAN E. *O espírito, este desconhecido*. São Paulo, Melhoramentos, 1986.
CHARPENTIER, LOUIS. *Os gigantes e o mistério das origens*. São Paulo, Difel, s.d.
CHARROUX, ROBERT. *O livro dos senhores do mundo*. São Paulo, Difel, s.d.
——. *O livro do passado misterioso*. São Paulo, Hemus, 1975.
——. *O livro dos mundos esquecidos*. São Paulo, Hemus, s.d.
——. *Os tesouros do mundo*. São Paulo, Hemus, s.d.
——. *História desconhecida dos homens*. São Paulo, Livraria Bertrand/Círculo do Livro, 1976.
CHAVES, EDUARDO B. *Mensagem dos deuses*. Lisboa, Livraria Bertrand, 1977.
CHILDRESS, DAVID HATCHER. *Cidades perdidas da Ásia, Índia e Ásia Central*. São Paulo, Ed. Siciliano, 1988.
——. *Cidades perdidas e antigos mistérios da América do Sul*. São Paulo, Ed. Siciliano, 1993.
CHURCHWARD, JAMES. *O continente perdido de Mu*. São Paulo, Hemus, 1973.
CONTENEAU, GEORGES. *A civilização de Assur e Babilônia*. Rio de Janeiro, Otto Pierre Editores, 1979.
CRUZ, JOSÉ MARQUES DA. *Profecias de Nostradamus*. São Paulo, Pensamento, s.d.
DARQUEA, J. C. *As mensagens das pedras gravadas de Ica*. São Paulo, Melhoramentos, s.d.
DEQUERLOR, CHRISTINE. *Os pássaros mensageiros dos deuses*. São Paulo, Hemus, s.d.
DIBO, DULCÍDIO. *Vida em outros planetas*. São Paulo, Lake, 1991.
DONATO, HERNÂNI. *Dicionário das mitologias americanas*. São Paulo, Cultrix/MEC, s.d.
DOUCET. *História das ciências ocultas*. Rio de Janeiro, Ediouro, 1990.
DRAKE, W. RAYMOND. *Deuses e astronautas através da História*. Rio de Janeiro, Record, 1975.
——. *Deuses e astronautas no antigo Oriente*. São Paulo, Círculo do Livro/Record, 1975.
DURRANT, HENRY. *O livro negro dos discos voadores*. Rio de Janeiro, Difel, 1979.
——. Os humanóides extraterrestres. São Paulo, Hemus, s.d.
EVOLA, JULIUS. *A tradição hermética*. Lisboa, Edições 70, s.d.

EYDOUX, HENRI-PAUL. *Realidades e enigmas da arqueologia*. Otto Pierre Editores, Rio de Janeiro, 1980.

FAVRE, HENRI. *Os incas*. São Paulo, Difel, 1974.

FERRYN, PATRICK e VERHEIDEN, IVAN. *Civilizações superiores da antiguidade*. Lisboa, Edições 70, 1981.

FIORE, DRA. EDITH. *Já vivemos antes*. Lisboa, Europa-América, 1978.

FORT, CHARLES. *O livro dos danados*. São Paulo, Hemus, 1978.

FRAZER, SIR JAMES GEORGE. *O ramo de ouro*. São Paulo, Círculo do Livro, 1982.

FRÉDÉRIC, LOUIS. *A arqueologia e os enigmas da Bíblia*. Rio de Janeiro, Otto Pierre Editores, 1978.

GAARDER, JOSTEIN, HELLERN, VICTOR E NOTAKER, HENRY. *O livro das religiões*, São Paulo, Companhia das Letras, 2000.

GARFIELD, PATRICIA. *Sonhos criativos*, Rio de Janeiro, Nova Fronteira, 1977.

GASTON, PATRICE. *Desaparições misteriosas*. Lisboa, Livraria Bertrand, 1977.

GIORDANI, MÁRIO CURTIS. *História da antiguidade oriental*. Petrópolis, Editora Vozes, 1969.

GRIBBIN, JOHN. *Tempo: o profundo mistério do universo*. Rio de Janeiro, Francisco Alves, 1981.

GRIMAL, PIERRE. *A mitologia grega*. São Paulo, Brasiliense, 1983.

GRIS, HENRY E DICK, WILLIAM. *Novas descobertas parapsicológicas: a experiência soviética*. Rio de Janeiro, Civilização Brasileira, 1980.

GUIRAO, P. *O enigma de Teotihuacán*. São Paulo, Hemus, 1984.

——. *O enigma dos maias*. São Paulo, Hemus, 1983.

HAMDANI, AMAR. *Suméria, a primeira grande civilização*. Rio de Janeiro, Otto Pierre Editores, 1978.

HARPUR, JAMES E WESTWOOD, JENNIFER. *Lugares lendários*. Lisboa, Verbo, 1982.

HUBBARD, L. RONALD. *Dianética*, Rio de Janeiro, Record, 1984.

HUTIN, SERGE. *Homens e civilizações fantásticas*, São Paulo, Hemus, 1976.

HYNEK, J. ALLEN. *Ufologia*, Rio de Janeiro, Nórdica, 1972.

——. *OVNI - Relatório Hynek*. Portugal, Portugália, s.d.

INARDI, MASSIMO. *A história da parapsicologia*, Lisboa, Edições 70, 1979.

——. *O sexto sentido*. São Paulo, Hemus, 1977.

IONS, VERONICA. *Mitos e lendas da Índia*. São Paulo, Melhoramentos/Edusp, 1982.

IVANOFF, PIERRE. *Descobertas na terra dos maias*. São Paulo, Difel, 1976.

JAMES, T.G.H. *Mitos e lendas do Egito antigo*. São Paulo, Melhoramentos/Edusp, 1978.

KARDEC, ALLAN. *O evangelho segundo o espiritismo*, São Paulo, NECB/LAKE, s.d.

——. *A gênese, os milagres e as profecias segundo o espiritismo*. s.l., s.d.

——. *O livro dos médiuns*. São Paulo, NECB/LAKE, s.d.

——. *A obsessão*. São Paulo, Casa Editora O Clarim, s.d.

KELLER, WERNER. *E a Bíblia tinha razão*. São Paulo, Melhoramentos, 2000.

KI-ZERBO, JOSEPH. *História da África negra*. Lisboa, Publicações Europa-América, s.d.

LAUNAY, OLIVIER. *A civilização dos celtas*. Rio de Janeiro, Otto Pierre Editores, 1978.

LESSA, ADELAIDE PETERS. *Precognição*. São Paulo, Duas Cidades, 1975.

LEY, WILLI e DE CAMP, SPRAGUE. *Da Atlântida ao Eldorado*. Belo Horizonte, Itatiaia, 1963.

LISSNER, IVAN. *Assim viviam nossos antepassados*. Belo Horizonte, Itatiaia, 1964.

LOBATO, DJALMA SAYÃO. *Civilização asteca*. São Paulo, Hemus, s.d.

LOMBROSO, CÉSAR. *Hipnotismo e espiritismo*. São Paulo, Lake, 1976.

LUCAS, LYNETTE. *Rá, a mentalização positiva de Thomas Green Morton*. Rio de Janeiro, Record, 1989.

MAES, HERCÍLIO. *A vida no planeta Marte e os discos voadores*. Boa Vontade, s.l., s.d.

MASON, J. ALDEN. *As antigas civilizações do Peru*. Lisboa, Ulisseia, 1964.

MAUSO, PABLO VILLARRUBIA. *Mistérios do Brasil*, São Paulo, Mercuryo, 1997.

MONTGOMERY, RUTH. *Alienígenas entre nós*. Rio de Janeiro, Record/Nova Era, 1994.

MOODY JR., DR. RAYMOND. *Vida depois da vida*. Rio de Janeiro, Nórdica, s.d.

MUCK, OTTO. *O fim da Atlântida*. São Paulo, Círculo do Livro/Melhoramentos, 1982.

MULDOON, J. SYLVAN e CARRINGTON, HEREWARD. *Projeção do corpo astral*. São Paulo, Pensamento, s.d.

NAPARSTEK, BELLERUTH. *Seu sexto sentido*. Rio de Janeiro, Rocco, 1999.

NESTLER, VICENZO. *A telepatia*. Lisboa, Edições 70, 1979.

NICHOLS, PRESTON. *Pyramids of Montauk*. s.l., s.d.

NOBILE, PETER. *Ufo, Triângulo das Bermudas e Atlântida*. São Paulo. Melhoramentos, 1979.

NOYES, RALPH. *O enigma dos círculos*. São Paulo, Mercuryo, 1992.

ORENS, MARC. *A civilização dos megálitos*. Rio de Janeiro, Otto Pierre Editores, 1980.

OSTRANDER, SHEILA E SCHROEDER, LYNN. *Experiências psíquicas além da Cortina de Ferro*. São Paulo, Cultrix, 1980.

PASCH, GEORGES. *O homem paranormal*. São Paulo, Mercuryo, 1993.

PINSENT, JOHN. *Mitos e lendas da Grécia antiga*. São Paulo, Melhoramentos/Edusp, 1978.

PLATÃO. *Timeu e Crítias ou a Atlântida*. São Paulo, Hemus, 1981.

POËSSON, PAUL. *O testamento de Noé*. Lisboa, Livraria Bertrand, 1972.

RHINE, J.B. *O alcance do espírito*. São Paulo, Bestseller, 1965.

——. *Novas fronteiras da mente*. São Paulo, Ibrasa,1965.

——. *O novo mundo do espírito*, São Paulo, Bestseller, 1966.

RICHMAN, GARY e PULOS, LEE. *O milagre do Rá*. Rio de Janeiro, Record/Nova Era, 1995.

RINALDI, SONIA. *Missão Alpha I*. Matão (SP), Editora O Clarim, 1992.

——. *Contatos interdimensionais*. São Paulo, Pensamento, 2000

——. *Transcomunicação instrumental, espiritismo e ciência*. São Paulo, DPL, s.d.

ROBERTS, J.M. *O livro de ouro da história do mundo*. Rio de Janeiro, Ediouro, 2000.

RYZL, MILAN. *Parapsicologia atual*. São Paulo, Ibrasa, 1979.

SAGAN, CARL. *A civilização cósmica*. Rio de Janeiro, Artenova, 1976.

SAMDUP, LAMA KAZI DAWA. *O livro dos mortos tibetano/Bardo Thödol*. São Paulo, Hemus, 1980.

SASS, ROSELIS VON. *Os primeiros seres humanos*. São Paulo, Ordem do Graal na Terra, 1982.

SAURAT, DENIS. *A Atlântida e o reino dos gigantes*. Rio de Janeiro, Artenova, 1972.

——. *A religião dos gigantes e a civilização dos insetos*. Rio de Janeiro, Artenova, 1973.

SELIGMANN, KURT. *História da magia*. Lisboa, Edições 70, 1976.

SISSA, GIULIA E DETIENNE, MARCEL. *Os deuses gregos*. São Paulo, Companhia das Letras, s.d.

SITCHIN, ZECHARIA. *O 12º planeta*. Lisboa, Europa-América, 1976.

SPALDING, TASSILO ORPHEU. *Dicionário das mitologias européias e orientais*. São Paulo, Cultrix/MEC, s.d.

SUDRE, RENÉ. *Tratado de parapsicologia*. Rio de Janeiro, Zahar, 1976.

TARADE, GUY. *As portas da Atlântida*. São Paulo, Hemus, 1978.

——. *Os arquivos do insólito*, São Paulo, Difel, 1976.

——. *As crônicas dos mundos paralelos*. São Paulo, Difel, 1978.

——. *OVNI e as civilizações extraterrestres*, São Paulo, Hemus, s.d.

TARG, RUSSELL e PUTHOFF, HAROLD E. *Extensões da mente*. Rio de Janeiro, Francisco Alves, 1978.

TOMAS, ANDREW. *A barreira do tempo*, São Paulo, Hemus, 1972.

TOYNBEE, ARNOLD. *A humanidade e a Mãe-Terra*. Rio de Janeiro, Zahar, 1979.

TRIGUEIRINHO. *Aurora, essência cósmica curadora*. São Paulo, Pensamento, 1989.

——. *Erks, mundo interno*. São Paulo, Pensamento, 1989.

——. *Miz Tli Tlan, um mundo que desperta*. São Paulo, Pensamento, 1989.

——. *Sinais de contato*. São Paulo, Pensamento, 1989.

——. *Jardineiros do espaço*. São Paulo, Pensamento, s.d.

UCHÔA, A. MOACYR. *A parapsicologia e os discos voadores*. Brasília, Horizonte, 1981.

ULRICH, PAUL. *Os grandes enigmas das civilizações desaparecidas*. Rio de Janeiro, Otto Pierre Editores, 1978.

——. *Os grandes enigmas dos tesouros perdidos*. Rio de Janeiro, Otto Pierre Editores, 1978.

UYLDERT, MELLIE. *Mãe Terra*. São Paulo, Pensamento/Círculo do Livro, s.d.

VALEE, JACQUES E JANINE. *O enigma dos discos voadores*. São Paulo, Global, 1979.

VÁRIOS AUTORES. *O livro de Enoch*. São Paulo, Hemus, 1977.

——. *O livro de Mórmon*. São Paulo (Igreja de Jesus Cristo dos Santos dos Últimos Dias), 1981.

——. *Enciclopédia das ciências ocultas e parapsicologia*. Lisboa, 4 volumes (RPA Publicações), 1977.

——. *Civilizações superiores da antiguidade*. Lisboa, Edições 70, 1976.

——. *As grandes civilizações desaparecidas*. Rio de Janeiro, Reader's Digest, s.d.

——. *Os últimos mistérios do mundo*. Rio de Janeiro, Reader's Digest, s.d.

——. *Bíblia Sagrada*. São Paulo, Ave Maria, 1971, 18ª edição.

——. VIDAL, PEREGRINO. *Fomos e somos a Atlântida*. s.l., s.d.

——. *A América pré-histórica e Hércules: exumados da filologia suméria*. s.l., s.d.

VON DÄNIKEN, ERICH. *Deuses, espaçonaves e terra*. São Paulo, Círculo do Livro/Melhoramentos, 1977.

——. *De volta às estrelas*. São Paulo, Melhoramentos, 1970.

——. *O dia em que os deuses chegaram*. São Paulo, Melhoramentos/Círculo do Livro, 1985.

——. *Eram os deuses astronautas?* São Paulo, Melhoramentos, 1970.

——. *O grande enigma*. Rio de Janeiro, Record, 1986.

——. *O retorno dos deuses*. São Paulo, Makron Books, 2000.

——. *Semeadura e cosmo*. São Paulo, Melhoramentos, 1972.

——. *Será que eu estava errado?* São Paulo, Melhoramentos, s.d.

——. *Somos todos filhos dos deuses*. São Paulo, Melhoramentos/Círculo do Livro, 1994.

——. *Viagem a Kiribati*. São Paulo, Melhoramentos, 1981.

——. *Os olhos da esfinge*. São Paulo, Melhoramentos, 1991.

WAISBARD, SIMONE. *As pistas de Nazca*. São Paulo, Hemus, s.d.

——. *Tiahuanaco*. São Paulo, Hemus, s.d.

WHEELER, SIR MORTIMER. *O vale do Indo*. Portugal, Verbo, 1971.

WILSON, COLIN. *O oculto*. Rio de Janeiro, Francisco Alves, 1981.

ZOHAR, DANAH. *Através da barreira do tempo*. São Paulo, Pensamento, 1989.

Remissões

Y

Z

O Autor

Giberto Schoereder é jornalista e escritor, editor-chefe da revista *Sexto Sentido*, e autor dos livros *Ficção científica, Introdução à parapsicologia* e *Fadas, duendes e gnomos*.

Há mais de 25 anos vem realizando pesquisas sobre ficção científica, ufologia, esoterismo e ocultismo, religião, universos e dimensões paralelas, eventos insólitos e história alternativa da Terra. E rock. Foi editor-chefe da versão brasileira da revista *Starlog* e da *Dimensão X*, colaborador da revista *Sci-Fi News*, proprietário de estúdio musical e baixista (bem) amador.

Contatos com o autor podem ser feitos pelo e-mail: gilberto@mythoseditora.com.br

Este livro foi composto na tipologia Iowan Old Style, em corpo 10/15, impresso em papel Offset 90g/m² no Sistema Cameron da Divisão Gráfica da Distribuidora Record.

20,00

RIO